Basiswissen Psychologie

Reihe herausgegeben von
Jürgen Kriz, Institut für Psychologie, Universität Osnabrück,
Osnabrück, Deutschland

Die erfolgreiche Lehrbuchreihe im Programmbereich Psychologie: Das Basiswissen ist konzipiert für Studierende und Lehrende der Psychologie und angrenzender Disziplinen, die Wesentliches in kompakter, übersichtlicher Form erfassen wollen. Eine ideale Vorbereitung für Vorlesungen, Seminare und Prüfungen: Die Bücher bieten Studierenden in aller Kürze einen fundierten Überblick über die wichtigsten Ansätze und Fakten. Sie wecken so Lust am Weiterdenken und Weiterlesen. Neue Freiräume in der Lehre: Das Basiswissen bietet eine flexible Arbeitsgrundlage. Damit wird Raum geschaffen für individuelle Vertiefungen, Diskussion aktueller Forschung und Praxistransfer.

Wissenschaftlicher Beirat

Markus Bühner, Department Psychologie, Ludwig-Maximilians-Universität München, München, Bayern, Deutschland

Thomas Goschke, Fakultät Psychologie, Technische Universität Dresden, Dresden, Deutschland

Arnold Lohaus, Fakultät für Psychologie und Sportwissenschaft, Universität Bielefeld, Bielefeld, Deutschland

Jochen Müsseler, Institut für Psychologie, RWTH Aachen, Aachen, Nordrhein-Westfalen, Deutschland

Astrid Schütz, Institut Psychologie, Otto-Friedrich-Universität Bamberg, Bamberg, Bayern, Deutschland

Weitere Bände in der Reihe http://www.springer.com/series/12310

Franz-Christian Schubert · Dirk Rohr ·
Renate Zwicker-Pelzer

Beratung

Grundlagen – Konzepte –
Anwendungsfelder

 Springer

Franz-Christian Schubert
FB Sozialwesen
Hochschule Niederrhein
Mönchengladbach, Deutschland

Dirk Rohr
Humanwissenschaftliche Fakultät
Universität zu Köln
Köln, Deutschland

Renate Zwicker-Pelzer
Abteilung Köln
Katholische Hochschule
Nordrhein-Westfalen
Köln, Deutschland

Zusätzliches Material zu diesem Buch finden Sie auf http://www.lehrbuch-psychologie.
springer.com.

ISSN 2626-0441   ISSN 2626-0492 (electronic)
Basiswissen Psychologie
ISBN 978-3-658-20843-1   ISBN 978-3-658-20844-8 (eBook)
https://doi.org/10.1007/978-3-658-20844-8

Die Deutsche Nationalbibliothek verzeichnet diese Publikation in der Deutschen Nationalbiblio-
grafie; detaillierte bibliografische Daten sind im Internet über http://dnb.d-nb.de abrufbar.

Einbandabbildung: © pict rider/stock.adobe.com

Springer ist ein Imprint der eingetragenen Gesellschaft Springer Fachmedien Wiesbaden GmbH
und ist ein Teil von Springer Nature
Die Anschrift der Gesellschaft ist: Abraham-Lincoln-Str. 46, 65189 Wiesbaden, Germany

Vorwort

Dieses Buch ist eine Einführung in Beratung. Es lädt Sie als Studierende wie auch Sie als angehende oder bereits berufstätige Beraterinnen und Berater zu einem fachlichen Diskurs über Grundlagen und zu einem erweiterten Verständnis von Beratung als einer eigenen Handlungsdisziplin ein. Beratung (Counseling) wird zunehmend nicht mehr als Subdisziplin von verschiedenen psychologischen, pädagogischen, sozial-, arbeits- und organisationswissenschaftlichen oder anderen Disziplinen verstanden, sondern hat sich inzwischen als ein eigenes, disziplinübergreifendes, wissenschaftlich fundiertes Denk- und Handlungskonzept etabliert, das unterschiedliche Fachdisziplinen entsprechend ihren spezifischen Zielsetzungen und Bedarfen heranziehen und einsetzen. Unter dieser Ausgangsperspektive möchten wir Sie mit diesem Lehrbuch in ein Verständnis von Beratung führen, das sich aus dem Schatten eines ehemals vorwiegend therapeutischen Grundverständnisses löst und – nicht zuletzt aufgrund internationaler Entwicklungen – ein eigenes, wissenschaftlich fundiertes Profil herausbildet und über spezifische Studiengänge an den Universitäten und Hochschulen wie auch über Weiterbildungseinrichtungen vermittelt wird. Keineswegs soll dabei die bisherige Vielfalt von Beratungskonzepten und -formaten zugunsten einer „Einheitsberatung" aufgegeben werden, denn gerade diese Vielfalt stellt in den Einsatzfeldern und für die Zielgruppen von Beratung eine große Ressource dar, wie Hans-Jürgen Seel (2014) betont.

Mit den gesellschaftlichen Entwicklungen in den letzten Jahrzehnten ist zu beobachten, dass in den verschiedensten alltäglichen und beruflichen Lebensbereichen ein rasant zunehmender Bedarf an Beratung entsteht. Aus fachlicher Sicht muss dabei sichergestellt werden, dass auf der Basis von theoretisch und methodisch fundiertem Wissen eine empirisch fundierte, effektive und effiziente Beratung erfolgt. Eine Voraussetzung dafür ist ein wissenschaftlich elaboriertes, disziplinübergreifendes Beratungskonzept. Unter dem uns zur Verfügung stehenden Rahmen können nicht alle grundlegenden Wissensbestände und Handlungskompetenzen für Beratung als Wissenschaftsgebiet und Handlungsdisziplin vermittelt werden. Vorausgesetzt werden bei den Leserinnen und Lesern u. a. ein Verständnis der intra- und interpersonalen Prozesse und der wertschätzenden Begleitung von Menschen.

Als Studierende und als Praktiker[1] sind Sie eingeladen, sich in die Grundlagen und die maßgeblichen konzeptionellen Ansätze von Beratung zu begeben. Wir legen dar, wie sich Beratung – insbesondere psychosoziale Beratung – auf dem Hintergrund sowohl der etablierten Therapieschulen wie auch bewährter und neuerer lebensweltlicher und ressourcenorientierter Konzepte begründen kann. Die Freude am wissenschaftlich ausgerichteten Reflektieren und konzeptionell begründeten Handeln möge dabei ebenso geweckt werden wie die Einsicht in die Bedeutsamkeit eines methodisch fundierten und professionell hochwertigen Verstehens- und Handlungskonzepts.

Wir beginnen mit den geschichtlichen Bezügen von Beratung und dem jeweiligen gesellschaftlichen Bezugsrahmen und vermitteln die konzeptionellen Entwicklungslinien mit den zugehörigen theoretischen Grundlagen. Danach beleuchten wir die Aufgaben von Beratung im Hinblick auf die Lebensgestaltung und die Bewältigung unterschiedlicher Anforderungen in der Lebensführung und reflektieren, darauf bezogen, die grundlegende Bedeutung der sozialökologischen bzw. biopsychosozialen Beziehung zwischen dem Individuum und seiner Umwelt/Lebenswelt: Beratung ist kontextuell ausgerichtet und erfasst und reflektiert grundsätzlich diese biopsychosoziale Wechselwirkung. Im konzeptionellen Teil stellen wir die therapeutischen, sozialökologischen, lebensweltlichen und ressourcenorientierten Ansätze von Beratung vor. Nach unseren Erfahrungen ist eine Integration von systemischen und humanistischen Konzepten außerordentlich gewinnbringend für die Beratung, und so geben wir diesen Ansätzen einen breiteren Raum. Anschließend erläutern wir das Beratungsgeschehen als Prozessablauf, verfolgen die Frage nach der Wirksamkeit von Beratung und beleuchten Evaluationsprozesse. Unter der Frage „Wo und wie erfolgt Beratung?" werden die gängigen Beratungsfelder kurz vorgestellt, das Hauptaugenmerk liegt jedoch auf den komplexen, aus psychologischer Perspektive eher weniger institutionalisierten Beratungsfeldern und Handlungsformen. Die Darstellung aktueller Entwicklungen in der Digitalisierung von Beratung sowie Exkurse in aktuelle

---

[1]Aus stilistischen Gründen wird in diesem Buch meist die männliche Form verwendet, auch wenn i. d. R. beide Geschlechter gemeint sind.

Beratungsformate wie Coaching, Supervision und Mediation verdeutlichen die Breite des Handlungskonzepts und runden es zugleich ab. Mit dem Abschluss eines Bachelor- oder Masterstudiums in Beratung ist aus unserer Sicht der Erwerb professioneller Beratungskompetenz nicht ein für alle Mal abgeschlossen. „Lebenslanges Lernen" gilt auch in diesem professionellen Feld. Im letzten Kapitel geben wir daher Informationen über die Struktur und Qualität von Weiterbildungen zur kontinuierlichen Vertiefung von Beratungskompetenzen und über die Anforderungen der Fachverbände und ihrer Weiterbildungseinrichtungen.

Uns drei Autoren ist sehr daran gelegen, dass die Fachlichkeit von Beratung in unserem Lande deutlich wächst, dass sich Verwechslungen von Therapie und Beratung reduzieren, dass Beratung als eigenständiges Wissens- und Handlungskonzept ausgebaut wird und dass dort, wo Beratung als Querschnittsformat (noch) besteht, das Eigenständige von Beratung in den originär psychologischen und psychosozialen Studiengängen thematisiert und ausgebaut wird.

Köln   Franz-Christian Schubert
Im Dezember 2018   Dirk Rohr
                                                           Renate Zwicker-Pelzer

Inhaltsverzeichnis

1 Beratung hat Geschichte: Historische Entwicklungsstränge 1

2 Was ist Beratung? 15
2.1 Beratung – ein interdisziplinäres Grundverständnis 20
2.2 Lebensführung als zentraler Gegenstand von Beratung 24
2.3 Aufgabengebiete von Beratung 28

3 Person-Umwelt-Wechselwirkung: Wissenschaftliche
Rahmenkonzepte für eine kontextorientierte Beratung 33
3.1 Phänomenologie der Person-Umwelt-Beziehung 33
3.2 Lebenswelt-Ansatz. 38
3.3 (Sozial-)Ökologischer Ansatz 42
3.4 Das biopsychosoziale Modell 49
3.5 Gehirngerecht beraten: Neurowissenschaftliche
    Aspekte der Beratung. 54

4 Beratungsansätze 63
4.1 Therapieschulenorientierte Beratungsansätze 64
    4.1.1 Tiefenpsychologisch fundierte psychodynamische
          Beratungsansätze 64
    4.1.2 Verhaltenstherapeutisch orientierte
          Beratungsansätze 67
    4.1.3 Humanistische Beratungsansätze. 76
    4.1.4 Systemische Beratungsansätze. 90
4.2 Kontextorientierte Beratungsansätze 121
    4.2.1 Lebensweltorientierter Ansatz 121
    4.2.2 Sozialökologisch-transaktionaler Ansatz. 123
4.3 Ressourcenorientierte Beratungsansätze 129

5   Beratung als Prozess................................... 143
    5.1   Komponenten von Beratung 144
    5.2   Prozesse im Vorfeld einer Beratung..................... 150
    5.3   Veränderungsprozess................................ 152
    5.4   Beratungsphasen 154
        5.4.1   Phasenmodelle des Beratungsprozesses.............. 155
        5.4.2   Phasenablauf innerhalb einer Beratungssitzung 164
    5.5   Beziehungsgestaltung und Kommunikation: Das Gespräch als
           Basismedium....................................... 165
    5.6   Ziel-und Auftragsklärung.............................. 173
    5.7   Mehrdimensionale Diagnostik.......................... 176

6   Wirksamkeit und Evaluation von Beratung.................. 183
    6.1   Wirksamkeit....................................... 183
    6.2   Evaluation 192

7   Wo und wie erfolgt Beratung?.......................... 199
    7.1   Formate von Beratung................................ 203
    7.2   Beratung als Kernaufgabe und als Querschnittsaufgabe 204
    7.3   Aufsuchende/zugehende Beratung....................... 206
    7.4   Beratung im Kontext von Freiwilligkeit und Verpflichtung...... 209
    7.5   Krisenberatung und präventive Beratung.................. 211
    7.6   Beratung im Umgang mit Lebensalter und
           Generationenzugehörigkeit 213
    7.7   Beratung mit Familien in prekären Lebenslagen.............. 215
    7.8   Kultursensible Beratung.............................. 222
    7.9   Digitalisierung von Beratung........................... 225
        7.9.1   Zum aktuellen Stand der Onlineberatung 226
        7.9.2   Onlineberatung für Jugendliche und
                 junge Erwachsene 227
        7.9.3   Peerberatung im Internet 231
        7.9.4   Kollegiale Beratung im Internet................... 232

8   Spezielle Beratungsformate............................ 235
    8.1   Coaching 235
        8.1.1   Definition................................... 235
        8.1.2   Anliegen der Coachees 236
        8.1.3   Grundprinzipien.............................. 237
        8.1.4   Kompetenzen und Haltungen eines guten Coachs....... 238
        8.1.5   Haltung..................................... 239

        8.1.6   Techniken und Methoden.   239
        8.1.7   Settings im Coaching.   240
   8.2 Supervision   243
        8.2.1   Begriffsbestimmung und historische Entwicklung   243
        8.2.2   Ziele und Aufgaben   245
        8.2.3   Kompetenzen und Grundhaltungen   246
        8.2.4   Settings von Supervision   248
   8.3 Mediation.   250
        8.3.1   Historische Entwicklung   251
        8.3.2   Anwendungsbereiche.   251
        8.3.3   Anlässe für eine Mediation   252
        8.3.4   Konflikt als zentraler Gegenstand   253
        8.3.5   Begriff, Merkmale und Ziele   254
        8.3.6   Funktion und Aufgaben von Mediator
                und Medianden.   256
        8.3.7   Strukturierter Ablauf   257

9   Beratungskompetenz durch Weiterbildungen   263
   9.1 Zwischen formellem und halbformellem Lernen:
        Ein Blick in die Geschichte   264
   9.2 EQR und lebenslanges Lernen.   265
   9.3 Systemische Weiterbildung in Beratung, Supervision,
        Coaching und ihre Spezifika   267

10 Schlusswort   271

Literatur.   273

Stichwortverzeichnis.   301

Über die Autoren

Prof. Dr. Franz-Christian Schubert, Dipl.-Psych., emeritierter Professor für Psychosoziale Gesundheitsförderung, Erziehungspsychologie und Psychotherapie im Fachbereich Sozialwesen der Hochschule Niederrhein, Krefeld/Mönchengladbach. Dort weiterhin tätig als Dozent im Masterstudiengang „Psychosoziale Beratung und Mediation" und in den Weiterbildungen „Systemische Beratung/ Familientherapie" der Katholischen Hochschule Köln und des koelner-instituts für Beratung & pädagogische Professionalisierung der Universität zu Köln. Approbierter Psychologischer Psychotherapeut in eigener Praxis, Supervisor und Lehrtherapeut; daneben u. a. langjähriger Vorsitzender der Vereinigung von Hochschullehrerinnen und Hochschullehrern zur Förderung von Beratung/Counseling in Forschung und Lehre (VHBC) und Sprecher des Wissenschaftlichen Beirats der Deutschen Gesellschaft für Beratung (DGfB).

Anschrift: FB Sozialwesen der Hochschule Niederrhein, Richard-Wagner-Str. 101, 41065 Mönchengladbach, E-Mail: fc.schubert@t-online.de

Dr. Dirk Rohr erhielt 2004 den Ruf auf die Professur für Kommunikation in pädagogischen Handlungsfeldern (W1) der Universität Oldenburg. Seit 2010 ist er Akademischer Direktor und Leiter des Arbeitsbereichs Beratungsforschung der Universität zu Köln. Er ist Psychomotoriker (AKM), Gestalttherapeut (DGSW), Systemischer Berater (DGSF/DGfB) und Lehr-Supervisor (DGSv/DGSF) sowie Instituts- und Weiterbildungsleiter „Systemische Beratung" am koelner-institut für Beratung & pädagogische Professionalisierung. Im Juni 2016 wurde er in den wissenschaftlichen Beirat der Deutschen Gesellschaft für Beratung (DGfB) berufen; seit November 2016 ist er Mitglied des geschäftsführenden Vorstands der DGfB. Er ist außerdem Vorstandsmitglied der European Association for Counselling (EAC) sowie Sprecher der Fachgruppe Beratung in der DGSF und seit Januar 2018 Herausgeber der Reihe „Beratung, Coaching, Supervision" im Carl-Auer Verlag.

Anschrift: Universität zu Köln, Arbeitsbereich Beratungsforschung, Gronewaldstr. 2, 50931 Köln, E-Mail: dirk.rohr@uni-koeln.de und dirk.rohr@koelner-institut.de

Prof. Dr. Renate Zwicker-Pelzer, von 1994 bis 2017 Professorin für Soziale Arbeit, Erziehungswissenschaft und Beratung an der Katholischen Hochschule NRW, Abt. Aachen und Köln; Dipl.-Päd., Dipl.-Sozialpäd. (FH), Systemische Familienberaterin/Familientherapeutin (DGSF); Supervisorin (DGSv/DGSF), Lehrberaterin, Lehrtherapeutin und Lehrsupervisorin (DGSF); diplomierte Ehe-Familien-Lebensberaterin (BAG EFL) und Heilpraktikerin für Psychotherapie. Gründung und Leitung des Studiengangs Master of Counseling (Ehe-, Familien- und Lebensberatung) an der Katholischen Hochschule NRW. Dozentinnentätigkeit in den Weiterbildungen der Katholischen Hochschule NRW und am koelner-institut für Beratung & pädagogische Professionalisierung der Universität zu Köln. Von 2012 bis 2018 zweite Vorsitzende der Deutschen Gesellschaft für Systemische Therapie, Beratung und Familientherapie (DGSF) und Mitglied der Vereinigung der Hochschullehrer zur Förderung von Beratung/Counseling (VHBC).

Anschrift: Katholische Hochschule NRW, Abt. Köln, Wörthstr. 10, 50668 Köln, E-Mail: r.zwicker-pelzer@katho-nrw.de und zwicker.pelzer@t-online.de

Beratung hat Geschichte: Historische Entwicklungsstränge

1

Beratung erfolgt in vielfältigen Handlungsfeldern und unter ganz unterschiedlichen wissenschaftlichen Konzeptionen und vielfältigen Praxisansätzen. Das führt zu dem Eindruck, dass die konzeptionelle und praxeologische Ausgestaltung von Beratung recht unübersichtlich und schwer durchschaubar aufgefächert ist (Engel et al. 2007; McLeod 2004). Zudem bestehen breite Überschneidungen zwischen Beratung und psychotherapeutischen Ansätzen. Die überwiegende Zahl aller Beratungskonzeptionen beruht auf psychotherapeutischen Ansätzen oder ist von ihnen abgeleitet. Von Psychotherapieschulen unabhängige fundierte Beratungskonzepte sind bislang selten und haben sich kaum nachhaltig etabliert (z. B. Dietrich 1983, 1987). Seit dem Psychotherapeutengesetz (PsychThG) von 1998 sind verschiedene Bestrebungen und Differenzierungen hin zu einer eigenen Beratungswissenschaft zu beobachten (z. B. Möller und Hausinger 2009).

Um Beratung in ihrer Vielfalt zu verstehen, ist es nötig, ihre historisch gewachsenen Überzeugungen, Handlungsansätze und Verzweigungen aufzuzeigen und ihre jeweiligen, auch wechselnden Bedeutungen für die gegenwärtige Beratungslandschaft zu verfolgen. Diese Vielfalt kann im vorliegenden Rahmen nur begrenzt aufgezeigt werden. Die Ausführungen in diesem Kapitel erfolgen inhaltlich in enger Anlehnung an den Übersichtsbeitrag von Schubert (2015a) zur Historie von Beratung. Der Fokus liegt im Wesentlichen auf den Entwicklungen in der Bundesrepublik Deutschland und bezieht nur einige einflussreiche Ausgangsentwicklungen in den USA ein. Zur Erfassung internationaler Entwicklungen, insbesondere im angloamerikanischen Raum, sei auf das Standardwerk von McLeod (2004) und auf den Übersichtsartikel von Nestmann (1997a) verwiesen. Die Entwicklung von Beratung als kontextbezogenes Querschnittsverfahren in psychosozialen Arbeitsfeldern zeigt Cornell (2006) auf. Die Vielfalt wissenschaftlicher Zugänge, Konzeptionen, Ansätze und Beratungsfelder

© Springer Fachmedien Wiesbaden GmbH, ein Teil von Springer Nature 2019
F.-C. Schubert et al., *Beratung*, Basiswissen Psychologie,
https://doi.org/10.1007/978-3-658-20844-8_1

kommt in dem dreibändigen Standardwerk *Handbuch der Beratung* von Nestmann et al. (Bd. 1 und 2: 1. Aufl. 2004, 2. Aufl. 2007, Bd. 3: 2013) umfassend zum Ausdruck.

Beratung als spezialisierter gesellschaftlicher Funktionsbereich

Die Entwicklung und Institutionalisierung von professioneller Beratung in Europa ist als Ergebnis eines tief greifenden gesellschaftlichen Wandels zu verstehen. Unter den Auswirkungen der Industrialisierung erfolgte ab Ende des 18. Jahrhunderts bis zum 20. Jahrhundert eine Umstrukturierung von einer feudalen Gesellschaftsform zu einer bürgerlichen Gesellschaft mit ausgeprägten sozialstaatlichen Strukturen und neuen, spezialisierten und institutionalisierten Funktionsbereichen. Aus der Perspektive der Beratung ist dieser Prozess vor allem in seinen Auswirkungen auf das Familien- und Alltagsleben bedeutsam. Im Zuge von Industrialisierung und fortschreitender Modernisierung wurde der ganzheitliche Lebenskontext aus Alltagsleben, Arbeiten, Erziehen und Erfahrungensammeln aufgebrochen und in gesellschaftliche Institutionen ausgelagert: Arbeiten, Erziehen, Lernen sowie Freizeitleben erfolgten zunehmend außerhalb von Familie in differenzierten und weitgehend voneinander unabhängigen gesellschaftlichen Funktionsbereichen. Damit verlor die Lebensanleitung und Beratung durch Eltern, Großeltern, Verwandte, Nachbarn oder durch semiprofessionelle Beratende wie Lehrer und Pfarrer an Einfluss. Die neuen Lebensorte und Lebensformen entwickelten eigene Strukturen und Abläufe, auf welche die „alten" Erfahrungen und wohlgemeinten Anleitungen und Hilfestellungen nur noch bedingt – wenn überhaupt – übertragen werden konnten.

Mit den frühen Modernisierungsprozessen ging eine zunehmende soziale Verelendung einher. Von staatlicher Seite wurde darauf Ende des 19. Jahrhunderts durch Sozialgesetzgebung, institutionalisierte Bildungseinrichtungen mit unterschiedlichen Schultypen, die Änderung beruflicher Ausbildungsrichtlinien und die Einrichtung spezieller Institutionen für Menschen mit Behinderungen und psychischen Erkrankungen reagiert. Im Zuge dieser Maßnahmen entwickelten sich zu Beginn des 20. Jahrhunderts in verschiedenen Ländern Europas und in den USA institutionell geführte Beratungseinrichtungen und Hilfemaßnahmen, die quasi als Ablösung oder Nachfolge der bisherigen familiären, nachbarschaftlichen und semiprofessionellen Lebensanleitung und Beratung zu verstehen sind. Schon bald erhielt das Beratungswesen wissenschaftliche Fundierung und Flankierung durch praxisorientierte Forschungsergebnisse und Erklärungsansätze aus Psychologie, Erziehungswissenschaften und Soziologie: erste Entwicklungen zur Etablierung eines vielfältigen professionellen Beratungswesens. Nach Großmaß (2007) wurde Beratung damals eher als Aufklärung über Lebensbedingungen verstanden und zunächst nicht von staatlicher Seite, sondern von engagierten Bürgern und prominenten Fachpersonen, von Interessenverbänden, Berufsständen und politischen Gruppierungen angeboten. Die damaligen professionellen Beratungsansätze führten allerdings über die Jahrzehnte auch zu einer Zersplitterung des Beratungswesens in voneinander abgegrenzte Kompetenzbereiche und Beratungsfelder und langfristig auch zu einer vereinseitigenden Psychologisierung von Beratung (Keupp 1995; Schönig und Brunner 1990). Damals wie heute folgt professionelle Beratung somit den gesellschaftlichen und wirtschaftlichen Auswirkungen, die Strukturwandel und marktwirtschaftliche Entwicklungen auf die alltägliche Lebensführung der Menschen, auf Erziehung, Ehe- und Familienleben, Freizeitgestaltung und auf das Berufsleben haben.

Historische Entwicklungslinien von Beratung
Abel (1998, S. 25) benennt vier Entwicklungslinien von Beratung: „1. die psychoanalytischen Wurzeln; 2. der psychiatrisch-kriminologische Zugang; 3. sozialpädagogische, fürsorgerische Reformansätze; 4. heilpädagogische Herangehensweisen". Schubert (2015a) beschreibt die Grundlegung und historische Entwicklung von professioneller Beratung über drei Entwicklungsstränge, die in ihren konzeptionellen Weiterführungen bis heute Gültigkeit haben: 1. den psychologisch-psychotherapeutischen, 2. den empirisch orientierten, psychologisch-pädagogischen und 3. den lebensweltlichen, sozialökologisch-transaktionalen und systemisch-kontextuellen Entwicklungsstrang. Diese drei Entwicklungslinien beinhalten ein unterschiedliches Verständnis von Beratung mit ebenfalls unterschiedlichen Zugangsweisen im Problem- und Fallverständnis, in Handlungsansätzen und methodischen Verfahren wie auch im professionellen Selbstverständnis der Beraterinnen und Berater (s. Kap. 4).

Die professionelle Ausgestaltung der verschiedenen Entwicklungsstränge wird in erheblichem Umfang von den sozialen und (rechts-)staatlichen Maßnahmen und von anwendungsbezogenen wissenschaftlichen Forschungen beeinflusst. Im Wesentlichen sind das:

1. Erfahrungen und praktische Ansätze aus der Fürsorgearbeit und der Polizeiarbeit zur Bekämpfung der zunehmenden sozialen und gesundheitlichen Verelendung von Kindern, Jugendlichen und Erwachsenen. Unterstützung und Ergänzung liefern dazu Forschungsergebnisse und Erklärungsansätze aus der Soziologie und der beginnenden Sozialpsychologie.
2. Wachsende Bedeutung der Schule, nicht nur als Bildungseinrichtung, sondern auch als Zuteilungsinstitution für die berufliche und soziale (sozioökonomische und statusmäßige) Laufbahn.

3. Zunehmende Komplexität und Unüberschaubarkeit der Berufswelt, was einen differenzierten Bedarf an Bildung, Ausbildung und berufsbezogener Orientierung mit sich bringt.

4. Beiträge der Psychologie, Pädagogik und Soziologie, die erste Antworten auf die Anforderungen der gesellschaftlichen Strukturveränderungen mit ihren Auswirkungen auf Bildung, Erziehung, Beruf, Lebensführung und Gesundheit geben. Hierzu gehört die Etablierung einer empirisch fundierten Psychologie mit der Entwicklung verlässlicher Messverfahren und diagnostischer Instrumente zur Erfassung von individuellen berufsbezogenen Leistungen, Fähigkeiten und persönlichen Eigenschaften sowie wissenschaftlich fundierte Aussagen der Psychologie und Pädagogik zu Anforderungsprofilen für Schul- und Berufslaufbahnen (Schubert 2015a).

Psychotherapeutische Grundlegungen und Entwicklungen von Beratung Die Arbeiten von Sigmund Freud (1856–1939) zur Psychoanalyse, in denen er verschiedene Gedankenströmungen aus Psychologie, Medizin und Philosophie zusammenführte, bildeten eine wesentliche Grundlage für die Entwicklung einer psychotherapeutisch fundierten Beratung. Vor allem die Verbreitung seiner Gedanken in der amerikanischen Gesellschaft der 1920er- und 1930er-Jahre brachte den entscheidenden Durchbruch, nicht nur für die Profession der Psychotherapie, sondern auch für das Beratungswesen (McLeod 2004). Weitere Impulse kamen von Psychologen und Therapeuten, die infolge der nationalsozialistischen Machtübernahme in Deutschland (1933) und Österreich (1938) ihr Land verlassen mussten und zumeist in den USA ihre Arbeit fortsetzten. Als konzeptionell einflussreich in Bezug auf die Entwicklungen in der Beratung sind z. B. die Arbeiten von Otto Rank, Wilhelm Reich, Fritz Perls und Kurt Lewin zu nennen.

Ab den 1920er-Jahren entwickelte sich vor allem in der Stadt Wien ein breites Angebot an psychoanalytisch-pädagogisch und individualpsychologisch ausgerichteten „Erziehungsberatungsstellen", wie diese Einrichtungen in den Wiener Stadtbezirken bereits genannt wurden, ein Begriff, der sich bald darauf auch in Deutschland etablierte. Initiiert und umgesetzt wurde dieses Konzept wesentlich durch die Aktivitäten von August Aichhorn, Alfred Adler und ihren Kollegen und Kolleginnen. Beratung versuchte zu dieser Zeit, den Beteiligten das psychoanalytische Problemverständnis nahezubringen und die Bedingungen und Beziehungen, unter denen die Kinder und Jugendlichen aufwuchsen, zu verbessern und förderlich zu gestalten. Alfred Adler und seine Mitarbeiter berieten vornehmlich Eltern und Lehrer mit dem individualpsychologischen (tiefenpsychologischen) Ansatz in Erziehungsfragen (Datler et al. 2004). Auch Beratungsgespräche unter Einbeziehung aller Familienmitglieder wurden angeboten.

Aichhorns psychoanalytisch-pädagogisches Konzept war auf die latenten (unbewussten) Prozesse bei Kindern und Jugendlichen ausgerichtet, die durch aktuelle Lebenserfahrungen immer wieder reaktiviert und von den Erziehungsverantwortlichen nicht erkannt und verstanden wurden (Aichhorn 1972).

Ab Mitte der 1940er-Jahre brachten die Arbeiten von Carl Rogers (1902–1987), dem Begründer der klientenzentrierten Gesprächsführung, bedeutsame konzeptionelle Impulse, die auch in die psychotherapeutisch orientierte Beratung eingingen. Mit dem Konzept des Selbst und der Selbstaktualisierung gibt sein Beratungsansatz eine persönlichkeitstheoretische Rahmung und bringt die Grundprinzipien der klientenzentrierten Haltung und Verfahrensweise in die Beratung und Psychotherapie ein: Akzeptanz und Wertschätzung des Klienten, Selbstkongruenz des Beraters und Verbalisierung emotionaler Erlebnisinhalte als methodische Verfahrensweise (s. Abschn. 4.1.3).

Psychologisch-pädagogische Grundlegungen und Entwicklungen von Beratung Beratung in diesem Entwicklungsstrang zeichnet sich durch den Einsatz zumeist empirisch fundierter psychologischer und pädagogischer Verfahren aus und ist nicht durch die Konzentration auf eine therapeutische Schule zu kennzeichnen. Schwerpunktmäßig sind hier Kinder- und Jugendfürsorge, Erziehungsberatung, Berufsberatung und Sexualberatung zu nennen.

Ende des 19. Jahrhunderts gab es in Deutschland bereits Kinder- und Jugendfürsorge. Sie war jedoch im Zuständigkeitsbereich vieler Stellen wie Polizei, Fürsorgeerziehungsbehörden, Vormundschaftsgerichte, Gewerbeaufsichtsbehörden usw. zersplittert. Deutlich wurde, dass vor allem vorbeugende Maßnahmen in Bereichen der Jugendfürsorge und der Erziehung notwendig waren, um Verwahrlosung und Straffälligkeit „gar nicht erst aufkommen zu lassen" (Rechtien 2004, S. 31). Vielerorts wurden Erziehungsberatungsstellen und heilpädagogische Beratungsstellen gegründet. Als eine der ersten Beratungsstellen in Deutschland gilt eine 1903 in Hamburg gegründete Heilpädagogische Beratungsstelle. In der Fürsorgearbeit war der Begriff „Beratung" weniger gebräuchlich, man verwendete eher Begriffe wie „Unterstützung", „Behandlung" oder „pflegerische Fürsorge".

Child Guidance, Erziehungs-, Ehe- und Sexualberatung Eine sehr einflussreiche Entwicklungslinie bei der Betreuung und Behandlung psychisch und sozial benachteiligter Kinder bildete die Child-Guidance-Bewegung (engl. „guidance"=Lenkung, Anleitung, Begleitung, Beratung). Durch die Zusammenführung von psychologischen, pädagogischen und sozialen Arbeitsweisen entstand ein multiprofessionelles und disziplinär integratives Konzept sowohl zur frühzeitigen Erfassung, Diagnostik, Beratung und Behandlung von kindlichen Verhaltens- und Entwicklungsstörungen als auch zur Beratung der Eltern bzw. Erziehungsberechtigten. Die konzeptionelle Integration von pädagogischer und klinisch-psychologischer Arbeit mit benachteiligten Kindern geht nach Rechtien (2004) auf den amerikanischen Psychologen Lightner Witmer zurück, der 1896 an der von ihm gegründeten Psychological Clinic der Universität von Pennsylvania mit der heilpädagogischen und erzieherischen Arbeit bei Kindern begann, die an Lernbehinderungen, Sprachfehlern und Verhaltensauffälligkeiten litten. 1907 gründete er mit der Orthogenetic School eine erste heilpädagogische Lehr- und Ausbildungsstätte. Damit kann Witmer zugleich auch als Begründer der Klinischen Psychologie gelten. Die große Verbreitung der Child-Guidance-Kliniken in den USA erfolgte ab 1909 jedoch nach dem konzeptionellen und praxeologischen Vorbild einer heilpädagogischen Beratungsstelle in Chicago zur Unterstützung von benachteiligten Jugendlichen. Zur Entwicklung der Child Guidance trugen z. B. der konflikttheoretische Störungsbegriff der Psychoanalyse wie auch ihre Betonung der frühen Lebensjahre und der familialen Umwelt sowie die Annahme bei, dass psychische Störungen nicht notwendigerweise organisch bedingt seien (Rechtien 2004). An den Child-Guidance-Kliniken arbeiteten zahlreiche namhafte Psychologen, Pädagogen und Psychiater, die durch richtungsweisende konzeptionelle Entwicklungen in ihrem Fachgebiet hervortraten (z. B. Carl Rogers). Nicht zuletzt über diese personellen Anbindungen beeinflussten sich Child Guidance und Klinische Psychologie gegenseitig in ihrer weiteren Entwicklung.

Maßgebliche Unterstützung erhielten die Arbeiten der Child-Guidance-Bewegung durch Ergebnisse aus der psychologischen Forschung. Beispielsweise entwickelten Alfred Binet und Theodore Simon 1905 den ersten standardisierten Intelligenztest. Damit wurde es möglich, bei Kindern Intelligenzausprägung und -schwächen schnell und zuverlässig zu erfassen, Eltern zu beraten und Zuweisungen an Sonderschulen mit entsprechenden Beschulungsmöglichkeiten vorzuschlagen.

In Deutschland entstand in den Jahren nach dem Ersten Weltkrieg in den Bereichen Erziehung, Pädagogik und Sexualkunde eine vielfältige sozialreformorientierte Beratungslandschaft, die zunächst durch freie Träger der Wohlfahrtspflege repräsentiert wurde. Die „Beratung in Fragen der Erziehung" erhielt 1922 mit dem Reichsjugendwohlfahrtgesetz eine gesetzliche Grundlage, wodurch auch eine öffentliche Trägerschaft für dieses Beratungsangebot möglich wurde. Die Angebote und Arbeitsweisen öffentlicher und freier Träger waren unterschiedlich. Öffentliche, staatlich geförderte und eingerichtete Erziehungsberatungsstellen hatten vor allem diagnostische (medizinisch, psychiatrisch, psychologisch) und damit kontrollierende und selegierende Funktion und vermittelten zur

Weiterbehandlung bzw. Beratung an andere Institutionen, zumeist unter freier Trägerschaft. Träger freier Beratungsstellen waren zumeist Einzelpersönlichkeiten und medizinische bzw. psychologische Forschungseinrichtungen (Geib et al. 1994). Dazu gehörten vor allem die individualpsychologischen und psychoanalytischen Beratungsstellen, die weiter oben bereits vorgestellt wurden.

Darüber hinaus wurden zwischen 1922 und 1932 über 400 *Sexualberatungsstellen* durch öffentliche und freie Träger gegründet. Private Träger waren vor allem Frauenverbände, Arbeiterorganisationen oder Sexualreformer und -reformerinnen. Vorrangig ging es dabei um Informationsvermittlung, aber auch um praktische Hilfe (Großmaß 2000, 2007). Ein wichtiges Thema war ungewollte Schwangerschaft. Die Indikation zum Schwangerschaftsabbruch erfolgte nur bei Vorliegen gesundheitlicher Gründe. „Bei sozialer Notlage wurde über das Abtreibungsverbot und die Risiken einer illegalen Abtreibung […] aufgeklärt" (Gröning 2010, S. 27). Parallel zu den Sexualberatungsstellen entstanden in Deutschland *Eheberatungsstellen*. Sie waren zumeist an Gesundheitsämter angegliedert. „Im Mittelpunkt dieser Beratung stand die Ausstellung eines Ehefähigkeitszeugnisses" (Gröning 2010, S. 90), das sich im Wesentlichen auf eine medizinische Untersuchung und die Überprüfung der familiären Herkunft bezog.

Berufsberatung Einen entscheidenden Beitrag zu einem wissenschaftlich fundierten Beratungswesen lieferte die Berufsberatung. Ihre Anfänge liegen in Deutschland vor dem Ersten Weltkrieg und standen unter dem Eindruck starker Umstrukturierungen der Arbeit und des Berufsmarktes. Durch das errungene Recht, arbeiten zu gehen und über ihre Berufsausbildung und Berufstätigkeit selbst zu bestimmen, entstand bei Frauen ein hoher Beratungsbedarf. Der Begriff „Berufsberatung" wurde 1898 vom Bund deutscher Frauenvereine geprägt, der sich als Verband für die Chancengleichheit von Frauen in der Berufsausbildung und Berufstätigkeit einsetzte und Auskunftstellen für Frauenberufe einrichtete. Unterstützung erhielt die Entwicklung der Berufsberatung Anfang des 20. Jahrhunderts durch den von der Zentralstelle für Volkswohlfahrt gegründeten Deutschen Ausschuss für Berufsberatung, der sich für die Eingliederung von Jugendlichen ins Berufsleben nach deren Eignung und Interesse und unter Berücksichtigung des Arbeitsmarktes einsetzte. „Hiermit war erstmals ein Grundsatz formuliert, der für die Berufsberatung bis heute bestimmend geblieben ist" (Krämer 2001, S. 1097). Im Anschluss daran wurde die Idee der Berufsberatung von vielen Einrichtungen, u. a. von Innungen und Gewerkschaften, übernommen.

Ähnlich wie die Child-Guidance-Bewegung erhielt die Berufsberatung wissenschaftlich fundierte Unterstützung und Auftrieb durch die psychologische und pädagogische Forschung. Der deutschamerikanische Psychologe Hugo Münsterberg

(1912) untersuchte die Bedeutung kognitiver und persönlicher Eigenschaften für den beruflichen Erfolg und verwies auf die Notwendigkeit, einerseits Arbeitsplatzanforderungen zu messen und zum anderen Ausbildungs- und Arbeitsplatzbewerber mit speziellen Berufseignungsprüfungen auf ihre Eignung zu testen und im Hinblick auf Berufsfindung und Arbeitsplatzeignung zu beraten. Damit wurde die Erfassung (Messung und Diagnose) von Persönlichkeitsfaktoren zur Grundlage einer Berufsberatung gemacht, nach der die persönlichen Eigenschaften eines Arbeitssuchenden und die Anforderungen einer Arbeitsstelle zusammenpassen müssen (Thiel 2007). Von dem Pädagogen Aloys Fischer stammen weitere wissenschaftlich fundierte Anstöße und Aussagen zu „Beruf, Berufswahl und Berufsberatung" (so auch der Titel seines grundlegenden Buches von 1918). Seine Vorstellungen wurden in das Arbeitsnachweisgesetz (ANG) von 1922 aufgenommen. Mit dem Gesetz über die Einrichtung der Arbeitslosenversicherung und Arbeitsvermittlung (AVAVG) von 1927 wurde eine staatliche Berufsberatung eingeführt (Krämer 2001). Bereits damals bildeten sich die vier Kernaufgaben der Berufsberatung heraus: Berufsaufklärung, individuelle Einzelberatung, Vermittlung in berufliche Ausbildungsstellen und Förderung der beruflichen Ausbildung. Bis heute kommt der intensiven Berufsaufklärung und der anschließenden Einzelberatung eine große Bedeutung zu (Schröder 2007). Mit der Einrichtung der Reichsanstalt für Arbeitsvermittlung und Arbeitslosenversicherung wurde eine Monopolisierung eingeführt, die Arbeitssuchende vor der Ausbeutung durch kommerzielle Arbeitsvermittler schützen sollte. Außer durch die Reichsanstalt durfte Berufsberatung nur noch durch nicht kommerzielle Einrichtungen angeboten werden. Neben der Informationsvermittlung bestimmte zunehmend die psychische und körperliche Eignungstestung die Berufsberatung (Trait-and-Factor-Modell). Das staatliche Alleinrecht auf Berufsberatung wurde erst 1998 durch das Sozialgesetzbuch/Dritter Teil (SGB III) aufgehoben (Thiel 2007).

Mit der Machtübernahme durch die Nationalsozialisten wurden in Deutschland und Österreich die aufstrebenden Entwicklungen in Psychotherapie und Beratung fast vollständig unterbrochen. Es kam zu einer strikten sozialpolitischen Einschränkung des Beratungswesens. Die Berufsberatung wurde 1935 in ein staatliches Programm zur Lenkung der Arbeitskräfte umgewandelt. Beratung fußte auf Diagnostik mit zumeist quotenbezogener Zuweisung zu bestimmten Berufen, Beratung im Sinne einer Unterstützung zur eigenen Entscheidungsfindung gab es nicht. In den Erziehungsberatungsstellen der Nationalsozialistischen Volkswohlfahrt (NSV) wurde eine rassenhygienische Einstellung offiziell propagiert und praktiziert. Die meisten freien Träger wurden zwangsweise der NSV angeschlossen oder aber ihre Einrichtungen geschlossen (ausführlich: de la Motte 2018).

Der Zweite Weltkrieg brachte infolge der hohen ökonomischen Belastungen eine starke Einschränkung im Beratungswesen in allen betroffenen Staaten. In den Jahren nach dem Ende des Zweiten Weltkriegs bestand ein hoher Fürsorgebedarf und nicht zuletzt infolge der abwesenden Väter auch ein großer „Erziehungsnotstand". Allerdings wurden die innovativen Entwicklungen aus dem Beratungswesen der Weimarer Republik zunächst nicht aufgenommen. In einem autoritär ausgelegten Fürsorgewesen wurde Beratung als „normierende Lenkung" verstanden (Großmaß 2007). Die von der amerikanischen Besatzungsbehörde ab 1950 nach Deutschland gebrachte und in ihrer Umsetzung anfangs finanziell unterstütze Child-Guidance-Idee führte schließlich zu einer Erweiterung erziehungsberaterischer Denk- und Handlungsweisen: In den Beratungsprozess wurden das Erziehungsumfeld des Kindes sowie die Erziehungseinstellungen und Verhaltensweisen der Eltern einbezogen. Ab 1953 wurden Jugendämter gesetzlich verpflichtet, Beratungsstellen zu fördern.

Die sozialmarktwirtschaftliche Entwicklung der Bundesrepublik mit einem wohlfahrtsstaatlichen Versorgungsmodell einerseits und die zunehmende Psychologisierung des Alltagslebens andererseits führten im Sozial- und Gesundheitswesen der BRD Ende der 1960er-Jahre und in den 1970er-Jahren zu einem wissenschaftlichen und methodischen Modernisierungsschub. Nicht zuletzt war dies durch die Anbindung an die psychologischen und sozialwissenschaftlichen Entwicklungen in den USA und durch die Popularisierung psychotherapeutischen Gedankengutes im Rahmen der 1968er-Bewegung bedingt. Diese Jahre können als eine Phase der Konsolidierung von Beratung betrachtet werden. Es erfolgte eine breit angelegte Institutionalisierung und Professionalisierung des Beratungswesens, die im Wesentlichen auch heute noch Bestand hat. Beratungseinrichtungen in öffentlicher und freier Trägerschaft mit differenzierten Beratungsangeboten wurden intensiv ausgebaut: Einrichtungen der Erziehungs-, Ehe-, Familien- und Lebensberatung, Drogenberatung, Schwangerschaftskonfliktberatung wie auch Telefonberatung und seit den 1980er-Jahren zunehmend auch Schuldnerberatungsstellen. Dieser Prozess wurde durch verschiedene Gesetzgebungsverfahren begleitet (Jugendwohlfahrtsgesetz JWG, 1961 und Änderungen; Bundessozialhilfegesetz BSHG, 1962 und Änderungen; Kinder- und Jugendhilfegesetz KJHG, 1991). Beratung wurde zur Pflichtaufgabe sozialer Dienste, und es wurden erste verbindliche Standards für die Beratungsarbeit, die Finanzierungsstruktur und die Bedarfsplanung formuliert.

Nach Rechtien und Irsch (2006, S. 61) kann „die Institutionalisierung des Beratungswesens [...] als Materialisierung einer spezifischen gesellschaftlichen Funktion durch einen Kompromiss zwischen Staat als Garant des rechtlichen Rahmens (Finanzierung), den Trägern (Arbeitgeber), den Berufsgruppen mit

spezifischer Qualifikation (Arbeitnehmer) und der Wissenschaft (Ausbildungs-
einrichtung) verstanden werden. Entscheidend [...] war die Koalition der Psychologie mit bestimmten Teilen der Sozialbürokratie".

In dieser Phase erfolgten auch maßgebliche Entwicklungen im Beratungsverständnis und im Beratungshandeln: Beratung wurde konzeptionell und methodisch umfassend durch Verfahren der Psychologie und der Psychotherapie
ausgestaltet. Das führte zu einer Popularisierung von Therapie und Beratung
und brachte zugleich auch konzeptionelle Abgrenzungsschwierigkeiten mit sich.
Beratung wurde zu einer Art „kleiner" Psychotherapie (und wird teilweise auch
heute noch so verstanden), ausgelegt auf minder schwere Probleme bzw. auf Störungen ohne Krankheitswert. In den Beratungsinstitutionen wurden die Teams
multiprofessionell mit Psychologen, Sozialarbeitern, Sozial- und Heilpädagogen
mit unterschiedlichen Zusatzausbildungen besetzt. Diese neue Generation war
aufgeschlossen für Ausbildungen in Verfahren der humanistischen Psychologie (z. B. Gestalttherapie, klientenzentrierte Gesprächstherapie, Bioenergetik,
Psychodrama, Selbsterfahrung), (tiefenpsychologischer) Individualpsychologie,
psychoanalytisch orientierter Gruppendynamik und Verhaltenstherapie und zeigte
sich, quasi im Gegenzug, zunehmend ablehnend gegenüber einer vorwiegend
testdiagnostisch begründeten und ausgerichteten Beratungstätigkeit. Vor allem die
humanistischen Verfahren, zunehmend auch die Verhaltenstherapie, hielten Ein-
zug in Erziehungs- und Familienberatungsstellen und in die neu entstandenen
Studierendenberatungsstellen.

Diese Phase des Aufbruchs war auch durch einen stetigen Ausbau des
Bildungswesens mit einem starken Anstieg von Hochschulabsolventen gekennzeichnet. Begleitet wurden diese Entwicklungen vom Ausbau einer psychologisch
geprägten Bildungsberatung, deren Anfänge zwar schon zu Beginn der Erzie-
hungs- und Berufsberatung anzutreffen waren, die nun aber über die Aufgaben-
felder der Schullaufbahn- und Studienberatung und durch einen zunehmenden
Beratungsbedarf infolge psychisch bedingter Studien- und Leistungsprobleme
eine weitere Ausprägung erfuhr. Zum Einsatz kamen Diagnostik und Beratung
zur Orientierungs- und Entscheidungshilfe bei der Realisierung von Bildungs-
zielen sowie pädagogisch-psychologische Verhaltensmodifikation bei individuellen Problemlagen.

**Lebensweltorientierte, sozialökologisch-transaktionale und systemische
Grundlegungen und Entwicklungen von Beratung** Parallel zu diesen Entwicklungen bahnte sich Ende der 1970er-Jahre zunächst in den USA und kurz
darauf auch in Deutschland eine inhaltlich-konzeptionelle Wende an. Vor allem in
den 1980er-Jahren kam dies auf verschiedenen Ebenen zum Ausdruck: zum einen

durch die rasche Verbreitung von Familientherapie und systemischen Ansätzen (z. B. Watzlawick et al. 2000; Richter 1972; Reiter et al. 1988), nicht nur in der Erziehungs- und Familienberatung, und zum anderen durch gesellschaftskritisch fundierte Beratungskonzepte, insbesondere auf der Grundlage von sozialökologisch und gemeindepsychologisch fundierten Denk- und Handlungsansätzen (Germain und Gitterman 1999; Sommer und Ernst 1977; Wendt 1990) und sozialpädagogischen, lebensweltorientierten Beratungsansätzen (z. B. Frommann et al. 1976; Thiersch 1986, 2007). Vor dem Hintergrund kritischer Sozialtheorien wie auch sozialökologischer und systemischer Forschungen erfolgten zunehmend Debatten über das Verständnis von psychischer Erkrankung (Szasz 1961/dt. 1972; Keupp 1972, 1974), über das Krankheitsmodell der Psychiatrie (Dörner und Plog 1984) und über die Strukturen psychosozialer Versorgung (Keupp und Zaumseil 1978). Vor allem in den USA, Großbritannien, Deutschland und Italien zeigten sich diese Entwicklungen in neuen Konzeptionen und Handlungsansätzen. Richtungsweisend wurden hierbei Gemeindepsychologie (Community Psychology) und Sozialpsychiatrie mit den Handlungsformen Gemeinwesenarbeit, Empowerment und Netzwerkarbeit. Weiteren Anschub erhielten diese Debatten durch die feministische Psychotherapiekritik (Psychologinnengruppe München 1978; Großmaß 2000, 2007).

Zentrale Kritikpunkte im Rahmen dieser Diskurse haben auch heute noch ihre Gültigkeit: Das in der Psychotherapie vorherrschende psychogenetische Störungsverständnis führe zu einer Individualisierung von gesellschaftlich-strukturell verursachten Problemlagen, die im Endeffekt den Betroffenen als „eigenes" bzw. „persönliches" Problem zugeschrieben würden, und wirke sich letztlich im Sinne einer Stabilisierung gesellschaftlicher Ungleichheiten aus. Von anderer Seite wurde dazu kritisch angeführt, dass unter der Dominanz der gesellschaftlich ausgerichteten Perspektive das subjektive Leiden der Betroffenen an diesen Verhältnissen in den Hintergrund gedrängt werde. Durch diesen „Paradigmenwechsel" wurde vor allem in der Sozialen Arbeit (inkl. Sozialpädagogik) und in der Psychiatrie das psychogenetische Modell durch ein gesellschaftskritisches soziogenetisches Modell ergänzt und zeitweise auch „ersetzt". Psychosoziale Beratung bekam damit in Psychologie, Sozialer Arbeit und Sozialpädagogik einen neuen und eigenständigen Stellenwert: Über Aufklärung und Emanzipation sollten Betroffene gegenüber einer gesellschaftlich-strukturell bedingten Problemerzeugung, Ungleichheit und Benachteiligung eine Stärkung in ihrer alltäglichen Lebensführung erfahren. Sozialökologische und gemeindepsychologische Forschungen zeigten auf, welche Effekte die Wechselwirkungen von gesellschaftlichen Strukturen und individuellem Handeln auf Lebensgestaltung und Lebensqualität von Individuen und sozialen Gemeinschaften haben, d. h.:

a) wie einerseits soziale und gesellschaftliche Strukturen und Bedingungen, bei-spielsweise in Familie, Schule, Arbeitswelt, Gesundheitswesen, sozialen Netz-werken und sozialen Räumen, die individuellen Möglichkeiten zur Gestaltung der Lebensführung beeinflussen und

b) wie andererseits Personen durch ihr Handeln wiederum förderlich oder behindernd auf diese Umwelt- und Lebensbedingungen und damit

c) auf ihre Möglichkeiten zur Lebensgestaltung und Schaffung von Lebensquali-tät einwirken (Keupp und Zaumzeil 1978; Schubert 2013a).

Lebensweltorientierte Beratung erfasst das Erleben und Verhalten der Betroffenen im Rahmen ihrer konkreten sozialen und materiellen Lebensverhältnisse, mit ihren Belastungen, Konflikten und Widersprüchlichkeiten wie auch mit den viel-fältigen individuellen und sozialen Bewältigungspotenzialen und Ressourcen, und bezieht diese Auswirkungen und Möglichkeiten in den Beratungsprozess zur Ver-besserung der alltäglichen Lebensgestaltung ein (Frommann et al. 1976; Thiersch 2007).

Der *sozialökologisch-transaktionale Beratungsansatz* hat sich aus drei Ent-wicklungssträngen herausgebildet (Schubert 2013a). a) aus dem (systemischen) Lebensverständnis der biologischen Ökologie, b) aus den darauf bezogenen soziologischen Forschungen der Chicagoer Schule der 1920/1930er-Jahre zu den sozialökologischen Wechselwirkungen zwischen individuellen und sozialen Fak-toren bei der Entstehung und Bewältigung menschlicher Problemlagen und c) aus den begleitenden Handlungsformen in der Sozialen Arbeit (anzuführen sind hier Jane Addams, Mary Richmond in den USA und Alice Salomon in Deutschland). Gordon Hamilton (1951) und besonders Florence Hollis (1964) entwickelten dar-aus in den USA tragfähige psychosoziale Beratungskonzepte mit der Konfigu-ration *Person* in ihrer *Lebenssituation* und den darin ablaufenden *Interaktionen* („Person-in-Situation"- oder „Person-in-Environment"-/PIE-Ansatz). Germain und Gitterman erstellten in ihrer Neubearbeitung von 1999 ein differenziertes sozialökologisch-transaktionales Beratungsmodell („Life Model"), in das sie Erklärungs- und Handlungsansätze aus dem transaktionalen Stressmodell von Lazarus (Lazarus und Folkman 1984) und dem ökologischen Entwicklungs-modell von Bronfenbrenner (dt. 1981) integrierten.

Sozialökologisch orientierte Beratung ist auf alle drei Parameter ausgerichtet – auf die Person, auf ihre Umwelt und auf den transaktionalen Austausch zwischen beiden – und bezieht die gegenseitigen Erwartungen, Handlungen und Poten-ziale (Ressourcen) von Person und Umwelt in einer wechselseitig entwicklungs-fördernden Weise aufeinander („Person-Umwelt-Passung", Schubert 2013a) (s. auch Abschn. 3.3 und 4.2).

Die *Familientherapie/systemische Beratung* hat sich seit ihrer Einführung in Deutschland Ende der 1970er-/Anfang der 1980er-Jahre sehr rasch zu einer einflussreichen Strömung entwickelt (von Schlippe und Schweitzer 2013). Im Fokus der systemischen Beratung steht nicht ein individueller „Problemträger", sondern stehen die kontextbezogenen Kommunikations- bzw. Beziehungsmuster der Systemmitglieder und ihre wechselseitigen („Wirklichkeits"-)Konstruktionen und Lösungsversuche. Die gesellschaftskritischen Diskurse sind hierbei allerdings weitgehend unbearbeitet geblieben (Schubert 2015a).

Entwicklungen im Kontext von Finanzkrisen, Psychotherapeutengesetz und dem Ausbau von Ehrenamt und Selbsthilfe

Die Jahre des Aufbruchs und die anschließende Konsolidierungsphase von Beratung waren durch einen starken Anstieg der Hochschulabsolventinnen und -absolventen mit psychologischen, pädagogischen und sozialen Abschlüssen gekennzeichnet, die (zunächst noch) Aufnahme in die expandierenden psychosozialen und erzieherischen Berufsfelder fanden. Diese Entwicklung kam gegen Ende der 1970er-Jahre und dann vor allem in den 1980er-Jahren ins Stocken. Hohe wohlfahrtsstaatliche Ausgaben führten zu massiven Kürzungen bei den sozialen und pädagogischen Leistungen und dem Personalstellenschlüssel dieser Dienste. Professionelle psychosoziale Versorgungsleistungen wurden reduziert, und zugleich wurde der Ausbau von Ehrenamt und Selbsthilfe vorangetrieben.

Parallel zu den konzeptionellen Diskursen wurde die psychosoziale Beratung in der BRD der 1980er- und 1990er-Jahre zunehmend von psychotherapeutischen Verfahren durchdrungen. „In vielen Bereichen psychosozialer Praxis wurde seit Beginn der 80er Jahre die Unterscheidung zwischen intensiven psychosozialen Beratungsprozessen und psychotherapeutischen Interventionen fast ganz aufgegeben. Psychotherapeutische Zusatzausbildungen gehörten längst auch zur professionellen Qualifikation von Beratern und Beraterinnen" (Großmaß 2007, S. 93). Auf der Basis dieser Ausbildungen führten viele Berater Psychotherapie im Rahmen von eigenverantwortlicher Tätigkeit durch, die damals teilweise auch über das Kostenerstattungsverfahren der gesetzlichen Krankenversicherungen finanziert wurden. Diese Entwicklung änderte sich mit Inkrafttreten des Psychotherapeutengesetzes (PsychThG) von 1998, das in Deutschland zu einer (endgültigen) Abgrenzung zwischen Psychotherapie und psychosozialer Beratung führte. In den USA und in Großbritannien ist diese strikte Abgrenzung so nicht vorzufinden. In England ist Beratung (Counselling) überwiegend psychologisch und psychotherapeutisch orientiert, in den USA ist Counseling durch ein breites, psychosozial angelegtes Selbstverständnis geprägt, in das auch pädagogische und sozialarbeiterische Handlungsformate einbezogen sind. Die besondere Situation in Deutschland führte zu einer Profilschärfung von Beratung, was Professionalisierung und wissenschaftliche Fundierung anbelangt. Beratung ist heute als Teil und als Ausdruck der gesellschaftlichen Modernisierungsprozesse zu verstehen, als professionelles Angebot zur ko-konstruktiven, reflexiven Hilfestellung bei der Bewältigung krisenhafter moderner Lebens- und Arbeitsbedingungen mit ihren vielfältigen Orientierungs- und Entscheidungsanforderungen (Seel 2014). Die Vielfalt wissenschaftlicher Zugänge, Konzeptionen, Ansätze und Beratungsfelder kommt in dem dreibändigen *Handbuch der Beratung* von Nestmann et al. (2007, 2013) umfassend zum Ausdruck. Als ein weiteres Kapitel in der Historie der Beratung wird sicherlich das aktuell expandierende Format der Onlineberatung hinzugefügt werden.

Was ist Beratung?

2

Erstmalig beschrieb der Beratungsführer der Bundeszentrale für gesundheitliche Aufklärung (BZgA 1975) das Feld der Beratung in der BRD:

> Beratung im psychosozialen Bereich hat sich in der BRD und in Westberlin in den letzten zwei Jahrzehnten entwickelt. Entsprechend dem vor allem im angelsächsischen und skandinavischen Raum entstandenen Counseling kommt dieser Art von Problemerklärung und Konfliktlösung mittlerweile wissenschaftlicher Rang zu.
>
> Die Beratung ist auf dem Feld zwischen einzeltherapeutischen Maßnahmen, sozialfürsorgerischen Tätigkeiten und pädagogischen Aktivitäten angesiedelt. Sie macht sich Erkenntnisse folgender Gebiete zunutze: der Medizin, der Psychologie, der Psychagogik, der Psychotherapie, der Sozialarbeit und Soziologie sowie in besonderen Fällen der Theologie und juristischen Wissenschaften.
>
> Durch Synthese und Integration psychodynamischer, verhaltenstherapeutischer, humanistischer und systemischer Ansätze entwickelt sie Arbeitsmöglichkeiten für ihr spezifisches Aufgabengebiet.
>
> Die Beratung im psychosozialen Bereich hat mit Menschen zu tun, die mit unterschiedlichen Problemen und Fragen ihrer Daseinsbewältigung Rat und Hilfe suchen. Die Berater werden von den Rat- und Hilfesuchenden mit konkreten Angaben über ihre persönliche Lebenssituation und die Verhaltensweisen der mit ihnen interagierenden Personen informiert und erhalten dadurch die Möglichkeit, zusammen mit dem Rat- und Hilfesuchenden an der Klärung der konkreten Situation und der Konfliktlösung mitzuwirken.
>
> Beratung ist als ‚fachkundige Partnerschaft auf Zeit' bezeichnet worden. Zu ihren Prinzipien gehören auf der einen Seite die volle Freiwilligkeit des Rat- und Hilfesuchenden beraten bzw. behandelt zu werden und aktiv mit dem Berater zusammenzuarbeiten, auf der anderen Seite die volle Verschwiegenheit des Beraters hinsichtlich dessen, was ihm anvertraut wird. Da in der Regel Ziel der Beratung nicht die Erteilung eines konkreten Rats ist, bemüht sich der Berater mit dem Rat- und Hilfesuchenden gemeinsam um die Klärung der Ursachen seiner Schwierigkeiten, Probleme oder Konflikte und versucht, ihm sowohl eine Verstehens- und Orientierungshilfe zu geben als auch Entscheidungshilfe zu vermitteln. Gemeinsam

werden Möglichkeiten zur Problemlösung gesucht. Damit ist es ein Ziel der Beratung über den aktuellen Bereich des jeweiligen Anlasses hinaus den Rat- und Hilfesuchenden ein Stück mündiger und lebensfähiger zu machen und ihm mehr persönliche Freiheit zu vermitteln. Die Erreichung dieses Zieles setzt eine Ich-Stärkung voraus. Damit leistet die Beratung gleichzeitig einen Beitrag zur Demokratisierung der Gesellschaft (BZgA 1975, S. 4).

Beratung hat, wie wir sehen, eine lange Geschichte. Zuerst als Handlungskonzept der Sozialen Arbeit, dann als Part des therapeutischen Handelns ist Beratung bei uns auf dem Weg zu einer eigenständigen Disziplin und erlangt hier ihre Anschlussfähigkeit an die internationalen Entwicklungen des Counseling. Wenngleich die Professionalisierung von Beratung in der Bundesrepublik Deutschland immer noch den therapeutischen Schulen entlehnt und verbunden zu sein scheint, so ist international längst eine akademische Profilbildung eingeläutet.

Die internationale Diskussion unterscheidet zwischen Counseling mit „l" und Counselling mit „ll". *Counselling* ist in England gebräuchlich und dort stark psychologisch und therapeutisch orientiert; es zeigt eine große Nähe zu Therapie, Medizin und Psychologie. *Counseling* hingegen ist in Amerika gebräuchlich und wird getragen von einem breiteren psychosozial angelegten Verständnis; psychologische, organisationsentwicklerische, sozialarbeiterische und pädagogische Arbeitsfelder sind darin enthalten. Auch Bildung und Beratung rücken in diesem Verständnis näher zueinander (Lumma 1999, zit. nach Nestmann 2007b).

In der Theoriebildung und der wissenschaftlichen Fundierung von Beratung ist spätestens seit den Arbeiten von Frank Nestmann Ende der 1990er-Jahre in Deutschland viel in Bewegung gekommen. Diese Bewegung ist in einem internationalen Kontext und Rahmen zu sehen: In England und Amerika formierte sich Counseling in den vergangenen Jahrzehnten vorwiegend an den Hochschulen – es gibt unterschiedlichste Counseling-Studiengänge mit akademischem Abschluss. Hierzulande finden wir eine reiche Vielfalt an Fachverbänden, die sich rund um die verschiedenen therapeutischen Schulen etabliert haben. Meist platzierten die Fachverbände Beratung als „kleine" Therapie und als Einsteigerprogramm in ihrer Angebotspalette der beruflichen Weiterbildung. Dazu gesellen sich mittlerweile andere Counseling-Formate, wie etwa Mediation, Coaching, Organisationsberatung. Inzwischen gelingt es in vielen psychosozialen, pflegerischen und pädagogischen Berufen, die Beratungsanteile im jeweiligen professionellen Handeln deutlich herauszustellen und auszubauen.

Es brauchte eine lange Zeit fachlicher Auseinandersetzungen und Diskurse, bis sich schließlich 2004 30 Fach- und Berufsverbände als „Arbeitsgruppe Beratungswesen" unter einem Dach, der Deutschen Gesellschaft für Beratung

(DGfB) zusammenfanden und sich eine eigene gemeinsame Plattform für ein psychosoziales Beratungsverständnis geben konnten (www.dachverband-beratung.de). Zu den Kernpunkten des DGfB-Beratungsverständnisses gehört die „fachkundige Partnerschaft auf Zeit": Diese

- befasst sich mit Daseinsbewältigungsfragen,
- ist (therapie-)schulenübergreifend,
- legt ein interdisziplinäres Wissenschaftsverständnis zugrunde und
- kann einzeltherapeutische, beraterische, sozialfürsorgerische, sozial-pädagogische oder pädagogische Aktivität sein.

Die DGfB will zur Professionalisierung von Beratung beitragen und auch gesellschaftspolitische Entwicklungen in ihren Auswirkungen auf die Beratung verfolgen. Zeitgleich mit der Gründung der DGfB haben sich Hochschullehrer und -lehrerinnen in der „Vereinigung der Hochschullehrer zur Förderung von Beratung und Counseling" (VHBC) zusammengeschlossen. Ihr Ziel ist es, im Rahmen des Bologna-Prozesses neue akademische Qualitäten in die Profession der Beratung einzubringen und nutzbar zu machen (www.vhbc.de).

Wenn nun Beratung nach dem Verständnis der DGfB subjekt-, aufgaben- und kontextbezogen ist, dann hat sie ebenfalls soziale, gesellschaftliche, institutionelle, ökonomische und ethische Rahmenbedingungen. Als gleichermaßen struktur- und personenbezogene Dienstleistung ist Beratung weit über den Wissenschaftsrahmen der Psychologie hinausgewachsen. Sie ist in ihren Grundsätzen nur interdisziplinär verstehbar. Die Entwicklung einer Beratungswissenschaft ist nur im Verbund mehrerer Disziplinen möglich, ja sie fordert geradezu ein multidisziplinäres Wissenschaftsverständnis. Nicht zuletzt hilft hierbei der Bologna-Prozess an den europäischen Hochschulen, der eine interdisziplinäre Vorgehensweise favorisiert, ohne dass die eine oder andere Disziplin einen Hoheitsanspruch für sich reklamieren kann. Nach zehn Jahren fachlicher Diskurse bahnt sich eine Erweiterung des vormals relativ eng gehaltenen Beratungsverständnisses an: Zunehmend wird die gesellschaftliche Dimension in den Fokus genommen und diese Erweiterung als „dialogisch-reflexive Beratung" einem eigenen fachlichen Diskurs zugeführt (Seel 2014).

Beratung hat eine lange Fachtradition, doch die eigenständige wissenschaftliche Formatierung ist hierzulande gerade erst in Fahrt gekommen. Um den Anschluss an die internationale Entwicklung herzustellen und aufrechtzuerhalten, braucht es dringend eine erweiterte wissenschaftliche Verortung und Fundierung von Beratung. Das gilt auch für die fachlichen Diskurse im informellen Weiterbildungsbereich der Fachverbände, wie es derzeit beispielsweise im Hinblick auf

Entwicklungen des Europäischen Qualifikationsrahmens (EQR) und dessen natio-
nale Umsetzungsprozesse im Deutschen Qualifikationsrahmen (DQR) angestrebt
wird. Modellhaft finden sich gegenwärtig unterschiedlichste Kooperationen
zwischen Hochschulen und Weiterbildungsfachverbänden, die möglicherweise
wegweisend für nachhaltige neue Entwicklungen werden können. Beratung ist
zunehmend deutlicher aus dem Schatten ihres historisch therapeutisch orientierten Umfeldes herausgetreten und mit einem eigenen Markenzeichen professioneller Hilfeleistung ausgestattet. Dieser Tatbestand und die Art und Weise, wie sich
die internationale Entwicklung von Counseling in der Praxis der Beratung bei uns
wiederfindet, zeigt sich

- in den Diskursen über das psychosoziale Profil von Beratung in und neben der
  Deutschen Gesellschaft für Beratung (DGfB) und ihren Mitgliedsverbänden
  und
- in der Art und Weise, wie die vielen Therapieverbände mit ihrer unterschiedlichen Therapieschulenbezogenheit Beratung verstärkt als ein „eigenes" Format markieren.

Folgende Visualisierung nach Rohr (2017b; s. Abb. 2.1) versucht das Feld der
Beratung ab- und einzugrenzen. Ihre vier Achsen bringen eher qualitative Aspekte
zum Ausdruck (in Anlehnung an Brandl-Nebehay und Russinger 2005; Gregusch
2013). Sie erfassen also nicht typisch quantitative Aspekte von Beratung, wie die
Dauer oder Frequenz der Sitzungen (einmalige, mehrere oder bis zu 50 Sitzungen mit einer Dauer von 5 min bis zu 120 min oder länger), das Setting mit der
Anzahl der zu Beratenden (also Einzel-, Paar-, Gruppen- oder Teamberatungen)
oder die Spezifität der Diagnoseerstellung. Vielmehr kann anhand der Grafik
eine konkrete Beratung charakterisiert werden über die Bandbreite zwischen den
Polen 1) Spezifität: „Fachberatung" bis „psychosoziale Beratung", 2) Freiwilligkeit in der Inanspruchnahme von Beratung: „hohe Freiwilligkeit" bis „niedrige
Freiwilligkeit", 3) Formalisierung des Settings: „formales" bis „informelles"
Setting, 4) Interessen des Beraters: „starke eigene Interessen" bis „keine eigenen Interessen" (ggf. würde hier auch der Begriff „Überzeugungen" passen). Wir
möchten diese vier Achsen am Beispiel einer freiberuflichen niedergelassenen
Beraterin verdeutlichen:

1. Auf der Achse der *Spezifität,* die von „Fachberatung" (oder auch informations-
   gebende Beratung, wie z. B. Finanzberatung oder Erziehungsberatung)
   bis „psychosoziale Beratung" (oder auch Prozessberatung, therapeutische
   Beratung etc.) reicht, würde man unser Beispiel am ehesten im rechten Viertel

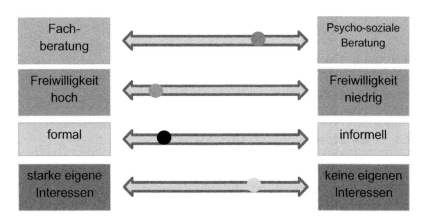

Abb. 2.1 Vier-Achsen-Modell zur qualitativen Beschreibung von Beratungssettings. (Rohr 2017b, S. 210)

ansiedeln (da die Beraterin z. B. Kommunikations- oder Konfliktmodelle oder gar Psychoedukation durchaus einbringt und erklärt, können auch Anteile einer informationsgebenden Beratung enthalten sein).

2. Bei der *Freiwilligkeit* der Inanspruchnahme von Beratung kann von einer hohen Freiwilligkeit ausgegangen werden. Diese Achse mag auf den ersten Blick sehr eindeutig erscheinen, aber selbst im Zwangskontext einer Justizvollzugsanstalt gibt es freiwillige Beratungsangebote, bei Paarberatungen durchaus auch „unfreiwillige" Teilnehmer.

3. *Formalisierung des Settings:* In unserem Beispiel können wir von einem formalen Setting sprechen – nicht so formal und bürokratisch wie z. B. das Setting einer Psychotherapie, aber auch nicht so informell wie ein „Beratungsgespräch" zwischen Chef und Mitarbeiter zwischen Tür und Angel.

4. *Interessen des Beraters:* Hier würden wir wahrscheinlich nicht von starken eigenen Interessen sprechen. Es gibt keine Institution mit eigenen Erwartungen, Leitbildern, Finanzierungsvorstellungen etc. – dennoch kann kein selbstständiger Berater das Interesse haben, Klienten „zu schnell" zu verlieren. Außerdem gibt es in Bezug auf die Beratung per se eigene Überzeugungen des Beraters: z. B., dass eine starke Lösungsorientierung sinnvoll

ist oder aber eher eine tief gehende Aufarbeitung, dass eine Konfrontation im Sinne des provokativen Stils hilfreich oder aber eher ein empathisch-wertschätzendes Zuhören wichtig ist, dass man „sich besser nicht trennt" oder dass man „nicht an schwierigen Paarbeziehungen kleben bleibt". Wie in der Schule, so gibt es auch in der Beratung „heimliche Lehrpläne".

Wenn diese Visualisierung zur fachlichen (Selbst-)Reflexion einlädt, hat sie ihren Sinn bereits erfüllt, wiewohl uns bewusst ist, dass es sich hier um eine unzulässige Reduktion von Komplexität handelt (Rohr 2017b).

2.1 Beratung – ein interdisziplinäres Grundverständnis

Moldaschl (2009) verwendet das Bild des Lattenzauns für die Beschreibung der wissenschaftlichen Verortung der Beratung (s. Abb. 2.2). Die Querlatte „Beratungswissenschaft" hält und verbindet die einzelnen Disziplinen, die an Beratung beteiligt sind. Damit wird die Interdisziplinarität von Beratung veranschaulicht. Je nach Beratungsfeld oder Zielgruppe, z. B. Erziehungsberatung,

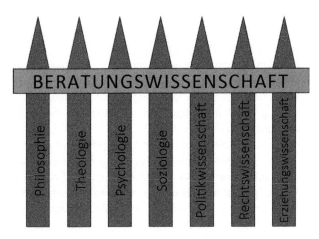

Abb. 2.2 Beratungswissenschaft. (Zwicker-Pelzer und Hoff 2015, S. 46, modifiziert nach Moldaschl 2009, S. 22)

Karriereberatung oder Gesundheitsberatung, sind unterschiedliche Latten (Disziplinen) tragend eingebunden. Somit kann auch das Beratungsfeld eine weitere, die schwerpunktmäßig beteiligten Disziplinen verbindende Querlatte darstellen.

Wenngleich das Bild des Zaunes für die theoretische Begründung von Beratung als eigener Wissenschaft noch nicht ausreichen mag, so begründen sich viele neue Wissenschaften, wie z. B. die Gerontologie, die Sozialarbeitswissenschaft, die Pflegewissenschaft oder die (biopsychosoziale) Gesundheitswissenschaft, ebenfalls aus einer vergleichbaren „Querlage" heraus, die verschiedene Disziplinen einbindet. Es wird in Zukunft darum gehen, die Besonderheit von Beratung in den jeweiligen Handlungsfeldern aus den verschiedenen wissenschaftlichen Blickwinkeln und Grundlegungen heraus zu beschreiben und Beratung in einem interdisziplinären Diskurs zu verorten.

Auch die verschiedenen sozialökologischen „Ebenen", auf denen Beratung zum Einsatz kommt, sind entlang der jeweiligen wissenschaftlichen Fragestellung neu zu justieren. Konzentrierte sich die Forschung lange Zeit auf den Mikrokosmos Beratung, d. h. auf die Situation zwischen Berater und Klient, so liegt die gegenwärtige Herausforderung darin, den Kontext, d. h. den Rahmen von Beratung und die Lebenswelt von Klienten, in die Forschungsprozesse und in die wissenschaftliche Theoriebildung einzubeziehen (s. Kap. 3). Auch die Rolle von Beratung gehört als „Gegenstand" in die wissenschaftliche Reflexion (Schneider 2017). Beratung ist ein interdisziplinäres Denk- und Handlungskonzept, eine praxisbezogene Wissenschaft, die ihren Bezug und ihre Begründung in vielen menschlich relevanten Lebenssituationen hat und damit eine personen- und kontextbezogene Dienstleistung von großer Reichweite ist.

Im deutschen Sprachraum existieren viele verschiedene Begrifflichkeiten, z. B. Beratung, Coaching, Supervision, die unter dem Begriff des Counseling zusammengeführt werden können und darunter ihr gemeinsames Dach finden. Unter diesem Dach teilen sich in einer groben Unterscheidung die eher arbeitsweltbezogene Beratung und die lebenswelt- bzw. familienweltorientierte Beratung das „House of Counseling" (s. Abb. 2.3).

Dieses Verständnis von Beratung drückt sich am ehesten im Bild eines Doppelhauses aus, das unter einem gemeinsamen Dach je eigene (Beratungs-) Zugänge und zumeist auch unterschiedliche (Handlungs-)Räume hat. Von der diversen Innenraumgestaltung ist von außen nicht viel erkennbar, man muss die jeweiligen Korridore begehen, um die spezifischen Unterschiede entdecken zu können. Beide Haushälften sind als Counseling der Handlungswissenschaft zuzuordnen, sie folgen gemeinsamen Strukturprinzipien und basieren beide auf einem

Abb. 2.3 House of Conseling. (Nach Zwicker-Pelzer 2018)

transdisziplinären Querschnittverständnis von Wissenschaft. Braucht arbeitsweltlich fokussierte Beratung (Supervision, Coaching) weitreichende Kenntnisse und
Verständnis von Wirtschafts- und betrieblichen Strukturprinzipien der entlohnten
Arbeit und von Wirtschaftspsychologie, so ist die auf Lebenswelt und Familie bezogene Beratung auf die Gestaltung und den Vollzug der Lebensführung
ausgerichtet und erfordert hier vertiefte Kenntnisse. Die Dynamiken in der alltäglichen Lebensführung, in Familien, in der Erziehung oder in der Pflege und
Versorgung unterscheiden sich von denen des arbeitsweltlich-betrieblichen Kontextes.

Aus dem Verständnis von Beratung als eigene Disziplin mit Öffnung und
Beziehung zu anderen Disziplinen, wie in Abb. 2.2 dargestellt, ergeben sich neue
Fragen nach der Wirksamkeit von Beratung im menschlichen Lebensvollzug. Das
Leben von Menschen ist kontextuell verortet und bezieht mehrere Handlungs-
ebenen von individuellen über institutionelle bis hin zu gesellschaftlichen Wirk-
zusammenhängen ein. An dieser Stelle erreicht die Frage der gesellschaftlichen
Verortung von Beratung eine neue Bedeutsamkeit (s. Kap. 3).

In Deutschland hat sich Frank Nestmann um die Theoriebildung der Beratung verdient gemacht. Unter Bezugnahme auf Gelso und Fretz (1992) schreibt er der Beratung eine eigenständige Identität mit vier Aufgabenbereichen zu: 1) Prävention bzw. Vorsorge, 2) Entwicklungs- und Wachstumsförderung, 3) Bewältigungshilfe und Rehabilitationsunterstützung sowie schließlich 4) Informationsverarbeitung und Entscheidungsmanagement (Nestmann 2007a; s. Abschn. 2.3).

Diese Rollenzuschreibungen sind auf dem Hintergrund des Counseling-Verständnisses amerikanischer Prägung auch für Beratung in den Arbeitsfeldern der Pflege und Betreuung sowie der Pädagogik und der Sozialen Arbeit sehr anschlussfähig. Beratung leistet eine wichtige Unterstützung in der Lebensführung. Die Bewältigung von Lebensanforderungen braucht Kompetenzen der Lebensführung (s. Abschn. 2.2). Beratung soll Klienten zur Selbstermächtigung führen oder sie zumindest anregen, die Gestaltung ihres Lebens (wieder) zu übernehmen.

In dem transaktionalen Konzept von Schubert (2013a, b) basiert Lebensführung auf dem wechselseitigen Austausch von Ressourcen zur Bewältigung der gegenseitigen Anforderungen von Person und Lebenswelt und belastender struktureller und natürlicher Lebensbedingungen. In der Beratung geht es um die Gestaltung und die Qualität dieser transaktionalen Austauschprozesse. Es geht trotz der Einschränkungen in der sozialen und kulturellen Umwelt um die Nutzung, die Bereitstellung, die Pflege und die Anregung von Bewältigungskompetenzen und Ressourcen (s. Abschn. 4.2). Vor allem therapeutisch geprägte Beratungskonzepte fokussieren stark auf die intrapersonalen Aspekte der Klienten, sodass der Blick auf die kontextuellen Lebensbedingungen einer Person ausgeblendet erscheint.

Die lebensweltlichen Bezüge sind systemisch wie sozioökologisch konzeptionell auf dem Hintergrund der Mehrebenentheorie (Mikro-, Meso-, Exo- und Makrosystem) von Urie Bronfenbrenner (1981) zu fassen. Die Psychotherapie und aus ihr abgeleitete Beratungskonzepte fixierten sich lange Zeit auf die Mikroebene des Beratungssystems: Der Klient und seine Schilderungen sowie die Interaktion von Klienten mit dem Berater standen im Mittelpunkt der Betrachtung. Inzwischen weiß man in der professionellen Beratung um die hohe Bedeutsamkeit der Lebensumstände, der sozialen Interaktionspartner für die Bewältigung alltäglicher Lebensanforderungen und um die Wechselwirkungen von gesellschaftlich-strukturellen „Schieflagen" mit individuellen Problemlagen. Andererseits spiegeln sich auch die Makrostrukturen und -bedingungen in den Beratungsprozessen, wie auch umgekehrt tief greifende Lebensprobleme in den Beratungen nur über gesellschaftliche Reflexivität verstehbar sind. Prozesse auf

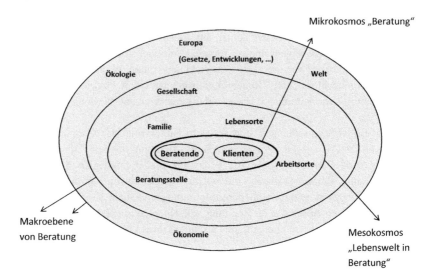

Abb. 2.4 Der Beratungskontext als ökosoziale Mehrebenenperspektive. (Zwicker-Pelzer 2010, S. 42)

der Mikro-, Meso-, Exo- und Makroebene beeinflussen sich also wechselseitig. In einer professionellen Beratung ist sowohl in der Diagnostik wie auch in der Intervention die sozioökologische bzw. ökosystemische Mehrebenensicht unerlässlich (s. Abb. 2.4).

2.2 Lebensführung als zentraler Gegenstand von Beratung

Psychosoziale Beratung fokussiert Fragestellungen und Problemlagen, die sowohl aus der Auseinandersetzung mit den komplexen, widersprüchlichen und teilweise unvorhersehbaren Ereignissen und Anforderungen der alltäglichen und arbeitsweltlichen Lebensgestaltung als auch aus den darauf bezogenen Einschätzungen, Bewertungen und Sinngebungen durch die Ratsuchenden und deren Umfeld entstehen. Anders gewendet: Psychosoziale Beratung befasst sich mit der Gestaltung der individuellen und gemeinsamen (Paar, Familie, Gruppe) Lebensführung. Gestaltung von Lebensführung beinhaltet grundlegend auch die Schaffung von biopsychosozialer Gesundheit und Lebensqualität (s. Abschn. 3.4).

Lebensführung ist durch das intentional ausgerichtete Zusammenwirken von Individuum und Umwelt (insbesondere der zwischenmenschlichen und der gesellschaftlich-kulturellen Umwelt) gekennzeichnet[1]. Sie beinhaltet die individuellen und gemeinschaftlichen Bemühungen, die wechselseitig gesetzten Ansprüche in Bezug auf Lebensgestaltung und Bedürfniserfüllung, die Verteilung von Gütern wie auch die Schaffung und Erhaltung von Lebensqualität, Wohlbefinden und Gesundheit durchzusetzen. Entsprechend kann Lebensführung nach einem Belastungs-Bewältigungs-Modell konzipiert werden, das die Wechselwirkungen zwischen individuellen und umweltlichen Erwartungen, Anforderungen und Belastungen und den zur Bewältigung zur Verfügung stehenden Potenzialen bzw. Ressourcen in den Fokus rückt (Schubert 2013a, 2014b).

Unter dieser Konzeption, die den Belastungs-Bewältigungs-Ansatz aus der transaktionalen Stressforschung aufnimmt (Lazarus und Folkman 1984; Lazarus 1990), beinhaltet Lebensführung aufseiten des Individuums die Bestrebungen, eigene physische, psychische, spirituelle und materielle Bedürfnisse und Zielsetzungen zu erfüllen bzw. durchzusetzen wie auch mit belastenden Lebensereignissen oder den Anforderungen seiner Umwelt zurechtzukommen bzw. diese zu bewältigen. Aufseiten der Umwelt entstehen Anforderungen im Wesentlichen aus den Erwartungen, Normen und Regeln im Rahmen des sozialen Zusammenlebens (Familie, Nachbarschaft, Wohnviertel) und der gesellschaftlich-kulturellen, behördlichen oder arbeitsweltlichen Einrichtungen und Systeme (Schule, Arbeitsplatz, Behörden). Hinzu kommen auffordernde Anreize aus der medialen Welt und der Konsumwelt. Nicht zuletzt ergeben sich Anforderungen aus unwirtlichen Bedingungen der technischen und ökologischen Umwelt (Zeitdruck, Lärm, Schadstoffbelastungen). Das schließt auch das Zurechtkommen mit jenen Veränderungen ein, die aus den Wechselwirkungen dieser Bestrebungen und Anforderungen von Individuum und sozialer Umwelt und aus deren jeweiligen Bewältigungsversuchen oder den wie auch immer gearteten Anleitungen und Vorschriften zur Bewältigung entstehen. In diesem Prozess sind zudem Belastungen bzw. Risiken wie auch Ressourcen von Bedeutung, die aus der Biografie des Individuums mit seinen

---

[1]Umwelt taucht in der Literatur unter verschiedenen Begriffsvarianten mit variierendem Bedeutungshorizont auf (Schubert 2013a). Bekannt sind die sozialökologischen Systemebenen (Mikro-, Meso-, Makro- und Exosysteme) nach Bronfenbrenner (1981), das Lebensweltkonzept nach Thiersch (1992) und die „Lebensführungssysteme" von Sommerfeld et al. (2011). In systemischen Konzepten ist der Begriff „Kontext" gebräuchlich. Eine ausführliche begriffliche Differenzierung hat kürzlich Kriz (2017) entfaltet (vgl. auch Abschn. 3.2).

soziohistorischen und lebensweltlichen Prägungen und aus soziokulturellen Handlungs- und Sinnmustern stammen (s. Abschn. 3.3).

Lebensführung ist also durch *Intentionalität* und die wechselseitig aneinander gerichteten Erwartungen und *Anforderungen* von Mensch und sozialer Umwelt (z. B. Lebensführungssysteme) charakterisiert, zu deren Befriedigung beide Seiten im Idealfall *Ressourcen* (z. B. von Mitteln, Informationen, Kompetenzen u. a.) wechselseitig bereitstellen, nutzen, gestalten und pflegen. Dieser Prozess ist als Ressourcenaustausch oder als Ressourcentransformation zu fassen. Zum Ausdruck kommt hierbei der sozialökologische Grundgedanke von Lebensführung (Bronfenbrenner 1981; Schubert 2013a; Wendt 2010). Lebensgestaltung hängt also keineswegs allein von den individuellen Ressourcen oder Lebenskompetenzen ab. Vielmehr ist der Mensch auf Ressourcen angewiesen, die von anderen Menschen, von Lebensführungssystemen, von gesellschaftlichen Einrichtungen und von Medien zur Verfügung gestellt werden. Durch die Art und Weise, wie Individuum und soziale Umwelt ihre jeweiligen Erwartungen und Anforderungen kommunizieren, bewerten und aufeinander abstimmen, wie sie Ressourcen zur Bewältigung bereitstellen, untereinander zugänglich machen oder auch vorenthalten, gestalten und nutzen, erhalten und pflegen, beeinflussen sie gegenseitig ihre Gestaltungs- und Bewältigungsmöglichkeiten der Lebensführung bis hin zur Generierung neuer Beziehungs- und Lebensqualitäten („transaktionales Potenzial von Ressourcen", Schubert 2016a).

Unter diesem Verständnis muss sich professionelle Beratung mit der Gestaltung der individuellen Lebensführung befassen, mit der Befähigung zur

- Gestaltung eigener Bedürfnisse und Lebensziele,
- Bewältigung von Erwartungen und Anforderungen aus dem Leben in zwischenmenschlichen Beziehungen,
- Bewältigung von Anforderungen der Arbeitswelt,
- Auseinandersetzung mit den Bedingungen und Anforderungen aus dem gesellschaftlichen und sozialkulturellen Leben und dessen Institutionen (s. auch Schubert 2014b, S. 160 f.).

Beratung begründet sich damit im Spannungsfeld zwischen Individuum und komplexen und z. T. auch widersprüchlichen gesellschaftlichen Strukturen und Prozessen. Das erfordert von den Beraterinnen und Beratern eine fachlich breite Perspektive und die Fähigkeit, transdisziplinär in komplexen Bezügen zu denken und zu handeln. Für Fallerfassung, Diagnostik und Intervention gilt es beispielsweise nicht nur die Einflüsse zwischenmenschlicher Beziehungen zu erfassen, sondern zugleich auch jene Einflüsse, die sich zum einen aus den Belastungen,

Risiken und Widersprüchlichkeiten und zum anderen aus den Potenzialen und Ressourcen der alltäglichen Lebens- und Arbeitswelt ergeben. Darüber hinaus gilt es auch jene *Auswirkungen* zu erfassen, die diese diversen Einflüsse auf die individuelle Entwicklung, auf Wohlbefinden, Gesundheit und Lebensgestaltung haben.

Notwendig wird somit eine differenzierte Erfassung und Betrachtung der wechselseitig wirkenden Prozesse aus

- den vielschichtigen, oft widersprüchlichen lebens- und arbeitsweltlichen Strukturen und Ansprüchen und
- der Art, wie betroffene Individuen diese subjektiv wahrnehmen, erleben und damit umgehen, sowie
- den individuellen Erwartungen und Vorgehensweisen im Hinblick auf die Erfüllung von eigenen Bedürfnissen, Zielsetzungen und Lebensvorstellungen.

Im Wesentlichen geht es darum, solche Parameter und ihre Wechselwirkungen herauszuarbeiten, die förderliche oder hemmende Auswirkungen auf die Lebensgestaltung und die Schaffung von Gesundheit und Lebensqualität haben. Damit rücken in einer Beratung einerseits individuelle und gemeinschaftliche Erwartungen, Anforderungen und Belastungen (Risiken) und andererseits individuelle und gemeinschaftliche Bewältigungsmöglichkeiten (Ressourcen) und ihre wechselseitig belastenden wie auch förderlichen Potenziale in den Fokus. Für dieses Verständnis von Beratung werden Konzepte benötigt, die das Zusammenwirken zwischen dem Individuum und seiner Umwelt (Person-Umwelt-Wechselwirkungen) angemessen erfassen und einen wissenschaftlich fundierten Begründungs- und Handlungsrahmen für ein professionelles Beratungsformat liefern. Konzepte dieser Tragweite führen schließlich auch zur Entwicklung einer entsprechenden professionellen Identität und Ethik und beruhen letztlich auf einem entsprechenden Menschenbild.

Beratung dieses Formats versteht persönliche Problemlagen und unzureichend gelingende Lebensführung nicht primär als Auswirkung persönlicher Defizite und als abweichendes Verhalten der Einzelperson. Die Lösung von individuellen Problemen besteht somit nicht darin, die jeweiligen Individuen an die Gegebenheiten anzupassen, „die dazu beigetragen haben, ihre Leiden zu erzeugen" (Buchinger 2008, S. 4), und sie funktionalistisch fit zu machen, um damit besser zurechtzukommen. Vielmehr dient Beratung der Stärkung der Autonomie, der Reflexionsfähigkeit und der Lösungskompetenz von Personen und Personengruppen im Hinblick auf die Gestaltung der Lebensführung (Bünder 2002; Keupp 2013; Seel 2014). Beratung braucht dazu eine disziplinübergreifende Erklärungs- und

Handlungskonzeption, die Lebensführung sowie Schaffung von Lebensqualität und Gesundheit als Ergebnis der komplexen Wechselwirkungen zwischen Individuum und Umwelt wissenschaftlich fundiert erfasst und analysiert und in den Fokus von Prävention und Intervention rückt. „Die Orientierung am Wohlbefinden und an der Gesundheit von Menschen steht im Vordergrund beraterischer Interventionen und Reflexionen – und nicht die Pathologisierung menschlichen Verhaltens und Handelns" (Werner und Nestmann 2012, S. 295).

Ein derartiges Beratungsverständnis kann sich auf elaborierte Konzepte aus dem Lebensweltansatz und auf sozialökologisch-transaktionale wie auch auf ökosystemische Ansätze und die darin integrierten ressourcenorientierten Zugangsweisen beziehen.

2.3   Aufgabengebiete von Beratung

Angesichts der Strukturveränderungen der modernen Gesellschaft hat Beratung in ihrer Funktion als professionelle Hilfestellung die Aufgabe, bei der Gestaltung der Lebensführung und im Umgang mit Lebensbedingungen und Herausforderungen Orientierungs-, Planungs-, Entscheidungs-, Handlungs- und Reflexionshilfe zu bieten. Unter Bezugnahme auf Nestmann (2007a, b) ergeben sich daraus vier zentrale Aufgabengebiete von Beratung, die sich teilweise überlappen (s. Abb. 2.5). In allen vier Gebieten werden die Ratsuchenden sowohl als Einzelpersonen wie als Gruppe immer in ihren Wechselbeziehungen zu ihrer Umwelt betrachtet.

1. Informationsverarbeitung und Entscheidungsmanagement

In unserer medialen Gesellschaft werden Menschen täglich mit einer Vielzahl von umfassenden, teils auch widersprüchlichen Informationen konfrontiert, was nicht nur zu einer besseren Informiertheit, sondern auch zu persönlicher Irritation und Verunsicherung führen kann. Beratung hat in diesem Zusammenhang die Aufgabe, vieldeutige und widersprüchliche Informationen gemeinsam mit den Klienten zu strukturieren und aufzubereiten und auf das Anliegen der Klienten bezogen zu reflektieren. Dabei kann es sich als nötig erweisen, den Zugang zu spezifischen Informationskanälen zu fördern oder ergänzende Informationen einzubringen. Diese sollen auf die Lebenssituation der Klienten und auf ihre Möglichkeiten und Bedürfnissen bezogen und verständlich formuliert wie auch praktikabel und umsetzbar gestaltet sein. Eine wesentliche Aufgabe ist es, Klienten zu befähigen, ein kritisches Bewusstsein gegenüber Informationen zu entwickeln, mit Vieldeutigkeit, Widersprüchlichkeit und Unsicherheit umzugehen und dabei

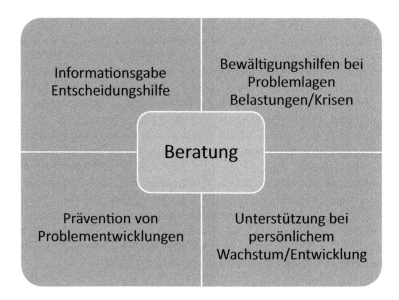

Abb. 2.5 Aufgabengebiete von Beratung. (Modifiziert nach Nestmann 2007b, S. 193)

entscheidungs- und handlungsfähig zu bleiben. Beispielhaft können anstehende folgenreiche Lebensentscheidungen bei Bildungs- und Berufskarrieren angeführt werden. Nestmann (2011) argumentiert eindrücklich, dass Entscheidungen nicht allein über das Abwägen (vermeintlich) rationaler Fakten erfolgen. Vielmehr geht es dabei auch darum, zum einen die Fähigkeit zum Umgang mit Unsicherheit und Unplanbarkeit zu entwickeln und zum anderen die Bedeutung von Intuition zu erkennen und beides angemessen in Entscheidungsprozesse einzubeziehen.

2. Prävention/Vorsorge
Auf diesem Gebiet hat Beratung die Funktion, Fehlentwicklungen in der Handhabung und Gestaltung von absehbaren belastenden Lebenssituationen und der Entwicklung von Schwierigkeiten und Problemen in der Lebensgestaltung vorzubeugen, sie zu minimieren oder zu umgehen und dadurch die Notwendigkeit kurativer Maßnahmen zu vermeiden. Unter hoch belastenden persönlichen wie sozialen Lebenssituationen, wie z. B. bei markanten Lebensveränderungen, Krisensituationen, anhaltenden Konflikten und belastenden Lebensübergängen, besteht eine erhöhte Wahrscheinlichkeit, gesundheitliche Störungen, psychische Probleme und sozial problematische Verhaltensweisen zu entwickeln

und anstehende Alltags- oder berufliche Aufgaben nicht mehr angemessen
bewältigen zu können. Präventive Beratungsformate erfolgen z. B. im Rahmen
von Gesundheitsberatung, Schwangerschaftskonfliktberatung, der Vorbereitung
auf Lebensübergänge (Eheschließung, Geburt des ersten Kindes, Ruhestand) oder
antizipierbare belastende Lebenssituationen (Umgang mit Schwererkrankung
von Familienangehörigen, z. B. Krebserkrankung eines Kindes, Pflege von
Angehörigen). In der Beratung werden gewohnte Überzeugungs- und Verhaltensmuster mit ihren alltäglichen Einschränkungen, Selbstanforderungen
und Zwängen erfasst und hinterfragt sowie neue, für die Lebenssituation hilfreiche Perspektiven, Denkweisen, Kommunikations- und Handlungsmuster
entwickelt und ausprobiert. Dabei ist bedeutsam, nicht nur Belastungen und
Einschränkungen zu antizipieren, sondern die Ratsuchenden in ihrer lebensweltlichen und sozialen Einbettung mit den darin enthaltenen Ressourcen zu erfassen.
Die Erfassung und Aktivierung individueller, zwischenmenschlicher und weiterer
lebensweltlicher Ressourcen kann komplexen Problemkonstellationen effektiv
vorbeugen und die Entstehung schwerwiegenderer Probleme verhindern.

3. Bewältigungshilfe und Rehabilitationsunterstützung
In diesem Aufgabengebiet richtet sich Beratung auf konkrete Maßnahmen zur
Bewältigung von belastenden Lebensanforderungen und Problemlagen oder zur
Behebung von psychosozialen Defiziten, die bei Individuen oder Gruppen eine
gelingende Lebensführung oder die Erhaltung von Gesundheit und Lebensquali-
tät beeinträchtigen. Dabei können bei der Person, ihrer Lebenswelt und in den
wechselseitigen Bewältigungsbemühungen von Person und Umwelt jeweils drei
Hauptkategorien ausgemacht werden, die für Probleme oder Störungen in der
Lebensführung und in der Erhaltung von Gesundheit und Lebensqualität verantwortlich sind:

1. aktuelle oder chronische Stressoren in den Lebensbedingungen (Lebenslage
   und Lebensumfeld, Lebensphase, aktuelle Lebenssituation),
2. dysfunktionale Wahrnehmungs-, Verhaltens- und Kommunikationsmuster
   (inklusive Einstellungs-, Überzeugungs- und Wertemustern) und/oder
   unzureichende Strategien zur Bewältigung von Anforderungen und Stressoren,
3. Ressourcenmangel (individuell, sozial, kontextuell, materiell) und dadurch
   bedingte unzureichende Möglichkeiten zur Erfüllung psychischer und sozialer Bedürfnisse (z. B. Grundbedürfnisse nach Grawe (2004). sozial-emotionale
   Bindung, Selbstwerterhalt/Vermeidung von Selbstwertschädigung, Orientierung und Kontrollerfahrung, Freude/Vermeidung von Unlust).

Im *Rehabilitationsbereich* unterstützt Beratung Klienten nach einer gesundheitlichen Beeinträchtigung bzw. Erkrankung darin, ihre Gesundheit und ihre Lebensqualität wiederherzustellen und zu stabilisieren und/oder ihre alltägliche Lebensführung mit möglichen verbleibenden Einschränkungen positiv und lebenswert zu gestalten. Rehabilitative Beratung ist nicht nur auf die Behebung von Erkrankungsfolgen ausgerichtet, sondern setzt breiter an. Eine weitere Aufgabe ist, das Leben von Klienten bei nicht mehr veränderbaren Folgen von Erkrankung oder Verlust, z. B. durch Tod (Lebenspartner, Familienmitglied) oder durch Trennung bzw. Scheidung, (wieder) individuell zufriedenstellend zu gestalten und Lebensqualität wiederherzustellen und zu bewahren.

Sowohl bei der Problembewältigung wie auch bei der Rehabilitationsunterstützung ist von grundlegender Bedeutung, im Beratungsprozess auch die Ressourcen der Klienten und ihres Umfeldes zu erfassen und zu aktivieren. Das umfasst sowohl individuelle wie auch kontextuelle Ressourcen, d. h. zwischenmenschliche, sozialrechtliche und finanzielle Unterstützungsleistungen und besonders bei Rehabilitationsmaßnahmen auch (medizin-)technische und (wohnungs-)bauliche Unterstützungsmöglichkeiten.

4. Entwicklungsförderung

In diesem Bereich vermittelt Beratung Anregung zur und Unterstützung bei der persönlichen Entfaltung und Entwicklung von Individuen und Gruppen. Unter der Perspektive der Entwicklungsorientierung, der Lebenslauf- und Wachstumsförderung werden Krisen und Probleme in der Biografie nicht als individuelle Pathologie oder Krankheit wahrgenommen und interpretiert, sondern als normative oder nicht normative menschliche Erfahrungen über die Lebensspanne hinweg, die sowohl Herausforderungen als auch Entwicklungsaufgaben im Zuge der Anpassung an neue Lebensphasen darstellen. Belastende Erfahrungen und Erlebnisse wie Versagen, Trennung oder Krankheit, Gefühle wie Selbstzweifel, Trauer oder Nicht-mehr-weiter-Wissen sind solche grundlegenden Entwicklungserfahrungen, die im Mittelpunkt dieser Beratungsprozesse stehen. Beratung als Entwicklungsförderung unterstützt Personen oder Gruppen,

- sich ihrer Bedürfnisse und Ziele in ihrer spezifischen Lebenssituation bewusst zu werden,
- in sich selbst und/oder in ihrer Umwelt vorhandene Entwicklungspotenziale und Ressourcen zu erkennen, zu stärken und zu aktivieren,
- Potenziale und Ressourcen in das eigene Selbstbild zu integrieren und
- potenzielle Gefahren für eine ihrem Wohlbefinden zuträgliche und gesunde Lebensgestaltung zu erkennen.

Ergänzend können Ratsuchende auf diesem Gebiet auch auf spezifische Selbsthilfeangebote oder Empowermentprozesse aufmerksam gemacht werden. Dies sind bedeutsame Möglichkeiten, Klienten zu aktivieren, ihre Potenziale wahrzunehmen, ihre Planungs-, Entscheidungs- und Handlungskompetenzen zu entwickeln und zu verbessern und für eine selbstbestimmte persönliche Entwicklung, zur Lebensplanung und alltäglichen Lebensgestaltung einzusetzen.

Beratung befasst sich also keineswegs nur mit Risiken und Problemen. Auf allen genannten Gebieten ist die Wahrnehmung und Nutzung – d. h. die Aktivierung – von Ressourcen sowohl beim Individuum wie auch in dessen Umfeld eine bedeutsame Aufgabe. Dabei können Ressourcen mehr oder weniger gut wahrnehmbar und zugänglich oder auch verborgen oder verschüttet sein und in den letztgenannten Fällen erst durch eine ressourcenaufdeckende Arbeitsweise zugänglich werden.

Person-Umwelt-Wechselwirkung: Wissenschaftliche Rahmenkonzepte für eine kontextorientierte Beratung

3

Beratung ist interdisziplinär angelegt und bezieht verschiedene konzeptionelle Ansätze ein. Diese leiten sich im Wesentlichen aus Forschungen zur Person-Umwelt-Beziehung und aus psychotherapeutischen Schulen ab. Unter der oben dargestellten Prämisse von Lebensführung als zentraler Gegenstand von Beratung behandelt dieses Kapitel spezifische konzeptionelle Ansätze zur Erfassung der Wechselwirkungen von Person und Umwelt unter dem Fokus ihrer Relevanz für eine kontextorientierte Beratung. In einem ersten Schritt gilt es über einen phänomenologisch-anthropologischen Zugang zu erfassen, wie die Beziehung zwischen Person und Umwelt beschaffen ist. In einem zweiten Schritt gilt es zu klären, wo diese Wechselwirkung in Form von Lebensführung stattfindet und wie sie gestaltet ist. Differenziert erfasst werden diese Wechselwirkungsprozesse schließlich unter dem biopsychosozialen Modell, dem in der Beratungswissenschaft vorherrschenden Verständnis vom Menschen als einem biopsychosozialen Wesen. In einem Beitrag über neurowissenschaftliche Wissensbestände und ihre Nutzung für eine „gehirngerechte Beratung" (Baur 2015) erfährt diese Perspektive eine spezifische Vertiefung.

3.1 Phänomenologie der Person-Umwelt-Beziehung

Nach Graumann (1996, S. 97) wird die Person-Umwelt-Beziehung als eine „prinzipiell [...] unauflösliche Bindung aller Modalitäten des Bewußtseins und Handelns einer Person an Einheiten ihrer Umwelt" konzipiert. Beziehung wird über Interaktionen zwischen der Person (Akteur) und einem materiellen, räumlichen, zeitlichen, sozialen, symbolischen oder kulturell-ideellen Umweltausschnitt hergestellt. Die Person-Umwelt-Beziehung und das darin enthaltene Erleben und

© Springer Fachmedien Wiesbaden GmbH, ein Teil von Springer Nature 2019
F.-C. Schubert et al., *Beratung*, Basiswissen Psychologie,
https://doi.org/10.1007/978-3-658-20844-8_3

Verhalten sind grundsätzlich intentional auf etwas gerichtet und sinngebend beschaffen, und zugleich werden Intention und Sinngebung von der Umwelt ausgerichtet. Es besteht also keine einseitige Ausgerichtetheit, sondern Wechselseitigkeit in der Sinnausrichtung. Die vorfindlichen Umweltausschnitte bzw. Lebensverhältnisse, auf die sich Individuen erkennend und handelnd richten, werden immer in bestimmter Bedeutung bzw. Sinnhaftigkeit erfahren, wobei weder das Individuum die sinngebende Instanz ist (subjektivistischer Ansatz), noch die Dinge ihre eigene Bedeutung in sich tragen, die lediglich zu erfassen oder zu entdecken wäre (objektivistischer Ansatz). Diese intentionale, sinngebende Beschaffenheit der Person-Umwelt-Beziehung „verlangt, dass die Umwelt und die Dinge aus der Perspektive der in ihr handelnden Person beschrieben werden [...]. Die Dinge [...] sind das, als was wir sie behandeln, [...] wozu wir sie nutzen [...]" (Graumann 1996, S. 97). Menschen sind somit immer intentional Handelnde (Akteure) in ihrer Welt (Plessner 2003). Aktivität ist der Vermittlungsmodus zwischen Individuum und Welt und ihrer sozialen Strukturiertheit. Unter psychologischer Perspektive wird dieses Zusammenspiel entscheidend durch die Wahrnehmungs- und Bewertungsschemata des Individuums bestimmt. Menschen erschaffen (konstruieren) sich ihr Leben, indem sie sich handelnd und erkennend mit der vorfindlichen Welt auseinandersetzen und ihr Leben nach diesen subjektiv erschaffenen Sinnkonstruktionen führen. Ihre Aktionen beziehen sich auf das Erkennen von Sinn und auf die Bewältigung von (subjektiv) erkannten bzw. gedeuteten Anforderungen aus den Lebensverhältnissen.

Für ein näheres Verständnis der Wechselprozesse zwischen Individuum und Umwelt und ihrer Bedeutung für Erleben und Entwicklungsprozesse sei auf die Ausführungen von Kriz (2017) verwiesen (vgl. „Die vier Prozessebenen des Lebens und Erlebens").

Die vier Prozessebenen des Lebens und Erlebens (nach Kriz 2017)
Kriz (2017) unterscheidet vier grundlegende Prozessebenen menschlichen Lebens und Erlebens. Sie wirken stets gleichzeitig, wenn auch je nach Situation und Perspektive in unterschiedlichem Ausmaß, und werden aus rein analytischen Gründen getrennt dargestellt:

a) *Psychische Prozesse:* Menschen sind mit der Welt durch Wahrnehmungen und Handlungen verbunden. Durch ihr Denken und Fühlen bewerten sie diese Prozesse und können sich dabei selbst beobachten.

b) *Interpersonelle Prozesse:* Menschliches Zusammenleben entsteht und verfestigt sich durch Interaktionen und Äußerungen („Interaktionsmuster",

„kommunikative Regeln"). Kriz beschreibt das als ein Geflecht von gegenseitigen mutmaßlichen Erwartungen und Einflüssen, die unser Handeln beeinflussen oder leiten und sich oft zu einer (vermeintlichen) „Realität" zusammenfügen.

Diese beiden Prozessebenen stehen gewöhnlich im Zentrum der Aufmerksamkeit von psychosozialer Beratung.

Wenn ein Mensch eine Situation kognitiv-beschreibend erfasst, liegen dem kognitiv-emotionale Schemata und Erklärungsprinzipien zugrunde, die in seiner Biografie, insbesondere in seiner frühen Entwicklungszeit, erworben bzw. gestaltet wurden. Gleichzeitig sind hierbei Affekte in der Strukturierung von Wahrnehmen, Erinnern, Erklären, Handeln etc. hoch wirksam Nach Ciompi (1982) bilden die affektive Prozesse die Rahmung für die kognitiven Prozesse („Affektlogik"). Er spricht daher von einer Logik der Wut, der Trauer, der Angst, der Freude etc., um deutlich zu machen, wie stark Affekte das kognitive Geschehen und das Verhalten des Menschen mitbestimmen.

c) *Körperliche Prozesse:* Menschlichen Affekten, Kognitionen, Verhaltensweisen liegen aber noch basalere Prozesse zugrunde, die der Evolution des Menschen entspringen. Diese biologisch-evolutionären Prästrukturierungen verkörpern nach Kriz Bedeutungszuweisungen des Organismus – im Sinne der Biosemiotik (Uexküll 1980) –, die jenseits bewusster kognitiver Prozesse liegen und nur bedingt von diesen moderiert werden. So finden wir kleine Kinder, Teddys und Stofftiere (mit entsprechenden Merkmalen) „süß" oder beobachten „kausale Verursachung" und „soziale Beziehungen" wie „Aggression" oder „Fürsorge" selbst bei Bewegungsmustern zwischen abstrakten Formen usw. Der Fokus liegt hier also nicht auf einem Körper als verdinglichtes Objekt, sondern auf den körperlich basierten, erlebnisnahen Prozessabläufen (ausführlich: Kriz 2017).

d) *Kulturelle Prozesse:* Die Bedeutungen von Worten und Sätzen, die inneren Bilder davon, „wie Zusammenleben funktioniert", etc. haben die Menschen zumeist nicht individuell erfunden. Zudem vermitteln unterschiedliche Herkunftsfamilien und Subkulturen unterschiedliche Bedeutungen. Hinweise zur Bedeutung von Geschehen und Aussagen liefern verschiedenste soziale Quellen, vorrangig die Mikro- und Mesosysteme (Herkunftsfamilie, Gespräche mit Nachbarn, Arbeitskollegen und andere „Lebensführungssysteme"), die Exo- und Makrosysteme (Organisationen, kulturelle Einrichtungen, Gesetzgebung), nicht zu vergessen Onlinenetzwerke und Massenmedien.

Die Einflüsse der kulturellen Ebene sind keineswegs auf interpersonelle Prozesse beschränkt. Gesellschaftlich-kulturelle Prozesse betreffen auch die Art und Weise, wie ein Mensch sich selbst, seine Mitmenschen und die „Welt" sieht und versteht: Will er sich in seinem Fühlen, Denken, Handeln selbst verstehen, muss er die „Kulturwerkzeuge" seiner sozialen Umwelt, insbesondere die Sprache anwenden, selbst wenn es um seine ureigensten, „innersten", „subjektiven" Vorgänge (Affekte, Wahrnehmungen etc.) geht, wie Kriz verdeutlicht. Das gilt auch, wenn er seine Erwartungen an die „Welt", an das Leben oder seine Auffassungen über das, was andere von ihm erwarten, erfassen will.

Diese vier Prozessebenen sind unserem Alltagsbewusstsein weitgehend verborgen; sie überlagern sich in ihrem Zusammenwirken in einer dynamischen Weise.

Aus den phänomenologisch-anthropologischen Positionen ergeben sich Konsequenzen für ein professionelles Vorgehen in der Beratung: Es gilt, Umwelt und die ihr zugeschriebenen Bedeutungen aus der Perspektive der in ihr handelnden Person zu erfassen („subjektive Perspektive") und grundlegend in ein beraterisches bzw. therapeutisches Denk- und Handlungskonzept einzubeziehen. Denn das Erfassen und Verstehen dieser komplexen interaktionalen Wechselseitigkeit zwischen Person und Umweltausschnitt (Lebenswelt) und der darin enthaltenen Intentionalität, Bedeutungszuschreibung und Sinngebung ist eine wesentliche Voraussetzung für eine angemessene und Erfolg versprechende Beratung und Intervention. Ein solches Verständnis der Person-Umwelt-Beziehung hat die systemische Konzeption von Beratung umfassend aufgenommen und erweitert (s. Abschn. 4.1.4).

Vertiefung: Phänomenologie (vgl. Rohr 2016a, 30 ff.)
Thema der Phänomenologie ist

die Beantwortung der Frage, wie die Welt dem Menschen und er dabei sich selbst zu Bewußtsein kommt. Was jedermann faktisch erlebt, wenn er handelnd und leidend, empfindend und fühlend, wahrnehmend und denkend, schaffend und verbrauchend sich zur Welt verhält, wird als eine Mannigfaltigkeit von Sachverhalten betrachtet, die im Bewußtsein des Individuums in ‚Erscheinung' treten und so als Phänomene auf dessen verschiedenen Reflexionsebenen sprachlich darstellbare Form und verständlichen Sinn gewinnen. Die phänomenologische Beschreibung ist aber nun eine besondere Form der Beschreibung, weil sie etwas anschaulich machen will, was man an sich nicht sehen kann: Bewußtseinsvorgänge (Loch 1983, S. 156).

Phänomenologie ist nach Husserl „nicht Erkenntnis im eigentlichen Sinn, sondern geistiges Schauen, Intuition" (Quitmann 1991, S. 41). Erkenntnis wird nach Husserl nur durch systematisches Ausblenden von Vorurteilen, Vorverständnissen bzw. vorgefassten Meinungen möglich (Hügli und Lübcke 2000, S. 296). „Der Phänomenologe will bei seinen Beschreibungen nicht (wie der Hermeneutiker) den in menschlichen Ausdrucksweisen verborgenen Sinn ‚auslegen', sondern den leibhaftigen menschlichen Verhaltensweisen überhaupt erst den Sinn ‚einlegen', der sie verständlich macht" (Loch 1983, S. 157).

Bewusstsein ist intentional, d. h., „dass es strukturell von der Lebenstätigkeit der handelnden Personen in ihrer Lebenswelt bestimmt ist" (Kron 1999, S. 193). In der Methodik ist der erste Schritt die innere Wahrnehmung (Husserl) der angestrebten Erkenntnis, ein Zurücknehmen der Vorurteile und Meinungen. „Zunächst ist von der Intentionalität des Bewusstseins des Forschers auszugehen und die darin liegenden Bewusstseinsinhalte festzustellen, insofern sie sich auf den zu erkennenden Gegenstand beziehen" (Kron 1999, S. 194). In einem zweiten Schritt wird das Phänomen gedanklich und sprachlich präzisiert, d. h., das Alltagsbewusstsein und die natürliche Einstellung werden reduziert (phänomenologische Reduktion). Der dritte Schritt ist die eigentliche Wesensschau, die eidetische Reduktion (griech. „eidos" = Urbild, Gestalt, Begriff, Idee), die Ausklammerung aller vorangegangenen Einstellungen. Es wird von den Einzeldingen und ihren Besonderheiten und Zufälligkeiten im Erscheinungsbild abgesehen. Einen vierten Schritt nennt Husserl die transzendentale Reduktion, die zu einer transzendentalen Subjektivität führt.

Die bekannte philosophische Formel Descartes', die letztlich auch für Husserl leitend war, nämlich ‚cogito ergo sum', wird durch Merleau-Ponty quasi auf den Kopf gestellt: ‚sum ergo cogito'. Nicht mein Sein wird durch das Denken begründet, sondern umgekehrt: Die Weise meiner Existenz bestimmt mein Denken. Leiblich-sinnlich-geschichtlich bin ich zur Welt; und nur als solcher kann ich erkennen; nur in diesem Sinne kann von ‚Bewußtsein' gesprochen werden (Danner 1994, S. 137).

Die Intentionalität des Bewusstseins ist nach Merleau-Ponty (1966) vorreflexiv; Wahrnehmung setzt biografische Vergangenheit und Körperlichkeit, Sprachlichkeit und lebensweltliche Interaktion, also Intentionalität, voraus.

3.2   Lebenswelt-Ansatz

Individuelle Lebensführung findet konkret in den Bereichen der alltäglichen Lebenswelt, genauer: in den Lebensführungssystemen der handelnden Individuen statt. Der *lebensweltorientierte Denk- und Handlungsansatz,* als dessen prominente Vertreter Alfred Schütz (1974) und Hans Thiersch (1986, 1992) anzuführen sind, hat die phänomenologisch-anthropologischen Positionen aufgenommen und unter kritisch-gesellschaftspolitischer Perspektive erweitert. Lebenswelt ist demnach das Resultat der subjektiven Wahrnehmung und der individuellen Handlungserfahrungen des Menschen, die er unter dem Erfahrungshorizont seiner Alltagswelt und den gegebenen Lebensbedingungen macht. Lebenswelt enthält somit keine Fakten, sondern nur Bedeutungen, die der Mensch den Erfahrungsausschnitten seiner Welt zuschreibt. Lebenswelt ist daher die *Wirklichkeit des Menschen* und nicht die Realität der physikalischen Welt. Denn Realität „ist dem Menschen nicht direkt, sondern immer nur vermittelt über seine Wahrnehmungsmöglichkeiten zugänglich" (Kraus 2006, S. 125). Das heißt aber nicht, dass Lebenswelt nicht durch die realen Lebensbedingungen in der Umwelt, die ein Mensch vorfindet, insbesondere durch seine Lebenslage, bestimmt würde. Lebenswelt und Lebenslage sind nach Kraus vielmehr in der Art aufeinander bezogen, „dass der Mensch seine Lebenswelt unter den jeweiligen Bedingungen seiner Lebenslage konstruiert" (S. 125). „Deswegen reicht es nicht aus, darauf zu achten, unter welchen Rahmenbedingungen ein Mensch lebt, sondern von besonderem Interesse muss die Frage sein, wie ein Mensch diese Rahmenbedingungen wahrnimmt" (S. 127) und sinngebend bewertet.

Hinsichtlich der Begriffe „Lebenswelt" und „Umwelt" sind in der Literatur immer wieder Unschärfen zu beobachten. Damit hat sich vor Kurzem Kriz (2017) eingehend befasst: Umwelt – und unter spezifischen Perspektiven auch Lebenswelt – wird zumeist aus einer Beobachterposition beschrieben, die Kriz als „intersubjektive Perspektive" bezeichnet. Diese Perspektive ist nicht gleichzusetzen mit dem subjektiven Erleben von Lebenswelt bzw. von Lebensführungssystemen. Das subjektive Erleben und der innere Bezugsrahmen, d. h. die „subjektive Perspektive", sind es aber, die Lebenswelt für das Individuum ausmachen. Lebenswelt wird vom Individuum unter einem spezifischen, individuellen Bezugsrahmen sinngebend wahrgenommen und erlebt, innerhalb dessen das Individuum sich und seine Welt und damit auch die Bedingungen seines Handelns und seiner möglichen Veränderungen sieht und versteht. In der subjektiven („inneren") Lebenswelt sind oft andere Aspekte von Bedeutung als in einer von außen erfolgenden („intersubjektiven") Beschreibung. Die Welt, wie wir sie beschreiben, und die

Welt, wie wir sie erleben, sind zwei komplementäre Perspektiven, die es zu unterscheiden gilt. Sie erfassen unterschiedliche Realitäten, gehören jedoch notwendigerweise zusammen, wie Kriz in seinem Buch *Subjekt und Lebenswelt* (2017) ausführlich entfaltet.

Lebensführungssysteme

Unter dem Begriff der „Lebensführungssysteme" entwickeln Sommerfeld et al. (2011) eine transdisziplinär angelegte und systemisch ausgerichtete Weiterführung der Lebensweltorientierung. Zur Gestaltung von Lebensführung und zur Bewältigung von Lebensanforderungen bilden Menschen mit anderen zusammen soziokulturelle Systeme, die die Autoren als „Lebensführungssysteme" bezeichnen. Der Begriff fokussiert die typische Form menschlichen Lebens, die Verknüpfung der biopsychischen und der soziokulturellen Seite in sozialen Systemen. Im Unterschied zum Begriff „Lebensführung", der zumeist in einer subjektorientierten Perspektive gebraucht wird, vermeidet der Begriff „Lebensführungssystem" eine ausschließliche Fokussierung auf das Individuum und lenkt vielmehr den Blick auf das dynamische Zusammenspiel zwischen Individuum und sozialen Systemen bzw. Gesellschaft.

Die Lebensführungssysteme eines Individuums setzen sich aus unterschiedlichen Systemen seiner realen Lebenswelt zusammen und entsprechen in vielfacher Hinsicht den unterschiedlichen Lebensfeldern bzw. Lebenswelten nach Thiersch (1992) und Hitzler (1999). Typische Lebensführungssysteme sind nach Sommerfeld et al. (2011) Familiensysteme, private Sozialsysteme (Freunde), Beschäftigungssysteme (Arbeit, Schule), Hilfesysteme (Beratungsstelle, Psychiatrie), Kultur- und Freizeitsysteme und „Schattensysteme" (Szenetreff, Drogenszene). In diesen lebensweltlichen Systemen findet unter einer soziokulturellen Strukturierung das konkrete interaktiv-dynamische Zusammenspiel zwischen dem Individuum und seinen Mitmenschen bzw. den sozialen (kulturellen wie institutionellen) Systemen statt. Ebenfalls erfolgt in den Lebensführungssystemen die Auseinandersetzung des Individuums mit der materiellen, technischen, medialen, ökonomischen und natürlichen Umwelt. Insbesondere emotional nahe zwischenmenschliche Lebensführungssysteme (Mikrosysteme) bilden aus sich selbst heraus Eigenschaften und Interaktionsmuster oder übernehmen solche aus Meso-, Exo- und Makrosystemen (Bronfenbrenner 1981; s. auch Abschn. 3.3), die sich schließlich in spezifischen Regeln, Bewertungen, Eigenschaften, Sinn- und Handlungsmustern ausdrücken und an das Individuum weitergeleitet werden. Auffassungen hinsichtlich Lebensführung, -gestaltung und -bewältigung entstehen weitgehend durch soziale Prozesse in emotional bedeutsamen Lebensführungssystemen und werden vom Individuum übernommen und in andere

Lebensführungssysteme transformiert. Das Individuum und in gewissem Umfang auch eingebundene Lebensführungssysteme erhalten dadurch Sinn- und Handlungsausrichtung; Verhalten wird strukturiert und koordiniert und letztlich in erwartbare Bahnen gelenkt. Aus individuellen Aktivitäten im Rahmen solcher sozialen Prozesse und über selbstreferenzielle Strukturen bilden Individuen zudem eigene Auffassungen von Leben und Welt mit individuellen Erwartungen, Eigenschaften, Überzeugungs- und Handlungsmustern heraus, die sie ihrerseits wiederum gegenüber anderen Individuen in den Lebensführungssystemen oder gegenüber Vertretern von Institutionen ausdrücken.

Sommerfeld et al. (2011) erweitern die Lebensweltperspektive um wesentliche Positionen. Unter Bezugnahme auf entwicklungspsychologische (Piaget, dt. 1988) und ökopsychologische (Lewin, dt. 1969) Theorien sowie den Habitusansatz von Bourdieu (dt. 1987) und unter Integration systemtheoretischer Perspektiven formulieren sie einen komplexen konzeptionellen Ansatz, der u. a. eine hohe Anschlussfähigkeit an systemisch-konstruktivistische, an autopoietische (selbstreferenzielle) wie auch an sozialökologische Positionen aufweist (s. Abschn. 3.3 und Abschn. 4.1.4). In komplexer Weise befassen sich Sommerfeld und sein Team mit den Fragen, wie das Zusammenspiel (Kopplung) von Individuum, Lebensführungssystemen und sozialen Strukturen zustande kommt und über welche wissenschaftlich fundierten Konzepte das erfasst werden kann, wie die Ergebnisse sich psychisch im Individuum und strukturell in der Umwelt repräsentieren, wie sich in Wechselwirkung daraus spezifische und selbstreferenziell gespeiste Muster zur individuellen Lebensführung und sozialen Integration bilden, die ihrerseits wiederum Auffassungen und Muster von Lebensgestaltung oder Lebensbewältigung prägen. Der Ansatz überwindet eine vereinseitigende Fokussierung auf individuelle Parameter (Eigenschaften, Kompetenzen und Verhaltensweisen) und erfasst den wechselseitigen transformierenden Prozess zwischen Individuum und sozialer wie materieller Umwelt (Schubert 2014a).

Implikationen für die Beratung

Problematisch erweist sich Lebensweltlichkeit, wenn ihre Routinen, Sinngebungen und Bewältigungsmuster dem einzelnen Menschen nicht Sicherheit in der alltäglichen Lebensführung und Aufgabenbewältigung vermitteln, sondern sich als begrenzend, entwicklungsbehindernd, ausgrenzend oder gar perspektivisch oder handlungsleitend als irreführend, also als „unbrauchbar" erweisen. Das ist der Fall, wenn die unterschiedlichen Lebensführungssysteme, in die ein Individuum eingebunden ist, widersprüchliche Normen, Sinn- und Handlungsmuster vermitteln (z. B. Familie versus Peergroup) oder wenn die im Verlauf der Lebensführung subjektiv als sinnvoll entwickelten Muster im Widerspruch zu persönlich relevanten Lebensführungssystemen und darin lebenden Personen stehen und das Individuum diese Widersprüchlichkeiten nicht zu bewältigen vermag. Bedeutsam ist das unter den gegenwärtig vielfältigen gesellschaftsstrukturellen Bedingungen und Herausforderungen: Pluralisierung von Lebensformen, Individualisierung von Lebensführung, rasante Umbrüche in Arbeitswelt und Institutionen, Entwertung von gelebten Gewohnheiten und Regeln, gesellschaftliche Ungleichheiten, Machtgefälle, Diversität und Exklusionen usw. Unter solchen Bedingungen werden Lebenswelt und ihre Lebensführungssysteme als „intersubjektive" Vermittlungsorte und „subjektive" Gestaltungsorte von lebensweltlichen Routinen und Selbstverständlichkeit, von Erfahrungs- und Handlungsmustern zunehmend unbrauchbar oder gar problematisch und persönlich destabilisierend. Die Lebenswelt und ihre (intersubjektiven wie subjektiven) Sinngebungen und Handlungsmuster reichen dann oftmals nicht mehr aus, um ein gelingendes Alltagsleben zu erzielen. Subjektiv kann das als enttäuschte Erwartungen, bedrohliche Veränderungen, als Verlust von Orientierung und insgesamt als Lebenskrise erlebt werden. Hier entsteht Beratungsbedarf, z. B. in der Reflexion von lebens-und alltagsweltübergreifenden Lebensentwürfen bzw. Sinn- und Handlungsmustern. Damit wird eine sozial und gesellschaftlich reflektierende Dimension zur Erfassung und Erklärung von Problemgenese in die Beratungsarbeit einbezogen – eine Position, die Beratung als „reflexive Profession" (Seel 2014) charakterisiert. Eine ausführliche Darstellung der neueren Entwicklungen lebensweltorientierter Beratungsansätze und ihrer Anwendung bei verschiedenen Zielgruppen bringt der Sammelband von Grunwald und Thiersch (2004). Einen konzeptionellen Ansatz zur systemisch orientierten Erfassung und Erkundung von Lebensführungssystemen mit darauf bezogener Interventionsplanung liefern Dällenbach et al. (2013) und Hollenstein et al. (2018).

In der Beratung gilt es, die handlungsleitenden, selbstreferenziell strukturierten Wahrnehmungs-, Bewertungs- und Verhaltensmuster des Individuums inklusive seiner biografischen Erfahrungen zu erfassen und zu verstehen. Das beinhaltet ebenfalls das Erfassen und Verstehen der Lebensführungssysteme (bzw. der sozialökologischen Mikro-, Meso-, Exo-, Makrosysteme), in denen sich das Individuum bewegt, und ganz besonders auch, wie diese Systeme vom Individuum subjektiv wahrgenommen und bewertet werden. In einem weiteren Schritt gilt es, förderliche, auf Ressourcen aufbauende und, wo nötig, Verhaltens- und Bewertungsmuster ändernde Interventionen bei dem Individuum, dem System wie auch in der Interaktion (Transaktion) zwischen beiden anzustoßen. Zudem ist es bedeutsam, solche Bereiche in den Lebenssystemen zu identifizieren, für die sinn- und handlungsleitende Verhaltens- und Bewertungsmuster nur unzureichend ausgestaltet sind. Das ist typischerweise bei gesellschaftlichen

Strukturveränderungen der Fall („gesellschaftlicher Wandel"). Das Erfassen und Verstehen dieser komplexen transaktionalen Wechselwirkungen zwischen der soziokulturellen und der biopsychischen Ebene (vertiefend s. Abschn. 3.4) ist somit maßgebliche Voraussetzung für angemessene und Erfolg versprechende psychosoziale Interventionen.

3.3   (Sozial-)Ökologischer Ansatz

> Das ökologische Weltbild hat zwei grundsätzliche Themen: Das erste ist die gegenseitige Verknüpfung und Abhängigkeit aller Phänomene. Das zweite ist die dynamische Natur der Wirklichkeit. Das heißt, dass Formen keine starren Strukturen sind, sondern Manifestationen von darunterliegenden Prozessen (Capra, zit. nach Cohn und Farau 1999, S. 614).

Eine umfassend ausgearbeitete Konzeption zur Person-Umwelt-Wechselbeziehung liefert Uri Bronfenbrennner. Seine Arbeiten über *Die Ökologie der menschlichen Entwicklung* – so lautet der Titel seines Referenzwerks (dt. 1981) – fußen zum einen auf der langen Tradition der sozialökologischen Forschung, die sich u. a. aus der biologischen Ökologie (Haeckel 1866) entwickelt hat. Einen wesentlichen Hintergrund bilden die ökopsychologische Feldtheorie von Kurt Lewin (1944, 1969) und die entwicklungspsychologischen Forschungen von Jean Piaget (dt. 1988). Bronfenbrenner sieht menschliche Entwicklung als aktive und komplexe Auseinandersetzung des Individuums mit seiner alltäglichen Umwelt. Diese Auseinandersetzung befasst sich „mit der fortschreitenden gegenseitigen Anpassung zwischen dem aktiven, sich entwickelnden Menschen und den wechselnden Eigenschaften seiner unmittelbaren Lebensbereiche. Dieser Prozeß wird fortlaufend von den Beziehungen dieser Lebensbereiche untereinander und von den größeren Kontexten beeinflußt, in die sie gebettet sind" (Bronfenbrenner 1981, S. 37). Daraus gestaltet sich „die Entfaltung der Vorstellung der Person über ihre Umwelt und ihr Verhältnis zu dieser, als ihre wachsende Fähigkeit, die Eigenschaften ihrer Umwelt zu entdecken, zu erhalten oder zu ändern" (S. 25).

Nach Bronfenbrenner vollzieht sich individuelle Entwicklung im Kontext von Umwelt. Indem er zwischenmenschliche Beziehungen und Handlungsweisen, kulturelle Kontexte sowie gesellschaftliche Strukturen und Entwicklungen in den Umweltbegriff einbindet, erweitert Bronfenbrenner nicht nur den Umweltbegriff. Vielmehr gelingt es ihm dabei auch, menschliche Individualentwicklung als Ergebnis der Auseinandersetzungen mit den unterschiedlichen sozialen Umwelten und kulturspezifischen Werten und Normen zu erfassen. Folgerichtig bezeichnet er seinen Ansatz als „Human Ecological Development" (ökologische

Sozialisationsforschung). Über Längsschnittanalysen erfasst er die Auswirkungen, welche die stetigen sozialräumlichen, sozialhistorischen und biografischen Veränderungen im Lebensalltag eines Menschen auf die Individualentwicklung haben. Dabei zeigt sich, dass Umwelt über die Zeit der Individualentwicklung hinweg einem stetigen, individuell spezifischen (subjektiven bzw. „inneren") Bedeutungswandel unterliegt. In Anhängigkeit von den unterschiedlichen Lebensphasen und je nach den herausgebildeten individuellen Bewertungsmustern werden Umwelterfahrungen von den Individuen unterschiedlich bewertet. Für Verhalten und Entwicklung eines Individuums ist somit bedeutsam, „wie Umwelt wahrgenommen wird, und nicht, wie sie in der ‚objektiven' Realität sein könnte". Es geht um die „Entstehung der wahrgenommenen Realität, wie sie sich im Bewußtsein des Kindes im Zug seiner aktiven Beteiligung an seiner physikalischen und sozialen Umwelt entwickelt" (Bronfenbrenner 1981, S. 20). Eine bedeutsame Rolle spielt nach Bronfenbrenner die aktive Auseinandersetzung mit der Umwelt – zum einen, indem in den Lebensbereichen aktive Handlungen auf das Individuum bezogen werden (beispielsweise lernt ein Kind leichter sprechen, wenn man mit ihm redet), zum anderen, indem das Individuum selbst zum Akteur und Gestalter seiner Umwelt wird. Die menschliche Fähigkeit, über Aktivität Lebensbereiche zu gestalten oder über Aktivitäten in den Lebensbereichen Individuen zu gestalten, werde meist unterschätzt. Wird die oben angeführte Begriffsdifferenzierung zwischen einer „subjektiven" und „intersubjektiven" Perspektive von Lebenswelt/Umwelt herangezogen (vgl. Kriz 2017), ist bei Bronfenbrenner keine explizite terminologische Unterscheidung zu finden. Eine Unterscheidung kann im Wesentlichen jedoch aus den inhaltlichen Aussagen abgeleitet werden. Die individuelle Auseinandersetzung findet mit der „objektiven Umwelt" statt, die damit zur „subjektiven Umwelt" bzw. Lebenswelt wird. Ein vergleichbar unspezifischer Umweltbegriff findet sich auch in den sozialökologischen Forschungen zur Person-Umwelt-Beziehung.

Bronfenbrenner (1981) systematisiert die (sozial-)ökologische Komplexität von Umwelt über sozialräumliche und zeitliche Strukturen. *Sozialräumliche Strukturierung* erfasst gesellschaftliche Umwelt und unterteilt sie in Form eines Mehrebenenmodells in Mikro-, Meso-, Exo- und Makrosysteme. Bildlich gesehen sind das ineinandergeschachtelte Umwelten, die als nahe, mittlere und ferne „Wirkwelten" die Individualentwicklung beeinflussen (s. Abb. 2.4).

Das *Mikrosystem* erfasst Lebensbereiche bzw. Lebensführungssysteme, in denen unmittelbare und konkrete Austausch- bzw. Interaktionserfahrungen zwischen den Individuen stattfinden. Das sind z. B. Familie, Kindergartengruppe, Schulklasse, Arbeitsplatz, Vereinsgruppe. Das *Mesosystem* ist definiert über die Austauschprozesse bzw. Wechselwirkungen, die zwischen den verschiedenen

Mikrosystemen stattfinden, in denen ein Individuum aktiv beteiligt ist (z. B. Schule, Handwerksbetrieb oder Firma). In gewisser Weise kann das Individuum selbst oder über das Mikrosystem Einfluss auf das Mesosystem nehmen. Das *Exosystem* enthält private oder öffentliche Bereiche, in die das Individuum nicht selbst eingebunden ist, die aber sein Verhalten und seine Handlungsmöglichkeiten in einzelnen Mikrosystemen und über die Wechselwirkungen auch das Mesosystem beeinflussen. Für Kinder stellt die Berufswelt der Eltern, für Erwachsene der Aufsichtsrat der Firma ein typisches Exosystem dar. Das *Makrosystem* umfasst gesellschaftliche, rechtliche, politische, kulturelle, soziale, ökologische und ökonomische Strukturen und Gegebenheiten, die Einfluss auf nahezu alle Lebensbereiche bzw. Systeme haben (Grundmann et al. 2000, S. 28).

Zeitliche Strukturierung erfasst die Abfolge, in der über den Lebenslauf einer Person die spezifischen Umweltausschnitte und das daran gekoppelte Erleben und Verhalten in den Vordergrund treten. Dabei sind zwei Chronoprozesse zu unterscheiden:

1. Lebenslauf als individuelle („subjektive") zeitlich strukturierte Person-Umwelt-Erfahrungen. Dieser Prozess erfasst den biografischen Einfluss aus den individuell unterschiedlichen Erfahrungen mit Lebensumwelten, mit verschiedenen Kulturen und Subkulturen und mit den kontextuellen Übergängen (z. B. von Mikro- in bisherige Exosysteme).
2. Die individuellen soziohistorischen Erfahrungen bilden sich aus den individuellen („subjektiven") Auseinandersetzungen mit der Eltern- und Erziehergeneration, mit dem Zeitgeist und gesellschaftlichen Werten und Normen. Das Lebenslaufkonzept unterscheidet sich hierbei grundlegend von traditionellen Lebenszyklusmodellen, die von relativ feststehenden, aufeinanderfolgenden Lebensstadien ausgehen.

Die Erfassung der individuellen („subjektiven") Chronoprozesse hat in Beratung und Therapie maßgebliche Bedeutung für das Verständnis der Biografie von Klienten. Aus diesem Grund werden sie an dieser Stelle ausführlicher betrachtet, wobei auf die Ausführungen von Grundmann et al. (2000) Bezug genommen wird.

Individuelle zeitlich strukturierte Person-Umwelt-Erfahrungen: Im Verlauf der Sozialisation nimmt die Anzahl von Lebensbereichen (Mikrosystemen) zu, in die eine Person direkt und zunehmend auch gleichzeitig eingebunden ist und mit denen sie in Wechselbeziehungen tritt (z. B. die Mikrosysteme Herkunftsfamilie, Schule, Studium, Freundeskreise, Fortpflanzungsfamilie, Schwiegerfamilie, Arbeitsbereich, Vereine). Das Mesosystem bündelt die verschiedenen

(Mikro-)Lebensbereiche einer Person, sie werden gegeneinander abgewogen, in ausgewählter Form aufeinander bezogen und miteinander verknüpft und wirken so auch aufeinander. Damit kann das Individuum seine sozialen Beziehungen verfestigen, Handlungskompetenzen erwerben und die Auswahl und Übernahme von Rollen verfolgen. Mit der Anzahl der Lebensbereiche nimmt somit auch das entwicklungs- und handlungsfördernde Potenzial des individuellen Mesosystems zu. Je mehr interaktive Umwelterfahrungen ein Individuum in den verschiedenen Mikrosystemen machen kann, desto mehr Handlungs- und Rollenkompetenzen wird es ausbilden. Sozialökologisch bedeutsam ist hierbei, dass bestimmte (Mikro-)Lebensbereiche einer Person nur in bestimmten Lebensphasen am Mesosystem beteiligt sind, in anderen aber nicht (mehr). Beispielsweise sind in Schule, Berufsleben oder Alter einzelne oder mehrere Mikrosysteme nicht (mehr) enthalten, die früher beteiligt waren, dafür kommen andere hinzu. Je nach Lebensphase und der resultierenden Ausgestaltung des Mesosystems verändert sich somit dessen Struktur. Daraus resultieren wiederum unterschiedliche lebensphasenspezifische Sozialisations- und Lebenserfahrungen mit entsprechend unterschiedlichen Auswirkungen auf die individuelle Umwelt- und Selbstwahrnehmung und auf Entwicklungs- und Handlungspotenziale, was sich wiederum auf die Gestaltung von sozialen Beziehungen, Rollen- und Funktionsübernahmen, auf die Handhabung von Anforderungen und Belastungen und auf das Einholen von sozialer Unterstützung auswirkt. Generell unter der Perspektive des Lebensverlaufs betrachtet, nimmt die Ausgestaltung des Mesosystem bis zum reifen Erwachsenenalter zu und im fortgeschrittenen Alter wieder ab.

Besondere Bedeutung kommt den *sozialökologischen Übergängen* (Transitionen) zu. Darunter versteht man Übergänge von einem vertrauten Kontext in einen anderen, was mit einer Veränderung des Lebensbereichs einhergeht. Übergänge erfordern Anpassung an neue Aufgaben, was wiederum neue Rollen-, Beziehungs- und Handlungsanforderungen mit sich bringt. Deren Erfüllung wird zu Beginn zumeist als belastend und nicht selten als konfligierend mit den bisherigen Prioritäten in der Lebensführung erlebt. Das trifft beispielsweise auf Übergänge im Kontext Schule, Studium und Arbeitswelt, auf eine Heirat, die Geburt eines Kindes, den Umzug in ein Altersheim oder einen langfristigen Klinikaufenthalt zu. Strukturell gesehen geht ein bisheriges Exosystem in das persönliche Mesosystem ein. Übergänge finden auch statt, wenn Personen von einem Mikrosystem in ein anderes wechseln, beispielsweise wenn Eltern oder (Ehe-)Partner von der Arbeit nach Hause kommen und dort mit Ansprüchen und Erwartungen von Kindern oder Partner konfrontiert werden, die sie unmittelbar nicht zu erfüllen vermögen. Ebenso kann die Bewältigung kritischer Lebensereignisse (z. B. Krankheit, emotionale oder materielle Verluster-fahrungen) sozialökologische Übergänge beinhalten, wobei solche Ereignisse sich bei schwerem Verlauf nicht nur auf einzelne Mikrosysteme beschränken.

Darüber hinaus wird die alltägliche Lebensgestaltung von Menschen durch *individuelle soziohistorische Erfahrungen, Einflüsse und Lebensverhältnisse* aus dem bisherigen Lebensverlauf beeinflusst. Gegenwärtige Vorstellungen von Freiheitsgraden in Selbstbestimmung und Handlungsmöglichkeiten, von Lebenszielen und angemessener Lebensführung in Partnerschaft und Familie, Arbeitswelt, Freizeitgestaltung und Konsumverhalten leiten sich u. a. aus den Auseinandersetzungen mit der Eltern- und Erziehergeneration, aus den Einflüssen des Zeitgeists und gesellschaftlich gebundenen Lebensvorstellungen und schließ-lich aus der resultierenden individuellen kognitiv-emotionalen Verarbeitung ab. Dabei ist zu berücksichtigen, dass biografische Ereignisse unterschiedliche Aus-wirkungen auf individuelles Erleben, Bewerten und Verhalten in der aktuellen Auseinandersetzung mit der Umwelt haben, je nachdem, ob sie im Kontext einer ganzen Alterskohorte oder im Kontext der individuellen Biografie oder einzelner, spezifischer Lebensabschnitte aufgetreten sind. Zusammenfassend stellen Grund-mann et al. (2000) fest, dass Umwelterfahrungen (bzw. Kontexterfahrungen) einer stetigen individuellen kognitiv-emotionalen Verarbeitung unterliegen. Umwelt wird somit keineswegs nur als äußere Realität wahrgenommen, sondern verändert ihre spezifische Bedeutung in Abhängigkeit von den individuellen Bewertungs-mustern, die in den unterschiedlichen Lebensräumen und Lebensphasen, in denen sich ein Individuum befindet, herausgebildet werden. Die Forschungen von Bron-fenbrenner legen nahe, in der Beratung dieses sozialökologische („subjektive") Verständnis von Biografie und Lebenserfahrung vermehrt in den Fokus zu rücken, wie weiter unten noch verdeutlicht wird.

Das für die ökologische Sichtweise typische Element der Einbeziehung von Kontexten, von unterschiedlichsten Lebensbereichen in unterschiedlichen Zeiten, trägt besonders zu einer Theorie und Konzeption bei, die sich als Entwicklungs-begleitung verstehen will. Wachstum im psychischen Bereich wird dann am wirk-samsten sein, wenn eine gegebene Situation Bedeutung für die Person hat. Die Bedeutung ist das Wirksame, nicht die objektive Bedingung. „Situationen, die von Menschen als real definiert werden, haben reale Folgen" (Thomas und Tho-mas, zit. nach Bronfenbrenner 1981, S. 39). Man kann Verhalten und erst recht abweichendes Verhalten nicht aufgrund objektiver Umwelteigenschaften ver-stehen, ohne deren Bedeutung für den jeweiligen Menschen zu berücksichtigen. „Die phänomenale Umwelt steuert das Verhalten weit wirksamer als die reale" (Bronfenbrenner 1981, S. 40). Die jeweilige Bedeutung schafft der Mensch aus seiner Deutung, seiner Vorstellung. Konstituierend für seine Konstruktionen ist die

Umwelt auf den unterschiedlichen Ebenen. In jeder Gesellschaft und Kultur gibt es dafür „Konstruktionsanweisungen" (S. 20). Bei Veränderungen dieser Anweisungen können Strukturen innerhalb der Lebensbereiche geändert werden, was wiederum Auswirkungen auf Verhalten und Entwicklung hat. Diese Veränderungen werden als „Transformationsexperiment" beschrieben. In einer Gesellschaft, in der die auch von Bronfenbrenner beklagte defizitäre Denkweise – dass ein abweichendes Verhalten direkt auf Unzulänglichkeiten in der Person selbst schließen lässt – vorherrscht, fordert er genau diese Orientierung an Transformation, sodass der menschliche Lebensraum menschlicher gestaltet wird (S. 268).

Die Vernetzungen von unterschiedlichen Systemen – dem Hauptfokus der ökologischen Orientierung – sind für das Verständnis von Verhalten sowie für dessen Veränderung von hoher Bedeutung. Denn die Vernetzung der äußeren Systeme macht erst das Wirken innerhalb eines Systems verständlich. Ein Verdienst Brofenbrenners ist die weitere Abkehr von linear-kausalem Denken. In einer Weiterentwicklung seiner Theorie versuchte er, den Vorwurf der fehlenden Einbeziehung des Subjekts zu bearbeiten.

Person-Umwelt-Transaktion
Bereits vor und parallel zu Bronfenbrenners Forschungen hat sich in der Sozialen Arbeit und der psychosozialen Beratung in den USA der Ansatz „Person-in-Environment" oder „Person-in-Situation" entwickelt (Hamilton 1951; Hollis 1964; Karls und Wandrei 1994), der sich zu einem tragfähigen Konzept mit der dreifachen Konfiguration *Person* in ihrer *Lebenssituation/ihrem Umfeld* mit den darin ablaufenden *Interaktionen* etabliert hat (Cornell 2006). Der Ansatz hat sich als sehr fruchtbar für die Ableitung weiterer Handlungskonzepte erwiesen. In einer konzeptionellen Weiterführung, dem „Life Model" von Germain und Gitterman (1999), wird Bronfenbrenners Ansatz und das transaktionale Stressmodell von R. S. Lazarus (Lazarus und Folkman 1984) in das Handlungsfeld einer kontextorientierten Beratung – insbesondere in der Sozialen Arbeit – integriert, wobei die Autoren ausdrücklich die gesellschaftlich-politische, biologische und physikalische Seite von Umwelt einbeziehen. Damit stoßen sie einen bedeutsamen Entwicklungsschritt an: Die in der Psychologie verankerte Belastungsforschung hat den Blick vorrangig auf das Bewältigungsverhalten der Person ausgerichtet, während Umwelt lediglich als psychische Repräsentation in der Person behandelt wird. Mit dem Life Model vollziehen Germain und Gitterman eine explizit sozialökologische Anwendung des transaktionalen Stressmodells. Menschliche Lebensführung wird von den Autoren als stetiger wechselseitiger Austauschprozess zwischen Person und Umwelt im Sinne von Person-Umwelt-Transaktionen verstanden.

Person-Umwelt-Transaktionen sind komplexe, intentionale, wechselseitige Prozesse zwischen einzelnen Individuen oder zwischen Individuum und Umwelt/ Lebenswelt. Im Rahmen von Lebensführung sind transaktionale Austauschprozesse auf die Erfüllung von Bedürfnissen und die Bewältigung von Anforderungen und Bedingungen ausgerichtet, die vonseiten der Person oder der sozialen, sozialstrukturellen und materiellen Umwelt entwickelt bzw. gestellt werden (s. Abschn. 2.2). Der Begriff beinhaltet auch die dynamischen Auswirkungen und Veränderungen, die daraus im Individuum, in seiner Umwelt/Lebenswelt und in den Beziehungs- bzw. Austauschprozessen zwischen Individuum und Umwelt entstehen. Er erfasst den charakteristischen Prozess der wechselseitigen Beeinflussung, Gestaltung und Veränderung treffender als der Begriff der Interaktion oder der relativ unspezifische systemische Begriff der Zirkularität; Letzterer ist weniger auf eine stringente Erfassung der beteiligten Parameter ausgerichtet. Transaktionale Austauschprozesse erfolgen intentional in Form von Sinngebung, Bewältigungshandeln und Ressourcenaustausch und verfolgen das Ziel, eine möglichst gute Passung von Handlungsoptionen und -möglichkeiten auf der einen Seite und von Strukturen, Handlungsanforderungen und -spielräumen auf der anderen Seite zu erreichen. Einfach formuliert, geht es darum, die Diskrepanzen zwischen den Zielsetzungen und Kompetenzen („Wollen" und „Können") aufseiten der Person und den von der Umwelt vorgegebenen Anforderungen und Möglichkeiten („Sollen" und „Dürfen") möglichst gering zu halten bzw. auszugleichen. Im günstigen Fall führt das auf beiden Seiten zu Fortbestand und Entwicklung, die durch Transaktionen oder durch Beratung gefördert werden. Maßgeblich ist der Blick dabei auch auf die Entfaltung und Handhabung von Ressourcen, auf deren Zugänglichkeit oder Beschränkung und auf den Ressourcenaustausch zwischen Individuum und Umwelt/Lebenswelt gerichtet (Schubert 2013a, 2016a).

Das Ergebnis dieser Person-Umwelt-Transaktionen kommt individuell oder auch gemeinschaftlich als „gelingend" oder „misslingend" erlebte Lebensgestaltung zum Ausdruck. Zwar trägt in manchen Situationen mehr die Person und in anderen Situationen mehr die Umwelt zum „Gelingen" oder „Misslingen" bei, doch wird das Ergebnis letztlich von beiden Seiten über den Transaktionsprozess hergestellt. Unter sozialökologischer Perspektive ist nur über diese Gegenseitigkeit längerfristig eine positive Entwicklung für das Individuum wie auch für seine Umwelt/Lebenswelt zu erwarten. Sozialökologisch fundiertes Denken und Handeln in der Beratung ist daher auf alle drei Parameter ausgerichtet: auf die Person, die Umwelt und auf die wechselseitige Beziehung bzw. den transaktionalen Austausch, also auf die Bemühungen, die gegenseitigen Erwartungen, Handlungen und Potenziale (Ressourcen) interaktiv und entwicklungsfördernd aufeinander zu beziehen (Person-Umwelt-Passung).

Die sozialökologische und transaktionale Denk- und Handlungsweise hat sich als äußerst fruchtbar für sozialepidemiologische und gesundheitspsychologische Forschungen (z. B. Stress- und Salutogeneseforschung) und vor allem für komplexe disziplinübergreifende Praxisansätze erwiesen (z. B. Gemeinwesenarbeit, Gemeindepsychologie, Sozialraumorientierung, Empowerment, soziale Netzwerkarbeit und Aktivierung sozialer Unterstützungssysteme). Das Interesse ist darauf gerichtet, auf welche Weise einerseits soziale Strukturen und Bedingungen (z. B. in Familie, Schule, Arbeitswelt, sozialen Netzwerken, Gesundheits- und Pflegewesen, Generationenbeziehung) die individuellen Möglichkeiten zur Gestaltung der Lebensführung beeinflussen und andererseits Personen durch ihre Auffassungen und ihr Handeln auf diese Umwelt- und Lebensbedingungen wiederum förderlich oder behindernd für ihre Lebensgestaltung und Lebensqualität einwirken. Das Prinzip der sozialökologischen Austauschbeziehung zwischen Person und Umwelt gilt für alle Lebensbereiche und Entwicklungsphasen des Menschen und für soziale, kulturelle, rechtsstaatliche und wirtschaftliche Einrichtungen, wie z. B. Krankenhäuser, Kinder- oder Altenheime. Ohne Berücksichtigung der menschlichen Belange, z. B. in den betrieblichen Organisationsstrukturen oder in der Bauweise, verlieren diese Einrichtungen ihre Sinngebung und auch ihre Nachfrage, sie dienen nicht mehr der Entwicklung von Lebensqualität und der menschlichen Entwicklung und Entfaltung, sondern bestenfalls ihrer eigenen Organisationskultur und verlieren ihre humane Sinnhaftigkeit.

3.4 Das biopsychosoziale Modell

Das biopsychosoziale Modell (BPS-Modell) gilt gegenwärtig als das einflussreichste Modell in den human- und sozialwissenschaftlich geführten Diskursen über Zustandekommen und Entwicklung von Gesundheit und Krankheit. Es betrachtet Gesundheit und Krankheit als Ergebnis der komplexen Wechselwirkungen zwischen dem Individuum und seiner Umwelt und nicht als Ergebnis nur medizinisch-biologischer oder psychischer oder sozialer Faktoren.

In den 1970er-Jahren formulierte der Psychiater George L. Engel (1977/dt. 1979, 1980) erstmals zusammenfassend dieses neue Verständnis von Krankheit und ihrer Entstehung. Die breite Resonanz, die seine Schriften in Teilen der Medizin, der Psychiatrie und Psychotherapie fanden, förderte die zunehmende Abkehr von dem bislang biomedizinisch dominierten, reduktionistischen Krankheitsverständnis. Auch in den Diskursen der Psychologie, der Sozialarbeitswissenschaft und weiterer Heil(hilfs)berufe und vor allem in der Gesundheitsförderung wurde das Modell rasch aufgegriffen und führte zu einem neuen, komplexen biopsycho-sozialen Verständnis von Gesundheit und Krankheit. Es ist nicht nur ein Modell für psychotherapeutische und psychosoziale Maßnahmen, sondern erweist sich auch in den verschiedenen psychosozialen Versorgungsstrukturen als grundlegend für konzeptionelle, theoretische wie praxisbezogene Entwicklungen.

Der Grundgedanke des BPS-Modells besteht darin, dass die biologisch-organische, die psychische und die soziale bzw. sozialkulturelle Ebene des menschlichen Lebens ständig in Wechselbeziehungen miteinander stehen. Dabei bleiben die konstituierenden Faktoren dieser Ebenen nicht konstant, sondern verändern sich durch diese Prozesse kontinuierlich. Aus dem Zusammenwirken der biologischen, psychischen und sozialen Faktoren und aus deren Veränderungen lassen sich menschliche Entwicklungen und damit auch die Entstehung und der Verlauf von Störungen und Erkrankungen erklären und daran ausgerichtete Maßnahmen zur Korrektur, Prävention und Rehabilitation ableiten. „Die Betonung des *dynamischen* Wechselspiels der drei Ebenen in Genese und Verlauf von Erkrankungen bedeutet, dass neben den biologischen ebenfalls psychische und soziale Faktoren grundsätzlich auch *kausal* für die Entstehung von Krankheiten in Betracht kommen" (Pauls 2013, S. 18). Insbesondere die „Einbeziehung mikrosozialer und makrosozialer Faktoren hat eine Veränderung des Gesundheits-Krankheitsverständnisses gefördert" (S. 17) und eine Abkehr vom biomedizinischen hin zu einem sozialen Krankheitsbegriff auf den Weg gebracht. Von einigen wird das Modell daher auch als ein Paradigmenwechsel bezeichnet. Andererseits verweist Kriz (2017) auf eine umgekehrte Richtung, die sich in der Psychotherapie seit einigen Jahren – beispielsweise in einer zunehmenden Medikalisierung und „Verdinglichung" des Menschen – beobachten lässt.

In seinen Ausführungen zum BPS-Modell konnte sich Engel auf verschiedene Entwicklungslinien und bedeutsame wissenschaftliche Bausteine beziehen. Einen Baustein lieferten nach Pauls (2013) die Stressforschungen von Canon und Selye mit der Feststellung, dass beispielsweise physische und soziale Stressoren das gleiche Stresssyndrom hervorrufen können. Ein wichtiger Wegbereiter war auch die Risikofaktorenforschung, die seit den 1950er-Jahren mit großen Stichproben und Langzeitstudien systematisch die Auswirkungen und das Zusammenspiel von biologischen, psychologischen, sozialen und umweltbezogenen Faktoren (z. B. genetische Disposition, Persönlichkeitseigenschaften, Lebenseinstellung, Auftreten kritischer Lebensereignisse, soziale Schicht) auf die Entstehung, Entwicklung und den Verlauf von körperlichen und psychischen Erkrankungen untersucht. Wissenschaftshistorisch bedeutsam wurde die Allgemeine Systemtheorie (General Systems Theory), die in den 1960er-Jahren sowohl in der Biologie als auch in den Sozialwissenschaften entwickelt und von Bateson (1972) disziplinübergreifend formuliert wurde. In ihr kommt ein Paradigmenwechsel zum Ausdruck: von der klassisch-naturwissenschaftlichen Annahme linear-kausaler, analytisch fassbarer Zusammenhänge hin zu zirkulären, d. h. nicht linearen Zusammenhängen. Biologische, soziale, kulturelle und psychische Phänomene werden in ihren komplexen Verknüpfungen und wechselseitigen Zusammenhängen verstanden, als Teil des Systems bzw. des Kontexts, in dem sie sich befinden bzw. auftreten.

Als eine weitere Grundlage können die *sozialökologischen Forschungen* der sogenannten Chicagoer Schule der 1920er- bis 1940er-Jahre und ihre Weiterentwicklungen in der Psychologie herangezogen werden. Dieser Forschungsbereich der Chicagoer Schule bezog sich ursprünglich auf die biologische Ökologie von Ernst Haeckel (1866) und Jakob von Uexküll (1909) und wies schon früh auf die Wechselwirkungen individueller (biologischer, psychischer), sozialer und strukturell-umweltlicher Faktoren bei der Entstehung, Erfassung und Bewältigung menschlicher Problemlagen hin (Park et al. 1925; Park 1936). Schon bald wurden diese Forschungsergebnisse in der Praxis der Sozialen Arbeit umgesetzt (Jane Addams in den USA, Alice Salomon in Deutschland). Einige Jahre später wurde auf dieser Basis in den USA das interaktive Beratungskonzept „Person-in-Situation" (oder auch „Person-in-Environment") etabliert, das weite Verbreitung gefunden hat (Richmond 1922; Hamilton 1951; Hollis 1964; Karls und Wandrei 1994; Germain und Gitterman 1999; im Überblick Grundmann et al. 2000; Schubert 2013a). In der Psychologie wurde der sozialökologische Ansatz von Egon Brunswik (1943, „environmental psychology") aufgenommen und von Kurt Lewin (1944) unter dem Begriff „ecological psychology" ausgebaut. Im Rahmen seiner Feldtheorie formulierte Lewin grundlegende Aussagen zum dynamischen Wechselverhältnis zwischen Erleben und Verhalten (V), der Person (P) und der (subjektiv wahrgenommenen) Umwelt (U). Eine erweiterte dynamisch-ökologische Sichtweise lieferte dann Uri Bronfenbrenner (1976, 1981) mit seinem Ansatz des „human ecological development". Er band zwischenmenschliche Beziehungen und Handlungsweisen, kulturelle Kontexte sowie gesellschaftliche Strukturen und Entwicklungen in den Umweltbegriff ein und zeigte auf, wie sie die menschliche Entwicklung und Lebensgestaltung beeinflussen (s. Abschn. 3.3).

Auch die Berichte der Weltgesundheitsorganisation (WHO) betonen die Verschränkung von biologischen, psychischen und sozialen Prozessen, wobei sie in vieler Hinsicht sozialökologische Forschungen einbeziehen. So fußt die richtungsweisende *Ottawa-Charta* der WHO von 1986 auf einem sozialökologischen biopsychosozialen Grundverständnis von Gesundheit. Die Wechselwirkungen dieser Ebenen werden als grundlegend nicht nur für die Gesundheit, sondern auch für die Lebensqualität und Lebenserwartung von Menschen wie auch für die Möglichkeiten einer aktiven und positiven Lebensgestaltung benannt (im Überblick: Sacher 1998). Die WHO formuliert, dass Gesundheit und Krankheit und die damit in Wechselbeziehung stehende Lebenszufriedenheit nicht nur durch biophysische, sondern wesentlich auch durch psychische und soziale Faktoren und Prozesse beeinflusst werden. Dies erfolgt außer durch die bekannten genetischen und dispositionell erworbenen Einwirkungen insbesondere durch Bedingungen in der unmittelbaren Lebenswelt des Individuums, wie die sozialökologische und -ökonomische Lebenslage, Wohn- und Arbeitsbedingungen, Status und Bildung, aktuelle und chronische psychosoziale Belastungen (Stressoren), individueller Lebensstil („life style") und die individuelle Art, mit Belastungen umzugehen (Bewältigungsverhalten bzw. Coping). Dazu gehören auch Ausmaß und Qualität von sozialer Integration und sozialer Unterstützung. Diese Faktoren beeinflussen sich gegenseitig und können, jeder für sich wie auch in spezifischen Bündelungen, die individuelle Lebensbefindlichkeit und Lebensbewältigung beeinflussen und Erkrankungs- wie Gesundungsprozesse auslösen oder beschleunigen (Schubert 2009b).

Naheliegend ist eine *systemtheoretische Ausformulierung* des BPS-Modells, wie sie Uexküll und Wesiak (1996) auf Basis der Allgemeinen Systemtheorie liefern. Das Modell betrachtet den Mensch als Teil umfassender Lebenssysteme, der sozialkulturellen, natürlichen und gebauten Umwelt. Die Ausgestaltung von Gesundheit und Krankheit bzw. – umfassender formuliert – von Lebensführung erfolgt nach diesem Ansatz auf verschiedenen, hierarchisch organisierten und unterschiedlich komplexen Systemebenen, dem biologisch-psychischen Personsystem und dem sozialkulturellen bzw. gesellschaftlichen System. Diese sind wiederum in verschiedene Subsysteme mit unterschiedlicher Komplexität und Funktion untergliedert. Die beiden Systemebenen Person und Umwelt und ihre vielfältigen Subsysteme stehen in ständigen komplexen Wechselwirkungen, die nicht nur Einfluss auf die einzelnen Systeme, sondern auch auf die Subsysteme haben. Hierbei treten zudem Prozesse von Selbstorganisation auf. Unter Bezugnahme auf die Emergenztheorie formulieren Uexküll und Wesiak (1996), dass gerade dadurch auf der biologischen, psychischen und sozialen Systemebene neue Ergebnisse, auch von neuer Qualität, entstehen könnten. In ihrer Gesamtheit kommen diese Wechselwirkungen als biopsychosoziale Lebensführung und Entwicklungsprozesse zum Ausdruck. Je nachdem, wie unser Blick ausgerichtet oder wissenschaftlich geprägt ist, erfassen wir mehr das Personsystem mit den biologisch-psychischen Subsystem-Wechselwirkungen oder die zwischenmenschlichen, soziokulturellen oder gesellschaftlichen Subsysteme (Lebensführungssysteme) der Person-Umwelt-Wechselwirkungen.

In den theoretischen Diskursen der Human- und Sozialwissenschaften, wie der Psychologie, der Sozialarbeitswissenschaft, der Gesundheitsförderung und weiterer Heil(hilfs)berufe, wurde das Modell relativ rasch aufgegriffen und bildet inzwischen die Grundlage für ein komplexes biopsychosoziales Verständnis nicht nur von Gesundheit und Krankheit, sondern auch im Hinblick auf die Bewältigung von Lebensanforderungen und die Gestaltung von Lebensqualität. Unter Bezugnahme auf die Allgemeine Systemtheorie (Bertalanffy 1972) erweitert Egger (2005, 2017) das biopsychosoziale Modell zu einer Theorie der Körper-Seele-Einheit („body mind unity") und postuliert die Gleichzeitigkeit von psychologischen und physiologischen Prozessen innerhalb ein und desselben Ereignisvorgangs, der seinerseits immer unter ökosoziokulturellen Rahmenbedingungen abläuft. Auch Forschungsergebnisse aus der Neurophysiologie weisen zunehmend darauf hin, dass physiologische, emotionale und kognitive Prozesse und soziales Geschehen in enger Wechselwirkung miteinander verwoben sind und das Gehirn als Vermittlungsorgan für die Beziehungen des Organismus zur Umwelt und des Individuums zu anderen Menschen zu begreifen ist (Fuchs 2013).

Auch wenn das erweiterte psychobiologische Modell derzeit die beste Hintergrundtheorie für eine biopsychosoziale Humanmedizin abgibt (Egger 2017), darf nicht außer Acht gelassen werden, dass das biomedizinische Krankheitsmodell seine Dominanz im medizinischen Denken und Handeln keineswegs verloren hat. Zudem weist das BPS-Modell noch erhebliche wissenschaftliche Herausforderungen auf. Forschungsmethodisch sind exakte Ursache-Wirkungs-Nachweise bei den multikausal begriffenen Störungsbildern nur schwer zu erbringen, weil sie ein höchst differenziertes Untersuchungsdesign erfordern. Zudem bringt die fehlende gemeinsame Terminologie für die wechselseitigen medizinischen, psychologischen, sozialen, kulturellen und sozialökologischen Phänomene ein erhebliches Handicap für die Weiterentwicklung einer übergreifenden bzw. interdisziplinären biopsychosozialen Konzeption (Hanses 2005). Derzeit ist das biopsychosoziale Modell eher als ein Metamodell zu verstehen, das vorwiegend in den Human- und Sozialwissenschaften aufgenommen wird und in der Biomedizin weniger vertreten ist.

In der Praxis regt der biopsychosoziale Denk- und Handlungsansatz disziplinübergreifende Unterstützungsleistungen und Versorgungsformen an, die nicht nur einseitig auf einer Ebene ansetzen, sondern die verschiedenen Ebenen zu einer integrierten biopsychosozialen Gesamtkonzeption verknüpfen. Praktische Umsetzung findet das Modell in breiterem Umfang bereits in Handlungsfeldern der psychosozialen Versorgungssysteme (vorwiegend bezogen auf Gebiete der Psychologie, der Sozialen Arbeit sowie der Sozial- und Heilpädagogik) und in

den dort angesiedelten Beratungsformaten, in der Verhaltensmedizin, in human-
und sozialwissenschaftlich fundierten Formaten der Gesundheitsförderung und
Prävention und in einer ganzheitlich ausgerichteten Medizin. In den präventiven,
kurativen, rehabilitativen und palliativen Handlungsfeldern führt das Konzept zu
einem Vorgehen im Sinne einer „Simultandiagnostik" und „Simultantherapie"
(Egger 2017). Relevante Informationen werden gleicherweise aus den physiologischen, psychologischen und lebensweltbezogenen Bereichen erfasst und
zusammengeführt und für Interventionen herangezogen, die alle Systemebenen
fokussieren. Neben medizinischen und genetischen Faktoren sind gleichermaßen die psychischen, sozial-emotionalen und Handlungsressourcen (z. B.
Copingfähigkeiten und Lebenseinstellungen) der Betroffenen und des sozialen, insbesondere des familialen Umfelds bedeutsam. Allerdings werden die
Interventionen im professionellen Alltag je nach Problemlage, dem Wissens-
stand hinsichtlich interventiver Wirkungsweisen und der Ressourcenausstattung
von Klienten und deren Umfeld, aber auch je nach Disziplinzugehörigkeit der
Behandler bzw. Berater schwerpunktmäßig unterschiedlich auf die drei Systemebenen ausgerichtet sein.

3.5   Gehirngerecht beraten: Neurowissenschaftliche Aspekte der Beratung

Dieser Abschnitt gibt einen Sammelbandbeitrag von Jörg Baur (2015) wieder, der
sich mit der Bedeutsamkeit der neurowissenschaftlichen Forschung für Beratung
auseinandersetzt.[1] Nach Baur legt das in der Beratungswissenschaft vorherrschende Verständnis vom Menschen als biopsychosoziales Wesen nahe, auch
aktuelle neurowissenschaftliche Wissensbestände zu berücksichtigen. Das ist
nicht selbstverständlich, fokussieren gängige Beratungsparadigmen doch stärker
die psychische und soziale, weniger die biologische Ebene. Ausnahmen bilden
etwa (hypno-)systemische oder traumatherapeutische Konzepte, die das Wissen
um die Zusammenhänge des menschlichen Verhaltens, Erlebens, der psychischen

---

[1]Wir danken Jörg Baur und dem Nomos-Verlag für die Genehmigung zum Abdruck dieses Beitrags mit einigen geringfügigen Ergänzungen. Er ist ursprünglich 2015 unter dem
Titel „Gehirngerechte Beratung. Aktuelle Perspektiven der Neurowissenschaft zu einer
multidisziplinär ausgerichteten Beratungswissenschaft" in dem von Tanja Hoff und Renate
Zwicker-Pelzer herausgegebenen Sammelband *Beratung und Beratungswissenschaft*
erschienen.

Funktionen einerseits und der ihnen zugrunde liegenden neuronalen Prozesse bzw. Strukturen andererseits bereits integrieren. Sie weisen insbesondere auf die Bedeutung wohladaptiver, ressourcen- und kompetenzbezogener neuronaler Netzwerke im menschlichen Gehirn als günstige Basis für die in der Beratung angestrebten positiven Entwicklungen hin.

Seitdem es mittels moderner Verfahren möglich geworden ist, neuronale Strukturen im Gehirn bildlich darzustellen, ist ein Hype um die Neurowissenschaft ausgebrochen, die in einflussreichen Medien bereits als „Leitwissenschaft" gehandelt wird. Im Bereich der Psychotherapie haben es Vertreter verschiedener Verfahren schnell verstanden, die neuesten Erkenntnisse der Hirnforschung zu nutzen, um die je eigenen theoretischen Prämissen als nunmehr neurobiologisch fundiert zu deklarieren und damit wissenschaftlich aufzuwerten.

Aktueller Kenntnisstand neurowissenschaftlicher Forschung: Interessante vs. strittige „Entwicklungsperspektiven"
Führende deutsche Wissenschaftler haben bereits 2004 darauf hingewiesen, dass es sich bei den unzähligen Veröffentlichungen zu den verschiedensten neurowissenschaftlichen Themenbereichen nur z. T. um gesichertes Wissen und daher auch um Hypothetisches oder sogar Spekulatives handelt (Elger et al. 2004). Umso schwieriger ist es für Laien, eine qualitative Bewertung aktueller neurowissenschaftlicher Erkenntnisse vorzunehmen.

Umstritten ist insbesondere die Grundannahme eines Primats des Körperlich-Neuronalen vor dem Psychischen und Sozialen. So wird das Psychische ebenso wie menschliches Verhalten als Folge grundlegender biologischer Prozesse und Strukturen (in erster Linie neuronaler Netzwerke und synaptischer Verschaltungen im menschlichen Gehirn) definiert. Diese Positionierung wird unter dem Begriff des biologisch-reduktionistischen Determinismus z. T. heftig kritisiert, vor allem im Rahmen der Debatte um die angebliche Illusion menschlicher Willensfreiheit (Geyer 2004).

Schlüssig hingegen ist die Öffnung der Neurowissenschaften für die Zirkularität und Selbstorganisationsfähigkeit auch biologischer Systeme in ihren Wechselwirkungen mit Umweltfaktoren. Auch die aktuellen Erkenntnisse über die Bedeutung des limbischen Systems, der somatischen Marker, der Theory of Mind, der Spiegelneuronen usw. weisen auf interessante Entwicklungsperspektiven hin. Sie scheinen für das menschliche Lernen und für Veränderungs-, Entwicklungs- und Problemlösungsprozesse und in diesem Sinne auch für die Beratung von herausragender Bedeutung zu sein (Förstl 2007; Damásio 2000; Rizolatti und Sinigaglia 2008). Auf diese Perspektiven baut auch Klaus Grawe sein Verständnis einer „Neuropsychotherapie" auf. Sein auch durch Eric

Kandel gestütztes Postulat einer Kovariation neuronaler, psychischer erfahrungs-
geleiteter Aktivität lautet: „Psychotherapie wirkt, wenn sie wirkt, darüber, dass
sie das Gehirn verändert. Wenn sie das Gehirn nicht verändert, ist sie auch nicht
wirksam" (Grawe 2004, S. 18). Insofern wäre es auch im Kontext der Beratung
sinnvoll, über den Weg einer durch Beratung initiierten Veränderung neuronaler
Strukturen eine Veränderung menschlichen Verhaltens anzustreben.

Die neurowissenschaftliche Perspektive auf Beratung/Counseling
Ein neurowissenschaftlicher Blick auf die Beratungssituation kann aus einer
theoretischen und aus einer praktischen Perspektive erfolgen. Beispielsweise
hat Baur (2009) eine praxisnahe Falldarstellung aus einer neurowissenschaftlich
inspirierten Einzelsupervision vorgestellt. Im Folgenden soll es jedoch um eine
theoretische Herleitung wesentlicher neurowissenschaftlicher Erkenntnisse gehen.

*Die neuronale Ebene der Aufnahme, Weiterleitung und Verarbeitung von Infor-
mationen* Die allgemeine Aufgabe des Gehirns besteht darin, für das Überleben, die Gesundheit und das „psychobiologische Wohlbefinden" (Storch 2002,
S. 282) des Organismus zu sorgen. Dafür erbringt das informationsverarbeitende
Nervensystem eine unvorstellbare Arbeitsleistung. Die Nervenzellen (Neuronen)
sind dabei besonders wichtig. Schätzungen gehen von einer gigantischen Anzahl
aus: Zwischen zehn und hundert Milliarden vernetzter Neuronen im menschlichen Gehirn sind verantwortlich für die Verarbeitung und Weiterleitung der
von den Sinnesorganen aus der Umwelt oder dem Inneren des Organismus auf-
genommenen Informationen. Das geschieht über die Umwandlung dieser Informationen in elektrische Impulse, die dann über ca. 2,5 Mio. Nervenfasern an
das Gehirn weitergeleitet werden. Diese bestehen aus Neuronen, die über Synapsen miteinander in Verbindung stehen und in denen chemische Botenstoffe
(Neurotransmitter) zur Wirkung kommen. Die im Gehirn ankommenden Einzel-
informationen werden dort zunächst synchronisiert, abgeglichen mit bereits
in neuronalen Netzwerken biografisch abgespeicherten Informationen. Danach
werden sie an verschiedenen Gedächtnisorten in z. T. weit verteilten und fein-
gliedrigen Subsystemen abgespeichert und als „Antwort" an die Organe, Mus-
keln oder Drüsen des Organismus zurückgegeben. Die meisten dieser neuronalen
Informationsverarbeitungsprozesse verlaufen automatisiert, abseits des menschlichen Bewusstseins. Was von diesen Prozessen dann letztlich zu welchen konkret
erfahrbaren Verhaltens- und Erlebensweisen führt und mit wie vielen Freiheitsgraden der Mensch auf diese Prozesse bewusst steuernd Einfluss nehmen kann,
ist umstritten.

Die Entstehung neuronaler Netzwerke durch Synapsenbildung und „Bahnungen" Das allgemeine Prinzip der Bildung neuronaler Netzwerke erfolgt nach der Hebb'schen Regel, dass diejenigen Neuronen Verbindungen eingehen bzw. intensivieren, die gleichzeitig aktiviert werden (Hebb 1949). Diese Verdrahtungen bilden sich allerdings zurück, wenn sie nicht erneut befeuert werden, und zwar nach dem Prinzip „Use it or lose it". Erfolgt eine Aktivierung jedoch häufiger, werden die synaptischen Verbindungen der aktivierten Neuronen verstärkt, und es kommt zu einer „Bahnung". Solche Bahnen sind zukünftig leichter aktivierbar und funktionieren effektiver. Daher ist die Wahrscheinlichkeit höher, dass sich zunächst die bisherigen Erfahrungen und die damit verbundenen Muster an Gedanken, Gefühlen, Körperempfindungen und Verhaltensreaktionen auf der Basis solcher Bahnen selbst reproduzieren – zumindest so lange, bis sich über neue Erfahrungen neue Netzwerke, neue Bahnen gebildet und stabilisiert haben. Gerald Edelman beschreibt dieses Phänomen in seinem Konzept des „reentrant mapping" (Edelman und Tononi 2000). Dabei scheinen implizite körperliche und emotionale Faktoren vor allem des limbischen Systems einen stärkeren und umfangreicheren Einfluss auf das menschliche Verhalten zu haben als bewusste kognitive Prozesse. Dies geschieht unabhängig davon, ob die Bahnungen Ergebnisse wiederholt positiv konnotierter Kompetenzerfahrungen sind oder sich aus negativ erlebten, etwa traumatischen Erfahrungen bilden. „Das unbewusste, limbische Erfahrungsgedächtnis lenkt […] unser Handeln stärker als unser bewusstes Ich; es äußert sich als Motive, Zu- und Abneigungen, Stimmungen, Antriebe, Wünsche und Pläne, die als relativ diffus und detailarm empfunden werden" (Roth 2001, S. 373).

Die Plastizität des Gehirns als „soziales Organ"

> Unter neuronaler Plastizität oder Neuroplastizität verstehen wir die Fähigkeit des Zentralnervensystems (insbesondere des Gehirns), sich beständig den Erfordernissen des Gebrauchs optimal anzupassen – und dabei können neuronale Netzwerke reorganisiert werden, indem neue synaptische Verbindungen zwischen den Neuronen geknüpft und bereits bestehende wieder gelöst werden (Rüegg 2007, S. 19).

Zu den bedeutendsten und gesichertsten Erkenntnissen der Neurowissenschaften gehört, dass das Hirn ein plastisches, dynamisch selbstorganisiertes Organ ist, das bis ins hohe Alter hinein erfahrungs- und nutzungsabhängig veränderbar bleibt („experience-dependent plasticity"; Hüther 2004a, S. 246). Es kann daher als „soziales Organ" (Schmitt 2008) oder „Beziehungsorgan" (Fuchs 2008) verstanden werden, weil es in Bezug auf die jeweiligen soziokulturellen und interaktionellen Umweltbedingungen enorme Anpassungsleistungen erbringt.

Bereits in der embryonalen Phase entwickelt sich die „plastische" Gehirnstruktur des Menschen aus einer Wechselwirkung zwischen pränatal initial angelegten neuronalen Verschaltungen und synaptischen Verbindungen sowie frühen Umwelt-, insbesondere Bindungs- und Beziehungserfahrungen mit den primären Bezugspersonen. Zunächst ist das Neugeborene mit einer Fülle von neuronalen Vernetzungsoptionen ausgestattet für all das, was ihm theoretisch im Leben begegnen könnte. Aus diesem Überangebot werden insbesondere in den ersten Lebensjahren diejenigen Optionen aktiviert, verfestigt oder umgeformt, die durch entsprechende Erfahrungen hauptsächlich in der Familie angesprochen werden. Der weitaus größere Rest an Neuronen bildet sich mangels Umwelt- oder Beziehungsaktivierung zurück und stirbt ab, allein ca. ein Drittel bis zum elften Lebensmonat (Hüther 2006). Bei der Herausbildung stabiler, möglicherweise unumkehrbarer Strukturen in dem sich entwickelnden Gehirn scheint es zum einen bestimmte Zeitfenster (sensible Phasen) zu geben, die die Möglichkeiten späterer plastischer Veränderungen eingrenzen. Zum anderen können emotional besonders intensiv erlebte Erfahrungen (etwa traumatische Erlebnisse) im Sinne wirkmächtiger maladaptiver Bahnungen die Strukturen des Gehirns zeitlebens verändern. Diese können nur schwer bzw. nur unter bestimmten Bedingungen ab- oder umgebaut werden, etwa durch den systematischen Aufbau alternativer, selbstwirksamkeitsmächtiger Netzwerke (Hüther 2004a). Anders als in der frühkindlichen Gehirnentwicklung sind im erwachsenen Gehirn kortikale Veränderungen in größerem Maße wieder umkehrbar. Ein Beispiel dafür sind die Neuroblasten. Sie dienen als noch nicht ausdifferenzierte Neuronenreserve, die etwa bei traumatischen Hirnschädigungen im Hippocampus zur Kompensation funktionaler Ausfälle oder Beeinträchtigungen aktiviert werden können. Auf diese Weise leisten auch sie einen Beitrag zur Plastizität des Gehirns (Schmitt 2008).

Die Möglichkeiten und Grenzen synaptischer und neuronaler Plastizität sind auch für den Beratungskontext von Bedeutung, da die gebildeten (maladaptiven oder funktionalen) Hirnstrukturen selbst wiederum menschliches Verhalten, Erleben und Bewusstsein beeinflussen, wenn nicht gar determinieren. Es ginge dann um die Frage, wie sich äußere biografische und aktuelle Erfahrungen im Gehirn der Klienten neuronal verankern und auf diese Weise das aktuelle und zukünftige Denken, Fühlen und Handeln beeinflussen. Denn Beratung hat ebenso häufig die Konstruktion und Realisierung alternativer Problemlösungsstrategien zum Ziel wie einen sinnvollen Umgang mit nicht selbst veränderbaren Begrenzungen bzw. Restriktionen, entstanden etwa durch frühe Traumatisierungen.

Emotional intensiv erlebte Beziehungserfahrungen begünstigen oder erschweren neuronale Veränderungen und damit Lernprozesse Positive Veränderungen von Verhalten und Erleben gehören zu den häufigsten Beratungszielen. Sie zu erreichen setzt Lern- bzw. Interventionsprozesse voraus, die auf der Basis des biologischen Primats der Neurowissenschaften neuronale Strukturen verändern müssen, sollen sie nachhaltig sein. Besonders wirksam scheinen dabei überraschende freudige Ereignisse, körperliche Betätigung, die Spaß macht, sowie emotional intensiv erlebte interpersonelle Bindungs- und Beziehungserfahrungen zu sein. Diese begünstigen über die Ausschüttung der Neurotransmitter Dopamin und Serotonin die Neubildung von Synapsen. Hüther spricht in diesem Zusammenhang von Erfahrungen, die „unter die Haut gehen" (Hüther 2004b, S. 244). Demgegenüber erzeugen Stress und Angst in einer überfordernden psychosozialen Belastungs-, Konflikt- oder Krisensituation einen dauerhaften Anstieg des Stresshormons Cortisol und hemmen plastizitätsfördernde Substanzen, die für Veränderung/Entwicklung notwendig sind. Es besteht die Gefahr der Chronifizierung von Stress. Wenn dann ein bislang unbekannter, als unkontrollierbar und damit als bedrohlich eingestufter Stressor überraschend auftritt, wird vor allem bei psychisch stärker belasteten Menschen die Aktivierung und Stabilisierung kreativer, öffnender Lern- bzw. Problemlösungs- oder -beseitungsstrategien erschwert oder blockiert. In diesen Fällen kann der Betroffene nicht mehr auf differenzierte handlungsleitende Muster zurückgreifen, sondern aktiviert implizit lebensgeschichtlich ältere „Notfallpläne" wie Regression oder Vermeidung. Wenn auch diese Mechanismen nicht mehr funktionieren, weil das Angst-Arousal zu groß ist, werden „archaische" Notfallpläne aktiviert, wie z. B. Angriff, Flucht, Erstarrung, stereotypische Bewegungsmuster und im Extremfall Dissoziation, Depersonalisation, Selbstverletzung usw. (Hüther 2006). In solchen Fällen wäre selbstverständlich psychotherapeutische Hilfe indiziert.

Lernen/Verändern im Kontext von Beratung heißt, die Plastizität des Gehirns zu nutzen Beratung zielt auf das Erlernen wohladaptiver Lösungsstrategien, vor allem über analoge, selbst erlebte und weniger über vermittelte Erfahrungen. Belehrungen, Ratschläge und nicht intrinsisch motivierte, oberflächlich übernommene Haltungen können hingegen nicht viel zu nachhaltigen Lösungs- oder Entwicklungsprozessen beitragen. Denn die präfrontale Rinde und das limbische System, die Lernprozesse maßgeblich steuern, sind nicht belehrbar. Die in diesen Regionen bereits neuronal verankerten Konstruktionen, Bewertungen, Haltungen, Handlungsmuster usw. sind nur veränderbar in der Weise, wie sie entstanden sind, d. h. durch eine Überschreibung oder Überformung durch neue oder andere Erfahrungen, die einen Unterschied zum Bestehenden machen. Dies funktioniert insbesondere dann, wenn positive Erfahrungen wiederholt und mit Begeisterung gemacht werden. Die Hilfestellung in der Beratung besteht darin, durch eine Reaktivierung von kreativem Potenzial die in den Klienten oftmals versandete Begeisterung für das Leben wieder zu wecken. Das ist wesentlicher als der Einsatz noch so ausgeklügelter Methoden oder Techniken ohne einen lernförderlichen Kontext (Hüther 2004b). Wie aber kann eine solche Begeisterung durch beraterische Interventionen geweckt werden?

Gehirngerechte, förderliche Lern- und Veränderungsbedingungen in der Beratung
Baur (2009) hat in Anlehnung an Grawe (2004) folgende Lernbedingungen auch als gehirngerechte und -verändernde Grundsätze für alle Beratungsformate beschrieben.

Vertrauensstiftende Beziehungsorientierung Das übergeordnete Ziel der Beratung besteht darin, das Vertrauen der Klienten zu fördern – und zwar das Vertrauen, dass sie ihre schwierige Situation alleine oder mit anderen Menschen bewältigen können. Für Hüther (2006) stellen diese drei vertrauensstiftenden Ressourcen die Basis dar für öffnende Lernprozesse, mit denen Ängste vor Misslingen abgebaut werden können.

Motivationsorientierung Intrinsisch motivierte, positiv formulierte, selbst erreichbare Beratungsziele führen über die Aktivierung von Kreativität und Innovationsgeist eher zum Erfolg als Ziele mit geringer Selbstkongruenz, die eher extrinsisch motiviert sind.

Orientierung an Ressourcen und positiven Lernerfahrungen Eine genaue Analyse und Arbeit mit den Ressourcen und Kompetenzen der Klienten sowie Fehlerfreundlichkeit ermöglichen Selbstwert und Resilienz erhöhende Erfolgserlebnisse.

Lösungs-, Bewältigungs-, Klärungsorientierung Bei jeder Problembearbeitung werden positive Gefühle, Ziele, Motive aktiviert und damit wohladaptive Erregungsmuster als Gegenwelt zur Problemtrance gebahnt. Dadurch können neue, zielführende Bewältigungserfahrungen gemacht werden.

Erlebnis-, Emotions- und Körperorientierung „Gehirngerechte" beraterische Interventionen erlauben spielerische Erlebnisse und Erfahrungen, die Freude, Stolz, Lust, Interesse vermitteln. Sie vermeiden Erfahrungen, die Angst, Zwang oder übermäßig belastenden Stress erzeugen und so das Lernen erschweren. Dafür werden möglichst vielfältige sinnliche, körperliche, emotionale, intellektuelle, soziale Zugänge für explizites und implizites Lernen genutzt, die miteinander vernetzt zielführende wohladaptive Muster kreieren.

Übungsorientierung Nach dem Prinzip „Use it or lose it" sollten positive Interventionserfahrungen häufiger wiederholt werden, bis der Abruf der erwünschten Reaktion automatisiert erfolgt. Das Erlernen und Automatisieren eines neuen neuronalen Erregungs- und Verhaltensmusters benötigt also Zeit, Übung, Geduld und Ausdauer.

Partizipations- und Selbstwirksamkeitsorientierung Berater lassen ihre Klientel bewusst an ihren Hypothesen, Entscheidungen oder Interventionsstrategien teilhaben, indem sie ihr Vorgehen plausibel verdeutlichen. Damit erleben sich die Klienten als selbstbestimmt und selbstwirksam, was ihre Motivation erhöht, sich selbst nachhaltig für das Beratungsziel einzusetzen.

Gemeinschafts-, Kooperationsorientierung Auch individuelle Veränderungen bedürfen häufig einer sozialen Unterstützung durch Familienmitglieder oder durch den Freundeskreis. Daher ist es wichtig, kooperatives Verhalten in solchen sozialen Bezügen zu fördern, denn die Erfahrung des Eingebundenseins in ein tragendes soziales Netzwerk stärkt die psychische Gesundheit.

Beratungsansätze

4

Ansätze können in Anlehnung an Geißler und Hege (1995) als konzeptionell begründete Handlungsmodelle verstanden werden, in denen Ziele, Inhalte, Methoden und Verfahren in einem sinnhaften und erprobten Zusammenhang stehen. Beratung vollzieht sich gegenwärtig zumeist als integrative (Gahleitner und Reichel 2013) oder als „polyeklektische" Praxis (Nestmann et al. 2013), die verschiedene Ansätze zu einem Handlungskonzept bündelt. „Nicht zuletzt ist diese Praxis auch der Ausweitung der Tätigkeitsfelder und Aufgaben von Beratung geschuldet" (Nestmann et al. 2013, S. 1328).

In diesem Kapitel werden konzeptionell fundierte Ansätze vorgestellt, die in vielfältiger Weise die Grundlage für ein integratives Beratungshandeln bilden. Das sind zum einen etablierte und evidenzbasierte, vornehmlich auf das Individuum ausgerichtete Ansätze, die therapeutischen Schulen und Richtungen entstammen: tiefenpsychologisch-psychodynamische, verhaltenstherapeutische, humanistische Ansätze. Auch der systemische Ansatz wird einbezogen, auch wenn er individuumübergreifend am Kontext bzw. System ausgerichtet ist. Diese Beratungsansätze werden im Studium (mehr oder weniger umfassend) gelehrt und in zahlreichen Beratungsweiterbildungen vermittelt. Zum anderen werden solche Ansätze vorgestellt, die das wechselseitige Zusammenwirken von Individuen und ihrer Lebenswelt bzw. Umwelt in den Fokus rücken (kontextorientierte und ressourcenorientierte Ansätze) und im Studium meist eher am Rande vermittelt werden. Vertiefende Darstellung erfahren humanistische und systemische Ansätze, nicht zuletzt wegen ihrer Bedeutung in der Praxis: Der personzentrierte Ansatz von Carl Rogers bildet seit Langem ein Fundament im Beratungsgespräch, und der systemische Ansatz ist inzwischen ein Synonym für das Einbeziehen der Wechselwirkungen zwischen systemischen Kontexten und individuellen Überzeugungen in das Beratungshandeln geworden. Hierbei werden auch erkenntnistheoretische Perspektiven vertieft, die für ein systemisches Verständnis und Handeln von zentraler Bedeutung sind. Das Unterkapitel „Ressourcenorientierte Beratungsansätze" (Abschn. 4.3) folgt nicht nur einem gegenwärtigen Entwicklungstrend. Dieser Ansatz vermittelt eine Erweiterung der Blickrichtung in der Beratung von einer Defizit- und Belastungsorientierung auf die wirkmächtige Erfassung und Aktivierung von Ressourcen und ist zudem als Querformat zu den vorab thematisierten Beratungsansätzen zu verstehen: Nahezu alle Beratungsansätze verfolgen gegenwärtig eine ressourcenorientierte Denk- und Handlungsweise.

4.1 Therapieschulenorientierte Beratungsansätze

4.1.1 Tiefenpsychologisch fundierte psychodynamische Beratungsansätze

Die psychodynamische Beratung hat sich aus der Psychoanalyse heraus entwickelt. Sie bezieht sich als Methode auf die unbewussten Motive von Menschen, d. h., jenseits der bewussten Motive geht es immer auch um unbewusste Vorgänge: Meist ist dies ein dem einzelnen Menschen noch nicht bekanntes Potenzial. Dieses kann in der und durch die Beratung geweckt, erschlossen und zur Alltagsbewältigung genutzt werden. Unbewusste Motive tragen zur Entstehung der Problemlagen bei, die zum Aufsuchen von Beratungsangeboten führen. Jürgen Kriz (2014, S. 110 ff.) beschreibt die Tiefenpsychologie auf dem Hintergrund der Psychoanalyse und ihre Wirksamkeit als psychotherapeutische Grundlage. Die Entdeckung des Ichs, die Trieblehre, die Bedeutung der Angst als Ursache von Verdrängung, die zwölf Phasen psychosexueller Entwicklung, die Symptombildung, die Neurose und die Abwehrmechanismen führen zu entsprechenden Interventionen in der Psychoanalyse. Als wichtige Interventionen fasst Kriz zusammen:

Instruktionen über das analytische Verfahren.
   Deutungen unbewusst produzierten Materials- insbesondere von Träumen.
   Konfrontationen, in denen der Patient auf sein Verhalten […] aufmerksam gemacht wird.
   Klärungen, in denen durch präzises Fragen, der Konfrontation ähnlich, das Thema herausgearbeitet wird.
   Durcharbeiten, das nach der Einsicht des Patienten einen Zusammenhang herstellt und zur Veränderung führen soll.
   Rekonstruktionen von Lücken im Material des Patienten, das verdrängt ist, aber ins Gesamtbild des Konfliktes und seiner Symptome gehört (Kriz 2014, S. 50).

Voraussetzend, dass angehende Psychologen in ihrem Studium mit den tiefen-psychologischen Theoriegrundlagen ausreichend ausgestattet wurden, folgen wir hier nur noch den auf Beratung bezogenen Aspekten. Die psychodynamische Beratung greift auf das Drei-Instanzen-Modell von Sigmund Freud zurück (Ich – Es – Über-Ich) und versteht sich als das Zusammen- wie auch Gegen-einanderwirken unterschiedlichster psychischer Tendenzen wie Emotionen, Motive, Triebregungen. Die Psychodynamik wird umfassend genutzt und bedeut-sam bei der Diagnose psychischer Erkrankungen, in der Begutachtung und in den Behandlungsplänen der tiefenpsychologisch fundierten und analytischen Psychotherapie. Berater widmen sich den der Problemschilderung zugrunde lie-genden unbewussten Persönlichkeitsstrukturen (Hoff 2015, S. 164). Obwohl es verschiedene psychodynamische Ansätze gibt, kann man gemeinsame Prinzi-pien feststellen. Sie liegen in der Bedeutung des Unbewussten, in der Bedeutung der Entwicklung und der Erfahrungen in frühester Kindheit, in der Konzentra-tion auf die innerpsychischen Konflikte und, bezogen auf Übertragungs- und Gegenübertragungsphänomene, in der Beratung selbst. Schnoor (2011) geht so weit, den Weg der Problemlösung als Spannungsfeld widerstrebender Kräfte zu beschreiben, das sich in der Beratung in manifesten und in latenten Zielen zeigt. Die strenge Abstinenzregel, aus der analytischen Therapie noch begründet und gepflegt, wird in einem Handlungsdialog erweitert, bei dem die Übertragungs- und Gegenübertragungsprozesse dann umso bedeutsamer werden. Schnoor bezieht sich auf Sandler et al. (1979) und definiert Übertragung als

eine spezifische Illusion […], die sich in Bezug auf eine andere Person einstellt und die ohne Wissen des Subjekts in einigen ihrer Merkmale eine Wiederholung der Beziehung zu einer bedeutsamen Figur der eigenen Vergangenheit darstellt. Dabei ist zu betonen, daß sie vom Subjekt nicht als Wiederholung, sondern als völlig gegenwarts-und personengerecht erlebt wird. […] Zu Übertragung gehören auch die unbewußten Versuche, Situationen mit anderen herbeizuführen oder zu manipu-lieren, die eine verhüllte Wiederholung früherer Erlebnisse und Beziehungen sind (Schnoor 2011, S. 30).

Die biografisch bedingten Verzerrungen in der Wahrnehmung eines Klienten wer-den zusammen mit den inneren bzw. emotionalen Reaktionen des Beraters (sensu Gegenübertragung) als Werkzeug des gegenseitigen Verstehens im Prozess der Beratung genutzt.

In Anlehnung an Houben (1984) beschreibt Schnoor (2011, S. 26) das Vorgehen in folgenden Schritten:

1. freie Problemschilderung,
2. biografische Anamnese,
3. Schlüsselwort-Technik,
4. offene Fragen.

Das Anliegen, die Motivation, die Ressourcen und das Ziel der Klienten sollten in einem stimmigen Verhältnis zum Beratungsangebot stehen (Schnoor 2011, S. 27). Schnoor bezieht sich in der Konkretion auf Vogt (1980), der fünf Kriterien für die Aufnahme psychoanalytischer Beratung benannte:

1. die unbewusste Bedeutung der aktuell schwierigen Lebenssituation,
2. ihre thematische Abgrenzbarkeit im Beratungsdialog, auch bei einem ansonsten komplexen Beschwerdebild,
3. eine aktuelle Handlungsalternative, die mithilfe der Beratung potenziell realisierbar ist,
4. die szenische Reproduktion in der Beratungsbeziehung und
5. die Ableitung eines von seiner unbewussten Bedeutung ausgehenden Beratungsziels (Schnoor 2011, S. 27).

Über die psychodynamische Beratung können tief liegende, verborgene Konflikte und Dispositionen ausheilen, indem sie eine erste Beruhigung erfahren.

Tiefenpsychologie trifft systemische Beratung: Ein kritischer Diskurs zur psychodynamischen Beratung

In ihrem kritischen Diskurs zur tiefenpsychologischen und systemischen Verfahrensweise beschreiben Rieforth und Graf (2014), wie die unbewussten Bestände bei den Klienten nicht nur belastend sein, sondern auch zur Lösung und damit zur Veränderung beitragen können. Dabei ist nicht nur die Rolle des Unbewussten leitend, sondern das Wirken aller innerseelischen Kräfte, die auf äußere Ereignisse und Einflüsse reagieren. Der innere Erlebensraum trifft so auf den äußeren Erlebensraum.

Für die Beratung unter einem psychodynamischen Ansatz sind der Veränderungsbezug, die Historie des Problems und der Gegenwartsbezug sehr bedeutsam. Wenn sich Begegnungsfelder mit der systemischen Beratung eröffnen, kommt eine Ausrichtung auf Ressourcen und auf eine verbesserte Zukunft unmittelbar hinzu. Rieforth und Graf (2014) kombinieren in ihrem

Diskurs beide Verfahren und entwickeln u. a. ein Neun-Felder-Modell für Beratungshandeln (Abb. 4.1).

Die verschiedenen Ebenen in ihren zeitlichen Dimensionen werden mit den ressourcenorientierten Bezügen – vom Problem über die Ressourcen hin zum Veränderungswunsch – hervorgehoben. In der Art der Fragen können diese verschiedenen Ebenen Berücksichtigung finden. Die Problemschilderungen von Klienten werden über die Ressourcen aus der Vergangenheit neu verknüpft mit dem Wunsch und Bedürfnis nach Veränderung.

4.1.2 Verhaltenstherapeutisch orientierte Beratungsansätze

Konzeptionelle Grundlagen und zentrale Annahmen

Verhaltensorientierte Beratung und Therapie geht von der Grundannahme aus, dass menschliches Verhalten und damit auch Problemverhalten gelernt wird. Beides kommt nach den gleichen verhaltens- und lerntheoretischen Gesetzmäßigkeiten

Wunsch/ Bedürfnis (Ebene 3)	Wie haben Sie ihren Wunsch/Ihr Bedürfnis damals erlebt?	Welche Veränderung wünschen Sie sich?	Was würde die gewünschte Veränderung für Sie bedeuten?
Ressource (Ebene 2)	Welche Fähigkeiten waren damals hilfreich – und was haben Sie damals getan?	Was wäre für Sie jetzt hilfreich? Was wollen Sie jetzt dafür tun?	Wie wollen Sie dies auch in Zukunft sicherstellen – und was wollen Sie für diese Veränderung tun?
Problem (Ebene 1)	Welche Erfahrungen haben Sie mit dem Problem?	Was genau erleben Sie momentan als Problem?	Wie, glauben Sie, wird sich das Problem in der Zukunft entwickeln?
	Vergangenheit (Ebene 4)	Gegenwart (Ebene 5)	Zukunft (Ebene 6)

Abb. 4.1 Neun-Felder-Modell des Beratungshandelns. (Rieforth und Graf 2014)

zustande, und zwar unabhängig davon, ob ein Verhalten als „gestört" oder „nicht gestört" und für wie schwerwiegend eine „Störung" angesehen wird. Vom Grundkonzept her gibt es keine unterschiedlichen Prozesse für die Entwicklung von gestörtem und normalem Verhalten und Erleben (wie etwa in der Tiefenpsychologie oder Psychoanalyse postuliert wird) und somit auch keine eigenen Verfahrensweisen für die Veränderung von gestörtem Verhalten und Erleben. Erworbenes Verhalten und damit auch Problemverhalten kann nach den gleichen Gesetzmäßigkeiten verändert bzw. modifiziert, also auch „normalisiert" oder neu aufgebaut werden. Verhalten umfasst nicht nur Abläufe auf der konkret beobachtbaren Verhaltensebene, sondern auch Vorgänge auf den Ebenen der Wahrnehmung, kognitiven Verarbeitung und Bewertung, des emotionalen Erlebens und der physiologischen Prozesse.

Verhaltenstherapie geht nicht auf eine historische Gründerperson zurück, sondern beruht auf mehreren verhaltenswissenschaftlich-lerntheoretisch fundierten und anwendungsbezogenen Forschungs- und Entwicklungslinien. Bis in die 1990er-Jahre basierten verhaltenstherapeutische Konzepte und Interventionen im Wesentlichen auf der Nutzbarmachung und Anwendung von verhaltens- und lernpsychologischen sowie kognitiv-behavioralen Grundlagen und auf einer strengen Absicherung durch wissenschaftliche Studien. Heute ist eine umfassende Erweiterung zu beobachten. Grundkonzepte und Verfahren von Verhaltenstherapie lassen sich nach Margraf (2009) nicht mehr auf der Basis einer klar umrissenen Therapiemethode begreifen, „die auf ein einziges theoretisches Modell zurückgeführt werden kann. Vielmehr zeichnet sich ihr theoretischer Hintergrund durch eine Vielzahl störungsspezifischer und störungsunspezifischer Erklärungsansätze und hieraus abgeleiteter Änderungsmodelle aus. Die gemeinsame Klammer bildet die Orientierung an der empirischen Psychologie" (Margraf 2009, S. 5 f.). Die neue Verfahrensoffenheit und klientenorientierte Haltung von Verhaltenstherapie ist jüngst in dem von Fliegel et al. (2018) herausgegebenen Sammelband in den Fokus gerückt worden.

Die Entwicklung in der Verhaltenstherapie kann gegenwärtig über drei Entwicklungswellen aufgezeigt werden:

Die *„erste Welle"* beinhaltete die Einführung von behavioristisch-lerntheoretisch fundierten Verfahren in die therapeutische Arbeit etwa ab den 1950er-/1960er-Jahren und basierte auf den Lerntheorien der klassischen Konditionierung (I. P. Pawlow in den 1890er-Jahren), der instrumentellen Konditionierung (E. L. Thorndike in den 1980er-Jahren), der operanten Konditionierung (B. F. Skinner in den späten 1930er-Jahren) und der sozial-kognitiven Lerntheorie (A. Bandura in den 1960er-Jahren). Besonders einflussreich wurde B. F. Skinner (z. B. 1938, 1974), der menschliches Verhalten weitgehend als gelernt und somit als etwas ansah, das durch operantes Lernen sowohl im Alltag wie auch im Rahmen verhaltenstherapeutischer Verfahren wieder verändert werden kann. Als Gründungsjahr der Verhaltenstherapie wird häufig die Publikation *Psychotherapy by reciprocal inhibition* von Wolpe (1958) angesehen. Wolpe befasste sich als Erster in systematischer Weise damit, Verhaltensstörungen auf lerntheoretischer Basis abzubauen. Bekannt geworden sind das Prinzip der reziproken Angsthemmung und das psychotherapeutische Verfahren der Desensibilisierung, das inzwischen zu einem der wichtigsten Verfahren in der Verhaltenstherapie geworden ist. In dieser Entwicklungsphase wurden nur direkt beobachtbare Vorgänge in die therapeutische Arbeit einbezogen, nicht jedoch Prozesse wie Kognitionen und Emotionen, die als nicht unmittelbar erfassbar eingestuft wurden.

Ende der 1960er- und in den 1970er-Jahren gewannen das soziale Modelllernen und die soziale Lerntheorie von Albert Bandura (Bandura et al. 1969; Bandura 1977, 1991) an Bedeutung und bereiteten den Übergang zur sogenannten zweiten Welle der Verhaltenstherapie vor. Indem sie menschliches Verhalten im Wesentlichen als komplex und zielgerichtet betrachtet, erweitert die soziale Lerntheorie die Auffassungen der Konditionierungstheorien von den Kontrollbedingungen menschlichen Verhaltens in tief greifender Weise. Einbezogen werden Wahrnehmung, Bewertungen und Aktivitäten des Klienten in seinem nahen sozialen Umfeld, einschließlich damit gekoppelter selbstregulierender Prozesse, und auch komplexe Einflüsse aus dem sozialen Umfeld. Die Grundannahmen der sozialen Lerntheorie können folgendermaßen zusammengefasst werden:

„(1) Menschliches Verhalten wird zu einem wesentlichen Teil durch soziale Bedingungen gesteuert. Dazu gehören vor allem [zwischenmenschliche] Faktoren wie Lächeln, Gesten, Zuwendung von Aufmerksamkeit, Beobachtung von Verhalten und Verhaltenskonsequenzen bei anderen Personen und verbale Instruktionen.

(2) Das Individuum ist aktiv und nicht nur reaktiv. Diese aktive Rolle zeigt sich
   – in der Beeinflussung der Umwelt;
   – in der Bedeutung der kognitiven Informationsverarbeitung für das Erleben und Verhalten. Das heißt, das Individuum interpretiert und bewertet seine Umwelt und verhält sich entsprechend dieser Interpretation [bzw. den Bewertungen und Überzeugungen];
   – in der Fähigkeit zur Selbstregulation; das heißt, das Individuum beeinflusst seine eigenen Verhaltensweisen, indem es sich selbst verstärkende Bedingungen setzt, sich belohnt, oder nicht verstärkende Bedingungen meidet" (Rechtien 2004, 125 f.).

In diese Phase der konzeptionellen Erweiterung bis hin zur kognitiven Wende in der Verhaltenstherapie fällt auch die erste Entwicklung der Selbstmanagement-Therapie von Frederick Kanfer Ende der 1970er-Jahre (Kanfer et al. 2012, 1. Aufl. 1990), die weiter unten und in Abschn. 5.4 näher behandelt wird. Kanfer integrierte Banduras Theorie der Selbsteffizienz („self-efficacy", Bandura 1977) in einzelne, differenzierte Verfahrensschritte seines Modells zur Verhaltensänderung.

Die kognitive Wende in der Verhaltenstherapie, die auch als „*zweite Welle*" bezeichnet wird, wurde maßgeblich vorangetrieben durch kognitiv ausgerichtete Therapieverfahren von Albert Ellis (1950er- und 1960er-Jahre) und Aaron T. Beck (1960er-Jahre), das Selbstinstruktionstraining von Donald Meichenbaum (1970er-Jahre), das Problemlösetraining von Thomas D´Zurilla und Marvin Goldfried (1970er-Jahre) und die schon erwähnte Selbstmanagement-Therapie von Frederick Kanfer, der sich seit den 1960er-Jahren mit dem Thema der Selbstkontrolle und Selbstregulation befasste. Ihre Theorien, wonach menschliches Verhalten stark durch innere Prozesse – die Kognitionen (Wahrnehmen, Denken, Bewerten und damit gekoppelte Gefühle) – beeinflusst wird, und die darauf bezogenen Verfahren haben die Verhaltenstherapie bis heute nachhaltig beeinflusst und wurden zu kognitiven Theorien der Informationsverarbeitung erweitert (Einsle und Hummel 2015; Wilken 2015). Diese Prozesse sind nicht unmittelbar von außen beobachtbar, sondern nur über Selbstbeobachtungsaussagen der Klienten erfassbar. Kognitive Prozesse haben nicht mehr nur eine Vermittlungsfunktion zwischen den Einflüssen externer Stimuli bzw. einer Situation und dem darauf bezogenem Verhalten, sondern ihnen wird auch eine Steuerungs- oder Kausalfunktion zuerkannt, und sie gelten als eigenständige Ursachen für Verhalten. Der Mensch wird als ein Wesen betrachtet, das sich in komplexen sozialen Situationen bewegt und komplexe Informationen aus der Umgebung wie auch aus eigenen internen Prozessen (Kognitionen, Emotionen, körperliche Reaktionen) kontinuierlich miteinander in Verbindung bringt und aus deren Verarbeitung zielgerichtet, d. h. nach bestimmten Vorstellungen, handelt. Komplexe menschliche Reaktionen, Erleben und Verhaltensweisen in bestimmten Situationen sind im Wesentlichen somit nicht Reaktionen auf äußere Reize und Ereignisse, sondern Reaktionen auf deren innere (subjektive) Verarbeitung und Bewertung, die kognitive Repräsentation (Mahoney 1977), die wiederum funktional mit Lernprozessen verbunden ist.

Die gegenwärtige „*dritte Welle*" ist im Wesentlichen durch die Integration emotionsorientierter und achtsamkeitsbasierter Konzepte und Verfahren gekennzeichnet, beispielsweise durch die Förderung von Achtsamkeit, Akzeptanz und Selbstfürsorge und die Arbeit mit Emotionen wie auch durch fernöstliche Lehren und Meditationsformen. Anzuführen sind hier beispielsweise der Akzeptanz- und Commitment-Ansatz (ACT), die Achtsamkeitsbasierte Kognitive Therapie der Depression (engl. Mindfulness Based Cognitive Therapy, MBCT) (ausführlich: Heidenreich und Michalak 2013) und schemaanalytische Ansätze (Young et al. 2008; Zarbock 2014). Mit der „Dritten Welle" setzte eine Öffnung hin zu humanistischen Verfahren ein, wodurch die wissenschaftlich-konzeptionelle Begrenzung der rein behavioralen Therapiekonzepte in einer Art von Paradigmawechsel überwunden wird. Indikation und angemessener Einsatz von Verfahren aus der breiten Palette der „Dritten Welle" setzen allerdings ein breites und vertieftes Theorie- und Methodenverständnis voraus. Als Beispiel für die gelungene Integration verschiedener Schulen in die Verhaltenstherapie gilt die Dialektisch-Behaviorale Therapie (DBT), die Marsha Linehan in den 1980er- und 1990er-Jahren entwickelte (Linehan 1993/dt. 1996). Sie integriert in die kognitive behaviorale Perspektive z. B. Verfahren aus der Gestalttherapie, der Hypnotherapie und der Zen-Meditation und gilt gegenwärtig als die wirkungsvollste Methode in der Behandlung von Borderline-Störungen.

Bereits früher wurden Entspannungsverfahren wie die Progressive Muskelentspannung nach Jacobson und das Autogene Training nach Schultz in spezifische verhaltenstherapeutische Verfahren, z. B. die systematische Desensibilisierung, einbezogen. Seit einigen Jahren kommen auch systemische Ansätze und Interventionsverfahren zum Einsatz (z. B. Borg-Laufs 2015), wie Genogrammarbeit (vgl. Rohr 2017a), zirkuläre Fragetechniken, Denken in Interaktionen und Strukturen, Erfassung der Funktionen/der guten Gründe für ein Problemverhalten. Allerdings sind dabei weder grundlegende systemische Theorien oder konstruktivistische Hintergrundtheorien noch die systemische Haltung konzeptionell integriert.

Verhaltenstherapie und verhaltenstherapeutisch orientierte Beratung umfassen heute also eine Vielzahl unterschiedlicher theoretischer wie praxisbezogener Modelle und Behandlungsmaßnahmen, und je nach Art der vorliegenden Problematik werden die verschiedenen Verfahren und Techniken einzeln oder kombiniert eingesetzt. Als gemeinsamer Nenner der Interventionen gilt, dass sie empirisch begründet und evidenzbasiert sein sollen. Trotz dieser Diversifizierung werden als Hauptmerkmale von Verhaltenstherapie auch heute noch der Bezug auf die wissenschaftliche Psychologie und eine breit angelegte Verhaltens- und Bedingungsanalyse des Problemverhaltens bzw. der Störung betrachtet. Verhaltenstherapeutische Verfahren bauen auf einem möglichst hinreichend überprüften Störungswissen und dem zugehörigen Änderungswissen auf. Die interventiven Maßnahmen leiten sich aus einer Störungsdiagnostik und einer individuellen Problemanalyse ab und setzen an Konstellationen bzw. Faktoren an, die das Problem prädisponieren, auslösen und/oder aufrechterhalten.

Verhaltenstherapeutisch orientierte Prinzipien, Leitsätze und Ziele

Kognitiv-verhaltensorientierte Beratung [basiert] auf einem optimistischen Menschenbild: Da menschliches Verhalten gelernt ist, kann problematisches Handeln verlernt und zielführendes Handeln aufgebaut werden. Ein Mensch ist also prinzipiell in der Lage, sein Verhalten zu ändern. Die Verhaltensorientierung geht somit von einem aktiven und bewussten Klienten aus, der grundsätzlich die Kompetenz besitzt, selbstbestimmt auf sein Handeln wie auch auf seine soziale und materielle Umwelt Einfluss zu nehmen, wobei es bei Menschen mit gravierenden kognitiven, psychischen oder physischen Einschränkungen hier zu gewissen Begrenzungen kommen kann (Como-Zipfel und Löbmann 2013, S. 144).

Vom *Grundprinzip* her wird in der verhaltensorientierten Beratung und Therapie nach den (äußeren und inneren) Bedingungen gefragt, also nach Verhalten, Gedanken, Bewertungen, Gefühlen, die das problematische Verhalten auslösen bzw. es aufrechterhalten. Daraufhin werden diese Bedingungen durch geeignete Maßnahmen/Interventionen so verändert, dass beim Individuum ein Umlernen und Umdenken einsetzt.

Kernziele von verhaltensorientierter Beratung sind die Förderung von Selbstbestimmung, Eigenverantwortung, Selbstregulation und Autonomie der Klienten. Es gilt also, Klienten in der Selbstbefähigung, der Ressourcenaktivierung und der Entwicklung ihrer Kompetenzen zu unterstützen, damit sie ihre persönlichen Beratungsziele in ihrem Umfeld erreichen können („Person-in-Environment"-Perspektive; s. Abschn. 4.2). Das Hauptziel besteht dabei darin, dem Klienten zu helfen, a) die funktionalen Zusammenhänge seines (Problem-)Verhaltens und b) die dabei auch beteiligten eigenen Anteile und Umweltfaktoren zu erkennen und zu steuern. Der Klient wird also aktiv in das therapeutische bzw. Beratungsgeschehen einbezogen und dadurch quasi zu seinem eigenen Therapeuten entwickelt.

Die *Interventionen* verfolgen konkrete und operationalisierte (beobachtbare und erfassbare) Ziele auf den verschiedenen Ebenen des Verhaltens und Erlebens (Margraf 2009). Im verhaltensorientierten Beratungsprozess werden drei Ausgangsfragen geklärt:

1. Zielanalyse: Welche Verhaltensmuster brauchen eine Veränderung im Hinblick auf ihre Intensität, Dauer und die Bedingungen, unter denen sie auftreten?
2. Problemanalyse: Welche Faktoren disponieren für die Problementwicklung, was sind die Bedingungen, unter denen das Verhalten erworben wurde, welche Faktoren lösen es aus, und welche erhalten es momentan aufrecht?

3. Interventionsplanung: Welche Mittel sind am praktikabelsten, um die erwünschte Veränderung des Verhaltens, der Umgebung oder der Selbsteinschätzung/ Selbstwahrnehmung des Klienten zu erreichen (Kanfer et al. 2012)?

Die Problemanalyse/Problemerfassung ist im Wesentlichen an faktischen und empirisch belegten Bedingungen ausgerichtet: kritische Lebensereignisse, komplexe schwierige Lebenslagen, zwischenmenschliche Konflikte, kumulierende alltägliche Stressoren, reale Sorgen und Befürchtungen der Klienten. Die Zieldefinition umreißt auch die interventiven Verfahren, woraus sich dann die therapeutischen Methoden ableiten, egal ob „reine" verhaltenstherapeutische oder zugehörige Methoden, z. B. der „dritten Welle" (Rief 2016). Bei der Zieldefinition sollen auch die Vorstellungen und Wünsche berücksichtigt werden, die Klienten aus ihren Lebensbedingungen heraus an die Beratung oder Psychotherapie haben (Fiedler 2016).

Das verhaltenstherapeutische Leitmodell: SORKC-Analyse

Das SORKC-Modell (z. B. Kanfer et al. 2012) gilt als das verhaltenstherapeutische Leitmodell, um das Zustandekommen und die Funktion von Problemverhaltensweisen zu ermitteln und auch gegenüber dem Klienten zu veranschaulichen. Bei der Suche nach den aufrechterhaltenden Bedingungen problematischer Verhaltensweisen und der Erfassung ihrer Funktionen im sozialen Alltagsleben des Klienten hebt sich die Vorgehensweise deutlich von der klassifikatorischen Diagnostik ab, wie sie z. B. in der *ICD-10 (International Statistical Classification of Diseases, Injuries und Causes of Death,* 10. Revision) angelegt ist. Zur Beantwortung der Fragen nach der Funktion und den aufrechterhaltenden Bedingungen eines Verhaltens wird erfasst, in welcher Situation (S, Stimulus) das Verhalten (R, Reaktion, „response") auftritt, welche intrapsychischen und physischen prädisponierenden Faktoren (O, Organismus) beim Klienten vorliegen und in welcher Art und Weise das betrachtete Verhalten (R) verstärkt wird, d. h. welche Konsequenzen (C, „consequences") erfolgen und in welchem zeitlichem Muster dies geschieht (K, Kontingenz). Aus der SORKC-Analyse wird nicht nur deutlich, wodurch das Problemverhalten aufrechterhalten wird und welche Funktionen es im Leben des Klienten hat, sondern es werden auch konkrete Veränderungs- und Lösungsmöglichkeiten für Berater und Klienten sichtbar und belegbar. Zusätzlich zu den Ausführungen von Kanfer et al. (2012) ist die praktische Anwendung des SORKC-Modells in verschiedenen Publikationen erläutert (im Überblick z. B. Borg-Laufs 2007, 2016).

Kognitive Ansätze

Kognitive Ansätze spielen nicht nur in der verhaltensorientierten Beratung eine bedeutsame Rolle. Sie verstehen den Menschen als informationsverarbeitendes Wesen, dessen Handeln und Erleben sich vor allem auf der Grundlage seiner Wahrnehmung und ihrer emotional-kognitiven Verarbeitung ausdrückt. Kognitive Therapie- und Beratungsmodelle sind schon in den 1950er-Jahren außerhalb der Verhaltenstherapie entwickelt worden, z. B. von den ursprünglich tiefenpsychologisch ausgerichteten Vertretern Albert Ellis (1977) und Aaron T. Beck (1979), und wurden von diesen später in verhaltensorientierte Denk- und Handlungsweisen transformiert. Ihre Konzepte spielen, wie die anderer Pioniere der kognitiven Verfahren (s. oben), bis heute in der kognitiv-behavioralen Therapie und Beratung, aber auch in schulenübergreifenden Beratungsansätzen eine bedeutsame Rolle. Kognitive Ansätze widmen sich vor allem lebensphilosophischen und existenziellen Inhalten und Fragen, auf die es keine einfachen oder eindeutigen Antworten gibt, z. B. „Bin ich eine gute Mutter?" „Wie kann ich ein erfülltes Leben leben?" oder „Ich fühle mich in seiner/ihrer Gegenwart irgendwie klein", „Ich darf keine Fehler machen".

Im Zentrum kognitiver Ansätze steht die Hypothese, dass die Art und Weise, wie Menschen ihre Welt wahrnehmen und wie sie darüber denken, maßgeblichen Einfluss auf ihre Gefühle und ihr Handeln sowie auf daraus resultierende weitere Wahrnehmungen, Gedanken, Erlebnis- und Verhaltensweisen hat (s. auch Abschn. 4.1.4). Zentral ist in diesem Ansatz die Auffassung, dass individuelles Leid und Lebensbelastung häufig durch „verzerrte" kognitive Abläufe (kognitive Verzerrungen), durch „dysfunktionale", oft „automatisierte" Gedanken (Beck et al. 2001) und „irrationale" Lebensüberzeugungen („beliefs", Ellis 1977) hervorgerufen werden. Über spezielle Formen der Gesprächsführung können diese oft unbewusst ablaufenden kognitiven Prozesse aufgedeckt und verändert („umstrukturiert") werden. Diese Auffassung brachten bereits die Stoiker der griechischen Antike zum Ausdruck: „Menschen werden nicht durch die Dinge selbst beunruhigt, sondern durch ihre Sichtweise über diese Dinge" (Epiktet).

Die Gesprächsführung erfolgt zumeist in Form des sokratischen Dialogs (sokratische Gesprächsführung). Mit seiner Hilfe werden „dysfunktionale" Kognitionen bzw. Denkmuster und daraus resultierende Gefühls- und Verhaltensmuster aufgedeckt, infrage gestellt und reflektierend bearbeitet. Mit geschickten (sokratischen) Fragetechniken sollen Klienten die Widersprüche in ihren Mustern erkennen und zu „funktionaleren", d. h. für ihre Lebensführung hilfreicheren und brauchbareren Auffassungen und Überzeugungen gelangen, die zu weniger belastendem und leidvollem Befinden und zu veränderten, hilfreichen Verhaltensweisen führen. Die Gesprächsführung darf nicht als „Überreden" oder besserwisserisches „Belehren" missverstanden werden. Vielmehr befinden sich Berater und Klient in einem offenen und akzeptierenden, gelegentlich auch etwas provokativen (Farrely und Brandsma 2005) Entdeckungsprozess.

Ellis (1977) entwickelte mit dem „ABC-Schema" eine gängige Methode, um irrationale Überzeugungen zu erarbeiten. A steht für den Anlass des Verhaltens/der Emotionen („activating events"), B für die kognitiven Bewertungen („beliefs") dieser Situation und C für die Konsequenzen („consequences") daraus in den Bereichen Verhalten, Emotion, Kognition und physiologische Reaktionen. Stavemann (2007) unterscheidet vier disputative Gesprächsverfahren zur Erfassung und Veränderung irrationaler Überzeugungen: die empirische, die logische, die normative und die funktionale bzw. hedonistische Disputation (zum Überblick: Borg-Laufs und Beck 2018; Klemenz 2014).

Kognitive Verfahren können in vielen Bereichen der Beratung angewandt werden. Sie fördern die selbstständige Reflexion eigener Einstellungen, fördern damit Eigenverantwortung und Selbstvertrauen und reduzieren den Widerstand gegenüber Veränderungen (Mattejat und Pauschardt 2009). Eine erfolgreiche Anwendung verlangt vom Berater eine gute Ausbildung in den Gesprächsführungstechniken und setzt bei den Klienten voraus, dass sie änderungsmotiviert und in der Lage sind, sich selbst zu reflektieren.

Selbstinstruktion und Selbstmanagement-Ansatz

Selbststeuerung wird als ein zentrales Merkmal menschlichen Verhaltens aufgefasst. Diese Prämisse führen kognitiv-behaviorale Modelle weiter, wie z. B. die Cognitive Behavior Modification bzw. das Selbstinstruktionsmodell von Meichenbaum (1977/dt. 1979). Zusammen mit der Theorie der Selbst-Effizienz („self-efficacy") von Bandura (1977) nahm Kanfer diesen Ansatz auf und entwickelte über mehrere Gestaltungsphasen zusammen mit Reinecker und Schmelzer das Selbstmanagement-Modell (Kanfer et al. 2012). Es stellt ein Struktur- und Prozessmodell zur eigengesteuerten Selbstveränderung dar, das nicht störungsspezifisch, sondern methodenoffen und schulenübergreifend konzipiert ist und mittlerweile auch außerhalb von verhaltenstherapeutischen Settings in Beratung und Psychotherapie aufgegriffen und eingesetzt wird. Das Modell betont die aktive Rolle des Menschen bei seiner Lebensgestaltung und will „die Person wieder zu Autonomie und zum eigenen verbesserten Umgang mit Problemen […] befähigen" (Kanfer et al. 2012, S. 19), ohne die alltäglichen Selbsthilfepotenziale zu untergraben. Ziel ist, den Menschen in seinem Streben nach Selbstbestimmung, Eigenverantwortung und Selbstständigkeit konkret zu unterstützen, z. B. dabei, sich eigene Ziele zu setzen, Pläne für deren Umsetzung zu erarbeiten

und auch konsequent zu verfolgen. Selbststeuerungskompetenz bezieht sich nicht
nur auf konkretes Verhalten, sondern auch auf einen verbesserten Umgang mit
„dysfunktionalen" Kognitionen, Emotionen und körperlichen Reaktionen, die
als belastend und beeinträchtigend erlebt werden. Konzipiert ist das Modell als
ein systematischer Lern- und Veränderungsprozess, der in sieben aufeinanderfolgenden Phasen durchlaufen wird, wobei die Phasen, je nach Bedarf, auch
wiederholt durchlaufen werden können (zum Überblick: Borg-Laufs und Wälte
2018, S. 52 ff.; Klemenz 2014, S. 67 ff.). Das Verfahren fördert und erweitert bei
Klienten im Wesentlichen Fertigkeiten der Selbstbeobachtung, Selbstinstruktion,
Zielklärung, Zielsetzung, Selbstverstärkung und Selbstkontrolle. Die sieben
Prozessphasen beinhalten (1) Beziehungsaufbau und Schaffung günstiger Aus-
gangsbedingungen, (2) Aufbau von Änderungsmotivation und vorläufige Auswahl
von Änderungsbereichen, (3) Fallerfassung, Verhaltensanalyse und funktionales
Bedingungsmodell, (4) Vereinbarung von Beratungszielen, (5) Planung, Auswahl
und Durchführung von Methoden, (6) Evaluation, (7) Erfolgsoptimierung, Transfer in den Alltag, Abschluss der Beratung. Die Phasen des Modells werden in
Abschn. 5.4 ausführlicher dargestellt.

4.1.3   Humanistische Beratungsansätze

Prinzipien des humanistischen Ansatzes

In Bezug auf die beratungsrelevanten Konzepte der humanistischen Psychologie
gilt es erst einmal die Frage zu beantworten, was „die" humanistische Psychologie ist und welches ihre Konzepte sind (vgl. Rohr 2016a). Diejenigen, die wir
heute als die Begründerinnen und Begründer der humanistischen Psychologie
ansehen und deren Ansätze hier vorgestellt werden, sahen sich selbst zuerst nicht
als eine Gruppe, gründeten dann aber 1963 die American Association for Humanistic Psychology (AHP).[1] Erst 2010 hat sich in Deutschland die Arbeitsgemeinschaft Humanistische Psychotherapie (AGHPT) als Dachorganisation von elf
Fachverbänden gegründet, die die Anerkennung als homogene Gruppe auch formal betreibt. 2013 hat Jürgen Kriz – im Auftrag der AGHPT – 264 Wirksamkeits-
studien zur humanistischen Psychotherapie zusammengetragen (vgl. Kriz 2014).

---

[1]Sehr lesenswert ist die *Gelebte Geschichte der Psychotherapie* von Ruth Cohn und Alfred
Farau (1999).

Die humanistische Psychologie „untersucht Verhalten nicht, indem sie es auf Komponenten, Elemente und Subprozesse reduziert, sondern indem sie versucht, *Muster in den Lebensgeschichten* von Menschen zu sehen, die in sinnhaften Alltagsumwelten handeln" (Zimbardo 1992, S. 10; Hervorhebung im Original). Die Annahmen und Haltungen, die der Berater in Beratungssituationen in Bezug auf den Klienten und das Klientensystem innehaben sollte, werden also von einem „Selbst" sich selbst gegenüber eingenommen. Voraussetzung für diese Einstellungen zu sich selbst ist die Annahme der Multiplizität der Persönlichkeit, die Annahme von „sich widersprechenden Bedürfnissen in jedem selbst" (Rohr 2016a).

Bugental formulierte 1964 die „Basic Postulates and Orientation of Humanistic Psychology" (Bugental 1964, S. 23 f.).

(1) „Man, as man, supercedes the sum of his parts." (S. 23)
Das Ganze (der Mensch) kann nur dann „mehr sein" als die Summe der Einzelteile, wenn diese nicht gänzlich isoliert sind.

(2) „Man has his being in a human context." (S. 23)
Menschliches Existieren ist nur insofern gebunden an äußere, zwischenmenschliche Beziehungen, als diese ihre Bedeutung und Wirkmacht durch einen inneren Dialog erhalten. Zwischenmenschliche Beziehungen bewirken eine Veränderung innerer Beziehungen. Das ist nach Bugental menschliches Existieren.

(3) „Man is aware." (S. 23)
D. h., „unabhängig davon, wie viel dem menschlichen Bewußtsein jeweils zugänglig ist, ist die jeweils verfügbare Bewußtheit ein Wesensmerkmal des Menschen und Grundlage für das Verstehen menschlicher Erfahrung" (Quitmann 1991, S. 16). Durch Selbstreflexion wird die Möglichkeit zur Erreichung eines höheren Bewusstheitsgrads gegeben, indem bis dato unbekannte Aspekte der eigenen Persönlichkeit erkannt und in die Entscheidung mit einbezogen werden.

(4) „Man has choice." (S. 24)
Die Tatsache, verschiedene Handlungsalternativen zu kennen und abzuwägen, welche Handlungsmöglichkeit welche Vorteile hätte (bzw. Bedürfnisbefriedigungen böte), birgt die Möglichkeit in sich, zu wählen. Dieses Postulat ist eine direkte Ableitung von existenzphilosophischen Gedanken.

(5) „Man is intentional." (S. 24)
D. h., „der Mensch lebt auf ein Ziel bzw. auf Werte hin, die die Grundlage seiner Identität sind; das unterscheidet ihn von anderen Lebewesen. Dieses Gerichtet-Sein hat einen doppelten Charakter, d. h. der Mensch intendiert gegensätzlich zum Beispiel auf Ruhe und Erregung gleichermaßen" (Quitmann 1991, S. 17).

Im Folgenden ist auf die Gedanken einer weiteren für die humanistische (und die systemische) Therapie sehr bedeutsamen Person einzugehen, die auch zu den Schülern – und späteren „Ketzern" – von und um Sigmund Freud gehörte: Otto Rank. Rank (1884–1939) schrieb sein Hauptwerk *Technik der Psychoanalyse,* das er lange Zeit „Philosophie des Helfens" nennen wollte, schon 1929.

Wille und Gegenwille (in Anlehnung an Rank)

Otto Ranks Gedanken können in ihrer Gesamtheit als „Gegenwille" – im Sinne seines eigenen Verständnisses – zur Psychoanalyse verstanden werden (vgl. Rohr 2016a). Seine Kritik an den Erkenntnissen Freuds ist sehr fundamental: Die Probleme, derentwegen Menschen eine Beratung aufsuchen, sind die gleichen, die auch die beraterische Situation charakterisieren: Der Berater belässt den Klienten in Passivität, Abhängigkeit und Willensschwäche.

Lösung dieses Dilemmas kann nach Rank nur sein, dass eben das, was in jeder Beziehung zwischen zwei Menschen wirksam ist und deren Verhältnis bedingt, zum Tragen kommt: der Wille. Das Ziel von Beratung ist nach Rank, „daß der Neurotiker überhaupt wollen lernt, d. h. wollen kann, ohne Schuldgefühle wegen des Wollens zu empfinden" (Rank 1929, S. 18).

In der Psychoanalyse komme es zu einer paradoxen Situation, da der Wille der Klienten als Widerstand behandelt statt gefördert wird. Rank gelingt es, den rein innerlichen Willenskonflikt grundsätzlich positiv zu begreifen – als menschliche Fähigkeit, Willen und Gegenwillen zu gleicher Zeit zu mobilisieren (Quitmann 1991). „Es stoßen zwei Willen aufeinander, von denen sich entweder der eine dem anderen unterwirft oder die beiden miteinander und gegeneinander um die Herrschaft ringen" (Quitmann 1991, S. 144).

In einer Beratung hat der Klient z. B. den Willen, die Beratung zu beenden, um „gesund" zu sein, und gleichzeitig den Gegenwillen, die Beratung aufrechtzuerhalten, um Zuwendung und Aufmerksamkeit des Beraters nicht zu verlieren. „Der neurotische Mensch ist nicht ein krankes Individuum, das darum kämpft, ‚normal' zu werden, sondern ein rebellierendes Individuum, das darum kämpft, frei – und angebunden zugleich! – zu sein. Der sogenannte ‚normale' Mensch kommt um viele dieser oft sehr schmerzvollen Kämpfe herum, aber der Preis ist hoch: Es ist Stillstand von Entwicklung und psychisches Sterben" (Quitmann 1991, S. 145). Hier wird deutlich, dass Rank ein neues Menschenbild entwirft. „Damit wird nicht nur das ganze Problem, von allen vergangenen und gegenwärtigen Inhalten befreit, in das Individuum selbst verlegt, sondern auch die einzige Lösung und Erlösung vom Individuum und in ihm selbst gefunden" (Rank 1929, S. 88 f.). Nach Rank ist Beratung keine Technik, sondern eine Einstellung. Er schreibt: „der einzige therapeutische Ausweg [...] ist also, das Individuum seine eigene Entwicklung und Befreiung selbst machen zu lassen" (Rank 1929, S. 87). In der Rolle eines Hilfs-Ichs soll der Berater nicht moralpädagogisch (wie in der Psychoanalyse), sondern ethisch, d. h. auf die Willensdynamik selbst orientiert sein. „Gerecht wird man dem Menschen nur, wenn man ihn auch als in einer aktiven, willentlichen Auseinandersetzung mit sich selbst und der Welt stehend begreift" (Quitmann 1991, S. 142).

Die jeweilige Willensdynamik, die sich als Auseinandersetzung mit der Umwelt zeigt, hat ihren Ursprung nach Rank in den zwei Grundbedürfnissen des Menschen: Trennung (Wille) und Vereinigung (Liebe), die sich widersprechen, aber miteinander im Gleichgewicht stehen sollen. Der Widerspruch wird dann aufgehoben, wenn ich ihn bewusst machen und ihn dann aushalten kann. Nach Rank ist hierbei das Grundproblem, dass in situationsspezifischen inneren Dilemmata zumindest eines der Grundbedürfnisse mit Schuldgefühlen belastet ist, wenn nicht sogar das Wollen an sich. So sieht Rank – wie die Psychoanalyse auch – ein „schier unüberwindliches Schuldproblem" als ein Kernproblem der Persönlichkeitsbildung und als eine „allgemein-menschliche Konfliktquelle" (Rank 1929, S. 4).

Auch wenn Rank über allgemein menschliche Konfliktquellen schreibt, so ist er sich bewusst, dass sich diese auf höchst individuelle Art und Weise äußern. So fordert er auch, dass man die Sprache des anderen erlernen solle. Erst wenn der Berater die Sprache des Klienten sprechen könne, sei er in der Lage zu „analysieren", d. h. „Verständnis und Handhabung der Situation" (S. 10) zu zeigen.

Rank erklärt, warum der Mensch aus sich heraus hyperethisch ist, obgleich „wir diesen Willen immer verleugnen müssen, ihn einmal Gott, ein andermal Schicksal nennen oder einem Es zuschreiben. Mit anderen Worten: Das psychologische Problem ist unsere Einstellung zur Tatsache unseres Willens" (Rank 1929, S. 10) und unseres gleichzeitigen Gegenwillens und gleichzeitiger Gefühle, die wiederum mit anderen Bedürfnissen korrelieren. Dies wirft „ein Licht auf die Natur der sogenannten ‚Ambivalenz' als eines Willenskonfliktes, oder besser gesagt, als der menschlichen Fähigkeit, Willen und Gegenwillen zu gleicher Zeit zu mobilisieren" (S. 25).

Im Sinne Ranks ist die hier beschriebene Aufgabe, das Bewusstwerden zu unterstützen. Rank unterscheidet „zwischen dem ‚Bewußtmachen', das eigentlich ein Erklären, ein Deuten ist, und dem Bewußtwerden als einem im Individuum selbst sich vollziehenden Prozess, der mittels der Verbalisierung erfolgt" (S. 34). In Bezug auf die therapeutische – und hier wohlgemerkt die psychoanalytische – Situation plädiert Rank für das Verbalisieren: „Das Therapeutische liegt im Verbalisieren der bewußten Gefühle, während das sogenannte Bewußtmachen des Unbewußten immer nur ein Interpretieren von sehr zweifelhaftem Werte, ein Ersetzen einer Rationalisierung durch eine andere bleibt" (S. 35). Und als Begründung hierfür: „Das Verbalisieren ist deshalb so wichtig, weil es vor allem eine Selbstleistung des Individuums darstellt, sozusagen einen Willensakt, und zwar einen, in dem Wille und Bewußtsein, diese beiden fundamentalen Faktoren unseres Seelenlebens, irgendwie zusammengehen" (S. 35).

In Bezug zum Schuldgefühl beschreibt Rank die Tendenz zur Verleugnung der aktuellen Gefühle: „Was aber das Individuum nicht weiß, nicht wissen will, ist immer die jeweils gegenwärtige, die augenblickliche Gefühlslage, die vom Willen als Schwäche empfunden und daher verneint wird" (Rank 1929, S. 38). „Wir müssen hier wieder auf den Akt des Bewußtwerdens in der Selbsterkenntnis im Gegensatz zur Deutung oder Interpretation zurückgreifen. Solange man das analytische Gefühlserleben als solches, in dem sich ja die ganze Individualität offenbart, allein zum Gegenstand der Erklärung und des Verstehens macht, befindet man sich nicht nur auf sicherem Boden, sondern tut auch das meiner Meinung nach einzig therapeutisch Wertvolle: nämlich den Patienten sich selbst im unmittelbaren Erleben verstehen zu lassen. In diesem Sinne ist Verstehen auch ein Erleben, […] so daß Erleben und Verstehen eins sind" (S. 38 f.). Dies steht im Widerspruch zum „historischen Verstehen" und Deuten. Ohne die Bedeutung der Vergangenheit an sich zu leugnen, schreibt Rank dem Menschen die Tendenz zur „Benützung der Vergangenheit zur Verleugnung der Gegenwart" zu (S. 40) – und hier vor allem zur Verleugnung der Gefühle in der Gegenwart. Letztendlich ist die grundlegende Aufgabe von Beratung, „das Individuum […] zur willigen Akzeptierung seiner selbst und seiner eigenen Verantwortlichkeit zu führen" (S. 61).

Und ganz im Sinne einer konstruktivistischen Erkenntnistheorie schreibt Rank: „Die Wahrheit ist eben kein realer historischer, sondern ein aktueller psychologischer Begriff" (Rank 1929, S. 45). „Der einzige Punkt, an dem die Therapie angreifen und wo sie überhaupt etwas ausrichten kann, ist, dem Individuum die Nötigung der vom Gegenwillen ausgehenden Verleugnungs-, Verschiebungs- und Rationalisierungs-Tendenz in Bezug auf das jeweils gegenwärtige Gefühlserleben aufzuzeigen. Und dies ist nur in einem gegenwärtigen Erleben selbst möglich, wie es die therapeutische Aktion in meinem Sinne darstellt, wo das Erleben zum gleichzeitigen rein psychologischen Verstehen seiner selbst, d. h. aber in der Gegenwart wird" (S. 45).

Der personzentrierte Ansatz nach Carl Rogers

Seit den 1960er-Jahren gehört der personzentrierte Ansatz – auch „Gesprächs-ansatz" genannt – zu den etablierten Beratungsmethoden in Deutschland (vgl. Straumann 2007, S. 641; Rohr 2018). Carl Rogers, der Begründer des Verfahrens, betitelte seine Methode zunächst als „nicht direktive Beratung". Später nannte er sie „klientenzentrierte Beratung". Nicht das Problem, sondern die Person und ihre Persönlichkeitsentwicklung stehen im Mittelpunkt (vgl. Boeger 2009, S. 67 f.; Christen 1976, S. 46; Rogers 1981, S. 15). Der personzentrierte Beratungsansatz ist, neben dem Gestaltansatz, dem Psychodrama, der Transaktionsanalyse sowie der Themenzentrierten Interaktion, einer der zentralen Ansätze der humanis-tischen Psychologie. All diese Ansätze, die in diesem Kapitel (vgl. auch Rohr 2016a) auf die Beratung übertragen werden, entstammen der Therapie[2], in diesem Fall der klientenzentrierten Gesprächspsychotherapie. Doch schon Rogers selbst erkannte im Laufe seiner Praxis und Forschung, dass er sich nicht „auf eine neue Methode eingelassen hatte, sondern auf eine andere Lebens- und Beziehungs-philosophie" (Rogers und Rosenberg 1980, S. 192). Personzentrierte Beratung ist mehr eine grundlegende Einstellung, eine Philosophie, ein Menschenbild als eine Methode oder ein Ansatz. So ist Empathie z. B. keine Technik – Rogers ärgerte sich darüber, wenn sie so verstanden wurde –, sondern eine Einstellung. Reinhard und Annemarie Tausch, die Rogers' Konzept in Deutschland bekannt machten, sprechen von Empathie als „einfühlendes nicht-wertendes Verstehen der inneren Welt des anderen" (zit. nach Quitmann 1991, S. 134). Dies geht nur dann, wenn man „echt", „kongruent" und ohne Fassade ist.

Wenn wir den Gesprächsansatz vergleichen bzw. kontrastieren wollen mit den anderen in diesem Buch erörterten Ansätzen, dann liegt der Fokus nicht auf dem Handeln, dem Verhalten, auf Problemen oder Problemdefinitionen und auch nicht auf einer lösungsorientierten Problembearbeitung, sondern auf unseren körper-lichen Vorgängen, besonders den Emotionen – besser formuliert: Der Fokus liegt auf dem Verstehen unserer Emotionen (vgl. Abschn. 3.1, Überblick „Die vier Prozessebenen"). Nach Rogers ist ein Bewusstwerden des aktuellen Erlebens der eigenen Emotionen in der Berater-Klient-Beziehung eine Bedingung für gelingende Beratung, denn ein rein kognitiver Zugang (ein Sprechen über die Ver-gangenheit oder über die Zukunft) reicht nicht aus.

---

[2]Wobei wir hier erneut (vgl. Kap. 1) darauf hinweisen wollen, dass besonders in den USA und Großbritannien zwischen Therapie und Beratung nicht so deutlich getrennt wird wie in der BRD.

Der Gesprächsansatz darf jedoch nicht – wie es viele Kritiker immer wieder tun – auf das Erleben der Emotionen reduziert werden. Die Bewusstwerdung als erster, das Verbalisieren als zweiter sowie das Verstehen der eigenen Emotionen als dritter Schritt und dann das positiv konnotierende bzw. wertschätzende Annehmen dieser Emotionen als vierter Schritt sind unabdingbare Bestandteile des Gesprächsansatzes. Der Fokus liegt also auf den Kognitionen in Bezug auf den Umgang mit unseren Emotionen (Abb. 4.2).

Berater-Grundhaltungen
Für Rogers ist das tragende Element in der Therapie und Beratung die zwischenmenschliche Beziehung. „Wirksame Beratung besteht aus einer eindeutig strukturierten, gewährenden Beziehung, die es dem Klienten ermöglicht, zu einem Verständnis seiner selbst in einem Ausmaß zu gelangen, das ihn befähigt, aufgrund dieser neuen Orientierung positive Schritte zu unternehmen" (Rogers 1972, S. 28). Die Berater-Grundhaltungen, die eine solche Beziehung ermöglichen, sind nach Rogers Empathie, Kongruenz und Wertschätzung.

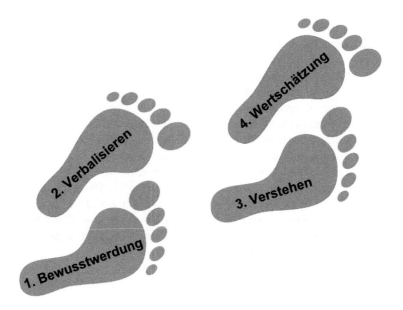

Abb. 4.2 Die vier Schritte des Gesprächsansatzes nach Rogers. (Rohr 2018, S. 10)

Empathie Empathie meint einfühlendes Verstehen: Der Berater versucht, sich in die Welt des Klienten hineinzuversetzen und dessen inneren Bezugsrahmen, also die Gesamtheit seiner Gefühle, Kognitionen und Bewertungen, zu erfassen. Die beratende Person fühlt, als ob sie in der Haut des Klienten stecken würde, ohne sich jedoch zu identifizieren (vgl. Rogers 1981, S. 20 f., 184). Empathie meint, das ausgedrückte Gefühl des Klienten anzuerkennen. Es ist eine Art Brücke, die aus der Wirklichkeit des Klienten in die Wirklichkeit des Beraters hineinführt und es ermöglicht, eine gemeinsame Wirklichkeit zu finden, wodurch es gelingt, auch scheinbar inadäquate Verhaltensweisen und Reaktionen des zu Beratenden als in seiner Sicht durchaus adäquat und folgerichtig zu verstehen. Empathie ist also nicht nur „Spiegeln", wie manchmal in Lehrbüchern und Ratgebern behauptet wird, sondern das Verstehen des Erlebens, das die Äußerungen des anderen hervorbringt, und das dialogische Angebot, dieses Verstandene in angemessene Worte zu kleiden. Für die Theorie der Empathie sind z. B. neuere Studien zur Bedeutung der Spiegelneuronen in Verbindung mit emotionaler Empathie sehr interessant (vgl. Tsoory-Shamay et al. 2009).

Dem persischen Dichter Hafis aus dem 14. Jahrhundert wird folgende Weisheit zugeschrieben: „Wenn jeder alles von dem anderen wüsste, es würde jeder gern und leicht verzeihen, es gäbe keinen Stolz mehr, keinen Hochmut."

Kongruenz (Echtheit) Ein weiteres Prinzip nach Rogers ist das der Kongruenz bzw. Echtheit oder Authentizität. Eine Person ist authentisch bzw. selbstkongruent, wenn ihre inneren Empfindungen mit ihrem geäußerten Verhalten übereinstimmen. Der Berater täuscht nichts vor, verhält sich transparent und lässt eigene Gefühle durchscheinen. Auch wenn alles Gesagte echt sein sollte, muss nicht alles Echte auch gesagt werden. Diese Einschränkung wird „selektive Echtheit" bzw. „selektive Authentizität" genannt (vgl. Boeger 2009, S. 84 f.; Rogers 1981, S. 26 f., 181 ff.). Mit Kongruenz ist also gemeint, dass die Gedanken und Gefühle kongruent sind mit dem Gesagten; d. h. diesen nicht widersprechen. „Mitunter dachte ich, das Wort Transparenz helfe, dieses Element persönlicher Kongruenz zu beschreiben", schreibt Rogers (1981, S. 183 f.). „Wenn all das, was sich in mir abspielt und was für die Beziehung maßgeblich ist, von meinem Klienten deutlich gesehen werden kann, er mich also klar durchschauen kann, und wenn ich willens bin, diese Echtheit in der Beziehung durchscheinen zu lassen, dann kann ich mir nahezu sicher sein, daß daraus eine Begegnung wird, welche tatsächlich etwas bedeutet und in der wir beide hinzulernen und uns weiterentwickeln." Rogers selbst hat Kongruenz sogar als „grundlegendste Bedingung" herausgestellt (Rogers 1981, S. 26).

Im Gesprächsansatz geht es darum, dass der Berater sich und seine Emotionen einbringt, wenn es dem Anliegen des zu Beratenden dient, dass er sich nicht hinter einer Fassade oder hinter einem Konzept (z. B. analytisch oder behavioral) oder Professionalität bzw. „professioneller Distanz" versteckt. Es geht darum, dass der Berater sich im Hinblick auf das, was das Verhalten des zu Beratenden bei ihm auslöst, als offener und ehrlicher Feedbackgeber zeigt. Sinnvoll ist hier aus unserer Erfahrung eine Kombination von Kongruenz und systemischen Fragetechniken wie den sogenannten zirkulären Fragen: „Was glauben Sie, fühlen sich Ihre Kollegen, Ihre Vorgesetzten, Ihre Studierenden in der Situation ähnlich?", oder „Wenn Sie so von Ihren sportlichen Erfolgen berichten, löst das bei mir ein Minderwertigkeitsgefühl aus – könnte das Ihrem Mann z. B. ähnlich gehen?" (vgl. Rohr 2018).

Fritz Perls (Gestaltansatz, s. u.) hat ein ähnliches Prinzip formuliert. Er fordert vom Berater (wie letztlich auch vom Klienten) im Kontext der Beratung ein „Im-Hier-und-Jetzt-Sein", d. h., der Berater soll eine echte, direkte, personale, symmetrische Beziehung eingehen. Das beschriebene „Problem" (z. B. ein Autoritätsthema) zeigt sich zumeist auch in der Beziehung zwischen Berater und Klient – Systemiker würden das als „Verhaltensmuster" des Klienten bezeichnen. Aus unserer Erfahrung bewirkt das Kenntlichmachen bzw. Erkennen und Verbalisieren solcher Muster oftmals ein Aha-Erlebnis. Offenes und ehrliches Feedback durch den Berater ist in diesem Zusammenhang wichtig, im Sinne von „Wenn Sie XY tun, dann löst das Folgendes bei mir aus" oder: „Wenn Sie aus dem Fenster schauen, dann verunsichert mich das …". Damit drückt der Berater auch ein ehrliches Interesse am anderen aus. Systemiker sprechen in diesem Zusammenhang von Neugier und Neutralität des Beraters. Das erfordert „zuallerst ein wirkliches Offensein für das eigene Erleben bzw. die Bereitschaft, sich um diese Offenheit zu bemühen" (Weinberger 1998, S. 40). Gleichzeitig wird an diesem Prinzip deutlich, wie wichtig eine Supervision für Berater ist, um nicht eigene blinde Flecken, Muster und Themen dem Klienten als „Spiegel" zu verkaufen. Auch kann es in konkreten Beratungssituationen für den Berater schwierig sein, zwischen Kongruenz und Empathie abzuwägen; ein innerer Dialog des Beraters könnte lauten: „Will ich noch mehr wissen über den inneren Bezugsrahmen? Oder soll ich ihm mitteilen, was das Gehörte und Gesehene bei mir auslöst?" Es geht hier immer auch um eine Gratwanderung zwischen Kongruenz und Empathie.

Kongruent zu sein heißt nach Rogers, in Übereinstimmung mit sich selbst zu sein. „Je mehr der Therapeut imstande ist, akzeptierend auf das zu achten, was in ihm selbst vor sich geht, und je besser er es fertigbringt, ohne Furcht das zu sein, was die Vielschichtigkeit seiner Gefühle ausmacht, umso größer ist seine Übereinstimmung mit sich selbst" (Rogers 1981, S. 182).

Wertschätzung Wertschätzung bedeutet, dass der innere Bezugsrahmen des Klienten vom Berater angenommen wird. Eine wertschätzende Haltung bedeutet eine bedingungslose Akzeptanz einer Person und ist frei von Bewertungen und Beurteilungen. Der Berater achtet und schätzt den Klienten ungeachtet seines augenblicklichen Verhaltens. Es ist eine positive Zuwendung (vgl. Boeger 2009, S. 78 f.; Rogers 1981, S. 23 f., 186). Wertschätzung könnte auch umschrieben werden als unbedingte Beachtung, emotionale Wärme, Würdigung der Person, auch als Nächstenliebe. Durch die unbedingte Wertschätzung des Beraters werden dem zu Beratenden auch Verhaltensmuster deutlich, mit denen er selbst versucht hat, „bedingte" Wertschätzung zu erhalten – also Wertschätzung, die an Bedingungen geknüpft ist (z. B. Mutter: „Nur wenn du nicht so lästig bist mit deinen Bedürfnissen, mag ich dich" oder „Nur wenn du dies und das leistest, bist du hier willkommen").

Die Beziehung zu der zu beratenden Person ist nicht neutral und auch nicht distanziert, sie ist vielmehr durch emotionales Engagement gekennzeichnet. Es ist eine „Art von Zuneigung, die Kraft hat und die nicht fordert […]. Das Gefühl, das ich beschreibe, ist weder patriarchalisch noch sentimental, auch ist es nicht von einer oberflächlich-liebenswürdigen Zuwendung. Es achtet den anderen Menschen als eigenständiges Individuum und ergreift nicht Besitz von ihm" (Rogers 2000a, S. 186).

In Bezug auf die Problemsituation, derentwegen er in die Beratung kommt, hat der Klient eine eher geringe Wertschätzung sich selbst gegenüber. Wenn nun der Berater seine Grundhaltung der positiven Wertschätzung vermittelt, tritt ein Widerspruch zum Selbstbild des Klienten auf. Um es mit den etwas vereinfachenden Worten des Transaktionsanalytikers T. H. Harris auszudrücken: Der Klient hat die Einstellung „Ich bin nicht o.k. – aber der Berater ist o.k."; der Berater vermittelt: „Ich bin o.k., und du bist o.k." (Harris 2002).

Es geht also nicht darum, jedes Verhalten wertzuschätzen – aber jede Person. Nach den Grundhaltungen und Prinzipien des Gesprächsansatzes ist folgende Verbalisierung der Gedanken und Gefühle des Beraters denkbar: „Es macht mich geradezu wütend, wenn Sie von Ihrem Verhalten XY erzählen, und ich kann es auch in keiner Weise gutheißen; umso mehr möchte ich Sie in Ihren Gedanken, Gefühlen und Ihrem Verhalten verstehen." Der zu Beratene erklärt sich, lernt so, sich selbst zu verstehen, und kann sich selbst wertschätzen, selbst kongruent sein – und empathisch (Abb. 4.2). Wichtig ist, dass jeder „in seinem jeweiligen So-Sein ohne Vorurteil und Wertung angenommen wird" (Quitmann 1991, S. 139) – und jeder sich selbst anzunehmen lernt.

Grundprinzipien

Im Folgenden werden die Grundprinzipien der personzentrierten Beratung über-
blicksartig dargestellt:

* *Das nichtdirektive Prinzip:* Der Beratungsverlauf wird nicht gelenkt. Nicht der
  Berater, sondern der Klient/Beratene bestimmt den inhaltlichen Verlauf, das
  Tempo und das Ende der Beratung (vgl. Ranks „Willensstärke"). Durch das
  Fokussieren auf die emotionalen Bewertungen wird der Prozess des Erlebens
  stark (mit) bestimmt. Dementsprechend erteilt der Berater in der Regel keine
  Ratschläge und nimmt keine Suggestionen vor (vgl. Christen 1976, S. 49;
  Rogers 1981, S. 56).
* *Das Prinzip der Klientenzentrierung:* Der Berater fokussiert sich auf die
  innere Welt des zu Beratenden und dessen Ziele, Wünsche und Wertvor-
  stellungen. Der Klient steht im Vordergrund, in seiner Subjektivität, seiner
  Bezogenheit auf andere Menschen und seinem ganz persönlichen Bezug
  zur Umwelt (vgl. Rogers 1981, S. 16; Sander 2007, S. 332; Strauman 2007,
  S. 650).
* *Das Prinzip der förderlichen Beziehung:* Der Schwerpunkt wird mehr auf den
  Prozess der Beziehung zwischen Klient und Berater als auf Symptome und
  ihre Behandlung gelegt. Durch Empathie, Echtheit (Selbstkongruenz) und
  Wertschätzung wird eine vertrauensvolle Atmosphäre (s. oben.) geschaffen,
  welche die Beziehung fördert und den Klienten ermutigt, seine Gefühle selbst
  zu erkunden („explorieren"), sie zu verbalisieren („preiszugeben") und sie als
  Teile seines Erlebens zu erkennen (vgl. Sander 2007, S. 332; Rogers 1981,
  S. 15).
* *Das Prinzip der Autonomie:* Der Klient wird als selbstverantwortliche Person
  betrachtet, die in der Lage ist, selbstständig Entscheidungen zu treffen. Ihm
  wird zugetraut, mithilfe entsprechender Anregungen seine Probleme selbst
  zu lösen, da er grundsätzlich über genügend Ressourcen und Selbstheilungskräfte verfügt (vgl. Rogers 1981, S. 15; Sander 2007, S. 332; Straumann 2007,
  S. 643 ff.).
* *Das Prinzip der Ganzheitlichkeit:* Beratung zentriert sich zwar auf den Klienten, jedoch wird dieser nicht isoliert betrachtet. Seine Erlebenszusammen-
  hänge und Entwicklungen hinsichtlich seiner Beziehung zu sich selbst, seiner
  zwischenmenschlichen Beziehungen und seines sich verändernden Umfeldes
  werden mit einbezogen (vgl. Strauman 2007, S. 642).
* *Das Prinzip der Aktualisierung:* Rogers geht davon aus, dass dem Menschen
  eine Tendenz zum Wachstum und zur Selbstverwirklichung innewohnt, die
  es ihm möglich macht, all seine Kräfte zu entfalten und den Organismus zu

erhalten und zu fördern. Unter bestimmten Bedingungen – etwa einem Mangel an erlebter Wertschätzung – wird die Sicherung der eigenen Existenz und Selbstachtung zur obersten Priorität, und die Aktualisierungstendenz kann sich statt in adaptiven Veränderungsprozessen als überstabiles Muster realisieren, sodass Entwicklungsschritte sogar gehemmt oder sogar blockiert werden, was zu destruktivem statt zu konstruktivem Handeln führen kann (vgl. Rogers 1981, S. 35). Die Aktualisierungstendenz gilt als die mächtigste Antriebskraft des Menschen.

- *Das Prinzip der Inkongruenz:* Als Inkongruenzen werden Diskrepanzen zwischen dem Erleben des Organismus und seinem Selbstkonzept bezeichnet. Sie treten auf, wenn Empfindungen nicht zum Bild vom eigenen Selbst passen (vgl. Rogers 1981, S. 37), beispielsweise wenn eine Person, die selbst nicht viel von sich hält, gelobt wird oder eine Person mit einem intakten Selbstbild plötzlich vor einer in ihren Augen nicht zu bewältigenden Herausforderung steht, z. B. Arbeitslosigkeit.

Zusammengefasst: Beim personzentrierten Ansatz nach Rogers handelt es sich um einen von empathischem Verstehen und verbalisiertem Spiegeln getragenen, nicht direktiven Ansatz, der eher eine Haltung als eine Methode ist (vgl. Rohr 2016a).

Gestalttherapie und Gestaltberatung (Fritz Perls)

In Anlehnung an Goldstein versteht Fritz Perls Gestalt „als ein Muster oder eine Figur, als eine ganzheitliche Organisationsform von Einzel-Elementen" (Quitmann 1991, S. 90). Dabei wird davon ausgegangen, dass eine Gestalt aus Vordergrund und Hintergrund besteht. Diese können nicht getrennt voneinander betrachtet werden. Ihre spezifische Bedeutung ist nur durch die Ganzheit zu verstehen bzw. durch die Ganzheit gegeben. Interessanterweise bezieht sich Perls auch auf die Homöostase, die eher dem theoretischen Hintergrund des systemischen Denkens zugeordnet wird. Perls geht davon aus, „daß es nicht Instinkte, d. h. durch genetische Informationen artspezifisch vorgeprägte Verhaltensweisen sind, die unser Handeln hervorrufen, sondern Bedürfnisse, die sich als individuelle Reaktionen auf diesen homöostatischen oder auch Anpassungsprozeß ergeben" (Quitmann 1991, S. 91).

Perls war der Meinung, dass es den Menschen darum gehe, „ein Gleichgewicht zwischen ihren widersprüchlichen Bestrebungen und Bedürfnissen" (Quitmann 1991, S. 91) zu finden. Das jeweils stärkste Bedürfnis, die dringendste Situation, tritt aus dem Hintergrund in den Vordergrund, und der gesamte Organismus ordnet sich diesem stärksten Bedürfnis unter.

Zur Befriedigung ebendieses Bedürfnisses tritt der Mensch sowohl in Kontakt mit sich selbst als auch in Kontakt mit der Umwelt. Der Umweltkontakt vollzieht sich auf zwei Arten: durch die Sinne und durch Bewegung. Nach Perls sind Gedanken, Gefühle und Handlungen aus „demselben Stoff". Hierbei ist das Durchleben von Konflikten für Perls „ein notwendiger Bestandteil im Prozeß der schöpferischen Anpassung" (Quitmann 1991, S. 96).

Eine Lösung für Konflikte kann demnach immer nur sein, die Existenz des Konfliktes anzuerkennen und sich für diesen Konflikt zu entscheiden und nicht dagegen. Auch wenn eine Bejahung von Konflikten wie ein Widerspruch klingt, ist hier eine entscheidende Grundeinstellung der gesamten humanistischen Psychologie genannt. Nur dann handelt es sich um einen Kontaktvollzug im Sinne der Gestalttherapie. „Der Kontaktvollzug ist ein Moment, [...] wo Bedürfnis bzw. Interesse mit dem Selbst zu einer Einheit verschmelzen; das Selbst ist für einen Augenblick die Figur" (Quitmann 1991, S. 97). Um einen Kontaktvollzug innerhalb einer Konfrontation mit sich selbst zu erreichen, sind folgende Grundannahmen bzw. Prinzipien der Gestalttherapie in Anlehnung an Perls von Bedeutung:

Im-Hier-und-Jetzt-Sein

Eine Beratung nach Perls bezieht sich immer in erster Linie auf die aktuelle Situation, das aktuelle Erleben, das Hier-und-Jetzt. Es geht immer um die Gedanken und Gefühle, die sich in genau diesem Moment zu Wort melden. Einzelne Gedanken und Gefühle sind oft eher in der Vergangenheit verhaftet oder an der Zukunft orientiert, in der Beratungssituation zeigen sie sich jedoch im Hier-und-Jetzt. Es ist für den Menschen oft einfacher, sich gedanklich oder gefühlsmäßig in der Zukunft oder der Vergangenheit aufzuhalten, als gegenwärtig zu sein, im Hier-und-Jetzt zu leben (Rank 1929). „Für viele Menschen beginnt deshalb das ‚eigentliche' Leben irgendwann in der Zukunft, nach dem Examen, nach der Heirat, nach der Pensionierung usw." (Quitmann 1991, S. 108).

Bewusstheit bzw. Bewusstsein

Beratung bietet die Gelegenheit zu „awareness". Awareness ist „eine flatterhafte Zwillingsschwester der Aufmerksamkeit" (Perls 1976, S. 29) bzw. Selbst-Bewusstheit: „Es handelt sich hierbei um eine entspannte Form der Aufmerksamkeit, in der der lebendige Organismus in Kontakt ist mit sich und der Umwelt" (Quitmann 1991, S. 110). In der Beratung kann der Klient mit einer entspannten Form der Aufmerksamkeit phänomenologisch beschreiben, *wie* das *Was* wahrgenommen wird. Die Beziehung zu sich selbst wird bewusster – in der

Sprache der Gestalttherapie: Wir „setzen die Figur, die Vordergrund-Erfahrung in Beziehung zum Hintergrund, zum Inhalt, zur Perspektive, zur Situation, und diese zusammen bilden die Gestalt. Sinn ist die Beziehung der Vordergrund-Figur zu ihrem Hintergrund" (Quitmann 1991, S. 110).

Konfrontation mit sich selbst
Die Beratung stellt immer eine Konfrontation mit sich selbst dar, d. h. eine Konfrontation mit unterschiedlichen und teilweise ungeliebten Persönlichkeitsaspekten. Ebenso wie in der Gestalttherapie besteht das Ziel hierbei nicht darin, Probleme zu lösen. Ziel ist, sie „gegenwärtig zu machen, damit sie sich aus neuen Stoffen in der Umwelt speisen und zu einer Krise getrieben werden können" (Perls et al. 1979, S. 144). Der Hauptgedanke der paradoxen Theorie der Veränderung von Perls ist, dass erst „die Anerkennung der Person, die man wirklich ist" (Quitmann 1991, S. 111), also die Nichtveränderung (aber Bewusstmachung und Konfrontation), eine Veränderung – und zwar durch Experimentieren – ermöglicht.

Ähnlich wie in der Gestalttherapie erfolgt in der Beratung oft ein bewusstes Hineingehen in die Problemsituation, und zwar im Hier-und-Jetzt. „Die Behandlungsmethode besteht darin, den Kontakt mit der aktuellen Krise immer weiter voranzutreiben, bis man den Sprung ins Unbekannte riskiert" (Perls et al. 1979, S. 23).

Ich-Du-Beziehung
Die Formulierung „Ich-Du-Beziehung" bezieht Perls aus den Schriften Bubers (Buber 1984). „Die Person des Therapeuten dient im *Jetzt* und im *Wie* als Vehikel, als Teil der Umwelt" (Quitmann 1991, S. 111). Betrachten wir die wesentlichste Aufgabe des Beraters nach Perls, nämlich „darauf zu achten, daß der Klient den Zustand der Bewußtheit nicht verläßt und nicht durch Abschweifen in Zukunft oder Vergangenheit den Kontakt mit sich selbst oder der Umwelt unterbricht" (Quitmann 1991, S. 111), so sehen wir, dass weder die eine noch die andere Gefahr gegeben ist. Ein Abschweifen in Zukunft oder Vergangenheit ist in der Beratung jeweils Ausdruck eines Bedürfnisses, das es anzuhören bzw. zu integrieren gilt.

Perls nannte seine Therapie in Anlehnung an Rank „Hilfe zur Selbsthilfe": „Das Hauptziel jedoch ist der Übergang vom ‚environmental support' zum ‚self support', d. h. daß der Klient bewußt konfrontativ und eigenverantwortlich ohne Hilfe weitermachen kann" (Quitmann 1991, S. 112).

4.1.4 Systemische Beratungsansätze

Allgemeine Charakterisierung

Probleme, Unwohlsein, Unzufriedensein, innere Konflikte oder innere Widersprüchlichkeiten (Ambivalenzen) werden im traditionellen systemischen Denken aus der Beziehung des Menschen zu seinem Umfeld und seiner Umwelt heraus erklärt. Der Hauptfokus wird darauf gelegt, wie ein Kontext bzw. „äußeres" System subjektiv vom Individuum wahrgenommen und erlebt wird („subjektive Perspektive"). Handlungen werden in erster Linie als interpersonale Kommunikation mit anderen Mitgliedern dieses Kontextes bzw. Systems gesehen. Systemische Beratung und Therapie präsentieren sich als ein spezifisches Erkenntnis- und Handlungsmodell, das die Person immer in Wechselbeziehung mit ihrem Kontext sieht und sich damit von einer linear-kausalen Denkweise abgrenzt. „Die systemische Psychotherapie bzw. Beratung basiert auf dem Paradigma, dass Phänomene, welcher Art auch immer, nicht isoliert betrachtet werden können, sollen sie verstanden bzw. verändert werden. Nur wenn die spezifischen Wechselwirkungen und Rückkopplungsmechanismen in komplexen Systemen (Paarbeziehungen, Familien, Gruppen, Arbeitsteams, Organisationen und anderen Beziehungssystemen), die in der Regel nach einem Gleichgewichtszustand mit den umgebenden Umweltsystemen streben, begriffen werden, können neue Entwicklungsmöglichkeiten, Handlungsalternativen, neue Perspektiven und grundsätzliche Veränderungen entwickelt und erzielt werden" (Mücke 1998, S. 17).

Es sind die individuell gegebenen Bedeutungen, die „Personen-in-Kontexten" (Earman et al. 1993) bewegen. Unzufriedensein – im weitesten Sinne – nur an äußeren Einflüssen festzumachen bzw. durch interpersonale Kommunikation zu begründen kann jedoch nicht ausreichen – auch nicht im Sinne des Konstruktivismus. Die systemische Zirkularitätshypothese in Verbindung mit dem Autopoiese-Konzept erscheint plausibler: Zwischen konkreten Personen und ihrer Umwelt existieren Wechselwirkungen, sogenannte Rückkopplungsschleifen. Über die Wahrnehmung und die Bedeutung dieser Rückkopplungsschleifen entscheidet (meist jedoch nicht darüber reflektierend) jeder in Eigenverantwortung. „Die Rekursivität der Sprache verweist auf die Fähigkeit, das erlebte Interaktionsgeschehen permanent zu qualifizieren, also innere Kommentare über die Interaktion und über das eigene Erleben abzugeben. Dieses Phänomen ist als ‚innerer Bezugsrahmen' in der Psychotherapie ein Begriff: In Familien sind es vielfach nicht die Auseinandersetzungen selbst, mit denen Familienmitglieder sich das Leben schwermachen, sondern die inneren Bewertungen dieser Auseinandersetzungen" (von Schlippe und Schweitzer 2013, S. 98).

Auch wenn innerhalb der systemischen Beratung nicht in gleichem Maße unterschiedliche Konzepte mit „Gründervätern" oder „-müttern" sowie eigene (weltweit vernetzte) Ausbildungsinstitute existieren wie bei den Psychoanalytikern (mit Freud, Adler, Jung) und den „Humanisten" (mit Perls' Gestalttherapie, Rogers' Gesprächspsychotherapie, Cohns Themenzentrierter Interaktion etc.), so sind doch auch hier zunächst allgemein anerkannte theoretische und konzeptionelle Prinzipien zu nennen. Es gibt gegenwärtig – und wohl auch weiterhin – noch keine Systemtheorie im Sinne einer einheitlichen therapeutischen Metatheorie, vielmehr haben sich im Laufe der Entwicklung unter den Begriffen „Familientherapie" und „systemische Therapie" vielfältige Strömungen und Konzepte versammelt, die heute die beraterische und therapeutische Landschaft gestalten (s. Kap. 9). Andererseits wurden einzelne komplexe und umfassende Theorieentwürfe entwickelt (z. B. Bateson 1981; Luhmann 1984).

Die unterschiedlichen Konzepte haben jedoch eine gemeinsame Betrachtungs- und Handlungsweise: Beratungsobjekt ist nicht das Individuum an sich, sondern das Beziehungs- bzw. Interaktionssystem, also typischerweise die Familie, das Paar, das Arbeitsteam. Individuelles Verhalten wird verstanden als durch das Beziehungssystem „verursacht" und verweist somit wiederum auf das System zurück, in dem es sich entwickelt. Die Mitglieder eines Systems wirken ständig wechselseitig aufeinander. Maßgebend für diesen zirkulären Prozess sind nicht die Eigenschaften der beteiligten Personen, sondern die Kommunikations- und Interaktionsweisen und die wechselseitigen Auffassungen/Erwartungen und Bedeutungszuschreibungen (Konstrukte) der Systemmitglieder.

„Therapiert" wird nicht das einzelne Individuum und werden auch nicht seine Eigenschaften, sondern „therapiert" werden die die Beziehung konstituierenden Prozesse. Das sind im Wesentlichen

a) die Kommunikations- und Interaktionsmuster zwischen den Mitgliedern eines Systems (z. B. Ehe, Familie) und
b) die subjektiven Auffassungen und Überzeugungen (Konstrukte) im Hinblick auf die Beziehung, den Beziehungspartner und auf den Kontext (z. B. das System), in dem die Interaktionen stattfinden.

Die Aussagen erscheinen zunächst mechanistisch, sind im Endeffekt aber wesentlich komplexer und selbstgesteuert.

Damit sind schon zentrale Merkmale formuliert, mit denen sich systemisch fundierte Beratung und systemische Therapie beschäftigen. Die Bezeichnungen „systemische Beratung", „Familientherapie" oder „systemische Therapie" sind keine

Bezeichnungen für eine Therapieschulenausrichtung oder für ein Behandlungsverfahren. Sie sind vielmehr Bezeichnungen für ein spezifisches Behandlungssetting mit einer spezifischen professionellen Haltung und Grundeinstellung. Dieses Behandlungssetting wird heute von verschiedenen Therapieschulen mehr oder weniger offen aufgenommen und schulenspezifisch angepasst. Man kann somit systemisches Denken und Handeln nicht nur im Rahmen einer systemischen, sondern auch im Rahmen einer humanistischen, tiefenpsychologischen oder verhaltenstherapeutischen Grundausrichtung praktizieren (Schweitzer 2010).

Historische Perspektive

Die Anfänge der Familientherapie entwickelten sich in den 1950er- und 1960er-Jahren in den USA, und zwar parallel an der Ostküste – in einzelnen klinischen Forschungsgruppen in Chicago, Boston und New York – und im Westen in Palo Alto, Kalifornien. Dort fand sich eine einflussreiche Therapeutengruppe zusammen, die als „Palo-Alto-Gruppe" in die Geschichte der Familientherapie einging (Steiner et al. 2002).

Psychoanalytisch-psychiatrische Beiträge

In den großen Städten im Osten waren es vor allem psychoanalytisch orientierte Psychiater, die im Team mit Sozialarbeitern ein elaboriertes psychoanalytisches Konzept von Familientherapie vorantrieben. Insbesondere beschäftigten sich diese Pioniere mit Forschungen zur Entstehung der Schizophrenie im Rahmen familiärer Beziehungs- und Kommunikationsmuster. Wenn auch die Forschungsergebnisse zu Schizophrenie und Familie heute weitgehend als überholt gelten, so haben diese Arbeiten doch fundamental zur Entwicklung familientherapeutischer Erkenntnisse und Handlungsweisen beigetragen.

Bekannt geworden sind die Forschungen zur Familiendynamik, z. B. von Theodore Lidz oder Nathan Ackermann. Ackermann, Kinderpsychiater und Psychoanalytiker, hat in seiner Arbeit mit Familien den Einwegspiegel und Filmaufnahmen eingeführt – Instrumente, die für die familientherapeutische und systemische Arbeitsweise inzwischen charakteristisch sind. Bedeutsamkeit hat auch die Mehrgenerationenperspektive von Ivan Boszormenyi-Nagy erlangt: Sie postuliert Bindungen über mehrere Generationen, die sich über Verpflichtungen, Verdienste und Schuld ausdrücken. Im deutschsprachigen Raum gab es in den 1970er-Jahren richtungsweisende Impulse z. B. durch Horst-Eberhard Richter *(Patient Familie),* Jürg Willi (Kollusionskonzept), Helm Stierlin (Familie als Bindungsgemeinschaft) sowie Hans Strotzka, Eckhart Sperling und gegenwärtig Manfred Cierpka (Familiendiagnostik).

Palo-Alto-Gruppe: Pragmatische Kommunikationstheorie

Parallel zu diesen Entwicklungen leistete in Palo Alto im Westen der USA eine Gruppe um Gregory Bateson, Don Jackson und Jay Haley, zu der bald auch Virginia Satir und Paul Watzlawick hinzustießen, familientherapeutische Pionierarbeit. Ihre Arbeitsweise wird als kommunikationstheoretische und strategische Familientherapie bezeichnet, wobei die Arbeitsweise von Virginia Satir als entwicklungsorientierte Familientherapie eine eigene Position einnimmt. Die Palo-Alto-Gruppe hatte weltweit Einfluss auf die Entwicklung der Familientherapie, z. B. auf die Arbeiten von Salvador Minuchin, der in den 1970er-Jahren die strukturelle Familientherapie begründete, die heute zu den einflussreichsten klassischen Modellen der (kybernetischen) Familientherapie zählt, oder auf die Arbeitsgruppe, die sich in den 1960er- und 1970er-Jahren in Mailand/Italien unter der Leitung von Mara Selvini Palazzoli zusammenschloss und als „Mailänder Modell" in die Familientherapie einging.

Konstruktivistische Wende

In den 1980er-Jahren trat eine bedeutsame konzeptionelle (epistemologische) Weiterentwicklung ein, die als „konstruktivistische Wende" und als „Kybernetik zweiter Ordnung" bezeichnet wird und breite Auswirkungen auf die systemische Denk- und Handlungsweise und auch auf andere Beratungsansätze gehabt hat. Anstoß dafür waren Entwicklungen in der Philosophie, der Kybernetik und der Biologie, die die Objektivität des wissenschaftlichen und therapeutischen Erkennens infrage stellten. In den Fokus rückten erkenntnistheoretische Überlegungen zur Erfassung von „Wirklichkeit" und darüber hinaus der Einfluss, den der Beobachter (Berater, Therapeut) auf das zu beobachtende System bzw. auf die dort beobachtete „Wirklichkeit", z. B. auf die Familie und ihre Mitglieder, ausübt. Insbesondere der Denkansatz des radikalen Konstruktivismus (von Foerster 1981; von Glasersfeld 1981) hat wesentlich zu dieser Wende beigetragen. Er geht davon aus, dass wir die Welt nicht als „wahr" oder „falsch" erkennen können, sondern dass wir Welt in Form von individuellen Konstruktionen entwickeln und nach diesem unserem Modell dann erkennen und handeln. Bedeutsam für die Lebensgestaltung wie für die Therapie sind nicht primär der vermeintlich „objektive" Wahrheitsgehalt und das „Expertenwissen" (z. B., ob dieses Kind „wirklich" behindert ist oder nicht oder ob der Mann seine Frau „wirklich" liebt). Wichtig ist vielmehr die Nützlichkeit und Brauchbarkeit der Auffassungen (Konstruktionen) für die Lebensgestaltung dieses Menschen.

Im Zuge dieser Konzeptionen kam es zu einer Abkehr von den klassischen kybernetischen Denkmodellen und zu einer Hinwendung zu sogenannten Konversationsmodellen. In den Mittelpunkt dieser Überlegungen trat die Frage, wie die Wahrnehmung und die Sprache Wirklichkeit, Bedeutsamkeit und Sinn bei einzelnen Individuen ebenso wie bei Systemen erzeugen. Maßgeblichen Einfluss auf die konstruktivistische Wende hatten zudem die Arbeiten von Humberto Maturana und Francisco Varela (1987; Maturana 1982) zur Autopoiese lebender Systeme (s. unten, „Vertiefung: Erkenntnistheorien zur systemischen Beratung und Therapie").

Mit diesen Entwicklungsschritten, die auch mit den Bezeichnungen „Kybernetik erster Ordnung" bzw. „zweiter Ordnung" belegt werden, ist auch der Wandel von der klassischen Familientherapie zur systemischen Therapie beschrieben. Sie konkretisieren sich im Wesentlichen über zwei Denk- und Handlungsansätze, die sich gewinnbringend ergänzen, in sich selbst jedoch vielfältig ausgestaltet sind: systemisch-kybernetische Ansätze (Kybernetik erster Ordnung) und systemisch-konstruktivistische Ansätze (Kybernetik zweiter Ordnung).

Die konstruktivistische Wende führte zu einer veränderten Auffassung hinsichtlich der Position des Therapeuten und der Prozesse im System. In den systemisch-kybernetischen Ansätzen geht man davon aus, dass Berater kraft ihrer fachlichen Kompetenz („Expertenschaft") die Eigenschaften eines Systems von außen erkennen können (quasi „objektiv") und dazu passende Interventionen entwickeln können. In den konstruktivistischen Ansätzen ist der Fokus auf die Wahrnehmungsverarbeitung und Bedeutungszuschreibung der Klienten und der Berater gerichtet.

Die *systemisch-kybernetischen Ansätze* basieren auf den klassischen Modellen der Familientherapie, insbesondere denen der Palo-Alto-Gruppe. Diese Modelle werden gegenwärtig mit konstruktivistischen Verfahren kombiniert. Systemisch-kybernetische Ansätze verstehen Familie und andere soziale Systeme (z. B. Ehen, Wohngruppen, Arbeitsteams) im Sinne von kybernetischen Regelkreismodellen, d. h. in einer ständigen sich selbst regulierenden Balance zwischen den „gegenläufigen" Tendenzen zu Stabilität und zu Veränderung (Homöostase und Transformation). Die dafür nötige Selbstregulation wird über selbst entwickelte bzw. systeminterne Interaktions- oder Kommunikationsprozesse gebildet, die vom Berater als „Kommunikations- und Beziehungsmuster" oder als „Interaktionsregeln" erfasst bzw. wahrgenommen werden. Solche Regeln und Muster können für das Funktionieren des Systems mehr oder weniger brauchbar sein (Schubert 2013b). Die systemisch-kybernetischen Ansätze mit ihrer strukturierten Vorgehensweise – Aufmerksamkeit auf diagnostische Hypothesenbildung und die gezielte Veränderung von Systemstrukturen und Prozessen – sind heute fester Bestand in beratenden, therapeutischen, psychiatrischen und psychosozialen Handlungsfeldern.

Unter *systemisch-konstruktivistischer Perspektive* werden Familie, Partnerschaft oder Organisation nicht als ein kybernetisches System betrachtet, in dem die Mitglieder wechselseitig ihr Verhalten regulieren, sondern als ein sprachliches System, in dem durch Konversation Bedeutung geteilt und soziale Wirklichkeit geschaffen wird. In den Mittelpunkt der konstruktivistischen Ansätze tritt die Sprache und die Art, wie Sprache Wirklichkeit erzeugt.

Systemisch-konstruktivistische Beratung wird begriffen als Kooperation von Beraterin und Ratsuchenden in einer gemeinsamen Suche nach Verständnisformen und Lösungen für die wahrgenommenen Probleme. Der Beratungsfokus gilt der Art und Weise, wie Systeme und ihre jeweiligen Mitglieder – und damit auch die Berater – Wahrnehmungen herausfiltern und sich ihre Wirklichkeiten (Konstrukte), ihre Zuschreibungen, Deutungen und Überzeugungen über sich selbst, über andere Personen, über Beziehungen und Konflikte, über Zusammenhänge und Bedeutung von Ereignissen usw. erschaffen und Entscheidungen treffen (Schubert 2015b, S. 197).

Von Schlippe und Schweitzer schreiben diesbezüglich: „In Familien mit Symptomträgern zeigt sich dabei häufig, dass diese Beschreibungen nicht mehr angemessen rückgekoppelt werden, sondern dass die Erwartungen einer Person darüber, wie die andere ‚ist‘, erstarren […]. In der Sprache der Systemtheorie kann man sagen, dass sich die beteiligten Personen auf eine bestimmte Art von Ordnung der Wirklichkeiten, [auf] ein starres Muster festgelegt haben" (von Schlippe und Schweitzer 2010, S. 9).

In solchen Fällen reagieren die Mitglieder einer Familie nicht auf die Gefühle und Gedanken des anderen, sondern auf das, was sie selbst über das denken und fühlen, was der andere denken und fühlen würde (s. die „Geschichte mit dem Hammer", Watzlawick 1983). Diese Muster verhindern bei den beteiligten Personen und Systemen Flexibilität und die Entwicklung von Interaktionen und Handlungsabläufen zur Bewältigung von Aufgaben. Sie behindern darüber hinaus die individuelle Entwicklung und neue Sinnentwicklungen, „und genau diese (erstarrten) und einengenden Muster sind der Gegenstandsbereich systemischer Beratung" (von Schlippe und Schweitzer 2013, S. 9).

Aus der konstruktivistischen Herangehensweise entstanden bedeutsame Entwicklungen in der systemischen Beratung. Besonders häufig angeführt werden hier der lösungsorientierte Ansatz (Beratung als Lösungsgespräch) und der narrative Ansatz (Therapie als biografischer Dialog). Bereits in den 1970er-Jahren entwickelte eine Gruppe von Therapeuten um Steve de Shazer und seine Frau Insoo Kim Berg am Brief Family Therapy Center (BFTC) in Milwaukee/Wisconsin das Konzept der *lösungsorientierten Kurztherapie* (Solution Focused Brief Therapy, z. B. de Shazer 1989; Berg 1992). Der Ansatz basiert auf der Annahme, dass die

Entstehung von Problemen und deren Lösung nicht notwendigerweise kausal zusammenhängen. Der Therapeut/Berater muss also das Problem nicht in allen Facetten kennen und verstehen, sondern Lösungen erfolgen oftmals außerhalb der Problemstrukturen. Ebenfalls in den 1970er-Jahren begannen sich in Australien Harry Goolishian und sein Team am Galveston Family Therapy Institute mit einem neuen Systemverständnis auseinanderzusetzen (Gergen und Gergen 2009; Goolishian und Andersen 1988; White und Epston 2013; im Überblick Kronbichler 2014). In ihrem Ansatz erfassen sie, wie Realität durch und in Sprache konstruiert wird und wie über Kommunikation und Erzählungen in sozialen Systemen ein bestimmtes Thema oder ein Problem entsteht bzw. konstruiert wird (s. unten: „Narrative Methoden").

Systemische Prinzipien und Grundhaltung

Im Folgenden wird eine Auswahl grundlegender Annahmen und Haltungen vorgestellt, die für die systemische Beratung postuliert werden. Dies geschieht im Wesentlichen unter Bezugnahme auf zwei Basiswerke: *Systemische Beratung und Psychotherapie* von Klaus Mücke (1998) und das *Lehrbuch der systemischen Therapie und Beratung* von Arist von Schlippe und Jochen Schweitzer (2013).

Den Möglichkeitsspielraum vergrößern

Heinz von Foersters (1988) ethischer Imperativ, „Handle stets so, dass du die Anzahl der Möglichkeiten vergrößerst" (zit. nach von Schlippe und Schweitzer 2013, S. 201), ist auf der einen Seite Grundidee des systemischen Ansatzes; auf der anderen Seite sind ebenso Tabus (Denkverbote), Dogmen, Richtig-/Falsch-Bewertungen und alles, was den eigenen Handlungsspielraum einschränkt, mit einzubeziehen. Bei den Beschreibungen der Klienten sollte immer auf solche Tabus, Denkverbote und -einschränkungen besonders geachtet werden. Das Infragestellen von dem, was man bis jetzt darüber geglaubt hat, wie man selbst ist, wie die Welt ist und wie andere sind, ist immer ein erster Schritt hin zum (Er-) Finden von Handlungsalternativen und damit zu der Freiheit zu wählen. Es ist ein Schritt in die Richtung, mögliche Lösungen zu finden und den Möglichkeitsspielraum zu vergrößern.

Zirkularität – innere Bezogenheit

„Die Logik ist ein armseliges Modell von Ursache und Wirkung" (Bateson 1987, S. 77). Allgemein bezeichnet man im systemischen Denken mit Zirkularität eine „Folge von Ursachen und Wirkungen, die zur Ausgangsursache zurückführt und diese bestätigt oder verändert" (Simon und Stierlin 1992, S. 393). Von Ursache und Wirkung zu sprechen ist eine Frage der Setzung eines Anfangspunktes, der dann als Ursache benannt wird (Interpunktion). „Der Junge rebelliert, die Lehrer werden strenger, der Junge rebelliert …" oder „Die Lehrer sind streng, der Junge beginnt zu rebellieren, die Lehrer werden strenger …" Diese Setzung ist aber nicht zwingend. Genauso könnte diese Ursache schon als Wirkung betrachtet werden, wenn ein früherer Erklärungsansatz/Anfangspunkt gewählt würde (Watzlawick et al. 2000).

Jedes äußere Verhalten ist zirkulär eingebunden in unterschiedliche Prozesse, und beide bedingen sich gegenseitig. Es lassen sich im interpersonalen Feld keine Ursache-Wirkungs-Hypothesen aufrechterhalten. Die Annahme von Ursachen auf der einen Seite und daraus resultierenden Wirkungen auf der anderen nach einem naturwissenschaftlich-physikalischen, kausalen Erklärungsprinzip ist auf die Erforschung der Psyche eines Menschen nicht übertragbar. In einer zwischenmenschlichen Beziehung sind jedwede Gedanken und Gefühle Ausdruck und „Äußerung" und können somit immer *auch* als Botschaften verstanden werden – und zwar immer sowohl als Aktion (Ursache) als auch als Wirkung (Reaktion). Ein Beispiel für die Zirkularität von „Begründungen" und für eine interessante Systemebenenverschiebung, das gleichzeitig einen Bezug zum (schul-)pädagogischen Rahmen hat, ist folgendes Gedankenexperiment:

> So kann aus der Wechselwirkung der Ideen: ‚Die Schüler sind unmotiviert, weil sie schlechte Pädagogen haben' und: ‚Die Pädagogen sind frustriert, weil ihre Schüler unmotiviert sind' zunächst die Idee entstehen: ‚Schüler und Pädagogen frustrieren und demotivieren sich gegenseitig'. Weitere Kreisläufe können etwa gesellschaftliche Zusammenhänge mit einbeziehen: ‚Die Schulpflicht und ihre Umsetzung machen die individuelle Motiviertheit von Schülern und Lehrern für das Überleben der Institution Schule entbehrlich; entsprechend motivieren unmotivierte Schüler und frustrierte Pädagogen den Staat immer wieder dazu, die gesetzliche Schulpflicht in der bisherigen Form aufrechtzuerhalten' (von Schlippe und Schweitzer 2013, S. 205).

Wertschätzung aller Persönlichkeitsfacetten von Klienten
Es ist von grundlegender Bedeutung, allen Persönlichkeitsfacetten eines Klienten uneingeschränkte Wertschätzung und Würdigung entgegenzubringen. Gleichzeitig ist ebendiese Wertschätzung ein hohes Ideal, da es immer wieder Facetten geben wird, die wir erst einmal nicht verstehen und mit denen wir nicht übereinstimmen wollen. So kann es manchmal einiger Erforschung bedürfen, solchen Facetten eines Klienten etwas Achtenswertes abzugewinnen. „Würdigung, Achtung und Respekt dem Menschen und seiner systemischen Verwurzelung" (Mücke 1998, S. 25) gegenüber sind sowohl zentrales Element als auch das ethische Fundament systemischer Beratung.

Die Wertschätzung aller Klienten gleichermaßen und eine entsprechende Allparteilichkeit gehören zu den Grundprinzipien des systemischen Ansatzes. Boszormenyi-Nagy und Sparks (1981) definieren die Allparteilichkeit in ihrer Bedeutung für die zwischenmenschliche Systemebene der Familie als „innere Freiheit [des Beratenden], nacheinander die Partei eines jeden Familienmitgliedes zu ergreifen in dem Maße, in dem sein einfühlendes Verstehen und sein strategisches Vorgehen dies erfordern" (Boszormenyi-Nagy und Sparks 1981, S. 242).

Was die Wertschätzung eines vermeintlich negativen Verhaltens ebenso wie einzelner Eigenschaften eines Menschen betrifft, ist eine kurze Passage aus dem Lehrbuch von Klaus Mücke wiederzugeben:

> Zum Beispiel erfordert ‚unterwürfig sein' folgende intraindividuellen Kompetenzen: die Fähigkeit, sich zurückzunehmen, sich auf den anderen einzustellen, eigene Bedürfnisse zurückstellen, zuhören können; Rücksicht zu üben, andere aufzuwerten, Verantwortung abzugeben, Anpassungsfähigkeit etc. Interindividuell hat dieses Verhalten mitunter folgende Auswirkungen: Es schafft Harmonie; andere fühlen sich bestätigt und anerkannt; den anderen wird Platz, Macht und Einfluss eingeräumt; etc. (Mücke 1998, S. 35).

Neugier, den anderen Menschen kennenzulernen

Eine grundlegende Haltung in der systemischen Beratung ist Neugier gegenüber dem Menschen und dem ihn umgebenden System. Der systemische Therapeut Gianfranco Cecchin (1988), der erst gemeinsam mit den anderen Mitgliedern des alten Mailänder Teams (Selvini Palazzoli et al. 1981) die Prinzipien der Zirkularität, des Hypothesenbildens und der Neutralität fokussierte, entwickelte später das Prinzip der Neugier. Er sieht die Neugier ebenso im Widerspruch zu der Gewissheit einer Kausalität wie zu der Gewissheit einer bestimmten Moral. Neugier ist das Interesse an Mustern und an Vielfältigkeit, nicht ein Interesse an Bewertungen. Systemische Neugier „interessiert sich für die jedem System immanente Eigenlogik, die als weder gut noch schlecht, sondern schlicht als wirksam angesehen wird, weil sie sich für dieses System offensichtlich evolutionär bewährt hat" (von Schlippe und Schweitzer 2013, S. 207). Da der Mensch sich immer weiterentwickelt, sich immer wieder in neuen und sich verändernden Systemen befindet, impliziert Neugier auch die Unmöglichkeit, den anderen Menschen endgültig und umfassend für immer zu kennen. Insofern ist die Unwissenheit sowohl eine Voraussetzung als auch eine Ressource (Anderson und Goolishian 1992). „Wir [...] sind aufgefordert, dieses Nichtwissen [...] dazu zu nutzen, weitere Puzzle-Varianten zu fördern und die vorschnelle Schließung des Dialogs zu verhindern [...]. Fragen wir von einer Perspektive des Wissens, geleitet von Theorien oder eigenen Verstehenskonzepten, so erfragen wir damit die Geschichte, die bereits in unserem Kopf ist" (Epstein, zit. nach von Schlippe und Schweitzer 2013, S. 121 f.).

Ressourcenorientierung
Die Ressourcenorientierung ist ebenfalls eine grundlegende Haltung des systemischen Denkens und ergibt sich aus der schon genannten Wertschätzung: Wenn
ich Verhaltensweisen nicht als Defizite bezeichne, wenn es mir also gelingt, sie
wertzuschätzen und damit auch positiv zu konnotieren, verschiebt sich der Fokus
meiner Betrachtung auf die Ressourcen.

Ressourcenorientierung als Prinzip der systemischen Beratung ist in erster Linie von dem bereits genannten Erfinder der Kurztherapie, Steve de Shazer
(1989), ausgearbeitet worden. Für die systemische Beratung wird aus pragmatischen Gründen davon ausgegangen, dass die Möglichkeit der Lösungsfindung in
jedem selbst liegt: „Und es erweist sich therapeutisch oft als nützlicher, davon
auszugehen, Menschen verfügten an jedem Punkt ihrer Entwicklung über eine
Vielzahl von Möglichkeiten, sie entschieden sich aber – aus subjektiv respektab-
len Gründen –, vieles von dem, was sie tun könnten, zumindest vorläufig noch
nicht (oder nur manchmal) zu tun" (von Schlippe und Schweitzer 2013, S. 210).

In de Shazers Kurztherapie wird dem Problem an sich keinerlei Bedeutung
und Beachtung beigemessen. In der Beratung liegt jedoch der Schlüssel der
Lösung in eben den Bedürfnissen, die zu dem als problematisch erlebten Verhalten geführt haben. Um diese Bedürfnisse herauszufinden, ist der Fokus erst
einmal auf den Status quo, das gezeigte Verhalten, zu legen.

Der Umgang mit „Widerständen"
Eins der bedeutendsten Prinzipien der systemischen Beratung ist, dass es keine
Widerstände (im gebräuchlichen tiefenpsychologischen Wortsinn) gibt. Vermeintliche Widerstände werden immer als ein Bedürfnis des Klienten angesehen, das
anderen Bedürfnissen widerspricht und wie diese wertgeschätzt wird. Insofern ist
es wichtig, immer so zu handeln, als gäbe es aufseiten des Gegenübers keinen
„Widerstand" (erste pragmatische Regel bei Mücke 1998, S. 100).

Schließlich kann kein Mensch eine zweifelsfreie Aussage über das Erleben eines
anderen Menschen machen und sagen, was wirklich in dem anderen vorgeht; denn
dann wüsste ein Mensch über einen anderen besser Bescheid als dieser selbst. Selbst
wenn man den Verdacht hat, hier handle es sich um Widerstand und in Wirklichkeit verberge sich hinter den Äußerungen des Kunden/der Kundin ein unbewusster
[innerer] Konflikt, dann sollte man sich bewusst sein, dass das nur die eigene Konstruktion ist und man selbst dem Verhalten des Kunden/der Kundin diese Bedeutung
gegeben hat (Mücke 1998, S. 101).

Im Sinne des systemischen Denkens werden Widerstände nicht als feindliche Reaktionen betrachtet. Stattdessen wird vielmehr davon ausgegangen, dass diese Reaktionen wichtige Informationen in sich tragen, dass sie sich für Bedürfnisse einsetzen, welche die Gesamtperson vernachlässigt. Diese Informationen gilt es herauszufinden. Wenn der Berater hingegen den – aus der jeweiligen aktuellen Situation heraus verständlichen – Wunsch hat, das Verhalten des Klienten schnellstmöglich abzubauen, verstärkt er durch die Aufmerksamkeit auf ebendieses dessen Wirkmacht. So gibt es also einen „Widerstand" in der herkömmlichen therapeutischen (auf Freud zurückgehenden) Bedeutung innerhalb der systemischen Beratung nicht. Einen sinnvollen, wohlwollenden und (lebens-) wichtigen Widerstand in der Bedeutung von sich widersprechenden Bedürfnissen gibt es hingegen sehr wohl.

Was ist ein Problem?

Aus diesen Überlegungen wird deutlich, dass im systemischen Verständnis ein Symptom oder Problem nicht als Zustand, als Eigenschaft oder Strukturmerkmal aufgefasst wird, das oder die ein System oder eine Person „hat", sondern ein System erzeugt über Kommunikation ein Problem („problemdeterminiertes System" oder kurz: Problemsystem). Einem *problemdeterminierten System* können ganz unterschiedliche Akteure auf unterschiedlichen Systemebenen angehören, z. B. Familienmitglieder, Helfer, Berater, Vertreter von Institutionen wie Lehrer, Ärzte, Therapeuten, Sozialarbeiter. Betrachten wir ein Problem oder Symptom unter dem Aspekt des problemdeterminierten Systems, dann verschiebt sich der Fokus von der Frage „Wer hat das Problem, seit wann und warum?" zu der Frage „Wer beschreibt das Problem wie […] und die damit verbundenen Interaktionen in welcher Weise?" (von Schlippe und Schweitzer 2010, S. 7).

Aufgelöst wird das Problem, indem sich die Kommunikation um das Problem verändert, bis die relevanten oder alle Systemmitglieder der Meinung sind, dass das Problem gelöst sei. Häufig ist also nicht die Veränderung des gesamten Systems nötig, sondern „nur" die Veränderung der Kommunikation rund um das Problem. Als problemstabilisierendes Verhalten gilt, wenn die beteiligten Personen die Auffassung haben, dass kein Weg aus dem Problem herausführe oder die Lösung in der Macht anderer, am Problemsystem nicht Beteiligter liege.

Systemische Basisverfahren

Systemische Verfahren sind in zahlreichen Publikationen dargestellt, beispielhaft sind zu nennen von Schlippe und Schweitzer (2013), Schwing und Fryszer (2012) und der Sammelband von Levold und Wirsching (2014), der vielfältige Verfahren vorstellt. Daneben gibt es eine Vielfalt von Übersichtsdarstellungen der relevanten

Basisverfahren (z. B. Schubert 2013b; Schubert et al. 2018; Rohr 2018). Die Basismethoden systemischer Beratung lassen sich nach von Sydow et al. (2007) grob in
vier Gruppen zusammenfassen, die auch Überschneidungen aufweisen:

- strukturelle und strategische Methoden, wie Joining, Auftragsklärung, Hypothesenbildung und Reframing (Kommentare und Umdeutungen),
- symbolisch-metaphorische Methoden, wie Genogramm, Zeitlinie, Skulpturarbeit
  (Familienskulptur), Familienbrett,
- systemische Fragen, wie zirkuläre Fragen, lösungsorientierte Fragen,
  Differenzierungsfragen, problemorientierte Fragen, Fragen zu Wirklichkeits-
  und Möglichkeitskonstruktionen und hypothetische Fragen,
- narrative und dialogische Methoden, wie das Reflecting Team (vgl. Schindler
  et al. 2013).

Die Methoden werden nicht nur in der Arbeit mit Systemen (z. B. Paare, Familien),
sondern auch in der systemischen Beratung von Einzelpersonen eingesetzt. Entlang
dieser Strukturierung stellen Schubert et al. (2018) die relevanten, im Folgenden
kurz erläuterten Basismethoden vor.

Strukturelle und strategische Methoden
Joining bezeichnet den Prozess, mit dem der Berater zu Beginn einen kognitiv-emotionalen Zugang zu jedem Systemmitglied herstellt. Anschließend
erfolgt die *Auftragsklärung* und *-aushandlung*. Das beinhaltet die Klärung des
Zuweisungskontextes, der verdeckt mitlaufenden Aufträge Außenstehender (z. B.
Schule, Arbeitsplatz, Nachbarn, Verwandte) und die Erfassung der Erwartungen
und Wünsche der einzelnen am Setting beteiligten Personen, damit alle „an einem
Strang ziehen" und Berater und Systemmitglieder das gleiche Ziel verfolgen
(s. Abschn. 5.6).

Systemische Hypothesenbildung Ein zentraler Prozess im systemischen Vorgehen
ist die Erstellung kontextorientierter systemischer Hypothesen (Hypothetisieren).
Das sind Hypothesen über die Funktionen von und wechselseitigen Zusammenhänge zwischen Symptom, Beziehungsmustern und Interaktionsregeln in einem
System unter bestimmten situativen und biografischen Kontextbedingungen. Zu
den Kontextbedingungen zählen auch die Einflüsse beteiligter Helfersysteme.
Hypothetisieren ist vornehmlich in den systemisch-kybernetischen Verfahren der
Familien- und Systemtherapie bedeutsam. Das Vorgehen kann auch als „systemische Diagnoseerstellung" gelten (im Überblick z. B. Ritscher 2011; Schubert
et al. 2018; umfassend Cierpka 2008).

Für diesen „Diagnoseprozess" werden Beobachtungen, Erzählungen und Wirklichkeitskonstruktionen der Systemmitglieder sowie die Beobachtungen des Beraters und dessen fachliches Wissen über Struktur und Dynamik spezifischer Problemsysteme herangezogen (z. B. über Co-Abhängigkeitsdynamiken, Kinder psychisch kranker Eltern, Kollusionen in Paarbeziehungen), um

- dahinterliegende Strukturen im System zu erkennen,
- den Beziehungssinn und die systemerhaltenden Funktionen von Symptomen, Störungen, sozialen Auffälligkeiten zu erkennen,
- Ressourcen zu erfassen.

Daraus werden Hypothesen über das System und seine Ressourcen und Änderungsmöglichkeiten entwickelt.

Hypothesenbildung dient nicht primär, wie in der klassischen Wissenschaft, als diagnostisches Erkenntniswerkzeug, aus dem das „richtige" Behandlungsverfahren abgeleitet wird. Hypothesen sollen vor allem den Berater wie auch das Klientensystem aus festgefahrenen Auffassungen lösen und zu neuen Sichtweisen anregen. Es geht nicht darum, „die eine richtige Hypothese zu finden. Vielmehr führt gerade die Vielfalt der Hypothesen auch zu einer Vielfalt von Perspektiven und Möglichkeiten" (von Schlippe und Schweitzer 2013, S. 204). Hypothesen haben also eine Ordnungs- und Anregungsfunktion; sie bilden vor allem jedoch den roten Faden im systemischen Beratungsprozess, werden fortlaufend überprüft und, wenn nötig, verworfen und neu gebildet. Hypothesenbildung ist somit nicht strikt von den Beratungsinterventionen getrennt, vielmehr nehmen beide rekursiv Einfluss aufeinander.

Funktion des Problems/Symptoms Systemische Hypothesenbildung basiert auf den Auffassungen von der Funktion des Problems/Symptoms. Probleme und Störungen werden systemisch in ihrer zirkulären Wechselwirkung mit dem Kontext aufgefasst und verstanden, d. h. im Zusammenhang

- mit den Anforderungen zur Anpassung der Beziehungen und Interaktionsregeln an anstehende interne oder externe Veränderungen,
- die wiederum zu einer bestimmten beziehungs- bzw. systemhistorischen Zeit auftreten oder auftraten und
- die damals wie auch noch gegenwärtig eine bestimmte, allerdings eben stellvertretende Lösungs- bzw. Sinnfunktion in diesem Beziehungsgefüge hatten und haben (= die „guten Gründe" für das Symptom).

Nicht selten wird der Kontext einseitig, im Sinne einer linearen Verursachungszuschreibung, als Grund für das Problem gesehen; z. B. wird das Symptom des Kindes (beispielsweise Angstzustände, Einnässen, Schulversagen) als Ausdruck der Beziehungsstörung der Eltern interpretiert, also eigentlich als „lineare Folge". Eine derartige einseitige Kontextualisierung kann eine „Verursachung" mit mehr oder weniger verborgenen Schuldzuschreibungen beinhalten. Die zirkuläre Betrachtungsweise hingegen erfasst zusätzlich die rekursive Wirkung des Symptoms auf den Kontext, hier also die Rückwirkung des symptomatischen Verhaltens des Kindes auf das Verhalten der Eltern (Beendigung des Streits und gemeinsames Kümmern). Damit wird eine wechselseitige Stabilisierung von System (Subsystem Eltern) und Symptom (Kindesverhalten) erkannt. Solche Wechselwirkungen können zu einer erheblichen Chronifizierung der Störung führen (Schubert et al. 2018).

Der *systemisch-kybernetische Ansatz* versteht Störungen, Probleme oder die psychische Erkrankung eines Familienmitglieds als Ausdruck einer notwendig gewordenen, jedoch nicht ausbalancierten Anpassungsleistung des Systems an veränderte Bedingungen. Die symptomatischen (von außen als „dysfunktional" bewerteten) Beziehungs- und Verhaltensmuster des identifizierten Patienten fokussieren die Familienmitglieder auf das Problemverhalten und halten sie gleichzeitig von den anstehenden Struktur- und Prozessveränderungen im System ab. Damit „schützt" quasi das Symptom bzw. das Problem das gesamte System Familie vor einer als bedrohlich erlebten Belastung durch anstehende Veränderungen. Derartige Veränderungen werden von den Mitgliedern des Systems häufig als Gefährdung der bisherigen Beziehungsform oder als Selbstwertbedrohung gefürchtet und erlebt (z. B. die Ablösung Jugendlicher, der Wegzug erwachsener Kinder, „empty nest"). Des Weiteren entsteht über diese Problemfokussierung ein spezieller Zusammenhalt im System (beispielsweise, indem die Eltern sich gemeinsam um das Kind und seine „Störung" kümmern), der die Störung aufrechterhält und auch eine langfristige Chronifizierung von Symptomen erklären kann (Ruf 2009; von Schlippe und Schweitzer 2013). Unter diesem Aspekt erhalten symptomatische Muster und Regeln (allgemein: Symptom, Störung) einen Sinn und eine systemerhaltende Funktion. Symptome sind also ein sinnhaftes, passendes Verhalten in einem spezifischen Kontext und eben nicht „dysfunktional".

Reframing Systemische Therapie erfolgt auf der Basis von Wertschätzung und „positiver Konnotation". Das umfasst die Anerkennung von vorhandenen Ressourcen, gezeigter Änderungsorientierung oder Besserung und positive Umdeutungen von Problemen oder symptomatischen Verhaltensweisen. Damit sind nicht hohle Nettigkeiten oder naive Problemverkennung gemeint. Interventiv eingesetzte Kommentare beziehen sich auf eine Uminterpretation (Reframing) der Funktion des Symptoms oder des Kontextes, sodass der Klient die Probleme und die bisher negativen Auffassungen in einem neuen Licht sehen kann bzw. den Sinn und die Funktion des Problems erkennt. Ziel des Reframings ist, die in einem spezifischen Ursache-Wirkungs-Zusammenhang gebundenen Denkmuster aufzulösen und Klienten wie auch Therapeuten aus rigiden Verhaltens- und Erklärungsmustern herausführen. Umdeutungen werden in Publikationen zahlreich und in anregender Weise vorgestellt. Kontextuelles Reframing gibt eine Kontextdeutung, innerhalb deren das Symptom als sinnvoll, hilfreich oder weniger bedrohlich aufgefasst wird. Inhaltliches Reframing bietet eine alternative, positiv gewertete Interpretation für ein gezeigtes Verhalten an und verändert so dessen Bedeutung, ohne den Bezugsrahmen (wesentlich) zu verändern. Reframing soll auch dazu anregen, nach Fähigkeiten zu suchen, die in einem störenden Verhalten stecken, oder nach Kontexten, in denen solche Symptome bzw. Verhaltensweisen sogar wertvolle Ressourcen darstellen.

Symbolisch-metaphorische Methoden
Genogramm und Systembeziehungskarte sind als diagnostisch ordnende Verfahren aufzufassen. Sie geben einen raschen Überblick über systemisch komplexe Strukturen, Beziehungen und mögliche Zusammenhänge.

Das *Genogramm* erfasst Personen und ihre familialen Beziehungen über mehrere Generationen und ordnet sie in grafischer Form. Es ermöglicht einen raschen Überblick über komplexe Familienstrukturen und Geschehnisse und über mögliche Auswirkungen auf das Gegenwartssystem (McGoldrick et al. 2009; Rohr 2017a).

Die im Gespräch mit den Systemmitgliedern beobachtete Organisation des Systems (z. B. der Familie), ihre Interaktions- und Beziehungsmuster und Regeln können in einer *Systemkarte* (Beziehungskarte) über Verbindungslinien und spezifische grafische Symbole schematisch veranschaulicht werden (Minuchin 1977), die sich je nach Hypothesenentwicklung verändern können. Dargestellt wird beispielsweise, wer mit wem eng verbunden oder verstrickt ist, wer zu wem Distanz hält, wer ausgegrenzt ist und zwischen wem Koalitionen oder Konflikte bestehen.

Mit der *Life Line* oder Zeitlinie werden sowohl positive als auch belastende Ereignisse aus der Biografie, aber auch gewünschte Ziele für die nahe Zukunft entlang einer Linie (z. B. auf Papier oder an einem im Beratungsraum ausgelegten Seil) dargestellt. Über die Life Line können positive Entwicklungen wie auch der Einfluss belastender Ereignisse und bisherige Bewältigungs- und Lösungsversuche erfasst werden, ebenso wie Ressourcen, die aus den Erfahrungen gewachsen sind oder auch nicht genutzt werden.

Skulpturarbeit ist eine erlebnisaktivierende Methode, die nicht über Worte, sondern über die körperliche Darstellung die Beziehungsdynamik in einem System, z. B. der Familie, zum Ausdruck bringt. Systemmitglieder stellen über Körperhaltung, Bewegung (auch mit kurzen prägnanten Aussagen) und über ihre Verteilung im Aufstellungsraum dar, wie sie die Beziehungen im System erleben. Zum Ausdruck kommen z. B. Nähe und Distanz, Dominanz, Macht und Ohnmacht. Die aufgestellten Mitglieder erkennen und erleben aus ihrer Position und der darin aktivierten Emotionalität die Struktur und Beziehungsdynamik des Systems. In einem weiteren Prozessschritt können einzelne Mitglieder eine andere Position einnehmen und aus diesem Perspektivwechsel, also aus einer System- und Beziehungsänderung, die damit verbundene Veränderung der Beziehungsdynamik und der Systemstruktur erfassen. Anstelle einer Skulptur mit Personen können die Systembeziehungen zu Diagnose- und Interventionszwecken auch mit verschiedenen Figuren auf einem Brett (Familienbrett) oder mit symbolischen Gegenständen dargestellt werden.

Systemische Fragen

Systemisches Fragen beruht auf einer spezifischen Form von Gesprächsführung, die vom Mailänder Team entwickelt wurde und inzwischen breit ausgebaut ist. Über spezielle Frageformen werden die wechselseitigen Annahmen (Konstruktionen) der Systemmitglieder sowohl über einander als auch über die erlebten Interaktionsregeln erfasst. Es werden also nicht Dinge, Eigenschaften oder Ereignisse fokussiert, sondern deutlich werden die Überzeugungen, die das Verhalten wechselseitig steuern, wie auch die Kontroll- bzw. Beeinflussungsversuche der Systemmitglieder untereinander.

Dazu werden die Systemmitglieder gebeten, über die Beziehung zwischen anderen Mitgliedern zu reflektieren und ihre Auffassungen auszusprechen. Durch die nach und nach offenkundig werdenden wechselseitigen Auffassungen entsteht wiederum eine Offenheit für die Veränderung von festgefahrenen Auffassungen, Bewertungen und von Regeln. Gerade wenn in einem System Veränderung oder die Bewältigung von Anforderungen ansteht, wird das nicht selten als existenziell bedrohlich erlebt, und die Systemmitglieder versuchen sich gegenseitig zu kontrollieren und auf die eigenen, subjektiven Bedürfnisse und Regelauffassungen zu verpflichten. Im weiteren Verlauf der Beratung können dann „brauchbarere" Bewertungen und Erklärungen für das eigene Denken und Verhalten ebenso wie für das der anderen entstehen, womit neue kognitiv-emotionale Entwicklungen, Lösungen und Regelbildungen bei den einzelnen wie im gesamten System in

Gang gesetzt werden. Inzwischen ist ein breites Spektrum von Fragetypen entwickelt worden, wie beispielsweise:

- *Lösungsorientierte Fragen* („Verbesserungsfragen") stehen in der Tradition der systemisch-lösungsorientierten Gesprächsführung. Dazu gehören etwa die Frage nach Ausnahmesituationen und die „Wunderfrage".
- *Differenzierungsfragen* sollen die Klienten zu Differenzierungen in ihren Wahrnehmungen und Bewertungen (Konstruktionen) anregen, wie z. B. über triadische Fragen Vergleiche herstellen und Unterschiede herausarbeiten, Auffassungen anderer erfassen oder Eigenschaften in Verhaltensweisen überführen („verflüssigen"). Verbreitet sind inzwischen Skalierungsfragen („Wo zwischen 0 und 10 liegt heute Ihr Gesamtbefinden? Wie sind Sie von Stufe X nach Stufe Y gekommen? Wie haben Sie das gemacht?").
- *Problemorientierte Fragen* („Verschlimmerungsfragen") rücken den Beitrag des Betroffenen bzw. des Klientensystems in den Fokus („Was müssen Sie tun, damit es noch/wieder schlimmer wird?"). Sie regen dazu an, die eigene Beteiligung am Problemzustand zu reflektieren, ohne dass damit konkret die Aufforderung verbunden ist, etwas Bestimmtes zu ändern.
- *Fragen nach dem Nutzen des Problems,* etwa: „Wofür wäre es gut, das Problem noch eine Weile zu behalten?" oder „Was würde schlechter sein, wenn das Problem weg wäre?"
- *Fragen zur Möglichkeitskonstruktionen* erfassen, „wie das Leben aussehen würde, wenn die Lösung schon da wäre oder eine Verbesserung eingetreten wäre […] oder sich irgendetwas ganz anders im Leben ereignet hätte" (Schwing und Fryszer 2012, S. 219).
- *Hypothetische Fragen* sollen Klienten anregen, sich konkret in einer symptomfreien (nahen) Zukunft zu beschreiben, wobei sie in einem weiteren Schritt überlegen können, wie ein solcher Zustand erreicht werden könnte.

Narrative Methoden
Narrative Ansätze „gehen davon aus, dass Menschen ihr Leben und ihre Erfahrungen durch Geschichten (Narrationen) interpretieren, die als Selbsterzählungen bedeutsam für ihre Identitätsentwicklung sind (Kronbichler 2014). Wenn Personen ihr Leben, ihre Verhaltensweisen und Beziehungen immer wieder im Lichte ihrer Problemerzählungen erleben, kann das negative Überzeugungen über sich und andere verfestigen und zu erheblichen Verzerrungen im Alltagsleben und in der Identitätsentwicklung führen. Im Rahmen des narrativen Ansatzes werden solche Geschichten erkundet und in Frage gestellt" (Schubert et al. 2018, S. 252 f.) und die Klienten zu veränderten Selbsterzählungen angeregt.

Die Art und Weise, wie Menschen ihre Geschichten erzählen, die Inhalte, die sie entwickeln, und was sie ändern und anders erzählen eröffnet neue Perspektiven und Möglichkeiten für die Klienten und für das System. Das ermöglicht eine Neukonstruktion von Lebensnarrationen, eine Veränderung der Problemsicht und eine Erweiterung der Handlungsmöglichkeiten. Dabei wird der Klient angeleitet, eine sprachliche Trennung zwischen sich in der Gegenwart und als Person in der Narration vorzunehmen und dabei auch Ausnahmesituationen vom Problem zu entdecken. Die Aufgabe des Therapeuten/Beraters besteht darin, bei der Neubeschreibung der Erfahrungen im Zusammenhang mit kritischen Lebenssituationen oder einzelner Lebensgeschichten unterstützend zu wirken (Rekonstruktion/Dekonstruktion von Geschichten). Ziel ist, alternative Lebensgeschichten zu entwickeln, die das Leben des Klienten weniger problembestimmt, freier und glücklicher konstruieren und zur Identitätsentwicklung beitragen („Welchen Geschichten erlaubst du, deine Identität und dein Leben zu bestimmen?").

Die *lösungsorientierte Beratung* geht davon aus, dass die Lösung eines Problems nicht notwendigerweise mit der Erfassung der Problementstehung gekoppelt sein muss, sondern davon unabhängig erfolgen kann. Im Beratungsgespräch ist daher die Problembeschreibung so kurz wie möglich zu halten, jedoch wird sehr sorgsam nach Situationen und Zuständen geforscht, in denen das Problem nicht oder nur abgeschwächt auftritt, d. h. nach „Ausnahmen" vom Problem. Der Klient beschreibt, wie sein Erleben und Verhalten nach Beendigung des Problems sein wird, und anhand dieser Schilderung werden die Problemausnahmen, die angestrebten Entwicklungsziele und bereits feststellbare kleine Veränderungen in Richtung des Ziels als Schlüssel zur Lösung verfolgt und herausgearbeitet („solution talk", de Shazer 1989). Hierfür sind eine Reihe von kreativen und pragmatischen Vorgehensweisen entwickelt worden, wie z. B. die „Wunderfrage", die Frage nach „Ausnahmen" vom Problem sowie Skalierungsfragen.

Ziele systemischer Beratung
Systemische Beratung hat zum Ziel, gemeinsam mit dem System die das Problem aufrechterhaltenden zirkulären Prozesse und Konstrukte (Interaktions-und Kommunikationsmuster, Überzeugungen, Zuschreibungen, Erwartungen) wie auch die systemische Funktion und den Sinn der Störung

- zu erfassen (diagnostische Hypothesenbildung; Ritscher 2011; Schubert et al. 2018),
- zu unterbrechen („verstören" oder dekonstruieren) und
- zusammen mit dem System bessere, brauchbarere Lösungen zu finden.

Brauchbarere Lösungen (Muster, Konstrukte) sollen die bisherige „störende" Funktion bzw. den bisherigen Sinn der Störung ersetzen und nötige Änderungen und Entwicklungsschritte bei den einzelnen Mitgliedern und dem System in Gang setzen. Das erfolgt im engeren System (Familie, Wohngruppe) oder im weiteren sozialen oder strukturellen Umfeld (Kontext) über die

- Veränderung von problematischen Interaktions- und Beziehungsmustern,
- Veränderung von Überzeugungen, Erwartungen (Konstrukten) einzelner oder aller Systemmitglieder (Mitglieder des Problemsystems),
- Akzeptanz und Beibehaltung von bisher funktionalen Verhaltens- und Einstellungsmustern,
- Erfassung und Aktivierung von Ressourcen.

Die Beschäftigung mit Therapiezielen verlangt auch, die Vorteile der Störung, den Symptomgewinn, zu erkennen und letztlich auch von diesen Vorteilen abzulassen bzw. sie durch andere Vorteile zu ersetzen. Fünf typische Arbeitsmuster nach Schwing und Fryszer (2012) sollen diesen Prozess am System Familie veranschaulichen:

- Unterbrechung, Auflösung festgefahrener und Entwicklung anderer, brauchbarer Beziehungsmuster und Regeln (Kommunikations- und Interaktionsmuster), womit auch die Familienstrukturen sich verändern;
- Erkennen der kontextuellen Funktion der Symptome für den Einzelnen und das gesamte System und gemeinsames Herausfinden brauchbarerer kontextueller Lösungen und Sinngebungen;
- Dekonstruieren bzw. „Verstören" der Auffassungen („Realitäts"-Konstruktionen) einzelner Familienmitglieder sowie der Familienmitglieder untereinander und gegenüber Umweltsystemen (z. B. über zirkuläres Fragen);
- Entdecken und Nutzen von Ressourcen bei den Familienmitgliedern, im Familiensystem und im sozialen wie strukturellen Umfeld,
- Antizipieren von positiven Mustern und Regeln (Lösungen) in der Zukunft („Futuring") und Transfer in (kleine) gegenwärtige Betrachtungsmöglichkeiten (Realitätskonstruktionen) und Verhaltensmuster (Kommunikations- und Interaktionsmuster).

Systemische Settings

Ein systemisches Setting kann unterschiedlich gestaltet sein: als Beratung mit Einzelnen oder als Beratung mit den Mitgliedern eines Systems (z. B. Familienmitglieder, Mitglieder einer Wohngruppe).

Systemische Beratung mit Einzelnen („Familientherapie ohne Familie"). Beratungsarbeit mit Einzelnen unter dem systemischen Ansatz findet häufig im Rahmen von Aufnahme- bzw. Erstgesprächen statt. Man kann aber auch längerfristig mit Einzelpersonen, also in Abwesenheit der Familie, systemisch-familientherapeutisch arbeiten, wie Weiss 1988 in seinem Buch *Familientherapie ohne Familie* erstmals breiter dargestellt hat. Verschiedene Techniken können dabei helfen, das System (z. B. Familie, Wohngruppe), in das der Klient eingebunden ist, und die relevanten Bezugspersonen mental sehr präsent zu machen, wodurch die Probleme und Themen der Einzelperson mit den Abwesenden gut bearbeitet werden können. Hierfür eignen sich z. B. das Genogramm, das Familienbrett, zirkuläre Fragen und Zuschreibungen sowie Narrationen. Besser geht es aber zumeist, wenn die relevanten Bezugspersonen persönlich anwesend sind.

Systemische Beratung mit Familienmitgliedern Oftmals gilt es zu entscheiden, wann Bezugspersonen bzw. die Familie in die Beratung einbezogen werden sollen. Maßgeblich sind hier folgende Fragen: In welchem Kontext werden Probleme (Symptome, Beziehungsprobleme) leichter lösbar, bzw. in welchem Kontext ist eine Krankheitsbewältigung eher zu erwarten? Welche Personen sollen eingeladen werden, an der Lösung mitzuwirken? Allerdings geht es dabei nicht um ein striktes „Ja oder Nein" zur Einbeziehung anderer Familienmitglieder, sondern eher um die Frage, zu welchem Zeitpunkt und bei welchem Thema dies sinnvoll ist.

Systemische Beratung bzw. systemische Familienberatung ist kein „Standardpaket", das stets mit den gleichen, standardisierten Systemmitgliedern zur Anwendung kommt. Es ist vielmehr ein sehr flexibles Setting, das für ein breites Spektrum von Beratungskonstellationen infrage kommt (Schweitzer 2010).

Vertiefung: Erkenntnistheorien zur systemischen Beratung und Therapie

Die meisten Autoren und Autorinnen auf dem Gebiet der systemischen Beratung benennen den theoretischen Hintergrund ihrer Konzepte mit Philosophen, die man entweder der poststrukturalistischen, der konstruktivistischen, der systemtheoretischen, der autopoietischen oder der ökologischen Philosophie zurechnen kann (von Schlippe und Schweitzer 2013, S. 87–128; Rohr 2016a).

Poststrukturalismus

Sogenannte post- oder neostrukturalistische Thesen und andere postmoderne und sprachphilosophische Überlegungen, die das Ende der Metaerzählungen (bzw. Metatheorien) und großen Entwürfe deklarierten, entwickelten sich Ende der

1980er-Jahre und begannen von da an, die systemische Beratung und Therapie
zu beeinflussen (von Schlippe und Schweitzer 2013, S. 124 f.). So sieht Wolf-
gang Welsch (1991, S. 4) z. B. im Poststrukturalismus eine „Verfassung radikaler Pluralität", und zwar auf verschiedenen Ebenen: der der Gesellschaft, der des
einzelnen Menschen, der jeweils selbst im Plural lebt und „in sich selbst gegensätzliche Ideen und Lebensweisen vereinigt", und auf der Ebene der Theorien an sich.
Welsch fordert ein Nebeneinander, einen „grundsätzlichen Pluralismus von Sprachen, Modellen, Verfahrensweisen", und das in jedem einzelnen (theoretischen)
Werk.

Richterich (1993, S. 29) beschreibt postmodernes Denken als Neugierde
im Sinne von „sich selbst gegenüber immer Zweifel behalten, sich nie ganz
ernst nehmen". Die Herangehensweise der postmodernen Philosophen ist die
Dekonstruktion, das Erkennen und Anerkennen der Vielfalt von „Geschichten"
und der Komplexität. Ziel ist es, neue Sinnprozesse und neue Möglichkeiten zu
finden, zu erfinden. Für die Therapie schreiben von Schlippe und Schweitzer
(2013, S. 125 f.). „In der Gegenwart nutzen viele Therapeuten eher die Vielfalt
der Möglichkeiten für die Entwicklung eines eigenen Stils, als dass sie sich auf
einen einzigen, großen psychotherapeutischen Entwurf stützen und ausschließlich
nach ihm operieren." Hier bietet sich eine Übertragung auf das Individuum an:
Aus systemischer Sicht können viele Menschen die Vielfalt der Möglichkeiten
für die Entwicklung mehrerer eigener Stile nutzen, statt sich auf einen einzigen,
gewohnten (oft negativen) Entwurf zu stützen und ausschließlich nach ihm zu
operieren.

Der bedeutende postmoderne (und poststrukturalistische) Denker Michel
Foucault setzte sich hauptsächlich mit dem Thema Macht auseinander. Macht, so
Foucault (1976), reproduziere sich durch „verbotene Worte", durch Tabus. In der
interpersonalen Kommunikation bezieht sich Foucault vor allem auf die Bereiche
Politik und Sexualität. Diese implizierten eine Unterscheidung zwischen „Vernunft"
und „Wahnsinn" und zwischen „Wahrem" und „Falschem" (von Schlippe und
Schweitzer 2013, S. 126). Durch Macht bzw. durch „soziale Herrschaft" werde dem
Individuum das Wissen um seine Freiheit zum selbstbestimmten Existenzentwurf
genommen. Vergleichbare Mechanismen spielen auch im intrapersonalen System
eine ähnliche Rolle, d. h., internalisierte Forderungen wie „Du sollst …", „Das ist
vernünftig", „Das denkt man nicht einmal" oder „Das tut man nicht" haben innerhalb des inneren Machtkampfs oft herausragende Bedeutung. Diese Bedeutung
haben sie wiederum aus dem Grunde, dass dementsprechend kontrolliertes Verhalten sozial akzeptiert und erwünscht ist und somit Bestätigung zur Folge hat.

Solche internalisierten Forderungen und Mechanismen können sich auch in der
Beratungssituation und der Berater-Klienten-Beziehung widerspiegeln. Entscheidend

für systemisches Denken ist folgende postmoderne Schlussfolgerung: „Der Mensch als ‚souveränes Subjekt jeder möglichen Erkenntnis' trägt die Fähigkeit zur Suche nach alternativem Wissen bereits in sich" (von Schlippe und Schweitzer 2013, S. 126 f.). Dies beinhaltet immer auch die Möglichkeit, sich anders, abweichend zu verhalten. Das zu erkennen und anzuerkennen ist Voraussetzung allen Lernens. Doch um die Strategie der einschneidenden Pluralisierung zu verschriftlichen, braucht es „ein neues Schreiben – eines, das mehrere Sprachen zugleich spricht und mehrere Texte zugleich hervorbringt" (Derrida, zit. nach von Schlippe und Schweitzer 2013, S. 127), ein nicht lineares, eines, das Wechselwirkungen, Zweifel, Zirkularität, Differenzen und Unbeschreibliches beinhaltet. Die Sprache – und somit unser Denken und oftmals auch das Fühlen – reduziert die Pluralität bzw. die Ganzheit. „Die Grenzen meiner Sprache bedeuten die Grenzen meiner Welt" (Wittgenstein, *Tractatus logico-philosophicus*, Satz 5.6). Zuerst bringt die Sprache vermeintliche Wahrheiten hervor. Doch da Wahrheit immer auch anders/abweichend gesehen werden kann, gibt es eine Gegendarstellung, einen Gegensatz. Innere oder äußere Machtkämpfe erscheinen als fast unumgängliche Konsequenz.

Eine Dekonstruktion dieses Gegensatzes bestünde dann darin, auf der einen Seite „im gegebenen Augenblick die Hierarchie umzustürzen" (Derrida 1986, S. 87 f.) und auf der anderen Seite die Vielfalt der Möglichkeiten anzuerkennen (Derrida 1988). Oftmals sind es dann die vermeintlich starren Rahmenbedingungen, die uns weitere Alternativen, Möglichkeiten, Kreatives und Neues nicht denken lassen. Dekonstruktivisten hegen immer die Absicht, diese Rahmenbedingungen, Begriffs- und Regelsysteme aufzubrechen. Stattdessen gilt es die eigene Pluralität zu erkennen, und zwar durch das Denken der Differenzen, durch das Aufbrechen von Begriffssystemen und durch das Dekonstruieren bzw. das Verlassen der Vernunftseite (von Schlippe und Schweitzer 2013, S. 127). Derrida (1988) beschreibt dies als Paradoxie, die es auszuhalten gelte.

Konstruktivismus

Unser Wissen ist nach Bateson (1987, S. 212) „als systemspezifische interne Konstruktion" zu verstehen. Erkenntnis und Wissen werden „nicht mehr als Suche nach ikonischer Übereinstimmung mit der ontologischen Wirklichkeit, sondern als Suche nach passenden Verhaltensweisen und Denkarten verstanden". Im systemischen Ansatz werden Wissen und Denken als interne Konstruktion angesehen. Die Betrachtung eigener innerer Anteile ist eine mögliche persönliche Entwicklung, also eine Ontogenese, als Möglichkeit, sich auch anders zu verhalten, als Möglichkeit des Lernens (und damit des Konstruierens von Wirklichkeiten). Bateson weist darauf hin, dass das meiste Lernen eine „Interpunktion des

Kontextes" ist und diese „(a) aus der frühen Kindheit tradiert und (b) unbewusst ist" (Bateson 1987, S. 388). Wir haben in der Vergangenheit aus der Not des Überlebens Gewohnheiten entwickelt, Rituale erfunden bzw. Verhaltensmuster erlernt, die uns im Hier-und-Jetzt oft vor Dilemmata stellen, weil die Wirklichkeitskonstruktionen in der Vergangenheit verhaftet sind.

Von einer „Konstruktion von Wirklichkeiten" anstelle einer ontologischen Wahrheit zu sprechen erinnert an die Gedanken Kants, ist jedoch radikaler, zumindest gilt dies für den sogenannten radikalen Konstruktivismus, auf den hier in erster Linie Bezug genommen wird: „Und wenn man, im Anschluss an seinen eigenen Ausdruck, Kants Lehre in den Satz zusammenfassen kann, die Möglichkeit des Erkennens erzeuge zugleich für uns die Gegenstände des Erkennens – so bedeutet die hier vorgeschlagene Theorie: die Nützlichkeit des Erkennens erzeugt zugleich für uns die Gegenstände des Erkennens" (Georg Simmel, zit. nach von Glasersfeld 1998, S. 20 f.). Die „Nützlichkeit" des Erkennens als entscheidenden Faktor von Erkenntnis beschrieb Simmel bereits 1895 in seinem Aufsatz „Über eine Beziehung der Selectionslehre zur Erkenntnistheorie".

Neben Ernst von Glasersfeld ist Heinz von Foerster einer der bedeutendsten Vertreter des (radikalen) Konstruktivismus. Bekannt geworden ist von Foerster u. a. durch den provokativen und scheinbar widersprüchlichen Satz: „Wer von Wahrheit spricht, ist ein Lügner." Von Foerster versucht, seine erkenntnistheoretischen Annahmen wie z. B. „Die Umwelt, so wie wir sie wahrnehmen, ist unsere Erfindung" (1999, S. 40) durch neurophysiologische Experimente zu belegen und zu veranschaulichen. So weist er z. B. nach, dass wir, obwohl wir eigentlich immer einen blinden Fleck in unserer visuellen Wahrnehmung aufweisen müssten, „fleckenlos" sehen. Er kommt zu der Schlussfolgerung, dass wir nicht sehen können, dass wir nicht sehen. Das Phänomen des blinden Flecks ist ein Problem zweiter Ordnung auf der Ebene des Erkennens. Dieses Problem zeigt sich auch auf der Ebene von Begriffen. Ist das Wort „Zweck" ein Begriff erster Ordnung, so spricht man davon, dass etwas einen Zweck hat. Versteht man den Begriff als einen der zweiten Ordnung, so lautet die Frage, was der Zweck des Zwecks ist. Die Perspektive wird von dem Beobachteten auf den Beobachter verlagert, der diesen Begriff in seiner Beobachtung benutzt. Jeder Beobachter setzt nun andere Unterscheidungen. Er sieht etwas, aber er übersieht auch immer etwas.

Diese Argumentation wird durch das Prinzip der undifferenzierten Codierung erhärtet: „In den Erregungszuständen einer Nervenzelle ist nicht die physikalische Natur der Erregungsursache codiert. Codiert wird lediglich die Intensität dieser Erregungsursache, also ein ‚wie viel', aber nicht ein ‚was'" (von Foerster 1999, S. 43). Wenn jetzt aber nur die Reizintensität und die Koordinaten einer Reizquelle zur Verfügung stehen, stellt sich das Problem des Erkennens von Wirklichkeit. Von

Foerster umschreibt Erkennen als das Errechnen einer Wirklichkeit. Er bezeichnet Realität als etwas von jedem selbst Geschaffenes und nicht als etwas, das wir praktisch wiedergeben, das wir bestätigen. Diese Auffassung hat zur Folge, dass jeder nur das wahrnimmt, was „er sich errechnet" (S. 44). Von daher können wir nicht von einer einheitlichen Wirklichkeit ausgehen und auch nicht wissen, wie für jemand anderen die Wirklichkeit ist.

Von Foerster führt eine Reihe von Beispielen für die Unmöglichkeit an, in einen anderen Menschen hineinzuschauen. Unsere Bewertung oder Einschätzung ist immer abhängig von unserem Blickwinkel, von unseren Vorannahmen. Zur Erklärung unterscheidet er zwischen trivialen und nichttrivialen Maschinen: Triviale Maschinen sind für den Betrachter durchschaubar. Er kann sie steuern, weil sie determiniert und vorhersagbar sind – zumindest, wenn der Betrachter alle Informationen zur Steuerung des Systems zur Verfügung hat, wenn die Transformationsregeln für ihn verlässlich sind und das System unabänderlich von einem Zustand in einen anderen bringen. Im Gegensatz dazu stehen die nichttrivialen Maschinen, die in ihren Operationen von ihrem jeweiligen inneren Zustand abhängen. Dieser Zustand wiederum ist dynamisch und wurde von der jeweils vorhergehenden Operation beeinflusst.

Die wesentliche Eigenschaft einer nichttrivialen Maschine besteht darin, dass ihre Transformationsregel nicht mehr konstant ist, sondern sich von Schritt zu Schritt, von Operation zu Operation ändern kann; die Regel, nach der sich die Transformationsregel ändern soll, könnte man eine „Transformationsregel zweiter Ordnung" nennen. Eine nichttriviale Maschine ist sozusagen eine Maschine in einer Maschine, eine „Maschine zweiter Ordnung" (von Foerster 1999, S. 21). Das Innenleben solcher Maschinen ist somit für die Außenstehenden nicht mehr zugänglich und aufgrund ihrer Komplexität nicht mehr begreifbar. Wir können uns ihm immer nur annähern. „Lebende, dynamische Systeme verfügen offenbar über eine potentiell unendlich große Bandbreite von Möglichkeiten, sich zu verhalten" (von Schlippe und Schweitzer 2013, S. 92). Von Foerster beschreibt diese Eigenschaft nichttrivialer Systeme als „transcomputational", da die Verhaltensmöglichkeiten jenseits aller Berechenbarkeit liegen. In der Schule, so Foerster, finde häufig eher eine Trivialisierung – ein Blockieren innerer Zustände, das Unterbinden von eigenständigem Denken und ein Belohnen von vorhersagbarem Verhalten – denn wirkliches Lernen statt.

Die nichttrivialen Maschinen nehmen immer wieder auf sich selbst Bezug, sind selbstreferenziell. Mit dem Systemtheoretiker Niklas Luhmann gesprochen: „Das gesamte Nervensystem beobachtet ja nur die wechselnden Zustände des eigenen Organismus und nichts, was außerhalb stattfindet" (Luhmann 1984, S. 36). Erkennen und Lernen sind damit selbstreferenzielle, rekursive Prozesse.

Was neu oder interessant ist, gilt immer nur für uns und in Relation zu unserem Wissen (Siebert 1999, S. 201).

Der Mensch gilt als autonomes Wesen, sodass „das System nicht nur auf das einwirkt, was es ‚sieht', sondern auch auf das, womit es das ‚Gesehene' verarbeitet" (von Foerster 1999, S. 57). Es sind somit nichttriviale Bedingungen, das sogenannte Postulat der kognitiven Homöostase[3], nach denen das System funktioniert: „Das Nervensystem ist so organisiert – oder organisiert sich selbst so –, dass es eine stabile Wirklichkeit errechnet". Von Foerster folgert hieraus, dass für jeden lebenden Organismus diese Selbstregelung Autonomie bedingt und somit eine Regelung der Regelung ist (S. 58). Wenn man nun als Einzelner über sein Tun frei entscheiden kann, ist man für seine Handlungen verantwortlich. Somit schließt die Autonomie die Verantwortlichkeit mit ein. Insofern bin ich auch immer für das verantwortlich, was ich als Wirklichkeit konstruiere. Da ich allerdings nicht ohne Kontakt zu anderen – und damit zu anderen Wirklichkeitskonstruktionen – lebe, kann ich nicht davon ausgehen, dass meine Wirklichkeit die einzig wahre ist. Jeder andere kann dies ebenso für sich in Anspruch nehmen. Hieraus folgert von Foerster in einer starken Reduktion: „Wirklichkeit = Gemeinschaft" (S. 59). Passender erscheint hier eher die Formulierung Watzlawicks: „Im Sinne des bisher Gesagten erweist sich nämlich die Wirklichkeit zweiter Ordnung als Resultat von Kommunikation" (Watzlawick 1998, S. 95).

Von außen kann der Mensch höchstens „be-lehrt" werden; lernen kann er nur durch sein Sicheinpassen in vorhandene Strukturen. „Menschen vergleichen neues Wissen mit vorhandenem Wissen, beziehen neue Erfahrungen auf frühere Erfahrungen" (Siebert 1999, S. 202). „Als strukturdeterminierte Wesen hören wir, was wir hören – nicht, was andere sagen" (Maturana 1994, S. 236).

Somit sind Menschen nichttrivial, synthetisch determiniert, analytisch unbestimmbar, historisch bedingt und nicht voraussagbar (von Foerster 1999, S. 22). Dies gilt sowohl für den Berater als auch für die Klienten und hat immer einen Einfluss auf die Berater-Klienten-Beziehung und auf das gemeinsam konstruierte Beratungsgeschehen, wie weiter unten noch erörtert wird.

Systemtheorie
Zur „Aufhebung" und Aufklärung dieser Unwissenheit wie auch für die Erkenntnis, dass die Dynamiken und Widersprüchlichkeiten der äußeren, aktiven Welt

---

[3]Homöostase bezeichnet die dynamische Selbstregulation als die Bedingung eines Systems. Sie liegt dann vor, wenn das System sich trotz unerwarteter Störungen innerhalb akzeptierbarer Grenzen erhalten kann (O'Connor und McDermott 1998).

lediglich die Dynamiken und Widersprüchlichkeiten einer innerlich aktiven Welt widerspiegeln, sind systemtheoretische Sichtweisen eine vielversprechende Hilfe und Möglichkeit. Im Folgenden wird eine Auswahl systemtheoretischer Sichtweisen vorgestellt, die an dieser Stelle relevant und passend erscheinen, ohne den Anspruch, einen umfassenden Überblick über die Systemtheorie an sich zu leisten.

Was ist ein System? Hall und Fagan (1956) bezeichnen ein System (griech. für „Zusammengesetztes") als „Satz von Elementen und Objekten zusammen mit den Beziehungen zwischen diesen Objekten und deren Merkmalen" (zit. nach von Schlippe und Schweitzer 2013, S. 90). Etwas bekannter ist die Formulierung: „Ein zusammengesetztes Ganzes, das mehr ist als die Summe seiner Teile. Dieses Mehr besteht in den gegenseitigen Wechselwirkungen" (Mücke 1998, S. 23).

Als eine der systemtheoretischen Sichtweisen ist die kybernetische zu nennen. Die *Kybernetik* ist – sozusagen als Teil der Systemtheorie – vor allem nach dem Zweiten Weltkrieg bekannt geworden und ein wissenschaftliches Programm zur Beschreibung der Steuerung komplexer Systeme. In der Therapie wurde sie insbesondere in den 1970er-Jahren innerhalb der Modelle der strategischen Familientherapie bei Minuchin (Minuchin und Fishman 1983) und der systemisch-kybernetischen Familientherapie des ursprünglichen Mailänder Teams[4] umgesetzt: Ein familiärer dysfunktionaler Ist-Zustand wird durch Interventionen und Informationen in einen funktionalen Soll-Zustand umgewandelt. Diese intentionale, zielbewusste Steuerung eines sozialen Systems erwies sich jedoch mehr und mehr als Illusion (von Schlippe und Schweitzer 2013, S. 47 ff.). Die normative Vorstellung von einer funktionalen, guten Familie war und ist eine Konstruktion, eine soziale Übereinkunft, die sich wiederum ebenso aus einem sozialen System rekrutiert. „Das Familiensystem ist nur eine Idee, die uns alle vom Wege abgebracht hat. Es ist besser, das Konzept des Familiensystems völlig beiseite zu lassen und über die Behandlungseinheit als Bedeutungseinheit zu reflektieren" (Boscolo et al. 1988, S. 54). So ergab sich eine Ablösung der Homöostase, des Strebens nach Gleichgewicht als dem zentralen Merkmal der Systemtheorie, durch den Fokus auf Veränderung sowie auf „Ordnung durch Fluktuation". Als zweites Gesetz der Systeme wurde formuliert, dass Dinge immer geordneter werden, wenn man sie sich selbst überlässt (Dell und Goolishian 1981).

---

[4]Das „alte" Mailänder Team bestand aus Mara Selvini Palazzoli, Giuliana Prata, Luigi Boscolo und Gianfranco Checchin (1981). Boscolo und Checchin trennten sich später von den anderen beiden.

Eine weitere systemtheoretische Sichtweise, die ebenso ein eigenständiges Konzept wie eine eigenständige konstruktivistische Erkenntnistheorie ist, sind die Überlegungen zur Autopoiese, d. h. zur Selbstorganisation, der „inneren, autonomen Selbstorganisationslogik" lebender Systeme, die Anfang der 1980er-Jahre von Maturana und Varela entwickelt wurden und weiter unten beschrieben werden.

Ebenfalls wichtig ist die Sichtweise der sogenannten *personzentrierten Systemtheorie*. Jürgen Kriz als deren Hauptvertreter verschiebt den Fokus der Systemtheorie wieder mehr auf die Person an sich (Kriz 1997). Die psychischen und physiologischen Aspekte der Kommunikation werden in seinem Mehrebenenansatz besonders beachtet. Interaktionen werden als persönlicher Ausdruck auf der Grundlage individueller Prozesse gesehen. Kriz (2010, 2017) unterteilt die Kommunikation in sechs Ebenen:

1. *Wahrnehmung,* deren Verarbeitung (besonders Bewertung) und das Verhalten, worüber der Mensch an der Welt teilnimmt: Er kann nicht *nicht* wahrnehmen und sich nicht *nicht* verhalten, und er verarbeitet Wahrgenommenes selektiv, strukturierend und damit bewertend.
2. *Gedächtnis,* also das Speichern und Erinnern von Erfahrungen bzw. Information auf allen Ebenen, auch im Körpergedächtnis.
3. *Bewusstsein,* also die Fähigkeit des Menschen, sich reflexiv seiner Wahrnehmungen, Bewertungen dieser Wahrnehmungen und seines Verhaltens bewusst zu werden und auch über dieses Bewusstwerden selbst zu reflektieren.
4. Biosomatische, insbesondere *neuronale Prozesse.*
5. *Interpersonelle Prozesse,* also das Verhalten, mit dem ein Mensch sich an andere wendet, sowie Kommunikationen von anderen, die sich (auch) an ihn richten oder an denen er teilhaben kann.
6. *Kulturelle und gesellschaftliche Prozesse,* die den Kontext für all die anderen Lebensabläufe bilden.

Autopoiese

Die chilenischen Biologen Humberto Maturana und Francisco Varela entwickelten Anfang der 1980er-Jahre eine Theorie der Organisation des Lebendigen, in der die Besonderheiten lebender Systeme in Abgrenzung zu physikalisch-chemischen und mechanischen Systemen herausgearbeitet wurden (von Schlippe und Schweitzer 2013, S. 111 f.). In ihrer Theorie geht es darum, die biologischen Wurzeln des Verstehens zu verstehen – und das aus einer anderen, abweichenden Perspektive: „Wir werden nämlich eine Sicht vortragen, die das Erkennen nicht als eine Repräsentation der ‚Welt da draußen' versteht, sondern als ein andauerndes Hervorbringen einer Welt durch den Prozess des Lebens selbst" (Maturana und Varela 1987, S. 7). Maturana und Varela beschäftigten sich mit elementaren Fragen des Lebens auf der Ebene der Einzeller als Systeme erster Ordnung, auf der Ebene der Metazeller als Systeme zweiter Ordnung und auf der Ebene der sozialen Systeme. Hierbei ging es ihnen um die ontogenetische[5] und phylogenetische Entwicklung des Lebens, um die Evolution und die Interaktion.

Der Kernbegriff ihrer Theorie ist die Autopoiese[6] (von griech. *autos* und *poiein* = Selbsterzeugung). Demzufolge sind Lebewesen dadurch charakterisiert, dass sie sich ständig selbst erzeugen. Dabei wird Erkennen als aktive Handlung beschrieben, als eine Wirklichkeit, die in uns wirkt und die wir bewirken (Siebert 1994, S. 34). Dass der Mensch als lebendes System selbstreferenziell, homöostatisch, autonom, strukturdeterminiert und geschlossen (Schmidt 1985) sein soll, ist vorstellbar. Und doch erscheint die autopoietische Organisation auf zellularer Ebene erst einmal besser nachvollziehbar: Die Zelle ist „Molekülfabrik", die ständig sowohl ihre Bestandteile, die Moleküle, produziert, gleichzeitig aber auch die sie nach außen abgrenzenden Bestandteile, also die Membran, herstellt. Diese ermöglicht dann weitere Molekülproduktion. So werden die Elemente, aus denen die Zelle besteht, mithilfe der Elemente, aus denen sie besteht, reproduziert. Es werden also sowohl die einzelnen Elemente als auch deren Beziehungen zueinander immer wieder in einem rekursiven Prozess hergestellt (von Schlippe und Schweitzer 2013, S. 112).

Alle autopoietischen Systeme werden als operativ geschlossene Systeme bezeichnet, „die sich in einer ‚basalen Zirkularität' selbst reproduzieren" (Willke 1996, S. 102). Auf der Ebene des Erkennens lässt sich der Begriff der Zirkularität hervorragend als der Zusammenhang zwischen Handeln und Erfahren erklären: „Jedes Tun ist Erkennen, jedes Erkennen ist Tun" (Maturana und Varela 1987, S. 32). Und: „Die eigentümliche Charakteristik eines autopoietischen Systems ist, daß es sich […] mittels seiner eigenen Dynamik als unterschiedlich vom

---

[5]Ontogenese wird nach Maturana und Varela (1987, S. 84) definiert als „die Geschichte des strukturellen Wandels einer Einheit ohne Verlust ihrer Organisation".

[6]Der Begriff der Autopoiese ist in der Biologie nicht unumstritten, da beispielsweise auch das Gehirn nicht voll selbstständig funktioniert, sondern auf Nährstoffe aus der Umwelt angewiesen ist. Ohne äußere Informationen ist auch kein Wissen denkbar. Roth (1987, S. 264) schlägt vor, „den Begriff der Autopoiese in die beiden Teilaspekte der Selbstherstellung und der Selbsterhaltung aufzutrennen, wobei Selbstherstellung das allgemeinere Phänomen ist, da es auch bei nichtlebenden, komplexen biochemischen oder physikalischen Systemen zu finden ist, und Selbsterhaltung das spezifische, das nur bei Lebewesen zu finden ist."

umliegenden Milieu konstituiert" (S. 54). „Dennoch ist den Lebewesen eigentümlich, daß das einzige Produkt ihrer Organisation sie selbst sind, das heißt, es gibt keine Trennung zwischen Erzeuger und Erzeugnis. Das Sein und das Tun einer autopoietischen Einheit sind untrennbar, und dies bildet ihre spezifische Art von Organisation" (S. 56).

Die Entwicklung eines jeden Lebens wird nicht als „Anpassung" an die Umwelt, sondern als relativ eigenständiger, operational geschlossener, selbstreferenzieller Prozess beschrieben. Hiernach wären auch persönliche Entwicklungen und Veränderungen nicht als Anpassung oder Nichtanpassung z. B. an das System Familie zu verstehen. Diese Erkenntnis Maturanas und Varelas scheint eher der humanistischen Psychologie näher und in einem Widerspruch zum systemischen Ansatz zu stehen.

Nach Ludewig (1992) kann man folgende Kernpunkte der Kognitionstheorie Maturanas und Varelas herausstellen:

- „Menschliches Erkennen ist ein biologisches Phänomen und nicht durch die Objekte der Außenwelt, sondern durch die Struktur des Organismus determiniert.
- Menschen haben ein operational und funktional geschlossenes Nervensystem, das nicht zwischen internen und externen Auslösern differenziert; daher sind Wahrnehmung und Illusion, innerer und äußerer Reiz, im Prinzip ununterscheidbar.
- Menschliche Erkenntnis resultiert aus ‚privaten' Erfahrungen, ist als Leistung des Organismus grundsätzlich subjektgebunden und damit unübertragbar.
- Der Gehalt kommunizierter Erkenntnisse richtet sich nach der biologischen Struktur der Adressaten" (Ludewig 1992, S. 59).

Der Bereich, in dem die Autopoiese verwirklicht wird, ist das Medium. Für den Menschen ist dies seine Umwelt, für das Nervensystem ist es der Organismus. Das System existiert in einem Medium, das ebenfalls strukturell und organisatorisch determiniert ist, und interagiert mit diesem. Bei strukturellen Veränderungen des Mediums erlangt es aufgrund seiner Interaktionen einen veränderten Zustand, wobei dieser neue Zustand nur auf der Basis der jeweiligen Systemstruktur erreicht wird. Das System löst sich nicht auf, wenn es Veränderungen erfahren hat. Auch das Medium ist plastisch veränderbar, sodass ineinandergreifende, wechselseitig selektive Interaktionen zustande kommen.

Bezogen auf die Beratungssituation sind auch die miteinander interagierenden Berater und Klienten autopoietische, autonome Systeme, die sich in ihrer wechselseitigen selektiven Interaktion verändern. Auf der Systemebene von Individuen können so zwei Menschen füreinander eine bedeutsame Umwelt darstellen und sich „austauschen" (von Schlippe und Schweitzer 2013, S. 113). Man bezeichnet dieses Konzept als das der *strukturellen Kopplung*.

> Bei diesen Interaktionen ist es so, daß die Struktur des Milieus in den auto-poietischen Einheiten Strukturveränderungen nur auslöst, diese also weder determiniert noch instruiert (vorschreibt), was auch umgekehrt für das Milieu gilt. Das Ergebnis wird – solange sich Einheit und Milieu nicht aufgelöst haben – eine Geschichte wechselseitiger Strukturveränderungen sein, also das, was wir struktu-relle Kopplung nennen (Maturana und Varela 1987, S. 85).

Eine strukturelle Kopplung liegt dann vor, wenn autopoietische Einheiten sich in ihrer Ontogenese so organisieren, dass die Interaktionen einen rekursiven und stabilen Charakter haben, sodass sie zueinander passen. Die Verstörungen oder Anstöße passen zueinander und werden vom jeweils anderen immer in der glei-chen Weise verarbeitet. Diese Verarbeitung wird „Driften" genannt (von Schlippe und Schweitzer 2013, S. 113). Lebende Systeme passen sich im Rahmen ihrer Möglichkeiten an die Umwelt an. Auch Lernen ist eine solche Anpassung: „Wenn Lernprozesse initiiert werden, so sehen wir, daß sowohl die Lehrenden als auch die Lernenden in einem Interaktions-Feld innerhalb der Driftzone operieren" (Kösel 1993, S. 238). Man spricht auch von dem Konzept der „Koevolution" als einer Variante der strukturellen Kopplung. Lebewesen werden nicht nur durch die Umwelt determiniert oder passen sich an diese an, sondern sie entwickeln sich mit der Umwelt und schaffen eine neue Umwelt (Varela und Thompson 1992, S. 275). Dieser Aspekt betont die Eigenverantwortung und die aktive, freie Wahl. Auf der anderen Seite ist diese freie Wahl beeinflusst von zwischenmensch-lichen Beziehungen, und diese sind für Maturana und Varela zentrale Punkte des Erkennens. So definiert Maturana z. B. das Bewusstsein als das Ergebnis sozialer Interaktionen: „Da wir sprachbegabte Lebewesen sind, haben wir auch dann ein Bewußtsein, wenn wir gerade nicht kommunizieren, sondern alleine sind – und dennoch hat das Phänomen ‚Bewußtsein' seinen Ursprung in der Domäne der Beziehungen. [...] Wenn zwei Menschen lange zusammen sind, dann passen sie ihre Strukturen einander an" (Maturana, zit. nach Siebert 1994, S. 35). Die Form-barkeit von Strukturen ist dabei eine Voraussetzung für deren Kopplung und Wand-lung. Die Ergebnisse dieser Prozesse fließen wieder in die gewandelten Strukturen ein und damit in die gewandelten Kopplungen der invarianten Organisationen. Sie erzeugen sich ständig selbstreferenziell und in variierenden Aktivitäts- und Verhaltenszuständen. Nach von Schlippe und Schweitzer (2013) lassen sich auto-poietische Systeme wie folgt beschreiben: Sie

- „sind strukturell determiniert, das heißt, die jeweils aktuelle Struktur determiniert, in welchen Grenzen sich ein Lebewesen verändern kann.
- haben keinen anderen Zweck, als sich selbst zu reproduzieren. Alle anderen Behauptungen über ihren Sinn werden durch Beobachter an sie herangetragen.
- sind operational geschlossen, das heißt, sie können nur mit ihren Eigenzuständen operieren und nicht mit systemfremden Komponenten […]. Lebende Systeme können sehr wohl Umweltinformationen aufnehmen (hören oder lesen). Aber sie sind nicht unbegrenzt durch diese beeinflussbar, formbar, instruierbar. Die Außenwelt wird nur so weit zur relevanten Umwelt (und von dort kommende Informationen werden nur so weit zu relevanten Informationen), wie sie im System Eigenzustände anzustoßen, zu ‚verstören' vermögen" (von Schlippe und Schweitzer 2013, S. 112).

Das Verhalten eines Gegenübers wird also nur so weit zur störenden oder unangenehmen Umwelt, wie eben dieses Verhalten in eigenen „Selbst" störende Eigenzustände auszulösen vermag. Jedes autopoietische System ist zudem autonom. So auch das intrapersonale System. Die eigene Organisation entscheidet darüber, ob, und wenn ja, welche Einflüsse/Informationen aus der Umwelt wie aufgenommen werden. In Bezug auf explizit erkenntnistheoretische Gedanken ist das Konzept der Autopoiese radikal: Das Leben an sich wird als eine Form des Erkennens angesehen. Nichts ist ohne unsere Wahrnehmung und ohne unsere Verarbeitung dieser Wahrnehmung denkbar. „Diese Theorie hebt die Unterscheidung in Theorien über die Dinge und Theorien über das Erkennen auf" (von Schlippe und Schweitzer 2013, S. 94). Im Rahmen der systemischen Beratung ermöglichen Berater nach von Schlippe und Schweitzer „Dialoge, in denen unterschiedliche Wirklichkeitskonstruktionen beschrieben werden und in denen mit alternativen Konstruktionen gespielt wird" (S. 95).

Äußere Einflussnahme in Beratung oder Pädagogik kann es allenfalls durch Verstörungen, sogenannte Perturbationen, geben. Neue, ungewohnte Situationen und Umgebungen können beispielsweise zu solchen Verstörungen führen. Ebenfalls kann man neue Erkenntnis, neues Wissen als Perturbationen bezeichnen, allerdings nur dann, wenn diese auf eine innere Resonanz stoßen. Menschen nehmen nur solche Informationen bzw. Anleitungen auf, die zu ihrer Struktur (Kognition, Auffassung) passen und dafür „anschlussfähig" sind (sogenannte strukturelle Kopplung) – und damit letztlich dem eigenen Fortbestand und der Selbstreproduktion dienen.

> Bei den Interaktionen zwischen dem Lebewesen und der Umgebung [...] determinieren die Perturbationen der Umgebung nicht, was dem Lebewesen geschieht; es ist vielmehr die Struktur des Lebewesens, die determiniert, zu welchem Wandel es infolge der Perturbation in ihm kommt. Eine solche Interaktion schreibt deshalb ihre Effekte nicht vor (Maturana und Varela 1987, S. 106).

Psychische und soziale Systeme sind somit von außen nur begrenzt bzw. nur unter Beachtung bestimmter Bedingungen (Perturbation, strukturelle Kopplung) beeinflussbar. Hierdurch werden allen Beratern und Pädagogen Grenzen der externen Einflussnahme aufgezeigt. Sie sind nicht mehr interventionsmächtige Planungsinstanzen. Sie können von außen lediglich anstoßen, anregen und verstören – allerdings auch *zer*stören. Die Illusion, kontrollieren zu können, wurde aufgegeben. Die Erkenntnis, die Klientensysteme weder objektiv erfassen noch instruktiv lenken zu können, brachte aber auch die Sichtweise mit sich, dass lediglich die Klienten Experten in ihrer Sache sein können. Der Helfer ist nur Experte für die Ingangsetzung hilfreicher Prozesse. Er schafft die Bedingungen für das Erkennen, Beschreiben und (Er-)Finden von unterschiedlichen Wirklichkeitskonstruktionen und damit die Möglichkeit, die Anzahl der Verhaltensalternativen zu vergrößern.

4.2 Kontextorientierte Beratungsansätze

Die sozialökologischen Forschungen mit dem „Person-in-Situation"-Ansatz und dem „Life Model" und die Forschungen zum Lebensweltansatz bieten umfassende Grundlagen für ein transaktionales bzw. sozialökologisches Verständnis von Beratung. Dieses fasst Mensch und Umwelt in einer ständigen wechselseitigen Wirkbeziehung auf (Transaktion) und versteht den Menschen als ein informationsverarbeitendes wie auch sinnstiftendes und entsprechend handelndes Wesen. Ein derartiges Beratungsverständnis befasst sich mit der Gestaltung und der Qualität dieser transaktionalen Wechselwirkung unter dem Ziel, Ratsuchende zu einer gelingenden Lebensführung und zur Schaffung von Lebensqualität und Wohlbefinden zu befähigen. Es überwindet damit primär therapeutisch geprägte Beratungskonzepte, die sich auf intrapersonale Aspekte der Person fokussieren und Person-Umwelt-Wechselwirkungen weitgehend vernachlässigen.

4.2.1 Lebensweltorientierter Ansatz

Wie bereits erläutert, entsteht unter einer lebensweltlichen Ausrichtung Beratungsbedarf dann, wenn Lebenswelt und Lebensführungssysteme als Vermittlungsorte von lebensweltlichen Routinen und Selbstverständlichkeit, von Erfahrungs- und Handlungsmustern aufgrund gesellschaftlicher Entwicklungen mehr oder weniger unbrauchbar oder gar problematisch und persönlich destabilisierend geworden sind (s. Abschn. 3.2). Lebensweltorientierte Beratung ist ein primär sozialpädagogischer Ansatz (Frommann et al. 1976), der in der Sozialen Arbeit eine breite Ausdifferenzierung erfahren hat. Er ist von dem Gedanken der Hilfe zur Selbsthilfe getragen und unterscheidet sich von kontrollierend-interventiven Beratungskonzepten. Lebensweltorientierte Beratung zielt auf die Förderung der Lebenspraxis, die Stärkung alltagsbezogener Handlungskompetenzen und Handlungsformen. Dabei knüpft sie an die subjektiven Sichtweisen der Betroffenen an, an ihre Bedürfnisse und Möglichkeiten, ihre individuellen und sozialen Ressourcen. Es gilt, die noch funktionierenden sozialen Zusammenhänge der Lebenswelt durch Aktivierung vorhandener Kompetenzen und Ressourcen zu entwickeln, zu stützen oder durch geeignete Hilfeangebote zu ergänzen. Unter anderem erfolgt das über die Stützung primärer Hilfebeziehungen in den relevanten Lebensführungssystemen (Familie, Nachbarschaft u. a.) und die Aktivierung der Betroffenen in Form von Selbstorganisation.

Die lebensweltorientierte Beratung nach Thiersch wird von Sommerfeld und Mitarbeitern erweitert, u. a. durch eine systemische Perspektive (Sommerfeld et al. 2011; s. Abschn. 3.2). In diesem Beratungsansatz gilt es, die handlungsleitenden, selbstreferenziell strukturierten Wahrnehmungs-, Bewertungs- und Verhaltensmuster sowohl des Individuums inklusive seiner biografischen Erfahrungen wie auch der beteiligten Lebensführungssysteme bzw. sozialökologischen Systeme (Mikro-, Meso-, Exo-, Makrosystem) zu erfassen und zu verstehen und förderliche Denk- und Handlungsmuster beim Individuum, dem Lebensführungssystem wie auch in der Transaktion zwischen beiden anzustoßen. Gleicherweise wird es bedeutsam, solche Bereiche in den Lebenssystemen zu identifizieren, für die noch keine förderlichen sinn- und handlungsleitenden Denk- und Handlungsmuster ausgestaltet oder verfestigt sind. Das ist oftmals bei gesellschaftlichen Strukturveränderungen („gesellschaftlicher Wandel") der Fall. Das Erfassen und Verstehen dieser komplexen transaktionalen Wechselwirkungen zwischen soziokulturellen und biopsychischen Ebenen ist somit maßgebliche Voraussetzung für angemessene und Erfolg versprechende lebenswelt- und kontextorientierte Maßnahmen. Eine ausführliche Darstellung der neueren Entwicklungen lebensweltorientierter Beratungsansätze und ihre Anwendung bei verschiedenen Zielgruppen bringt der Sammelband von Grunwald und Thiersch (2004). Einen konzeptionellen Ansatz zur systemisch orientierten Erfassung und Erkundung von Lebensführungssystemen mit darauf bezogener Interventionsplanung liefern Dällenbach et al. (2013) und Hollenstein et al. (2018).

4.2.2 Sozialökologisch-transaktionaler Ansatz

Auf der Basis des Life Models und unter Einbeziehung von Ergebnissen der psychologischen Gesundheitsforschung und der Ressourcenerhaltungstheorie von Hobfoll (1989, s. unten) hat Schubert (2009b) ein transaktionales Belastungs-Bewältigungs-Modell formuliert und zu einem transaktionalen bzw. systemisch-sozialökologischen Konzept von Beratung ausgebaut (Schubert 2013a), dem hier im Weiteren gefolgt wird. Aktivitäten zur Lebensgestaltung können als wechselseitiger Abstimmungsprozess (Transaktionen) verstanden werden, der sowohl individuelle und kontextuelle, d. h. soziale wie institutionelle Anforderungen und Belastungen (Risiken, Stressoren), als auch individuelle und kontextuelle Ressourcen und Hilfemöglichkeiten enthält (s. Abschn. 2.2).

Grunddimensionen

Unter Bezugnahme auf das transaktionale Stressmodell nach Lazarus und die Ressourcenerhaltungstheorie von Hobfoll lässt sich erklären, dass weder die Gegebenheiten auf der Personseite noch die Ereignisse und Gegebenheiten aufseiten der Umwelt/Lebenswelt für sich alleine ausreichen, um das Zustandekommen von Stress, Krisen oder Lebensproblemen inklusive gesundheitlicher Gefährdungen angemessen zu erfassen und zu erklären. Das kann erst durch das dynamische und komplexe Zusammenwirken der drei Grunddimensionen *Person, Umwelt* und ihrer *Transaktionen/Wechselwirkungen* erfolgen. Jede Dimension hat eine komplexe Binnenstruktur und weist zudem eine spezifische Ausstattung mit *Risiken* (Anforderungen, Probleme, Belastungen, Behinderungen, Defizite) und mit *Ressourcen* auf. Im Beratungsprozess gilt es diese Ausstattungen diagnostisch zu erfassen und im Veränderungs- und Entwicklungsprozess methodisch angemessen zu handhaben. Unter Bezugnahme auf Schubert (2013a, 2014b) lassen sich die drei *Grunddimensionen von Beratung* folgenderweise strukturieren:

1. *Dimension Person:*
   a. Biopsychische Ausstattung mit den gegebenen bzw. resultierenden Risiken und Ressourcen. Im Wesentlichen sind das
   körperliche Ausstattung (genetische Dispositionen, Gesundheit, Aussehen), psychische Ausstattung (Fähigkeiten, Kompetenzen, Bildung, Eigenschaften, Einstellungen, Bedürfnisse, Motive, Zielsetzungen)
   Ausstattung über Status, Rolle und finanzielle Situation.

b. Sozialökologisch strukturierte Biografie mit den gegebenen bzw. resultierenden Risiken und Ressourcen (Komplementarität von subjektiver und intersubjektiver Perspektive; vgl. Abschn. 3.2).

die derzeitige biografische Lebenssituation und Lebensphase und die darin angesiedelten relevanten Ereignisse (z. B. Lebensübergänge) mit ihren Risiken und Ressourcen,

der Lebenslauf mit den über die Individualentwicklung und Sozialisation erworbenen Risiken und Ressourcen,

die historisch-soziokulturellen Erfahrungen des Individuums aus den durchlaufenen sozioökologischen Lebensräumen; der jeweilige Zeitgeist; die prägenden gesellschaftlichen Werte und Normen mit den individuell entwickelten Bedeutungszuschreibungen und Bewertungsmustern und den daraus resultierenden Risiken wie auch Ressourcen.

2. *Dimension Umwelt* (Komplementarität von subjektiver und intersubjektiver Perspektive, vgl. Abschn. 3.2).

a. Situative Merkmale/Ereignismerkmale (Art und Beschaffenheit von Ereignissen und Life Events, z. B. Unvorhersehbarkeit, Einschätzung der Kontrollierbarkeit) mit den entsprechenden Risiken und Ressourcen,

b. Beschaffenheit der Umwelt der Person, materielle und ökologische Umwelt, Lebensführungssysteme bzw. sozialökologische Systeme (Mikro-, Meso-, Exo- und Makrosysteme) mit den jeweiligen Ausstattungen an zwischenmenschlichen, sozialen, kulturellen, gesellschaftlich-strukturellen bzw. arbeitsweltlich-strukturellen und materiellen Risiken und Ressourcen.

3. *Dimension Transaktion:*

a. Merkmale bzw. Muster der transaktionalen Wechselwirkung, des Abstimmungsprozesses zwischen Person und Umwelt/Lebenswelt mit den Auswirkungen auf Belastungserhöhung oder Ressourcenstärkung und den wechselseitigen Bewertungen,

b. Merkmale bzw. Wechselwirkungen zwischen den Binnenstrukturen jeder Dimension.

Transaktionale Bewältigungsmaßnahmen können Ressourcen wie auch Risiken enthalten. Somit gilt es, im Beratungshandeln die bisher eingesetzten gelingenden Bewältigungs- und Selbsthilfestrategien wertschätzend zu erfassen und an ihnen anzuknüpfen. „Dysfunktionale" Strategien führen zu neuen Belastungen und Folgeproblemen. Das ist der Fall bei Fehlauffassungen hinsichtlich der Wirkung von individuellen oder behördlichen Handlungsweisen, fehlendem Verständnis für transaktionale Abstimmung und fehlender Bereitschaft, sich darauf einzulassen, sowie bei „dysfunktionalen" individuellen Bedürfnissen, Einstellungen und Lebensweisen wie auch bei egozentrischer Vereinnahmung und Ausbeutung von Ressourcen der sozialen und materiellen Lebensumwelt.

Sozialökologisch fundiertes Denken und Handeln in der Beratung ist auf alle drei Dimensionen ausgerichtet: auf die Person, die Umwelt inklusive Ereignis und Situation, die Anforderungen und Bedarfe beider Seiten und auf die Art der Beziehung und der wechselseitigen Austauschprozesse (Transaktionen) über Anforderungen, Bedarfe und Ressourcen zwischen Individuum und Umwelt. Spezifischer formuliert, geht es darum, die gegenseitigen Erwartungen, Bewertungen, Bewältigungsbemühungen und -handlungen und die Ressourcen oder auch „nur" Potenziale interaktiv und entwicklungsfördernd aufeinander zu beziehen und so gut wie möglich eine Passung zwischen den Erwartungen, Fähigkeiten bzw. Möglichkeiten/Ressourcen der Person und der Umwelt herzustellen (Person-Umwelt-Passung).

Karls und Wandrei (1994) haben ein komplexes System für eine umfassende Fallanalyse und eine mehrdimensionale diagnostische Einschätzung der biopsychosozialen Situation des Klienten entwickelt („Person-in-Environment"-System, PIE).

Indikation und Ziel sozialökologischer Interventionen

Interventionen sind angezeigt, wenn aufseiten der Person oder der Umwelt

- Anforderungen und Belastungen die bisher als zufriedenstellend oder ausreichend erlebte Person-Umwelt-Passung in einem „kritischen" Ausmaß überschreiten,
- Ressourcen zur Belastungsbewältigung und zur Wiederherstellung der Passung verloren oder nicht zugänglich sind,
- schädigende Bewältigungsmaßnahmen, Überforderungen oder Ressourcenverluste auf beiden Seiten (Person oder Umwelt) abzusehen oder eingetreten sind.

Übergeordnetes Interventionsziel ist in der Beratung, die wechselseitigen Prozesse zwischen Person und Lebensumwelt zu unterstützen, um eine gelingende Lebensführung (wieder) herzustellen oder zu verbessern. Dazu werden die Ressourcen bzw. Potenziale der Person, der Lebensführungssysteme und der institutionellen bzw. sozialkulturellen Umwelt einbezogen. Persönliches Wachstum, Beziehungsfähigkeit, stabiles Selbstwertgefühl, Gesundheit, soziale Integration sollen (wieder) geschaffen, und lebensqualitätsförderliche Ressourcen, besonders auch in den Lebensführungssystemen, sollen erhalten, gefördert oder wiederhergestellt werden.

Risikomerkmale zur Erfassung von Problementwicklung

Germain und Gitterman (1999) haben relevante Risikobedingungen (Stressoren) beschrieben, die zu erhöhten Bewältigungsanforderungen und zur Entwicklung von Lebensproblemen führen. Solche Stressoren sind:

- kritische Entwicklungsübergänge im Lebenszyklus (Pubertät, Familiengründung, Alter u. a.), lebensverändernde Ereignisse (Verlust wichtiger Bezugspersonen, Scheidung, Arbeitsplatzverlust, Erkrankung, Statusveränderungen sowie neue Rollenanforderungen) und traumatische Lebensereignisse;
- dysfunktionale Kommunikations- und Beziehungsprozesse in Ehe, Familie und Gruppen (z. B. unter Arbeitskollegen);
- Armut, Unterdrückung, „Unaufgeschlossenheit" oder besondere Härte der materiellen Umwelt (insbesondere Wohnbedingungen) und der sozialen Umwelt (soziale Netzwerke und Institutionen, soziokulturelle und gesellschaftspolitische Bedingungen, Arbeitsbedingungen, Ausgrenzung), akute und chronische Umweltbelastungen (Verschmutzung von Boden, Wasser, Luft, Nahrung, Materialien der unmittelbaren Wohn- und Arbeitsumwelt);
- Missbrauch von politischer oder ökonomischer Macht, Ausgrenzung aufgrund persönlicher und kultureller Merkmale (Diskriminierung, Behinderung der Teilhabe am öffentlichen Leben und an der Gesundheitsversorgung);
- gesellschaftlich und technologisch bedingte Verelendung und Machtlosigkeit (z. B. Arbeitslosigkeit durch technologischen Fortschritt), mit den Folgen fehlenden Zugangs zu Ressourcen, einer Beeinträchtigung von Gesundheit und sozialem Wohlbefinden, gestörter, oft destruktiver Person-Umwelt-Beziehungen (besonders betroffen sind vulnerable Gruppen);
- persönliche und kollektive Vulnerabilität.

Schubert (2013a) schlägt vor, das individuelle oder kollektive „kritische" Ausmaß in der Relation von Belastungen und Ressourcen über die drei sozialökologischen Dimensionen von Lebensführung (Person, Umwelt, Transaktion) zu erfassen. Die Dimensionen wirken wechselseitig und werden hier lediglich aus Gründen der diagnostischen Einschätzung und Analyse einzeln betrachtet.

- *Dimension „Person":*
  a) Erfassung von Lebenslauf und Lebensphase: Sozialökologische biografische und soziohistorische Erfahrungen, Lebensübergänge, aktuelle Lebensphase und Lebensereignisse (z. B. Kumulation von Stressoren/Belastungen, Widersprüchen), individuelle Auswirkungen des gesellschaftlichen Wandels.

b) Erfassung von Personmerkmalen:
   kognitiv-emotionale bzw. sinngebende Bewertung von Anforderung, Ereignis,
   Situation und des weiteren Kontextes (inklusive des gesellschaftlichen Kontextes),
   individuelle oder kollektive Handlungsmöglichkeiten und Erfahrungen von
   Wirksamkeit allgemein und in Bezug auf spezifische Belastungsereignisse,
c) Beeinträchtigungen infolge individueller oder kollektiver Vulnerabilität[7].

- *Dimension „Umwelt":*
  Erfassung von Lebenswelt- und Umweltbedingungen (inklusive der individuellen sozialökonomischen Lebenslage) und der Auswirkungen von
  gesellschaftlichen Strukturen und Strukturwandel auf die individuelle Lebensführung.
- *Dimension „Transaktionale Bewältigungsmaßnahmen":*
  a) Individuelle und soziale Maßnahmen zur Verbesserung der als gestört
     erlebten Person-Umwelt-Passung,
  b) Gelingende oder unzureichende Aktivierung personaler, sozialer und weite-
     rer Ressourcen aus der Lebensumwelt (individuelle Kompetenzen, soziale
     Unterstützung, Hilfe- und Versorgungssysteme u. a.).

Sozialökologisch-transaktionale Verfahren zur Verbesserung von Lebensgestaltung und Lebensqualität

Unter dem sozialökologischen Paradigma sind nach Schubert (2013a) keine
„schulenspezifischen" Methoden entwickelt worden. Sozialökologische Beratung
ist vielmehr grundlegend charakterisiert durch ein spezifisches Verständnis von Lebensführung als Person-Umwelt-Wechselwirkung. Das Beratungshandeln erfolgt mit etablierten Verfahren unter dem integrativen Schirm einer
systemisch-sozialökologischen Denkweise. Die Verfahren können unter einem
pragmatischen Aspekt mehr aufseiten der Person (psychosoziale Interventionen)
oder mehr aufseiten der Lebenswelt bzw. Arbeitswelt angesetzt werden. In beiden

---

[7]Vulnerabilität: erhöhte psychoemotionale „Störbarkeit" durch genetisch-dispositionelle
oder erworbene Beeinträchtigungen, erworben z. B. durch markante negative Lebenserfahrungen (wie Traumata), Schädigung psychologischer Grundbedürfnisse, beides mit
negativen Auswirkungen auf Selbstwert und Selbststeuerung (inklusive kognitiv-emotionaler und Verhaltensmuster). Anhaltende gesellschaftliche Ausgrenzung, Diskriminierung
und soziale Verelendung disponieren für die angeführten Beeinträchtigungen (kollektive
Vulnerabilität).

Fällen müssen die Wechselwirkungen bedacht und einbezogen werden. Schubert (2013a) beschreibt zwei sozialökologisch-transaktionale Interventionsebenen.

Psychosoziale Ebene

Interventionen auf dieser Ebene sind in den transaktionalen Handlungsbereichen der Mikro- und Mesosysteme inklusive der Auseinandersetzung mit Exosystemen angesiedelt. Die Verfahren speisen sich aus dem transaktionalen Stress-Coping-Konzept und seinen kognitiv-emotionalen Weiterentwicklungen (Bearbeitung von beeinträchtigenden Überzeugungen, Bewertungen, Erwartungen), aus systemischen Verfahren (z. B. Arbeit mit Systemen/Familien, konstruktivistische Verfahren) und Verfahren zur Befähigung von Individuen und Gruppen (z. B. Empowerment). Handlungsfelder sind u. a. Erziehungsberatung, Jugendhilfe, unterschiedliche Formen von Familienhilfe, sozialtherapeutische Arbeitsfelder, Beratung von alten Menschen, Arbeitslosen und Beratung zur beruflichen Wiedereingliederung. Die Verfahren setzen an folgenden drei Bereichen an:

1. Bearbeitung von beeinträchtigenden individuellen Überzeugungs- und Deutungsmustern in Bezug auf Lebensumwelt und Ereignisse wie auch in Bezug auf individuelle Kompetenzen, Zielsetzungen, Lebensführung und Sinnfindung, einschließlich Regulierung belastungssteigernder Gefühle;
2. Entwicklung und Handhabung von Handlungs-, Problemlösungs- und Kommunikationsfähigkeiten zur Bewältigung von Anforderungen und Konflikten (Ehe, Familie, Kollegen, Nachbarschaft, Schule, Arbeitsplatz u. a.), von Entwicklungs- und kontextuellen Übergängen (z. B. Übergang in die Schule oder in ein Altenwohnheim) und von Auseinandersetzungen mit Hilfe- und Versorgungssystemen, Behörden und Institutionen;
3. Ressourcenaktivierung und Ressourcenaustausch, wie z. B. Entwicklung, Handhabung und Inanspruchnahme von sozialer Unterstützung, Netzwerkentwicklung und Integration (s. Abschn. 4.1.4 und 4.3).

Umweltebene

Interventionen auf dieser Ebene sind ausgerichtet auf die Förderung sozialer Netzwerke im alltäglichen oder arbeitsweltlichen Umfeld (z. B. Familie, Nachbarschaft, Interessen- und Unterstützungsgruppen im Wohnviertel wie auch auf betrieblicher Ebene), die Vernetzung von Netzwerken, die Arbeit mit formellen und informellen Gruppen und Organisationen im Gemeinwesen, die Begleitung von Bürgerinitiativen zur Beeinflussung kommunaler und gesetzgeberischer

Entscheidungen, um soziale Gerechtigkeit zu erreichen (z. B. sozialräumliche Vorhaben und Umweltbedingungen). Sozialökologische Arbeitsformen sind im Wesentlichen soziale Gruppenarbeit, Empowerment, Netzwerkinterventionen, Gemeinwesenarbeit, Organisationsberatung. Sie stellen wirksame Maßnahmen zur Entwicklung, Förderung und Handhabung von individuellen wie auch von Umweltressourcen in unterschiedlichen Einsatzfeldern und institutionellen Settings bereit (z. B. Germain und Gitterman 1999; Herriger 2006; Röhrle und Laireiter 2009; Lenz 2011b; Straus 2012). Sickendiek et al. (2008) erörtern klassische Ansätze sozialökologischer Beratung im Bereich Integrationsförderung im Gemeinwesen und in der Entwicklung von baulichen und Organisationsstrukturen, die auf eine Optimierung für Personal und Klienten in Kliniken und Heimen zielen. Der Sammelband von Kruse et al. (1996) zur ökologischen Psychologie enthält zahlreiche Beiträge über die Wechselwirkungen zwischen Umweltnutzern und unterschiedlichen Umwelten und über sozialökologische Settings (Stadt und Land, Wohnen, Familie, Arbeit, Freizeit, Klinik, Heim, Obdachlosigkeit, Kriminalität u. a.). Umwelt ist hier unter der „intersubjektiven Perspektive" (vgl. Abschn. 3.2) zu fassen.

Seit einigen Jahren sind Grundideen der transaktionalen und sozialökologischen Ansätze unter dem Begriff „ökosystemisch" auch in die systemische Arbeitsweise aufgenommen worden (von Schlippe und Schweitzer 2013). Ökosystemische Interventionen rücken in der systemischen Beratung weit mehr den lebensweltlichen Kontext und die darin lebenden Personen in den Handlungsfokus, als das in den klassischen systemischen Settings bisher der Fall war.

4.3 Ressourcenorientierte Beratungsansätze

Wie in Abschn. 2.2 entfaltet wurde, befasst sich Beratung mit der Gestaltung der alltäglichen und arbeitsweltlichen Lebensführung von Individuen, Gruppen und Systemen. Beratung erfolgt somit im Spannungsfeld zwischen Individuum und komplexen, oft auch widersprüchlichen gesellschaftlichen Strukturen und Prozessen. Sie zielt auf eine Stärkung der Autonomie, der Reflexionsfähigkeit und der Lösungskompetenz von Personen und Gruppen, damit diese ihre Lebensführung in einer zufriedenstellenden und subjektiv wie sozial gelingenden Weise gestalten können. Dazu benötigen Berater Kenntnisse über solche Parameter und ihre Wechselwirkungen, die förderliche oder hemmende Auswirkungen auf die Lebensgestaltung und die Schaffung von Gesundheit und Lebensqualität haben. Forschungen aus der Sozialökologie und der Gesundheitspsychologie zeigen auf, dass die Verfügbarkeit und der Einsatz von Ressourcen eine zentrale

Bedeutung für die Bewältigung von Lebensanforderungen und Entwicklungs-
übergängen haben und sich wesentlich auf den Erhalt der psychischen und somatischen Gesundheit, auf Wohlbefinden und individuelle Lebensqualität auswirken
(Knecht und Schubert 2012; Rönnau-Böse und Fröhlich-Gildhoff 2015; Willutzki
und Teismann 2013).

Aufgaben und Ziele ressourcenorientierter Beratung
Beratung setzt vor allem in den Lebensbereichen an, wo Individuen nicht über
ausreichende individuelle, zwischenmenschliche oder gesellschaftliche Ressourcen verfügen, um ihre Probleme bewältigen und ihr Leben zufriedenstellend
gestalten zu können.

> Beratung ist vor allem dabei relevant, unterschiedliche Ressourcen, die Menschen
> bei der Bewältigung von Problemen und Konflikten benötigen, wahrzunehmen, sie
> wiederzuentdecken und zu erhalten, sie aufzubauen oder förderlich einzusetzen.
> Insbesondere da Zugangs- und Partizipationsmöglichkeiten eng an psychologische,
> soziale oder ökonomische Voraussetzungen der Individuen in ihrer Lebenswelt
> gekoppelt sind, ist eine ressourcenorientierte Perspektive psychosozialer Beratung
> wesentlich, um Potenziale des Einzelnen und das Zusammenspiel sozialer und indi-
> vidueller Ressourcen sichtbar und nutzbar zu machen (Werner und Nestmann 2012,
> S. 294).

Die Arbeit mit Ressourcen ist somit ein zentraler Ansatz in den Handlungsfeldern
von Beratung. Neben der Erfassung von individuellen und gemeinschaftlichen
Belastungen, Erwartungen und Anforderungen rücken in einer Beratung auch
individuelle und gemeinschaftliche Bewältigungsmöglichkeiten, also Kompetenzen und Ressourcen und gleicherweise auch die potenziell gegebenen wechselseitigen Unterstützungs- wie auch Behinderungsprozesse in den Fokus. Für
Beratung ist bedeutsam, wie die Ressourcen der Person und ihrer Lebenswelt „für
die Bewältigung von Lebensanforderungen und zur Schaffung von Lebensqualität,
Gesundheit und Wohlbefinden zusammenwirken, d. h. sich wechselseitig unterstützen oder blockieren" (Schubert 2016a, S. 827). Wahrnehmung, Einsatz und
Stärkung von Ressourcen tragen maßgeblich zu einer gelingenden Bewältigung
von Lebensanforderungen bei. Diese Erkenntnis ist heute in die verschiedenen
Berufsfeldern von Beratung und Psychotherapie eingegangen, wobei allerdings das
Verständnis von Ressourcen, d. h., wie breit oder eng sie aufgefasst werden und als
wie umfassend ihre Gültigkeit für eine gelingende Lebensführung angesehen wird,
noch sehr variieren kann.

Grundlagen: Begriff, Kategorien, Merkmale

Schiepek und Cremers (2003) beschreiben die Vielfältigkeit von Ressourcen in einer anschaulichen Weise:

> Ressourcen sind Kraftquellen [...], aus denen man alles schöpfen kann, was man zur Gestaltung eines zufriedenstellenden, guten Lebens benötigt, was man sinnvollerweise braucht, um Probleme zu lösen oder mit Schwierigkeiten zurechtzukommen. Das können sehr verschiedenartige Bedingungen sein, denn jeder Mensch ist anders, und jede Situation, jede Herausforderung und Lebensphase braucht andere Ressourcen. Natürlich können Freunde, Partner, die Eltern oder wichtige Menschen in der sozialen Umgebung solche Ressourcen sein, aber auch persönliche Eigenschaften, Fähigkeiten, Kompetenzen. Auch das Aussehen oder die Ausstrahlung, die jemand hat, können Ressourcen sein. Sie können in der Bereitschaft und Fähigkeit zu besonderen Anstrengungen zum Ausdruck kommen, oder einfach in der Art, wie man eben ist. Es können Hobbys sein oder wichtige Ziele im Leben, Überzeugungen, für die man eintritt, Ideen oder der Glaube, die Religion. Es können Vereine oder Gruppen sein, denen man angehört, aber auch materielle Dinge wie eine Wohnung, ein Haus, Geld oder ein Auto. Wenn die Gegenwart nicht so viel hergibt, können es auch Erinnerungen, Erfahrungen in der Vergangenheit sein oder aber Hoffnungen für die Zukunft. Sexualität ist für manche Menschen eine Kraftquelle oder auch die kleinen alltäglichen Eindrücke und Begegnungen (Schiepek und Cremers 2003, S. 154f.).

Nach einer *Definition* von Schubert (2018a, S. 114) sind Ressourcen „alle Mittel, Gegebenheiten oder Merkmale bzw. Eigenschaften, die Personen nutzen können, um alltägliche oder spezifische Lebensanforderungen und psychosoziale Entwicklungsaufgaben zu bewältigen, um Bedürfnisse, Wünsche und (Lebens-)Ziele zu verfolgen und zu erfüllen und um Gesundheit und Wohlbefinden zu erhalten bzw. wieder herzustellen". Ressourcen werden darüber hinaus zur Ressourcentransformation benötigt, besonders um den eigenen Ressourcenbestand zu erweitern (z. B. über Ausbildung, Weiterbildung), um andere Ressourcen zu bekommen (z. B. bringen Fähigkeiten Geld oder soziales Ansehen) oder um Ressourcen mit anderen Personen zu tauschen (Liebe gegen Geld oder Sozialprestige). In psychologischen und psychosozialen Handlungsfeldern werden auch die Begriffe „Stärken" oder „Kraftquellen" verwendet (ausführlich: Schubert und Knecht 2012, 2015; Schubert 2016a).

Ressourcenarten Grundlegend werden materielle und immaterielle Ressourcen unterschieden. Materielle Ressourcen sind vor allem Einkommen und Finanzmittel, Wohnung und ökologisches Umfeld. In den psychosozialen Disziplinen wird darüber hinaus zwischen personellen und Umweltressourcen (auch externe

Ressourcen genannt) unterschieden. Bei den Umweltressourcen werden vor allem die engeren zwischenmenschlichen und die weiter gefassten sozialen und sozial-kulturellen Ressourcen in den Blick genommen. In der Psychologie werden vor allem Fähigkeiten, persönliche Eigenschaften oder geistige Haltung, in der Soziologie Bildung, Gesundheit, Prestige und soziale Vernetzung fokussiert.

Neben der physiologischen Ausstattung (z. B. Gesundheit, Attraktivität) sind *personelle Ressourcen* z. B. Fähigkeiten und Handlungskompetenzen, günstige Lebenseinstellungen, Selbstauffassungen und kognitiv-emotionale Bewältigungs-stile sowie spezifische emotionale und Persönlichkeitseigenschaften (z. B. Zuver-sicht, emotionale Ausgeglichenheit, Humor, Optimismus, Selbstwertschätzung, aktive Auseinandersetzung mit Anforderungen, Wirksamkeitsüberzeugung) – Stärken, die eine Person in der Auseinandersetzung mit Lebensanforderungen produktiv zu nutzen vermag. Weitere Ressourcen zur Lebensgestaltung sind *sozial-interaktionelle Kompetenzen* (z. B. Verträglichkeit und die Fähigkeit, soziale Unterstützung einzuholen). Zu den *zwischenmenschlichen Ressourcen* zählt z. B. die soziale Einbindung in Familie, Partnerschaft, Freundschaften, Gruppen, in denen die Person instrumentelle, informative, orientierende und emotional ermutigende Unterstützung (Zuwendung, Anerkennung, Wertschätzung, Liebe) im Umgang mit Lebensanforderungen erfährt. *Soziale Ressourcen* in einem weiteren Sinne sind Teilhabemöglichkeiten an sozialkulturellen und sozialstaat-lichen Ressourcen (z. B. Bildung, Kultur, gesundheitlichen und sozialstaatlichen Unterstützungsleistungen) – bedeutsame Ressourcen zur individuellen Lebens-gestaltung. Eine ausführliche Klassifikation von Ressourcen bringen Schubert und Knecht (2012, 2015) und Schubert (2018a).

Ressourcenmerkmale Ressourcen werden nicht von jeder Person und in jeder Situation oder Lebensphase als solche aufgefasst. Vielmehr variiert die Auffassung darüber, was als Ressource dient, je nach dem Kontext, in dem eine Person sich befindet (z. B. Alter, Geschlecht, Entwicklungsstadium, Stimmungslage, Werte-system). Zudem ist die Ressourcenwahrnehmung abhängig von den anstehenden Aufgaben/Anforderungen, von den aktuellen oder langfristigen Zielsetzungen der Person und von ihrem Verständnis der individuellen Lebenssituation. *Dienlich* werden Ressourcen erst, wenn sie von der jeweiligen Person oder von relevanten Bezugspersonen (z. B. Ehepartner, Freund, Pädagoge, Berater, Therapeut) für die angestrebten Ziele bzw. die Problemlösung als sinnvoll, brauchbar und nützlich bewertet werden und zudem auch in das emotional-kognitive Bewertungssystem der Person passen (Funktionalität und Aufgabenabhängigkeit von Ressour-cen). Schiepek und Cremers (2003, S. 152) formulieren die Beziehung zwischen Ressource und Zweck als eine mindestens dreistellige *Mittel-Zweck-Relation:*

„Ein Objekt (X) kann in Relation zu einem Ziel (Z) von einem Beurteiler bzw. dessen Wertesystem (B) als Ressource bezeichnet werden: $R(X) = f(Z, B)$." Bestimmte Ressourcen, wie materielle Mittel (Geld, Einkommen, Wohnraum), Bildung oder soziale Einbindung werden häufig auch als universell gültige Ressourcen bewertet (Schubert und Knecht 2012, 2015).

In der Ressourcenwahrnehmung bestehen oftmals Unterschiede zwischen der Einschätzung außenstehender Personen (Erzieherin, Beraterin, Therapeutin) und der Einschätzung durch die betroffene Person. Außenstehende erkennen oftmals mehr Ressourcen als die Betroffenen selbst. Auch vom sozialen Umfeld zunächst negativ bewertete Aspekte können sich funktional als Ressourcen herausstellen, z. B. kann sich ein Problemverhalten als ein individueller (langfristig eventuell wenig dienlicher) Problemlösungsversuch erweisen (Willutzki und Teismann 2013).

Ressourcen begünstigen oder beeinträchtigen sich wechselseitig. Das hat Auswirkungen auf ihre weitere Entfaltung und Ausgestaltung und somit letztlich auf die Bewältigung von Lebensanforderungen. Gut ausgeprägte psychische und interaktionelle Ressourcen, beispielsweise Empathie und Konfliktfähigkeit, begünstigen die Gestaltung von und den Umgang mit sozialen und anderen Umweltressourcen. Umgekehrt fördern zugängliche soziale Ressourcen wie Integration oder soziokulturelle Teilhabemöglichkeiten (allgemein: entwicklungsförderliche Lebensbedingungen) ihrerseits wiederum die Entwicklung und Ausgestaltung von persönlichen psychischen und interaktionellen Ressourcen (Schubert 2012, 2016a).

Haltung und Verfahrensweise

Ressourcenorientierung ist in Institutionen und Feldern von Beratung mittlerweile zu einem programmatischen Schlagwort geworden. Andererseits liegen relativ wenige Publikationen vor, die ressourcenorientierte Beratung theoretisch-konzeptionell fundiert darstellen (Angaben dazu erfolgen weiter unten). Zunächst gilt es, die in jüngster Zeit zu beobachtende Unterscheidung zwischen Ressourcenorientierung und Ressourcenaktivierung zu verfolgen.

Ressourcenorientierung ist eine allgemeine und umfassende Bezeichnung für eine Arbeitsweise, die Ressourcen in den Fokus nimmt. Sie bringt eine grundlegende Haltung in der Arbeit mit Ratsuchenden zum Ausdruck. Ressourcenorientierung geht von der Überzeugung aus, dass die Bewältigung von Anforderungen, Lebensproblemen und Entwicklungsprozessen, insgesamt eine gelingende Lebensgestaltung, ohne Einsatz von Ressourcen nicht möglich sind. Eine weitere grundlegende Auffassung ist, dass jeder Mensch die Chance zur Weiterentwicklung und Veränderung in sich birgt und dass jeder Mensch selbst und im Zusammenwirken mit seinem sozialen Umfeld Ressourcen oder Potenziale zur Verfügung hat oder entwickeln kann, die zumindest zu einer Verbesserung seiner Lebensgestaltung oder Problemlage beitragen können, unabhängig davon, ob er im psychischen oder physischen Sinne gesund oder krank ist (Nestmann 1996; Willutzki und Teismann 2013). Dazu zählen auch sozialstaatliche oder kulturelle Unterstützungsressourcen. Allerdings ist zu bedenken, dass psychisch belasteten Menschen ihre persönlichen wie auch sozialen Ressourcen weniger zugänglich sind und von ihnen dementsprechend eingeschränkter genutzt werden können, als es ihnen ohne Belastung möglich wäre (Grawe und Grawe-Gerber 1999).

Ressourcenaktivierung ist als eine spezifische Verfahrensweise und nicht als eine eigene Beratungstechnik zu verstehen. Der Begriff wird vorwiegend in Beratung und Therapie benutzt und bezeichnet eine Vorgehensweise, die die Aufmerksamkeit des Klienten und des Beraters gezielt auf die Ressourcen lenkt und diese konsequent in den Beratungsprozess einbezieht. Um angemessen mit Ressourcen zu arbeiten, ist eine differenzierte Ressourcenerfassung und -diagnostik nötig. Dabei werden auch Ressourcenschädigungen und -beeinträchtigungen einbezogen, die durch die individuelle Lebensführung, durch gesellschaftlichen Ausschluss und andere wechselseitige Prozesse mit dem Umfeld (Person-Umwelt-Transaktionen) entstanden sind. Auch wird der Blick auf die Problemperspektive und die Problembearbeitung in einer ressourcenorientierten Arbeitsweise nicht grundsätzlich ausgeschlossen, wie unten aufgezeigt wird (Schubert 2018a, b).

Theoretisch fundierte Ressourcenmodelle
Bei der theoretischen Fundierung einer ressourcenorientierten Denk- und Handlungsweise sind im Wesentlichen zwei Ansätze zu nennen: der transaktionale stresstheoretische und der persönlichkeitspsychologische Ansatz. Die Beschreibung der Ansätze folgt inhaltlich den Ausführungen von Schubert (2018b, S. 191 f.).

Transaktionaler stresstheoretischer Ansatz Dieser Ansatz beruht auf der Theorie der Ressourcenerhaltung (COR-Theorie) von Hobfoll (1989), die er als Perspektivenerweiterung zur kognitiv ausgerichteten Stressbewältigungsforschung von R. S. Lazarus (Lazarus und Folkman 1984) versteht. Hobfoll rückt die Bedeutung von Ressourcenverlusten für die Entstehung von Lebensbelastungen ins Zentrum seiner Forschungen und daraus abgeleiteter Handlungsansätze. Nach diesem Ansatz gelingt die Bewältigung von Lebensanforderungen und Problemen nur über den ständigen Einsatz von personellen, sozialen und ökonomischen Ressourcen. Verlust oder Beeinträchtigung solcher Ressourcen,

„die eigentlich zur Aufrechterhaltung des Individuums selbst, dessen Familie oder des […] sozialen Kontextes gedacht waren" (Hobfoll und Buchwald 2004, S. 13), führen zu stresshaften Belastungen und zu weiteren Lebensrisiken sowohl beim Individuum wie auch in einer sozialen Gemeinschaft, die diese Einschätzung teilt. Ressourcenverluste haben bedeutsame Auswirkungen im Sinne einer progredienten „Ressourcenverlustspirale". In vielfacher Hinsicht beeinflussen, d. h. begünstigen oder beeinträchtigen sich personelle, soziale, ökonomische und andere Ressourcen wechselseitig. Das hat maßgebliche Bedeutung für eine psychosoziale Beratung: Personen mit wenigen Ressourcen oder mit beginnenden Ressourcenverlusten sind hoch vulnerabel für weitere Ressourcenverluste. Sie können sich schlechter gegen weitere Verluste schützen oder von Ressourcenverlusten erholen als Personen, die hinreichend mit Ressourcen ausgestattet sind. Ressourcen können nur über den Einsatz von Ressourcen wiedererlangt und aufgebaut werden (ausführlich: Schubert 2016a).

Zusätzliche Fundierungen des Ansatzes können aus der transaktionalen Stressforschung (z. B. Lazarus 1990) und aus dem Salutogenesemodell von Antonovsky (1997) mit dem Kohärenzgefühl („sense of coherence") und den generalisierten Widerstandsressourcen („general resistance resources") abgeleitet werden. Wesentliche Ressourcen für die Bewältigung belastender Anforderungen, für Gesundheit und gelingende Lebensgestaltung sind demnach a) günstige kognitiv-emotionale Bewertungen der Situation und der darin enthaltenen Anforderungen, b) günstige Bewertungen der eigenen und sozialen Bewältigungsmöglichkeiten und c) die Überzeugung von Sinn und Bedeutung des Handelns. Generalisierte Widerstandsressourcen sind biologische, psychische, soziale, kulturelle und sozioökonomische Ressourcen, die auch unter Belastung zum Erhalt von Gesundheit und Lebensqualität wie auch zur gelingenden Handhabung von Lebensanforderungen verhelfen. Mit dem transaktionalen Ressourcenansatz rücken die Person-Umwelt-Wechselbeziehung und die Person als biopsychosozialer Ort der Gestaltung und Verarbeitung dieser Wechselwirkungen in den Fokus.

Persönlichkeitspsychologischer Ansatz Dieser Ansatz basiert auf der Konsistenztheorie psychischen Funktionierens von Grawe (2000, 2004). Nach der Konsistenztheorie ist die Aktivität einer Person stetig darauf ausgerichtet, die psychischen Grundbedürfnisse angemessen zu befriedigen, Bedürfnisverletzungen zu vermeiden und die damit gekoppelten Motive und Verhaltensziele in eine gegenseitige Vereinbarkeit zu bringen. Die vier zentralen psychischen Grundbedürfnisse sind: das Bedürfnis nach Orientierung und Kontrolle, das Bedürfnis nach Lustgewinn und Unlustvermeidung, das Bedürfnis nach Bindung sowie das Bedürfnis nach Selbstwerterhöhung

und Selbstwertschutz. Psychische Stabilität und Funktionsfähigkeit, Handlungsfähigkeit, Wohlbefinden und Gesundheit werden im Rahmen der individuellen
Lebensführung wesentlich durch eine angemessene und nachhaltige Befriedigung
der psychischen Grundbedürfnisse hergestellt und stabilisiert (Klemenz 2012). Auf
ihre individuelle Art und Weise setzt eine Person Strategien und Mittel ein, um diese
Ziele und Bedürfniserfüllung zu erreichen (Annäherungsschemata) oder sich gegen
Bedürfnisbeeinträchtigung zu schützen (Vermeidungsschemata). Ressourcen sind
unter diesem Ansatz somit die Potenziale, die der Person in ihrem Möglichkeitsraum
zur Befriedigung ihrer Grundbedürfnisse und damit zur Erhaltung ihrer psychischen
Stabilität und Funktionstüchtigkeit zur Verfügung stehen (Grawe und Grawe-Gerber
1999). Der persönlichkeitspsychologische Ressourcenansatz wird vor allem in einer
individuumzentrierten Beratung und Psychotherapie herangezogen.

Gegenwärtig erfolgt eine Integration beider Ansätze. Mit dem Fokus auf
die psychischen Grundbedürfnisse formulierte Becker (2006) das systemische
Anforderungs-Ressourcen-Modell (SAR-Modell). Schubert (2013a, 2014b,
2016a) entwickelte ein systemisch-transaktionales Modell von Lebensführung
als eine grundlegende Bezugsgröße für psychosoziale Beratung (s. Abschn. 2.2).
Beide Modelle gehen davon aus, dass Individuum und soziale Umwelt wechselseitige Anforderungen und Erwartungen aneinander haben, zu deren Bewältigung
bzw. (Bedürfnis-)Erfüllung sie Ressourcen einsetzen und austauschen. Bei der
Befriedigung psychischer Grundbedürfnisse wird die Bedeutung von zwischenmenschlichen Ressourcen und gegenseitigem Ressourcenaustausch besonders
augenfällig.

Wirkweise von Ressourcenaktivierung
Seit den Forschungen von Grawe (1998, 2004) ist die Aktivierung von Res-
sourcen als ein zentraler Wirkfaktor in Psychotherapie und psychosozialer
Beratung empirisch belegt. Erfolgreiche Ressourcenaktivierung hat „überragende
Wichtigkeit für ein gutes Therapieergebnis" und „eine mindestens ebenso große
Bedeutung für das Therapieergebnis […] wie die Bearbeitung der relevanten
Probleme mit dafür geeigneten Vorgehensweisen" (Grawe und Grawe-Gerber
1999, S. 72). Weitere Wirkfaktoren sind nach Grawe Problemaktualisierung in
der (Lebens- bzw. Therapie-)Realität, aktive Hilfe zur Problembewältigung und
Klärung der Problemmotive bzw. Problembedingungen (s. Abschn. 6.1).

Unter Bezugnahme auf die Ausführungen von Schmied und Grawe (2013)
beschreibt Schubert (2018b, S. 192 f.) die Wirkweise von Ressourcenaktivierung:
„(1) Förderung des vorhandenen Potenzials: Die Aufmerksamkeit der Klienten wird direkt auf die vorhandenen Ressourcen (Fähigkeiten, Verhaltensweisen,

externe Unterstützungen) gelenkt und fördert so günstige Entwicklungen und eigene Problemlösungen. Über eine förderliche Gestaltung der Beratungs- bzw. Therapiebeziehung werden zusätzlich verdeckte Stärken beim Klienten gezielt aktiviert. (2) Förderung korrektiver Erfahrungen bei der Problemlösung: Ressourcenaktivierung unterstützt nachweislich die Wirkung der übrigen drei Wirkfaktoren". Sie fördert a) ein Sich-einlassen-Können auf problemkorrigierende und verändernde Erfahrungen (Wirkfaktor „Problemaktualisierung"), b) eine Zunahme an Zuversicht hinsichtlich der eigenen Bewältigungskompetenzen und Engagement, was eigene Ideen und Strategien zur Problembewältigung betrifft (Wirkfaktor „Problembewältigung"), und c) die Bereitschaft zur Auseinander- setzung mit den eigenen Annäherungs- und Vermeidungszielen wie auch die Entwicklung von Problemeinsicht und Compliance, d. h. der Bereitschaft zur Problembearbeitung (Wirkfaktor „motivationale Klärung").

Neuropsychologische Forschungen bestätigen die Wirkweise von ressourcen- aktivierenden Interventionen. Diese verstärken zum einen die Bahnung von synaptischen Übertragungsbereitschaften und das Neulernen, führen zum ande- ren infolge der positiven und bedürfnisbefriedigenden Erfahrungen zu einer Hemmung negativer Emotionen und haben somit eine problemdestabilisierende Wirkung (Frank 2011; Mentha 2013).

> Ressourcenaktivierung unterbricht beim Adressaten somit die auf Defizite und Problemerleben ausgerichtete Aufmerksamkeit und setzt eine positive und zuver- sichtliche Ausrichtung in Gang. Klienten (und Berater) nehmen somit mehr Möglichkeiten wahr und nutzen sie für die Planung und Umsetzung von Ver- änderungszielen. Die anfänglich noch kleinen Erfolgserlebnisse fördern zunehmend Selbstwirksamkeitserfahrung, die zu (Wieder-)Gewinnung von Vertrauen in sich selbst und in die eigenen Handlungsmöglichkeiten führen und den Zugang zu (mehr) Selbstakzeptanz und Selbstwertgefühl erleichtern (Schubert 2018b, S. 193).

Auch die Erfahrung der Klienten, dass sie sich im Beratungsprozess nicht nur problembelastet und hilflos erleben, sondern über die Ausrichtung auf Ressour- cen und Lösungen selbst erheblich zum Beratungserfolg beitragen können, fördert diese Veränderungen (Grawe und Grawe-Gerber 1999; Willutzki und Teismann 2013). Ressourcenaktivierung ist somit als ein Fundament für Problem- bewältigung, bedürfnisbefriedigende Erfahrungen und gesundheitsstabilisierendes Wohlbefinden zu verstehen. Aufgrund ihrer Wirkweisen kann Ressourcen- aktivierung störungs- und schulen- bzw. verfahrensübergreifend eingesetzt wer- den. Indikationsgrenzen bestehen dort, wo es Beratern/Therapeuten aufgrund ihrer Einstellung nicht gelingt, eine zuversichtliche, ressourcenorientierte Grundhaltung gegenüber ihren Klienten zu realisieren.

Ressourcenorientierter Beratungsprozess
Ständer (2016) beschreibt die Prinzipien der ressourcenorientierten Verfahrensweise und richtet ihre Ausführungen vor allem auf den persönlichkeitspsychologischen Ansatz aus. Eine Arbeit mit Ressourcen ist bereits mit Beginn des Beratungsprozesses indiziert und sollte über den gesamten Beratungsprozess hinweg erfolgen. Im ressourcenorientierten Beratungsprozess wird der Blick der Klienten immer wieder auf die eigenen Ressourcen wie auch auf mögliche Ressourcen in den Lebensführungssystemen gelenkt, die zur Problembewältigung und zu Lösungen beitragen können bzw. in der Vergangenheit auch schon beigetragen haben. Mit diesen Ressourcen gilt es zu arbeiten, sie (wieder) wahrzunehmen und im Laufe der Beratung zu entfalten und zu erweitern. Ziel ist es also, den Klienten Ressourcen wieder zugänglich zu machen. Unter diesem Ansatz wird auch die dominante Ausrichtung auf die Problemperspektive, die zu Beratungsbeginn häufig vorhanden ist, aus dem Fokus genommen, ohne sie abzudrängen oder zu negieren. Diese Arbeitsweise gibt den Klienten die Möglichkeit, sich im Beratungsprozess nicht nur mit ihren Schwächen und Problemen wahrzunehmen, sondern auch ihre Stärken reflektieren und zeigen zu können. Dies wiederum setzt Prozesse der Stabilisierung von Selbstwert und Zuversicht im Hinblick auf eine gute persönliche Entwicklung in Gang.

Ein weiterer Fokus ist auf mögliche Änderungs- bzw. Lösungsziele gerichtet. Entsprechend den oben genannten Grundannahmen bringen Klienten in irgendeiner Art und Weise Veränderungs- und Lösungsmöglichkeiten mit, die in der Beratung herausgearbeitet und für das Beratungsziel genutzt werden. „Der Wechsel von der Problemperspektive zur Lösungsperspektive schafft einen neuen Möglichkeitsraum, in dem KlientInnen gemeinsam mit ihren TherapeutInnen Ressourcen wiederentdecken bzw. neu konstruieren können" (Schaller und Schemmel 2013b, S. 84, zit. nach Ständer 2016, S. 879). Da nicht jede Ressource für jeden gleicherweise nützlich und wirksam ist, können letztlich nur die Klienten selbst erkennen, welche für sie brauchbar und hilfreich ist. Um ihren Zweck zu erfüllen, muss eine Ressource von dem betreffenden Klienten auch als solche wahrgenommen werden und für sein Anliegen Sinn ergeben. Damit erhalten Klienten eine Expertenrolle, und der Berater verliert zu einem gewissen Teil den alleinigen Expertenstatus (Willutzki und Teismann 2013).

In einem ressourcenorientierten Beratungs- oder Therapieprozess schließen sich Ressourcenerfassung und Problemerfassung nicht aus. Sie stehen nicht in einem Gegensatz, sondern können sich gut ergänzen. Während störungsbezogene Denk- und Handlungsmodelle vielfältige Erkenntnisse über die Entstehung und Aufrechterhaltung von Defiziten und Störungen und Strategien zu ihrer Veränderung liefern, lenken ressourcenorientierte Ansätze den Blick auf die vielfältigen Potenziale und Stärken der Klienten und ihrer Lebensführungssysteme, die für eine Problembewältigung, für Bedürfniserfüllung und Wohlbefinden bedeutsam sind.

Nach der Art, in der die Problemperspektive einbezogen wird, unterscheidet Schubert (2018b) unter Bezugnahme auf Schürmann (2011) und Schaller und Schemmel (2013b) zwei ressourcenorientierte Vorgehensweisen:

> Im *Ein-Prozessmodell* steht die Arbeit mit Ressourcen und an Veränderungszielen explizit im Fokus, wie beispielsweise im lösungsorientierten Ansatz (Bamberger 2005). Lediglich eine kurze Problembeschreibung des Kl[ienten] liefert das ‚Ausgangsmaterial' für den Arbeitsprozess. Im *Zwei-Prozessmodell* werden ressourcenaktivierende und problemspezifische Prozesse umgesetzt. (1) Im Mittelpunkt des ressourcenaktivierenden Vorgehens steht die Suche nach Stärken und das Entdecken von Ressourcen (a) durch Einsatz von Strategien zur Identifizierung und Aktivierung von Ressourcen bei den Klienten und (b) durch eine ressourcenfördernde Beziehungsgestaltung. (2) Parallel dazu erfolgen (a) Problemerfassung und Problemverständnis, einschließlich der Erfassung von Ressourcenschädigung und (b) die Umsetzung von indikationsspezifischen Interventionen zur Problembewältigung. Aus der Problemperspektive lässt sich ableiten, was geändert werden soll, aus der Ressourcenperspektive und aus dem Veränderungswissen ergibt sich, wie es geändert werden kann (Schubert 2018b, S. 193).

Eine der Voraussetzungen für eine ressourcenaktivierende Arbeitsweise ist laut Ständer (2016)

> die innere und äußere Haltung von BeraterInnen und TherapeutInnen den KlientInnen und ihren Fähigkeiten gegenüber. Grawe geht sogar so weit zu sagen, dass Ressourcenaktivierung eher eine therapeutische Haltung als eine Technik sei (Grawe und Grawe-Gerber 1999). Neben der konsequenten methodischen Ausrichtung auf Ressourcen und auf Lösungen, ist die Haltung der BeraterInnen bzw. TherapeutInnen durch eine eigene hohe Ressourcensensibilität, wie auch durch eine ausgeprägte Zuversicht in das Ressourcenrepertoire der KlientInnen geprägt. Grundlegend sind dabei Wertschätzung und Respekt gegenüber den KlientInnen (Ständer 2016, S. 879).

Das wiederum verweist auf die basale Bedeutung, die eine gute Beratungs- bzw. therapeutische Beziehung als Ressource ausweist.

Ressourcendiagnose Zur Erfassung und Identifikation von Ressourcen bestehen inzwischen zahlreiche Vorgehensweisen und Verfahren. Ressourcen können aus den Aussagen von Klienten über ihre Lebensgestaltung und ihr Umfeld oder gezielter durch systematische Verfahren erfasst werden. In psychotherapeutischen Settings ist der Fokus vor allem auf die personellen Ressourcen der Patienten gerichtet, die Erfassung ihrer Umweltressourcen ist zumeist auf das familiale und partnerschaftliche Bezugssystem reduziert. In den Handlungsfeldern von Beratung kommt dem sozialen Umfeld bzw. der Lebenswelt und den darin eingebundenen biografischen Erfahrungen ein hoher Stellenwert zu. Benötigt wird hier eine mehrdimensionale Erweiterung der Ressourcendiagnostik auf die „Person in der Situation", die das wechselseitige Zusammenwirken der psychischen, sozialen und umweltlichen Ressourcen wie auch deren wechselseitige Beeinträchtigungen erfasst (z. B. Buttner et al. 2018; Buttner und Knecht 2009).

Diagnostische Verfahren sind z. B. unsystematische und systematisierte Ressourceninterviews, Fragebogenverfahren, Ressourcen-Genogramme, gestalterisch angelegte Selbstaussageverfahren und komplexe biografie- und lebensweltorientierte Verfahren. Darüber hinaus bestehen verschiedene Verfahren zur Erfassung sozialer Ressourcen. Neben einigen Fragebogenverfahren kommen vor allem grafisch ausgerichtete Instrumente zur Erfassung und Analyse von sozialen Netzwerken zum Einsatz.

Ressourcenaktivierende Verfahren Gegenwärtig reklamieren nahezu alle Beratungs-, Coaching- und therapeutische Einrichtungen für sich, ressourcenorientiert zu arbeiten. Entsprechend vielfältig sind die in der Praxis entwickelten Verfahren – beispielhaft soll hier nur der Marte-Meo-Beratungsansatz erwähnt sein, bei dem mit Videos von konkreten Alltagssituationen gelungene Kommunikation verstärkt werden soll (vgl. Aarts 2016; Rohr und Meiners 2018). Ressourcenorientierte Verfahren sind bisher nur selten systematisiert dargestellt worden. Theoretisch-konzeptionell fundierte Publikationen zur diagnostischen Erfassung von und zur Arbeitsweise mit Ressourcen in beraterischen und therapeutischen Feldern bringen Flückiger und Wüsten (2008), Willutzki und Teismann (2013), von Wachter und Hendrischke (2017), der Sammelband von Schaller und Schemmel (2013a) und die Beiträge von Schubert (2018a, b). Bei Beushausen (2010, 2012) finden sich zwei anregende Zusammenstellungen von Verfahren. Eher auf psychotherapeutische Arbeitsfelder ausgerichtet sind die Artikel von Beesdo-Baum

(2011) und von Däubner-Böhme et al. (2013). Ressourcenorientierte Verfahrensweisen in komplexen psychosozialen Handlungsfeldern oder auch unter systemischer Perspektive beschreiben die Sammelbände von Lenz (2011a) und von
Möbius und Friedrich (2010).

Die Daten, die sich aus einem Vorgehen nach dem Zwei-Prozess-Modell
ergeben, lassen sich über das „Koordinatensystem psychosozialer Diagnostik und
Intervention" von Pauls (2011) einfach und übersichtlich strukturieren und für
Diagnoseerstellung und Interventionsableitung nutzen, wie in Abschn. 5.7 und in
Abb. 5.4 näher erläutert wird.

Beratung als Prozess

5

Beratung bewegt sich im Spannungsfeld zwischen strukturierter Abfolge und kreativer Prozessgestaltung, verläuft jedoch weder in einer starren Folge von Schritten noch in einer mehr oder weniger kreativen Beliebigkeit. In einer professionellen Beratungspraxis gilt es, diese beiden Pole ausgewogen zu verbinden. Die in einer Beratung enthaltenen prozessualen Inhalte, die Schritte, Abfolgen, Entwicklungen und Veränderungsprozesse sind von außen, auch für Studierende oder Praxisanfänger, nicht so einfach zu erkennen. Sie sind eingebettet in ein Gespräch, das sich auf den ersten Blick oftmals kaum von einem tiefer gehenden Alltagsgespräch unterscheidet. In diesem Kapitel werden diese Aspekte und „verborgenen" Prozessinhalte von Beratung aufgezeigt. Gezielte interventive Maßnahmen, Methoden oder Handlungsstrategien zur Veränderung bzw. „Problembewältigung" werden hierbei nicht in den Fokus gerückt, wenngleich die Gesprächsinhalte und Prozessschritte durchaus als Interventionen verstanden werden können.

Vorab ist es sinnvoll zu erfassen, wer und was an einer Beratung beteiligt ist. Wir bezeichnen das als die Komponenten einer Beratung. Dann befassen wir uns mit den Prozessen, die zu der Entscheidung führen, eine Beratung aufzusuchen. Ausführlich widmen wir uns dem Verlauf einer Beratung und den Prozessen, die bei den Klienten zu einer Veränderung führen. Über den gesamten Beratungsprozess hinweg kann Beratung als ein strukturierter Ablauf von spezifischen Phasen und von Veränderungsprozessen verstanden werden. Auch innerhalb einer Beratungssitzung gibt es einen spezifischen Phasenablauf.

Das Basismedium von Beratung ist das Gespräch mit dem darüber erfolgenden Beziehungsaufbau. Wie dieser Prozess gestaltet wird, wird in Abschn. 5.5 vorgestellt. Ebenso werden die Prozesse der Ziel- und Auftragsklärung einer Beratung aufgezeigt und erläutert (Abschn. 5.6). Diagnostik ist oftmals fließend

F.-C. Schubert et al., *Beratung,* Basiswissen Psychologie,
https://doi.org/10.1007/978-3-658-20844-8_5

in den Beratungsprozess eingebunden, wenngleich ihr als Prozess und Methode ein spezifischer Stellenwert zukommt. Unter methodischen Aspekten, insbesondere im systemischen Verständnis, ist sie sowohl Problemerfassung als auch Perspektivenerweiterung und Anstoß zur Veränderung und wird daher hier auch unter dem Aspekt des Beratungsprozesses behandelt.

5.1   Komponenten von Beratung

Ein professioneller Beratungsprozess wird über mindestens fünf zentrale Komponenten gestaltet, die in einem Wechselwirkungsverhältnis stehen: Ratsuchender – Berater – Beratungsgegenstand – Beziehung – Kontext (Abb. 5.1). Der Kontext geht dabei dreifach ein: als Lebenskontext des Klienten, als Lebenskontext des Beraters und als struktureller Kontext der Institution.

Die einzelnen Komponenten, und damit der Beratungsprozess insgesamt, werden wechselseitig durch komplexe Faktoren, beispielsweise kognitiv-emotionale Prozesse und Strukturen bei Klienten und Beratern, wie auch durch institutionelle Strukturen gestaltet. Ganz erheblich wird der Beratungsprozess durch die – möglicherweise unterschiedlichen – Erwartungen von Klienten und Beratern

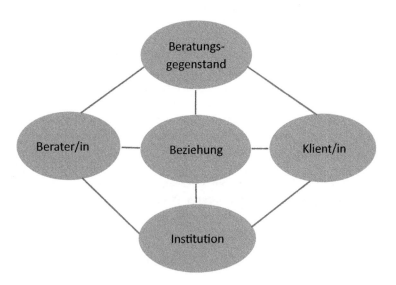

Abb. 5.1 Zentrale Komponenten von Beratung

aneinander und im Hinblick auf die Art der Problemlösung beeinflusst. In die einzelnen Komponenten können die im Folgenden erläuterten Muster eingehen. **Klienten** kommen mit individuellen Erwartungsmustern und vorangehenden Beratungserfahrungen in die Beratung und zeichnen sich zudem durch eine unterschiedlich ausgeprägte Motivation zur Veränderung und zur Mitarbeit im anstehenden Entscheidungs- und Veränderungsprozess aus. Zu beachten sind hierbei auch die „Kliententypen" nach de Shazer (1989). Folgende Fragen sind dabei zu reflektieren:

- Welche Erwartungen hat der Klient an die Beratung?
- Welche Erfahrungen hat er bisher mit Beratung gemacht?
- Welche Lösungsversuche hat der Klient bisher unternommen? Welche Auswirkungen hat das auf seine Veränderungserwartungen (z. B. Resignation)?
- Wie sind seine Veränderungsmotivation und Selbstwirksamkeitserwartung ausgeprägt?
- Welchem Kliententyp entspricht er (klagend, unfreiwillig bzw. geschickt, „reif")? Besteht bereits eine tragfähige Verantwortlichkeit für den angestrebten Veränderungsprozess, oder muss sie im Beratungsprozess erst herausgebildet werden?
- Über welchen lebensweltlichen, arbeitsweltlichen oder soziohistorisch-biografischen Kontext ist der Klient geprägt?

Berater haben nicht nur professionell geprägte, sondern auch individuelle Zielsetzungen und Auffassungen in Bezug auf die Aufgaben von Beratung im Allgemeinen und bei einzelnen Klienten im Speziellen. Neben den professionell entwickelten haben sie zudem häufig auch persönlich bevorzugte und herausgebildete Vorgehensweisen und Methoden, die den Beratungsprozess subtil mitgestalten. Folgende Themenbereiche und Fragestellungen sind zu reflektieren:

- Welchem Beratungskonzept folgt der Berater? Welches Menschenbild liegt zugrunde?
- Methodische Einengung oder methodische Breite?
- Selbstverständnis, die eigene Rolle und Funktion als Berater betreffend
- Vorurteile gegenüber Klienten mit spezieller Problemlage, bestimmter kultureller, sozioökonomischer Herkunft, sexueller Ausrichtung usw.
- Individuelle Auffassung von der Funktion und den Aufgaben von Beratung
- „Geheime" subjektive Auffassungen bezüglich der „tatsächlichen" Wirksamkeit von Beratung

- Über welchen lebensweltlichen, arbeitsweltlichen oder soziohistorisch-biografischen Kontext ist der Berater geprägt?
- Welche Auffassung hat der Berater vom Auftrag und Leitbild der Institution, in der die Beratung stattfindet, bzw. er arbeitet?
- Welche besonderen Ressourcen und Kompetenzen, welche fachlichen Schwächen hat der Berater, beispielsweise im Hinblick auf
    - Zugang schaffen und vertrauensvolle Beziehung herstellen können,
    - Einfühlungsvermögen,
    - Wertschätzung des Klienten,
    - Selbstkongruenz,
    - Zuhören können,
    - Verbalisierungsfähigkeit,
    - Kenntnisse der Lebenswelt und der prägenden bzw. aktuellen Lebensphase(n) des Klienten,
    - Wissen über das Zustandekommen und die Weiterentwicklung des Problems (dominieren subjektive Vorstellungen oder fachliche Kenntnisse?),
    - Lösungskompetenzen inklusive Ressourcenerschließung,
    - Kenntnisse und Zugang zu professionellen Netzwerken/persönliche Kontakte?

Beziehung ist zu verstehen als die Gestaltung des dynamischen, wechselseitig emotionalen und interaktiven Geschehens zwischen Berater und Klient in der Beratungssituation (Beratungsbeziehung). Die Beziehung zwischen Berater und Klient hat einen herausragenden Stellenwert im Beratungsprozess (Schmid-Traub 2003) und auch im Hinblick auf die Wirksamkeit von Beratung (s. Abschn. 6.1). Sie unterscheidet sich somit deutlich von einer Alltagsbeziehung zwischen zwei oder mehreren Personen. Die Beratungsbeziehung ist vielschichtig gestaltet. Im Wesentlichen umfasst sie emotional-interaktive Ebene und die Problem- bzw. Sachebene.

Auf der *emotionalen Ebene* wird die Beziehung gestaltet über

a) den ersten Eindruck und Sympathie-Antipathie-Erlebnisanteile, über Gestik, Mimik und speziell beim Klienten über erlebte Wertschätzung und Vertrauensaufbau. Maßgeblich sind hierbei die zum Ausdruck gebrachten beraterischen/ therapeutischen Variablen nach Rogers: Wertschätzung und Akzeptanz gegenüber dem Klienten und Selbstkongruenz (Echtheit) des Beraters;
b) psycho-emotionale Interaktionen zwischen Berater und Klient, die durch Übertragung und Gegenübertragung, durch beraterische/therapeutische Abstinenz

(abhängig von der therapeutischen Schule) bzw. durch Nähe und Distanz aktiviert werden;

c) gegenseitige Rollenzuschreibungen: vom Klienten an den Berater als Vorbild,
Bezugsperson, Autorität oder auch als allmächtige Instanz (u. a.); vom Berater
an den Klienten als hilflos, schutzbedürftig oder als Versager (u. a.).

Auf der *Problem- bzw. Sachebene* wird die Beziehung durch die Übereinstimmung oder fehlende Übereinstimmung von Erwartungen gestaltet, insbesondere durch

a) Erwartungen des Klienten an den Berater und deren Erfüllbarkeit (z. B. „Löse
mein Problem", „Ändere den anderen") sowie durch Erwartungen, die über
die Zuschreibung von Rollen und Kompetenzen zum Ausdruck kommen;

b) Erwartungen des Beraters an den Klienten, etwa in Bezug auf die Übernahme
von Verantwortung und die Selbstbeteiligung an den beraterisch angestrebten
Veränderungen;

c) Auffassungen beider von den Erwartungen der Institution, in der die Beratung
stattfindet bzw. über die die Beratung finanziert wird.

Das konkrete Anliegen oder das Problem ist der **Gegenstand** der Beratung.
Der Beratungsgegenstand und die Art und Schwere des Problems, die Übereinstimmung zwischen Berater und Klient im Hinblick auf die Gegenstands-
definition, das Beratungsziel, das Beratungsverfahren und das methodische
Vorgehen haben Einfluss auf den Beratungsprozess. Weiteren Einfluss hat die
Frage, ob es sich um ein vorgeschobenes Problem handelt und wie dann das
dahinterstehende „eigentliche Problem" erfassbar wird. Der Beratungsgegenstand
bzw. das Problem kann sich im Verlaufe eines Beratungsprozesses ändern. Daher
gilt es währenddessen immer wieder die Gegenstandserfassung, d. h. die Art und
den Inhalt des Problems, im Blick zu behalten und eine vorschnelle Problemfest-
legung zu vermeiden. Zur Veranschaulichung der Problemvielfalt kann folgende
Auflistung beitragen:

- Informationsproblem,
- Entscheidungsproblem,
- Bewältigung von Anforderungen/Belastungen in der alltäglichen oder beruflichen Lebensführung (handlungsbezogene und/oder soziale Kompetenzent-
wicklung),
- emotional hoch belastende Lebenskrise,

- Gestaltung und Durchsetzen individueller Zielsetzungen/Wünsche (Beruf, Bedürfniserfüllung, Lebensqualität),
- Beziehungsproblem (in Familie, Partnerschaft oder anderen zwischenmenschlichen Bereichen),
- Begleitung bei persönlichen Lebensübergängen (Entwicklung/Wachstum/Selbstgestaltung),
- präventive Beratung bei bevorstehenden Entscheidungen und Lebensübergängen,
- Wiedereinstieg in Alltag und/oder Beruf (Rehabilitation) nach einer Erkrankung,
- Leben mit chronischer Erkrankung, Leben mit chronisch hoher Alltagsbelastung (pflegende Angehörige) u. a. m.

Der **Kontext** lässt sich differenzieren nach

- der Institution, in der die Beratung stattfindet und die gegebenenfalls auch die Finanzierung für Klient und Berater sicherstellt,
- der sozialen und sozioökonomischen Lebenswelt, in der sich zum einen der Berater und zum anderen die Klienten bewegen.

Bei der Erfassung des Beratungsprozesses spielt der *Kontext Institution* (institutionelle Rahmenbedingungen, Beratungssituation) eine nicht zu vernachlässigende Rolle. In die Reflexion sollte einbezogen werden:

- Wo findet die Beratung statt (abgegrenzte Räumlichkeit oder offen „zwischen Tür und Angel")?
- Beschaffenheit und Ausstattung der Räumlichkeiten (abgeschirmter Ort oder unkalkulierbare äußere Störungen, Mithörmöglichkeiten für Kollegen oder andere Klienten); Gestaltung und Mobiliar (spartanisch, einladend, überbordende Chill-Landschaft, Grünpflanzen, politische, kulturelle, religiöse Symbole und Arrangements)
- Finanzielle Ausstattung, Zeitbudget der Berater, mögliche Beratungsdauer (nur kurze oder auch längerfristige Beratungsarbeit möglich?)
- Erreichbarkeit der Beratungsstelle (z. B. Verkehrsanbindung)
- Geschlecht der Berater (sind beide Geschlechter und auch transsexuelle Fachkräfte vertreten?)
- Welchen offenen/verdeckten Auftrag hat die Institution an den Berater?
- Welche Erwartungen hat die Institution an die Klienten, an den Beratungsprozess und das Beratungsergebnis?

- Welche Auffassungen oder Vorurteile haben Klienten im Hinblick auf die Institution? Welche hat der Berater?
- Erfolgen die Beratungen in der Institution vornehmlich freiwillig oder sehr häufig im Zwangskontext? Welche Auswirkungen hat das auf die Auffassung der Klienten und der Berater von der Beratung und Institution?

Anhand einer Abbildung von Bronfenbrenner (1981) zu seinem sozialökologischen Ansatz veranschaulicht Warschburger (2009, S. 49) die komplexen kontextuellen Einbindungen und Wechselwirkungen von Berater und Klient über deren Mikro-, Meso-, Exo- und Makrosysteme und deren Veränderungen über die Zeit (s. auch Abschn. 3.3).

Zwicker-Pelzer (2010) benennt vier Zugangsebenen für eine „fallverstehende Begegnung" in der Beratung (Abb. 5.2; s. auch Welter-Enderlin und Hildenbrand 2004). Die Zugangsebenen „Methoden und Handwerkskoffer" und „Theorien

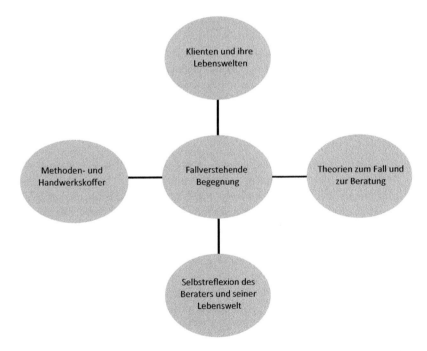

Abb. 5.2 Vier Zugangsebenen für fallverstehende Begegnung in der Beratung. (Zwicker-Pelzer 2010, S. 78, modifiziert nach Welter-Enderlin und Hildenbrand 2004, S. 24)

zum Fall und zur Begegnung" sind zu gewissen Teilen in den oben thematisierten Komponenten „Beratungsgegenstand/Problem" und „Beratungsbeziehung" enthalten. Zum Ausdruck kommt, dass Wissen über Beratung und über bestimmte Klientenwirklichkeiten ohne Methodenkompetenz nicht möglich ist.

5.2   Prozesse im Vorfeld einer Beratung

In einer ganz allgemein gehaltenen Formulierung ist das Ziel von Beratung, Ratsuchenden professionelle Hilfestellung zu *Veränderungsprozessen,* inklusive persönlicher Entwicklungen, oder bei der Entscheidungsfindung zu geben und/oder Veränderungen in ihrem sozialen Umfeld zu aktivieren, die die Ratsuchenden ohne solche Hilfe, d. h. auf sich alleine gestellt, zunächst als nicht erreichbar oder umsetzbar eingeschätzt (s. Abschn. 2.3). Berater müssen daher wissen, wie Veränderungsprozesse eingeleitet und durchgeführt werden. So ein Veränderungswissen ist zu unterscheiden von Methodenwissen, d. h. dem Wissen, wie Veränderungen vonstattengehen und methodisch-fachlich fundiert durchgeführt werden.

Berater benötigen zudem Kenntnisse darüber, aus welchem *Anlass* die Beratung aufgesucht wird und welche Bemühungen die Klienten im Vorfeld der Beratung unternommen haben, um mit der anstehenden Problematik zurechtzukommen. Die Gründe, warum Menschen Beratung in Anspruch nehmen, sind vielfältig (Stimmer und Ansen 2016). Typischerweise suchen Menschen professionelle Beratung dann auf, wenn

- das bisher eingesetzte Alltagshandeln unter der aktuellen Einwirkung von Belastungen, bei bevorstehenden Lebensanforderungen (z. B. Lebensübergängen) oder bei einer zunehmenden Häufung von Anforderungen und Stressoren für eine gelingende Lebensgestaltung (subjektiv) nicht mehr ausreicht,
- Menschen im sozialen Umfeld keine hilfreiche Unterstützung geben können,
- bisherige Veränderungs- oder Bewältigungsversuche fehlgeschlagen sind,
- entsprechende Ressourcen zur Bewältigung der Anforderungen fehlen.

Maßgeblich sind dabei auch die subjektive Einschätzung des Problems und die antizipierten Ergebnisse des eigenen Bewältigungshandelns, wie Ergebnisse der transaktionalen Krisenforschung (Dross 2001) nahelegen. Betroffene suchen eine professionelle Beratung umso eher auf,

- je subjektiv bedeutsamer das Problem oder anstehende Ereignis ist (Bedeutsamkeit),
- je mehr subjektive Unsicherheit bezüglich der eigenen Bewältigungsmöglichkeiten besteht (Copingmöglichkeiten, Kontrollierbarkeit),
- je unübersichtlicher und mehrdeutiger das Ereignis subjektiv erscheint (Ereigniskomponente),
- je unübersichtlicher und unkontrollierbarer die Folgen des eigenen Bewältigungshandelns erscheinen (Handlungskonsequenzen).

Die Befunde zum Beratungsanlass sind deckungsgleich mit Ergebnissen der transaktionalen Stressbewältigungsforschung (z. B. transaktionales Stressmodell, Lazarus und Folkman 1984; Lazarus und Launier 1981; zum Überblick: Schubert 2009b) und deren Weiterführung in der Gesundheitspsychologie (Schwarzer 2004) und sind vollständig anschlussfähig an das oben entfaltete Konzept der transaktionalen Lebensführung (s. Abschn. 2.2). Auf dieser konzeptionellen Folie ist nachvollziehbar, weshalb gerade die genannten Ereignisse und Erfahrungen Kristallisationspunkte für die Entwicklung von Lebensproblemen und damit Anlass für Beratung bilden. Für ein angemessenes Verständnis ist allerdings im Auge zu behalten, dass Lebensprobleme zwar auf der individuellen Erlebnisebene zum Ausdruck kommen, d. h. vom Individuum erlebt und erlitten werden, doch letztlich nur über die Wechselwirkungsprozesse zwischen den Dimensionen Person, Umwelt/Lebenswelt, aktuelle Lebenssituation und kognitiv-emotionale, biografisch geprägte Verarbeitungsweise der Lebensbedingungen angemessen zu verstehen sind.

Weil der Einzelne für die Bewältigung derartiger Belastungen und Anforderungen nicht ohne Weiteres angemessene Strategien und Orientierungen zur Verfügung hat, sucht er nach Hilfestellung in seinem sozialen Umfeld, in der Familie, bei Freunden, Nachbarn oder auch bei formellen (z. B. Beratungsstellen) oder kulturell-religiösen Hilfeangeboten. Nestmann (1988) zeigt auf, dass etwa 60 % der auftretenden Lebensprobleme selbstständig oder mithilfe des privaten sozialen Nahfelds bewältigt werden. Erst wenn diese sozialen Netze überfordert sind oder versagen, etwa durch Konflikte mit den Hilfspersonen (Ehepartner, Freunde), durch sozial-emotionale Störungen innerhalb des Unterstützungsnetzes oder durch den Schwierigkeitsgrad der Probleme, wenden sich Betroffene den formellen Hilfesystemen zu – das ist nur bei maximal 40 % der Lebensprobleme der Fall. Damit kommen zumeist nur selegierte, „schwierige" Fälle in die Beratungseinrichtungen.

5.3   Veränderungsprozess

Deutlich wird, dass Berater außer über ein Störungswissen über ein Ressourcenwissen und vor allem über ein fundiertes und methodisch breites Veränderungswissen verfügen müssen, um Klienten zur Bewältigung ihrer Lebensanforderungen und Gestaltung ihrer Lebenssituation zu befähigen. Beratung und Therapie gehen grundlegend von der Vorstellung aus, dass dazu Veränderungen sowohl beim Klienten selbst wie auch in seiner (intersubjektiven) Lebenswelt, vor allem in seinen nahen sozialen Lebensbereichen (Mikrosysteme), nötig sind. Aufseiten des Klienten kann das die Entwicklung von weiteren Lebenskompetenzen auf der Verhaltens- und Handlungsebene, etwa im sozialen Bereich, wie auch Änderungen auf der kognitiv-emotionalen Ebene (Wahrnehmungs-, Einstellungs- und Bewertungsmuster, emotionale Reaktionsmuster) beinhalten. Veränderung setzt vor allem auch die individuelle Bereitschaft voraus, Veränderung und Entwicklung anzustreben. Veränderung verlangt außerdem nicht nur Einsicht in die Notwendigkeit, sondern auch die Bereitschaft, problematische oder schädigende (dysfunktionale) Einstellungs- und Verhaltensmuster abzulegen (Änderungsmotivation; Beck und Borg-Laufs 2018). An Veränderung ist also der Klient maßgeblich beteiligt.

In diesem Zusammenhang muss auch bedacht werden, dass Problemverhalten keineswegs nur negativ zu verstehen ist, sondern ein sinnhaftes bzw. „passendes" Einstellungs- und Verhaltensmuster in einem hoch belastenden Lebenskontext sein kann – etwa zur Abwehr selbstwertbelastender Wahrnehmungen und zur Aufrechterhaltung wichtiger psychischer und sozialer Grundbedürfnisse und Interaktionsmuster (z. B. Schemata; Young et al. 2008) – oder auch nur einen einfachen „Störungsgewinn" in Form von erhöhter Aufmerksamkeit und Zuwendung mit sich bringt. Solche Muster sind oftmals über biografisch-historische Lernerfahrungen geprägt und hatten damals eine spezifische Bewältigungsfunktion, die auf die gegenwärtige Lebenssituation übertragen wird. Lernpsychologisch interpretiert, werden solche Muster im aktuellen Kontext über positive oder negative Verstärkungsprozesse aufrechterhalten, beispielsweise über sozial-interaktive und individuelle kognitiv-emotionale Prozesse. In der systemischen Beratung spricht man von den „guten Gründen" eines Problems. Bei einer Veränderung muss also mitbedacht werden, dass diese „Vorteile" des Problemmusters aufgegeben und durch brauchbare Alternativen „ersetzt" werden müssen.

Es gibt verschiedene Erklärungsmodelle dafür, wie Veränderungen beim Klienten aktiviert werden. Sie sind zumeist nach beraterisch-therapeutischer „Schulenausrichtung" konzipiert und werden zudem durch den Berater je nach Praxeologie und durchlaufener Ausbildung variiert. „Trotz der Vielfalt der

Modelle, die zur Erklärung von Veränderung vorliegen, ist unser Wissen darüber, wie sich Personen […] verändern können, ohne dass es gleichzeitig zu einer Gefährdung ihrer Stabilität kommt, nur sehr lückenhaft" (Warschburger 2009, S. 82). McLeod (2004) führt drei Veränderungsmodelle näher aus: Das siebenstufige Veränderungsmodell von Rogers (2000b), das Assimilationsmodell von Stiles et al. (1990, 1992) und das Transtheoretische Modell (TTM) von Prochaska und DiClemente (1982, 2005). Alle Modelle gehen davon aus, dass Klienten unterschiedliche Stadien bis zur angestrebten Veränderung durchlaufen. Klemenz (2014) ergänzt diese Zusammenstellung durch die Explikation des schulenübergreifenden biologisch-psychologischen Veränderungsmodells von Grawe (2004). Je nach den vorliegenden Störungsmustern erfordern Veränderungsprozesse („Konsistenzregulationsverbesserungen") den Einsatz spezieller Methoden.

Das Transtheoretische Modell hat in jüngster Zeit weite Verbreitung gefunden und soll hier näher dargestellt werden. In einer knappen und prägnanten Form umreißt Warschburger (2009) das Modell:

> Beim Vergleich von 16 verschiedenen Psychotherapieformen identifizierten die Autoren 10 verschiedene Veränderungsprozesse („processes of change"), die erklären, *wie* Veränderung stattfindet. Zum anderen unterscheiden die Autoren sechs (fünf) verschiedene Stadien der Veränderung („stages of change"); diese erläutern, *wann* Veränderung stattfindet. Als weitere zentrale Konzepte stellen sie die Entscheidungsbalance (Pro- und Contra-Argumente für die Veränderung und deren Verhältnis) und die Selbstwirksamkeit (Vertrauen, Veränderungen in schwierigen Situationen umzusetzen und beizubehalten) als zentrale Variablen heraus (Warschburger 2009, S. 83).

Das Modell ist im Beratungsprozess unter mehreren Aspekten hilfreich: Es ermöglicht zu erfassen, in welchem Stadium der Veränderungsbereitschaft sich ein Klient befindet, und es verdeutlicht, dass hilfreiche Interventionen bereits zu einem Zeitpunkt möglich sind, zu dem die Klienten selbst noch nicht an einer konkreten Veränderung interessiert oder davon überzeugt sind. Unter Bezug auf Prochaska und Norcross (2001) sind die sechs Stadien der Veränderung nach dem Transtheoretischen Modell folgendermaßen zu charakterisieren (Klemenz 2014; Stimmer und Ansen 2016).

1. *Stadium der Sorglosigkeit und Absichtslosigkeit:* Bei der betroffenen Person „besteht keine Absicht, das problematische Verhalten in den nächsten sechs Monaten zu verändern. Viele Klienten sind sich ihres Problems nicht bewusst, aber wichtigen Bezugspersonen ist offensichtlich, dass der Klient ein Problem hat" (Klemenz 2014, S. 201). Oftmals veranlasst der Druck ihres Umfeldes die Klienten, professionelle Hilfe aufzusuchen.

2. *Stadium der Bewusstwerdung, des Nachdenkens und der Absichtsbildung:* Die betroffene Person entwickelt ein – häufig noch ambivalentes – Bewusstsein dafür, dass ein Problem besteht, das sich negativ auf die eigene Lebensgestaltung und auf das nahe soziale Umfeld auswirkt. Sie erwägt, das Problemverhalten in der nächsten Zeit/den nächsten sechs Monaten zu ändern. Positive und negative Handlungserwartungen werden gegeneinander abgewogen. Dabei kann es zu einem Verharren in dieser Ambivalenzphase kommen.

3. *Vorbereitungsstadium:* In dieser Phase werden erste Schritte zu einer Verhaltensänderung entwickelt, indem der Klient „versuchsweise" Intention und Verhaltensschritte miteinander verknüpft und auf der Grundlage seiner Erfahrungen dann das Zielverhalten etwa innerhalb eines Monats anstrebt.

4. *Handlungsstadium:* Der Klient verändert sein Problemverhalten seit mehreren Wochen/seit weniger als sechs Monaten konkret und länger anhaltend in Richtung Zielverhalten.

5. *Stadium der Aufrechterhaltung:* Der Klient hat die Verhaltensänderung seit mehr als sechs Monaten realisiert und deren positive Wirkungen aufgenommen. In dieser Phase werden das Zielverhalten und Verhaltensweisen zur Vermeidung von Rückfällen konsolidiert.

6. *Beendigung und Stadium der anhaltenden Aufrechterhaltung:* Der Klient ist aus dem Veränderungsprozess in einen anhaltenden und verinnerlichten Entwicklungszustand ohne (dieses) Problemverhalten übergegangen.

Im Beratungsalltag werden die Stadien nicht linear, sondern üblicherweise in einem spiralförmigen Prozess durchlaufen. In jedem Stadium kann Veränderung durch entsprechende Interventionsstrategien unterstützt und gefördert werden. Bei Rückfällen geht die betroffene Person auf ein früheres Stadium zurück, jedoch kaum auf das Ausgangsstadium. Ein Konzept, das sich gut eignet, um Klienten in den ersten drei Stadien zu begleiten und Ambivalenzen in der Änderungsmotivation herauszuarbeiten, ist die „Motivierende Gesprächsführung" von Miller und Rollnick (2015). Ursprünglich für die Arbeit in der niederschwelligen Suchtberatung entwickelt, kommt der Ansatz inzwischen in vielen Beratungskontexten zur Anwendung.

5.4   Beratungsphasen

Ein professioneller Beratungsprozess zeichnet sich durch einen in mehrere Phasen strukturierten Ablauf aus, der einer inneren Logik folgt. Das betrifft sowohl die gesamte Beratung von Anfang bis Ende als auch die einzelne Beratungssitzung, die zumeist in eine spezifische Abfolge von Vorgehensweisen gegliedert ist. Professionelle Beratung ist also das Gegenteil von mehr oder weniger zufälligen Aktivitäten.

Der Beratungsprozess ist zwar ein strukturierter Prozess, jedoch nicht im Sinne einer eindeutig definierten Gliederung und einer festgelegten linearen Abfolge von Phasen. Phasenmodelle geben lediglich eine Orientierung zum Verständnis und zur professionellen Durchführung von Beratung. Je nach Komplexität der Problemlage und der Art, in der sich die Klienten mit sich selbst und ihren Anliegen, Problemen und Fragen auseinandersetzen, können die Phasen in Dauer und Abfolge variieren, z. B. indem einzelne Phasen für eine vertiefende Bearbeitung und Klärung wiederholt durchlaufen werden. Zudem variieren die typischen Ablaufmuster bei Besonderheiten im Beratungssetting (Einzel- oder Familiensetting, Einbezug weiterer Personen wie z. B. Lehrer, Erzieher), in den Beratungsformaten (Supervision, Coaching, Mediation) oder bei spezifischen Beratungsverfahren (z. B. Krisenberatung, lösungsorientierte Beratung).

5.4.1 Phasenmodelle des Beratungsprozesses

In qualitativ-empirischen Einzelfallstudien sind mehrere Phasenmodelle von Beratung generiert worden, die den gesamten Beratungsprozess in relativ vergleichbarer Weise gliedern. Im Folgenden werden drei Prozessmodelle vorgestellt, denen unterschiedliche Verständnishorizonte von Beratung zugrunde liegen.

Eines der ersten systematisierten Prozessmodelle beruht auf den Forschungen von Kaminsky (1970). Beratung bzw. Therapie wird als *Problemlösungsprozess* verstanden, ein Problem wird als eine Soll-Ist-Diskrepanz aufgefasst. Im Wesentlichen werden vier Prozessphasen unterschieden: Problemdefinition, Zieldefinition, Umsetzung/Intervention und Evaluation. In der *Problemdefinition* wird gemeinsam die subjektive Auffassung des Klienten in Bezug auf das Problem erfasst (Erfassung des Ist-Zustandes). Diese Sichtweise kann wichtige Informationen (noch) nicht enthalten und sich von der des Beraters unterscheiden. In der Phase der *Zielentwicklung* soll der Klient mit Unterstützung durch den Berater das Ziel (oder mehrere Ziele) für die Beratung entwickeln und möglichst konkret formulieren (Soll-Zustand). Dabei ist auch zu erfassen, inwieweit die Beratungsziele in Konflikt mit anderen Lebenszielen des Klienten geraten, was negative Auswirkungen auf Veränderungsmotivation und Mitarbeit des Klienten haben kann. In der dritten Phase werden Maßnahmen zur *Umsetzung* bzw. *Problemlösung* (Reduzierung der Soll-Ist-Diskrepanz) eingeführt, z. B. Informationen

zur Problemlösung und Entscheidungsfindung gegeben und nötige Kompetenzen (z. B. Problemlösestrategien) vermittelt. Zudem wird der Klient an die Nutzung vorhandener, möglicherweise verdeckter Ressourcen zur Lösungsfindung
herangeführt. Diese Phase ist komplex und kann in weitere Teilschritte untergliedert werden, die hier nicht weiter verfolgt werden. In der *Evaluationsphase*
wird erfasst, inwieweit die Maßnahmen zur Behebung oder zumindest zur Verbesserung des Problems beigetragen haben (Schiersmann et al. 2016; Schiersmann und Thiel 2012; Warschburger 2009).

Phasenmodell nach Culley (2002)

Ein inhaltlich differenziertes Prozessmodell erstellte Culley (2002) über eine
systematische Beobachtung und Auswertung von Beratungsprozessen. Sie arbei-
tete drei komplexe Phasen heraus, die sie schlicht als Anfangs-, Mittel- und
Endphase bezeichnete. Diese Phasen bauen aufeinander auf und sind zugleich
ineinander verwoben. Jede hat ihr eigenes Profil, eigene Funktionen und Ziele
und beinhaltet jeweils eigene Strategien und Fertigkeiten, die das Beratungshandeln auf die Funktion der jeweiligen Phase ausrichten. Das Konzept basiert
auf einem pragmatisch-humanistischen Menschenbild. Zwar formuliert Culley die schulenübergreifende Ausrichtung ihres Modells, in ihren Erläuterungen
und Falldarstellungen überwiegen jedoch die hermeneutisch-kommunikativen
Verfahren und Fertigkeiten auf der Basis von humanistischen und systemischen
Beratungskonzepten. Ausführliche Gesprächsbeispiele vertiefen und erläutern
die Konzeption. Die Anfangsphase baut auf hermeneutisch-kommunikativen
Kompetenzen auf, die Mittelphase fokussiert die Erfassung, Wahrnehmung und
Bewertung von Kognitionen und Gefühlen und die Vermittlung neuer Perspekti-
ven auf die individuelle Lebenslage, und in der Endphase werden vor allem Maß-
nahmen zur Veränderung bzw. Verbesserung der Problemlage eingesetzt und der
Beratungsprozess evaluiert.

(1) Anfangsphase

Diese Phase dient dem Aufbau einer tragfähigen Beziehung zwischen Berater und
Klient und ist inhaltlich auf die Erfassung des (Ausgangs-)Problems konzentriert.

Ziele:

- *Aufbau einer tragfähigen Beratungsbeziehung.* Sie motiviert den Klienten, an
  seinen Problemen zu arbeiten.
- *Klärung und Eingrenzung der Probleme.* Wesentlich ist, dass Berater und
  Klient das gleiche Verständnis davon haben, um welche Anliegen und Themen
  es geht.

- *Treffen erster Entscheidungen.* Es werden erste Arbeitshypothesen erstellt. Was erwartet der Klient vom Berater? Kann und will der Berater nutzbringend an der Problematik arbeiten? Um die Erwartungen des Klienten erfassen zu können, muss der Berater einen fundierten und breiten Überblick über mögliche menschliche Problemlagen haben.
- *Formulierung eines Arbeitsvertrags.* Beratung basiert auf einer Wechselseitigkeit zwischen Klient und Berater. Der Kontrakt soll sicherstellen, dass Beratung als ein gemeinsames Unternehmen und nicht als einseitige „Expertenleistung" verstanden und gehandhabt wird. Betont werden im Kontrakt sowohl die Verantwortung des Klienten für sich selbst, für die eigene Entwicklung und Veränderung in der Beratung als auch die Notwendigkeit der Kooperation von Berater und Klient.

Strategien:

- *Explorieren* verhilft zur Aufklärung des Anliegens und zur Entwicklung eines gemeinsamen Verständnisses davon.
- *Prioritäten setzen und konzentrieren:* den Kern der Thematik bzw. des Problems herausarbeiten und gemeinsam Prioritäten in der Bearbeitung der Anliegen festlegen.
- *Vermitteln von Grundwerten* im Sinne von Akzeptanz, Wertschätzung und Verstehen über beraterische Kommunikation. Dies sind wesentliche Voraussetzungen für eine gelingende Beratungsbeziehung.

Grundlegende Fertigkeiten:

- *„Aktives Zuhören"* in reflektierender wie sondierender Form.
- *Reflektierende Fertigkeiten* sensu „verbalisierendes Spiegeln". Dies erfolgt im Wesentlichen über das Wiederholen von Schlüsselworten oder zentralen Sätzen, Paraphrasieren und Zusammenfassen zentraler Aussagen bzw. Anliegen.
- *Sondieren* zur Erfassung der Probleme in ihrem jeweiligen Bezugsrahmen. Dies erfolgt über spezifische Frageformen, wie z. B. aktivierendes, konkretisierendes, zirkuläres, vergleichendes oder feststellendes Fragen, und über Konkretisieren, z. B. bei generalisierenden, verschwommenen oder verworrenen Klientenaussagen.

Diese Fertigkeiten können bei jeder der genannten Strategien dieser Phase, aber auch in den anderen Beratungsphasen eingesetzt werden.

(2) Mittelphase

> Kern der Mittelphase im Beratungsprozeß ist der Versuch, Klienten zu helfen, ihre Anliegen und Probleme neu zu ordnen und neu zu bewerten. [...] Ohne neue und differente Sichtweisen auf sich selbst und auf ihre Anliegen [ist] eine Veränderung und Verbesserung der Lage dieser Klienten unwahrscheinlich (Culley 2002, S. 19).

Ziele:

- *Neubewertung von Problemen.* Das bedeutet, dem Klienten dabei zu helfen, sich aus seiner eingefahrenen Sicht auf sich, auf das Problem und auf eigene Denk- und Handlungsweisen zu befreien und diese aus anderen und unterschiedlichen Perspektiven zu betrachten. Dieser Prozess der Neukonnotation wird von manchen Klienten als sehr schmerzvoll und belastend erlebt. Daher dürfen die beiden folgenden Strategien nicht aus dem Blick geraten.
- *Aufrechterhalten der Arbeitsbeziehung.* Sie stellt eine bedeutsame Basis für die Strategien dieser Phase dar.
- *Auf den Arbeitskontrakt hinarbeiten.* Zwar kann der Arbeitskontrakt im Prozess der Beratung modifiziert werden, doch soll das nicht mehr oder weniger willkürlich aus einer aktuellen beraterischen Situation (z. B. Hilflosigkeitserleben) heraus erfolgen. Vielmehr gilt es, sich die Zwecke und Ziele der ursprünglichen Vereinbarung immer wieder vor Augen zu führen.

Strategien:

- *Mitteilen von Grundwerten.* Klienten können sich auf die Prozesse dieser Mittelphase besser einlassen und sie produktiv für eine tiefere Einsicht nutzen, wenn sie die beraterischen Grundhaltungen und Werte konstant erfahren, d. h. sich in der Beratungssituation angenommen und aufgehoben fühlen und durchgehend Vertrauen in die Beratungssituation und den Berater erleben.
- *Herausfordern.* Diese Strategie bedeutet, „den Klienten eine Sichtweise anzubieten, die sich von ihrer gewohnten Sichtweise unterscheidet und sie stimulieren könnte, ihre eigene Position oder ihren eigenen Sichtwinkel zu überprüfen. Herausfordern provoziert tiefergehende Explorationen. Damit meine ich, daß die Klienten ermutigt werden, etwas über sich herauszufinden, was ihnen bisher unbewußt oder nur schwach bewußt war oder was zu sehen sie bisher vermieden haben" (Culley 2002, S. 20). Herausforderung kann über verschiedene beraterische Verfahren erfolgen, die jeweils einen eigenen Fokus haben:

- *Konfrontation* kann dem Klienten helfen, die „Tricks" (kognitiv-emotionale Muster, Schemata) zu durchschauen, die er verwendet und die anstehende Veränderungen behindern.
- *Feedback:* Der Berater gibt Rückmeldung, wie er den Klienten wahrnimmt.
- *Information* kann den Klienten ermutigen und anregen, seine Selbstwahrnehmung und Selbstbewertung zu ändern.
- *Richtunggeben* fordert den Klienten auf eine direkte Art und Weise auf, etwas Bestimmtes zu tun, z. B. ein bestimmtes Verhalten auszuprobieren oder im Gesprächsprozess innezuhalten und nachzuspüren, welche Gefühle gerade im Vordergrund sind.
- *Selbstmitteilungen* (sparsam zu verwenden). Der Berater kann auch über eigene Erfahrungen in Bezug auf das aktuelle Thema sprechen. Das dient dazu, Scheu bei Klienten abzubauen und sie anzuregen, die eigenen Anliegen in einer vertieften Weise zu bearbeiten.
- *Unmittelbarkeit.* Diese Strategie zielt auf das aktuelle Beziehungsgeschehen zwischen Berater und Klient. Der Berater vermittelt seine Sicht auf die gegenwärtigen Interaktionen und regt den Klienten an, seinerseits zu reflektieren, was gerade geschieht und wie er das erlebt.

Fertigkeiten: Nach Culley (2002) basieren die komplexen Herausforderungsstrategien der Mittelphase auf den grundlegenden Fertigkeiten, die in der Anfangsphase zur Anwendung kommen.

(3) Endphase
In der Endphase werden die als wirksam erkannten Handlungen durch den Klienten geplant und ausgeführt. Ein weiterer Akzent liegt auf der planvollen Beendigung der Bratungsbeziehung.

Ziele:

- *Angemessenen Wandel vorbereiten.* Gemeinsam mit dem Klienten gilt es herauszuarbeiten, welche Lebensumstände und Verhaltensweisen geändert werden sollen, welche Veränderungen nötig und ob diese auch möglich sind und zu welchen Resultaten, ob gewünscht oder nicht gewünscht, sie nach Meinung des Klienten führen.
- *Veränderungen ausführen.* Es ist ein wichtiger und zugleich banal anmutender Aspekt, anvisierte Entscheidungen und Veränderungen kompetent in die Praxis umzusetzen, z. B. angemessenes Verhalten auszuführen und problematisches zu unterlassen. Wichtig ist, Klienten darin zu unterstützen, ihrem Ziel

angemessene Entscheidungen zu treffen, sie bei der Auswahl realistischer Handlungsweisen zu begleiten und sie in der Bereitschaft, diese umzusetzen, zu stärken. Hierbei ist es auch nötig, Klienten darin zu unterstützen, Ressourcen bei sich selbst oder in ihrer sozialen Umwelt wahrzunehmen und auch konkret einzusetzen.

- *Lernen und Einsichten in die Lebenswelt übertragen.* Was Klienten im Beratungsprozess über sich und ihr Verhalten und über die unterschiedlichen Optionen, die ihnen offenstehen, herausarbeiten und lernen konnten, muss auf ihre Lebenswelt übertragen werden, damit sie erfolgreiche Schritte zur Veränderung und Problembewältigung umsetzen und dort auch dauerhaft etablieren können.
- *Die Beratungsbeziehung beenden.* Neben dem Gewinn wichtiger Erfahrungen bedeutet das Ende der Beratung nicht nur die Erfüllung eines Kontraktes, sondern für die meisten Klienten auch den Verlust einer wichtig gewordenen Beziehung. Daher sollte gemeinsam mit den Klienten erfasst werden, was das Ende der Beratungsbeziehung für sie bedeutet und wie ein „gutes" Ende erreicht werden kann.

Strategien:

- *Ziele entwickeln und Ziele setzen.* Das kann über verschiedene Strategien erfolgen, z. B. über die Entwicklung von konkreten Vorstellungen, wie das Verhalten sein wird, wenn das Problem beendet ist, oder über Rollenspiele oder angeleitete Fantasiereisen. Ziele müssen vom Klienten selbst gewollt, entwickelt und formuliert und operationalisierbar, insbesondere beobachtbar sein. Außerdem sollten sie konkret formuliert und in kleine realisierbare Teilziele unterteilt werden. Bekannt geworden sind die SMART-Kriterien zur Zielformulierung: spezifisch, messbar, attraktiv, realistisch, terminbezogen (Doran 1981).
- *Handlungsvorbereitung und -planung.* Ziele werden über Handlungen erreicht. Um handeln zu können, ist es nötig, verfügbare Optionen zu kennen und daraus angemessene auszuwählen. Zudem muss geplant werden, wie und in welcher Abfolge die Handlungen erfolgen sollen. Dabei wird auch erfasst, was Klienten am Handeln hindert. Das können fehlende Fertigkeiten sein oder unzureichend motivierende Belohnungen, oder die Handlungen sind mit zu hohen Risiken oder mit unliebsamen Zwängen verbunden, oder der Handlungsplan ist zu perfektionistisch angelegt. Für erfolgreiches Handeln sind ein passendes Belohnungssystem und vor allem ein unterstützendes soziales Netzwerk (z. B. Freunde, Familie, Arbeitskollegen) erforderlich.

- *Evaluieren und Veränderungen aufrechterhalten.* Die eingesetzten Maßnahmen werden auf ihren Erfolg hin überprüft. Zumeist ist das an der Frage ausgerichtet, ob Klienten nun besser in der Lage sind, ihre Anliegen voranzubringen oder mit ihren Problemen fertigzuwerden als vor der Beratung und die Veränderungen auch aufrechterhalten können.
- *Beenden.* Rückblickend werden der durchlaufene Beratungsprozess und die wahrgenommenen Veränderungen noch einmal gemeinsam erfasst, wobei auch Wertschätzung vermittelt wird und Erfolge thematisiert werden. Zudem soll angemessen viel Zeit eingeplant werden, um bei den Klienten Gefühle von Abschied und eventuell auch von Beziehungsverlust bearbeiten zu können.

Fertigkeiten: In dieser Phase kommen wiederum die kommunikativen Fertigkeiten zum Einsatz, die auch für die Strategien der beiden anderen Phasen grundlegend sind (ausführlich: Culley 2002). Culley beschreibt Beratung zwar als strukturierten Prozess, möchte dies jedoch nicht im Sinne einer starren Gliederung und einer linearen Phasenabfolge verstanden wissen. Länge und Abfolge der Phasen können variieren, und einzelne Phasen können wiederholt bearbeitet und durchlaufen werden.

Prozessmodell der Selbstmanagement-Therapie nach Kanfer et al. (2012)

Kanfer, Reinecker und Schmelzer (2012) haben ein verhaltenstherapeutisch fundiertes Prozessmodell entwickelt, das auch im Beratungskontext und zunehmend auch therapieschulenübergreifend eingesetzt wird (s. Abschn. 4.1.2). Borg-Laufs hat das Modell auf die Beratungsarbeit mit Kindern, Jugendlichen und Familien übertragen (Borg-Laufs und Wälte 2018). Es liefert einen Orientierungsrahmen für einen verfahrensmäßig und methodisch begründeten siebenstufigen Prozessablauf in Beratung und Therapie. Die einzelnen Phasen bauen aufeinander auf, werden jedoch, wie bei den anderen Modellen, nicht stringent voneinander abgegrenzt, sondern können nach Bedarf in rekursiven Schleifen, wenn nötig auch mehrfach, durchlaufen werden.

Die **erste Phase** legt den Schwerpunkt auf die *Schaffung günstiger Ausgangsvoraussetzungen* für die Beratung bzw. Therapie: Nach der Erläuterung von Setting, Vorgehen und organisatorischen Fragen geht es um die Klärung und Abstimmung der Erwartungen an den Beratungsprozess sowie um die Erfassung des Beratungsanliegens und (in groben Umrissen) der Problemlage. Über diese Prozesse wird zugleich auch die Beziehung zwischen Berater und Klient aufgebaut und gestaltet. Je nach Störungsbild, den individuellen Eigenschaften und den aktuell ausgedrückten Einstellungen des Klienten wird die Beziehung ausgestaltet. Bereits in dieser Phase wird die aktive Rolle des Klienten gefördert, z. B., indem man ihn ermuntert, Informationen oder relevante Unterlagen einzubringen, Vorschläge für den Einbezug relevanter Personen (Partner, Partnerin) zu machen und Vereinbarungen und Abmachungen gemeinsam zu treffen und auch einzuhalten. Zudem geht es in dieser Phase auch darum, ein gemeinsames Verständnis von Beratung als Hilfe zur Selbsthilfe zu entwickeln und die Beratung nicht etwa als „Klageort" und „Kummerkasten" oder als „Kaffeekränzchen" zu betrachten.

Die **zweite Phase** dient dem *Aufbau von Veränderungsmotivation*, der Auswahl von *Veränderungsbereichen* und der (vorläufigen) Definition von *Zielen* im Sinne von Grob- und Zwischenzielen:

- Was soll verändert werden?
- Was soll bestehen bleiben oder als gegeben akzeptiert werden?
- Wie wird mein Leben sein, wenn ich die Änderungen realisiere? Was wird besser sein? Was wird eventuell schlechter sein?
- Was muss ich einbringen, um diese Änderungen zu erreichen?
- Kann ich es schaffen?
- Vertraue ich der Unterstützung des Beraters?

Die Zielerfassung soll dabei so erfolgen, dass die Klienten erkennen können, dass Veränderungen und Ziele nur durch eigenen Einsatz zu erreichen sind. In dieser Phase geht es sowohl darum, Mutlosigkeit und Resignation, mit der Klienten oft in die Beratung kommen, zu verringern als auch unrealistische Erwartungen zu dämpfen, aber auch darum, schwindende Änderungsmotivation „abzufangen", wenn Frustrationen und andere Nebenwirkungen in den Vordergrund rücken.

Phase drei bildet als *diagnostisch fundierte Problemerfassung* das Kernstück des Beratungsprozesses. Je nach der beraterischen oder therapeutischen Konzeption bzw. Schulenzugehörigkeit ist das diagnostische Verfahrensrepertoire unterschiedlich ausgerichtet. In jedem Fall ist eine realistische Erfassung der Problemlage und der Lebenssituation des Klienten bedeutsam. Beispielsweise werden über eine verhaltenstherapeutische Analyse (SORKC-Schema) die situativen äußeren (sozialen, materiellen) und inneren (psychischen, „organismischen") Bedingungen erfasst, die zu diesem Verhalten geführt haben, es aufrechterhalten und seine Veränderung behindern oder erleichtern können. Die kontextuelle Analyse beschäftigt sich mit den handlungsleitenden Kognitionen (Überzeugungen, Gedanken, Gefühlen, Werten und Normen). Hierzu gehört auch, die subjektiven Erklärungen des Klienten zur Problementstehung und deren Realitätsgehalt zu erfassen, ebenso wie bisher erfolgte Selbstkontroll- und Änderungsversuche, Kontrollverluste bzw. Rückfälle und Delegation von Verantwortung an andere. Weiterhin soll der Berater auch einschätzen, inwieweit das Health-Belief-Modell (subjektive Gesundheitsüberzeugungen) des Klienten konstruktiv in den Beratungsprozess einbezogen werden kann oder geändert werden muss. Diese Phase ist Bedingung für die nächste Phase.

Die **vierte Phase** dient der abschließenden *Vereinbarung von Zielen*. Hier geht es um die gemeinsame, konsensuelle Klärung und Analyse von realistischen Beratungszielen und um die Art und die Reihenfolge der angestrebten Veränderungen. Der Klient soll seine gegenwärtige Situation (Ist-Situation) in Relation zu seinen Zielen, Wünschen und Wertvorstellungen (Soll-Situation) betrachten und die angestrebten Veränderungen auch als Teil seiner Zielsetzungen für das eigene Leben erfassen. Diese Phase wird durch einen erfolgreichen Beziehungs- und Motivationsaufbau unterstützt. Erst nach Abschluss dieser Phase kann die methodisch fundierte Handlungsplanung und -durchführung erfolgen.

In **Phase fünf** erfolgt die *Auswahl, Planung und Durchführung von* Erfolg versprechenden beraterischen *Strategien und Veränderungsmaßnahmen*. Die eingesetzten Methoden sollen sich möglichst an Erkenntnissen aus der Beratungs- und Psychotherapieforschung und an Kriterien von Effektivität orientieren.

Phase sechs fokussiert die *Evaluation von Fortschritten im beraterischen Vorgehen*. Evaluation ist nur bei klar definierten und nachvollziehbaren (operationalisierten) Zielvereinbarungen möglich. Sie kann begleitend während des gesamten Beratungsprozesses oder als Erfassung der Prä-Post-Veränderung sowohl aus Sicht des Klienten als auch aus der des Beraters/Therapeuten erfolgen (s. Abschn. 6.2). Prozessbegleitende Evaluation dient auch zur Aufrechterhaltung der Motivation („Ich habe schon etwas Nachvollziehbares geschafft") wie auch zur realitätsbezogenen Selbsteinschätzung der erzielten Fortschritte.

Phase sieben fokussiert die *Erfolgsoptimierung* und den *Abschluss* der Beratung. Zum einen ist sie auf eine *Stabilisierung* der erreichten Erfolge, zum anderen auf Rückfallprophylaxe ausgerichtet. Die in der Beratung entwickelten Lösungen und Veränderungen sollten so in das alltägliche Verhaltensrepertoire des Klienten integriert sein, dass er sie selbstständig und ohne therapeutische/beraterische Unterstützung umsetzen und bei eventuellen Rückschlägen selbstregulierende Fertigkeiten einsetzen kann. Im Abschlussgespräch erfolgt ein Rückblick auf den Veränderungsprozess, bei dem der Klient u. a. realisiert, dass seine Entwicklungen auf seine neu gewonnenen Fähigkeiten zum Selbstmanagement zurückgehen. Zudem erfolgt die Vorbereitung auf die Katamnese, die in einer definierten Zeitspanne nach Beratungsende durchgeführt wird.

5.4.2 Phasenablauf innerhalb einer Beratungssitzung

Auch der Ablauf einer Beratungssitzung folgt in der Regel einer bestimmten Struktur. Folgender Ablauf hat sich bewährt (Borg-Laufs und Wälte 2018).

Eingangsphase Der Beginn einer Beratungssitzung soll dem Klienten die Möglichkeit geben, „anzukommen", d. h. vom eventuell erlebten Alltagsstress abzuschalten und sich auf die Themen der Beratung einzustellen. Dabei hilft eine gewisse Ritualisierung des Beratungsbeginns, z. B. bei der Begrüßung oder beim Aufsuchen eines Platzes im Beratungszimmer. Zur Einstimmung dienen Fragen zur anstehenden Thematik in der Sitzung. Eine eher unspezifische Eingangsfrage ist z. B.: „Was steht heute bei Ihnen im Vordergrund?", mehr lösungsorientiert ist: „Wenn wir heute hier abgeschlossen haben, was wird für Sie erreicht sein?" Fragen zur Umsetzung der Vereinbarungen aus der letzten Sitzung, wie z. B. „Wie haben Sie unsere Absprache XY in Ihrem Alltag gehandhabt?", lenken eher auf die Fortführung der Thematik.

Bearbeitung der zentralen Thematik Diese Phase bildet den Schwerpunkt der Beratungssitzung. Abhängig von der Arbeitsweise des Beraters bringt der Klient ein aktuelles Anliegen ein oder nimmt Bezug auf seine Erfahrungen in und nach der letzten Sitzung, was dann in eine vertiefte Bearbeitung überführt wird. Oder der Berater folgt einem einzelfallspezifischen Plan und schließt an die Beratungsinhalte der vorhergehenden Sitzung an. Je nach konzeptioneller Vorgehensweise, Anliegen und Thematik kommen in dieser Phase kommunikative und spezifische beraterische Verfahren zur Problemerfassung, Problembearbeitung oder Lösungsfindung zum Einsatz.

Erfassung der zentralen Ergebnisse Im Anschluss an diese Arbeitsphase soll hinreichend Zeit eingeplant werden, damit sich der Klient (mit Unterstützung des Beraters) einer Rekapitulation und Zusammenfassung der erarbeiteten, subjektiv bedeutsamen Inhalte (z. B. Einsichten, Gefühle, Kognitionen, Änderungsvorhaben) widmen kann. Einerseits dient dies dazu, die Erfahrungen aus der Sitzung zu festigen, andererseits erfährt der Berater, was der Klient bewusst aufgenommen hat und „mitnimmt". Auch wenn andere Inhalte der Sitzung nicht bewusst reproduziert werden können, sind sie nicht „weg", sondern können später wieder auftauchen oder in anderer („unbewusster") Weise nachwirken.

Transfer in den Alltag In einem weiteren Schritt überlegen Berater und Klient gemeinsam, welche Konsequenzen sich aus dem Erarbeiteten für den Lebensalltag des Klienten in der Zeit bis zur nächsten Beratungssitzung ergeben und wie der Klient einzelne Ergebnisse aus der Themenbearbeitung in dieser Zeit konkret umsetzen kann.

Abschlussphase Im Anschluss daran erfolgt eine kurze, freundliche Verabschiedung, die häufig ebenfalls einem bestimmten Ritual folgt.

5.5 Beziehungsgestaltung und Kommunikation: Das Gespräch als Basismedium

Beratung ist mehr als gute Gesprächsführung (vgl. Zwicker-Pelzer 2010). Aber: Gute Gespräche führen können ist eine beraterisch bedeutsame Kompetenz. Bereits Paul Watzlawick und Virginia Satir verwiesen auf die Bedeutung der nonverbalen Kommunikation mit ihren Besonderheiten, denn in vielen Beratungssituationen kommt die Versprachlichung an ihre Grenzen. Es gibt Momente, für die es keine Worte gibt, und auch über das in der Beratung nicht Gesagte lohnt es sich nachzudenken. Und dennoch: Gesprächsführungskompetenzen helfen dabei, die verschiedenen Ebenen der Kommunikation zu erfassen und zu steuern.

Die Ebene der Sprache: Zuhören
Rogers (s. Abschn. 4.1.3) und Satir heben die Wichtigkeit des Zuhörens hervor. Beim Zuhören sind viele Menschen in einen inneren Dialog verstrickt (vgl. Rohr 2016a) – je mehr Verstrickung, umso weniger können sie zuhören. Denn auch beim Zuhören geschehen mehrere Dinge gleichzeitig:

> Wenn Sie versuchen, einem anderen Menschen zuzuhören, befinden Sie sich in einem Zirkus mit mindestens drei Manegen. Sie achten auf die Stimme der anderen Person, erleben auf die Vergangenheit und auf die Zukunft gerichtete Ängste über Ihr Verhältnis zu diesem Mensch. Sie werden sich Ihrer eigenen Freiheit bewußt, zu sagen, was Sie empfinden, und konzentrieren sich schließlich darauf, die Bedeutung dessen zu verstehen, was Ihr Gesprächspartner sagt. Dies sind die komplizierten Vorgänge im inneren Raum jedes Menschen, aus denen sich Kommunikation entwickelt und von denen jede Interaktion zwischen zwei Menschen abhängt (Satir 1996, S. 103)

Gut zuzuhören erfordert Folgendes:

- Der Zuhörer schenkt dem Sprecher seine volle Aufmerksamkeit und ist voll und ganz bei der Sache.
- Der Zuhörer löst sich von allen eventuell bei ihm vorhandenen Vorstellungen in Bezug auf das, was der Sprecher ihm zu sagen hat.
- Der Zuhörer interpretiert das, was er hört und sieht, deskriptiv und nicht urteilend.
- Der Zuhörer achtet auf eventuelle Unklarheiten und stellt Fragen, um Klarheit zu gewinnen.
- Der Zuhörer lässt den Sprecher wissen, dass er ihn und auch den Inhalt gehört hat, den der Sprecher übermitteln wollte.

Vom Zu-Hören zum Ver-Stehen
Natürlich hat jede Kommunikation auch Schwierigkeiten oder Fallen: Denn viele Menschen tun so, als ob sie wüssten, was der andere meint, oder als ob der andere ohnehin schon wüsste, was man sagen will. Satir nennt dies die Andeut-Methode und Gedanken-Methode. Um Missverständnisse und Verurteilungen zu vermeiden, empfiehlt sie eine deskriptive Sprache, vor allem aber auch Lob, Anerkennung und unbedingte Wertschätzung des anderen. „Kommunikation ist der wichtigste Faktor, der die Gesundheit eines Menschen und seine Beziehungen zu anderen beeinflußt" (Satir 1996, S. 113).

Kongruenz
In Anlehnung an Carl Rogers unterscheidet Virginia Satir inkongruente und kongruente Kommunikation. Kongruente Kommunikation bedeutet, dass alle Ebenen, auf denen wir kommunizieren, dieselbe Botschaft vermitteln und wir damit authentisch sind (s. Abschn. 4.1.3). Unsere Kommunikation setzt sich zusammen aus der verbalen und der nonverbalen Ebene, die aus folgenden Elementen bestehen:

- Verbale Kommunikation: Wörter
- Nonverbale Kommunikation: Gesichtsausdruck, Gestik, Körperhaltung, Muskeltonus, Atemsequenz, Klang der Stimme

Stimmen z. B. die Worte nicht mit dem Gesichtsausdruck überein, entstehen Diskrepanzen zwischen verbaler und nonverbaler Kommunikation, und der Zuhörer wird mit zwei Botschaften gleichzeitig konfrontiert. Das Ergebnis der Kommunikation wird weitgehend durch die Antwort des Angesprochenen beeinflusst werden. Er hat vier Möglichkeiten, auf das Gesagte zu reagieren:

1. Er nimmt nur das Gesprochene auf.
2. Er nimmt nur den nonverbalen Ausdruck auf.
3. Er ignoriert die ganze Botschaft und wechselt das Thema.
4. Er weist auf die Doppeldeutigkeit hin.

Inkongruente Kommunikation tritt häufig auf, wenn das Selbstwertgefühl eines Menschen sehr gering ist und er gleichzeitig unter Stress steht, dies aber nicht zum Ausdruck bringen kann. Wenn jemand am eigenen Wert zweifelt, bietet es sich für ihn sozusagen an, sich über die Aktionen und Reaktionen anderer zu definieren, d. h., er reagiert nicht authentisch (in Übereinstimmung mit den eigenen Gefühlen oder dem eigenen Denken), sondern so, wie er glaubt, am besten angenommen werden zu können. Diese Verhaltensweise schwächt jedoch, da wir uns damit selbst körperlich, emotional, intellektuell, sozial und spirituell verletzen.

Kongruentes Verhalten dagegen schafft Vertrauen und Wohlbefinden, da es Wahrheit und Aufrichtigkeit vermittelt. Satir unterscheidet dabei vier universelle Muster, die Menschen benutzen, um sich vor Zurückweisung zu schützen und den Selbstwert zu sichern:

1. Beschwichtigen
2. Anklagen
3. Rationalisieren
4. Ablenken

Diese Muster helfen Beratern dabei, Situationen und Menschen zu differenzieren. Gleichzeitig ist bedeutsam, dass Menschen trotz ihrer Neigung zu charakteristischen Mustern in unterschiedlichen Situationen unterschiedliche Formen nutzen, um ihren Selbstwert zu schützen.

Die Aneignung von kongruentem Verhalten
Man kann sich kongruentes Verhalten z. B. aneignen, indem man zunächst herausfindet, welche Ängste einen davon abhalten, sich kongruent zu verhalten. Um der Gefahr der Ablehnung zu entrinnen, bringen wir uns selbst häufig durch eine der folgenden Befürchtungen in Bedrängnis:

- Ich könnte einen Fehler machen.
- Es könnte jemanden missfallen.
- Irgendjemand wird mich deswegen kritisieren.
- Ich könnte lästig sein.

- Sie wird denken, dass ich nichts tauge.
- Die Leute könnten denken, dass ich unvollkommen bin.
- Er könnte mich verlassen.

Wenn man sich eine der folgenden Antworten auf die obigen Aussagen geben kann, hat man einen echten Schritt vorwärts getan:

- Natürlich mache ich Fehler, wenn ich etwas angehe, besonders, wenn es etwas Ungewohntes ist.
- Mit Sicherheit wird immer irgendjemand nicht mögen, was ich tue. Das liegt einfach daran, dass nicht jeder Mensch das Gleiche gut findet.
- Ja, irgendjemand wird mich sicherlich kritisieren. Ich bin wirklich nicht vollkommen. Kritik kann auch nützlich sein.
- Sicherlich! Jedes Mal, wenn ich in Gegenwart einer anderen Person spreche und sie unterbreche, bin ich lästig!
- Dann lass sie doch denken, dass ich nichts tauge. Vielleicht bin ich manchmal tatsächlich nicht so überragend. Aber manchmal deuten andere auch etwas in mein Verhalten hinein. Wie soll ich wissen, was jeweils der Fall ist?
- Wenn ich glaube, vollkommen sein zu müssen, besteht die Gefahr, dass ich immer irgendetwas Unvollkommenes an mir entdecke.
- Dann geht er eben. Vielleicht ist das sowieso besser. Ich werde es überleben.

Klärende Prozesse in Gang setzen durch Wie- und Was-Fragetechniken
Veränderungen, z. B. in familiären und sekundären Systemen, sind auf verschiedenen Ebenen möglich. Die hier beispielhaft aufgeführten Fragen zielen auf die Erkundung des Problems auf der Prozessebene. Die Arbeit mit der Familie oder dem System wird fokussiert auf die Fragestellung: „Was ist das Problem? Wie geht es Ihnen damit?"

Diese Fragen sollen die Warum-Fragen ersetzen, da diese häufig Festschreibungen bedeuten und bekannte Argumentationsketten aktivieren. Wie- und Was-Fragen hingegen unterstützen Klienten dabei, die verschiedenen Wahrnehmungsebenen (verbal-kognitiv, emotional und körperlich) des Systems in ihrer Vernetzung (Zirkularität; s. Abschn. 4.1.4) zu erkunden und neue Erfahrungen und Wahrnehmungen zu machen. Wie- und Was-Fragen können sich auf allen drei Gestaltebenen bewegen:

1. Verbal-kognitiv – d. h., Fakten erfragen:
   - „Was ist so schwierig für Sie?"
   - „Was sehen Sie als das Problem?"
   - „Was befürchten Sie?"

- „Was ist für Sie so problematisch?"
- „Wer ist beteiligt?"
- „Was haben Sie bisher unternommen?"
2. Emotional – d. h., die Beziehung zu den Fakten erfragen:
- „Wie geht es Ihnen damit?"
- „Welche Gefühle löst das bei Ihnen aus?"
- „Was bedeutet es für Sie?"
- „Was ist Ihnen dabei wichtig?"
3. Körpergefühl – d. h., die Beziehung zu den Fakten erfragen:
- „Mit welchen Beschwerden ist das verbunden?"
- „Welche Erfahrungen haben Sie dazu?"
- „Wie fühlt sich das an?"

Die Fragen können auch auf verschiedene Zeitebenen (Gegenwart, Zukunft und Vergangenheit) bezogen sein. Außerdem sollte der Bezug einer Frage immer deutlich, konkret und begrenzt sein, also z. B. „Was bedeutet es für Sie, wenn dies so geschieht?" Je allgemeiner die Frage ist, desto allgemeiner oder gar ausweichender ist in der Regel auch die Antwort.

Systemische Techniken der Gesprächsführung
Exemplarisch stellen wir hier am Beispiel einer Jugendlichen-Beratung einige systemische Techniken der Gesprächsführung zur Verbesserung der Kommunikation im System dar:

- C. neigt häufig dazu, ein unklares Bild über ihre eigenen Zielvorstellungen zu haben. So sagt sie etwa, sie wünsche sich eine verbesserte Beziehung zu ihrem Vater, ohne diese genauer beschreiben zu können. „Wenn deine Beziehung zu deinem Vater sich verbessert hätte, woran würde(n) deine Mutter/deine Freundinnen/deine Lehrer/Herr und Frau K. das merken?" – „Wie würde diese Veränderung sich auf deine schulischen Leistungen auswirken?" Durch Fragen dieser Art kann C. sich ein genaueres Bild über ihre eigenen Wünsche und Bedürfnisse machen.
- In Bezug auf C.s Symptome kann man Fragen stellen wie: „Angenommen, du könntest deine Ohnmachtsanfälle ganz gezielt herbeiführen, wie würdest du das machen?" – „Und wenn du sie verhindern wolltest?" – „Was wäre denn passiert, wenn du in der Situation nicht bewusstlos geworden wärest?" C. bekommt auf diese Weise allmählich eine Idee von der Bedeutung ihrer Symptome, wobei es wichtig ist, grundsätzlich zunächst mögliche organische Ursachen abklären zu lassen.

- Hypothetische Fragen: „Was wäre, wenn du deinem Vater deine Wut zeigen würdest?" Durch solche Fragen kann C. sich mit alternativen Handlungsmöglichkeiten auseinandersetzen.
- Zirkuläres Fragen durch Einbeziehen von Drittpersonen: „Wenn ich deinen Vater/deine Mutter fragen würde, wie würde er/sie die Verantwortung verteilen?" In der Familie D. mit ihren diffusen Grenzen kann C. auf diese Art lernen, dass alle Familienmitglieder Individuen mit einer eigenen Meinung sind. Sie bekommt so ein besseres Gefühl dafür, was ihre Sicht der Dinge ist und wo sie sich Elternbotschaften zu eigen macht.
- Schätzen/Fantasieren: C. fantasieren lassen, wie eine Situation, vor der sie Angst hat, sich entwickeln könnte. Dadurch werden diffuse Bedrohungen und Ängste klarer. C. kann sich in ihrer Fantasie mit Reaktions- und Handlungsmöglichkeiten beschäftigen.
- Genaues Nachfragen: C. kann oft ihre eigenen Gefühle und Bedürfnisse schlecht wahrnehmen. Hartnäckiges Nachfragen ist hierbei sehr hilfreich, damit sie lernen kann, einen besseren Zugang zu sich zu finden. Beispiel: C: „Das war schon irgendwie komisch." Beraterin: „Was genau war für dich komisch?" oder „Was war das für ein Gefühl?"
- Arbeit mit Skalen und Prozenten: „Bei wie viel Prozent lag dein Wunsch auszuziehen vor einem Jahr? – Und wie ist es heute?" Auch dies trägt zu einer größeren Klarheit bei und unterstützt C.s Wahrnehmung und Veränderung.
- Zukunftscheck: „Wie, denkst du, wird die Situation in fünf Jahren sein?" – „Nehmen wir an, wir wären drei Jahre weiter – was wäre anders?"
- Spiegelung und Deutung: Da es ihr sehr schwerfällt, ihr eigenes Verhalten als verändert zu erleben, kann eine Versprachlichung sinnvoll sein: „Ich finde, da hast du dich sehr gut abgegrenzt." – „Mir fällt auf, dass du heute ganz anders in unsere Beratungsstelle kommst als vor einem Jahr."
- Verstärkung: C. ist unsicher, ob ihre Wahrnehmungen in Bezug auf die Grenzüberschreitungen des Vaters richtig sind. Durch klare Stellungnahmen kann die Beraterin sie hier massiv stärken.
- Hervorheben von Stärken und Ressourcen: Die Beraterin bestätigt C. in den Dingen, die sie gut kann, und fragt sie auch immer wieder danach.
- Umdeutung: Wenn C. sich in Bezug auf sich selbst negativ äußert, bemüht sich der Berater, dies positiv umzudeuten. Beispiel: C: „Ich schaffe es nicht, zu Hause auszuziehen." Beraterin: „Ich finde, du überlegst dir sehr genau, was jetzt für dich das Richtige ist."
- Arbeit an den Grenzen: Hier geht es um ganz direkte Stellungnahmen wie „Das ist nicht deine Sache. Das betrifft die Ehe deiner Eltern. Lass die das mal regeln!"

In den Gesprächssequenzen einer Beratung ist es wichtig, direkt statt indirekt zu kommunizieren. Indirekte Botschaften sind zu entkodieren und in direkte Botschaften umzusetzen. Hilfreich dabei ist, sich selbst immer wieder im Entschlüsseln zu üben.

Mehr als Empathie

Kongruentes Beraterverhalten ist Hoffnung, Wissen, Können, Haltung und eine zutiefst übereinstimmende Wirksamkeit aller Dimensionen. Eine gewisse Fehlerfreudigkeit sich selbst und anderen Menschen gegenüber hilft dabei, mehr innere Harmonie zu gewinnen. So ist Kongruenz weit mehr als das Zeigen von Empathie, und Menschen im beraterischen Prozess begleiten zu können ist weit mehr, als neugierig fragen zu können. Verstehen und konfrontieren können (Irritation schaffen), ohne das Gegenüber abzuwerten oder geringzuschätzen, das erscheint als Kunst, als Können, als beraterische Kompetenz.

Was auch immer in der Beratung „anliegt" – die kongruente Haltung macht die Tiefendimension der beraterischen Prozesssteuerung aus. Wie die Beratungsbeziehung hergestellt und aufrechterhalten wird, verdeutlichen von Schlippe und Schweitzer (2013, S. 17). Die in Abb. 5.3 visualisierte Prozesssteuerung ist Ausdruck einer hohen Beratungskompetenz. Wer sie beherrscht, ist über das Stadium des Novizen weit hinaus und bereits auf dem Weg zum Experten.

Ein solcher Kompetenzgewinn ist meist das Resultat innerer wie auch äußerer Entwicklungsprozesse. André und Lelord beschreiben in *Die Kunst der Selbstachtung* (2008) den Zusammenhang zwischen Selbstachtung und Handeln (s. auch Tab. 5.1). Die Achtung seiner selbst in ein gut verträgliches Maß zu bringen ist Voraussetzung für die Bereitschaft und Fähigkeit zu handeln. Beratung ist auf Handeln angelegt, und ohne die Bereitschaft, beim anderen (dem Gegenüber in der Beratung) jede Minute präsent zu sein, wird Beratung unwirksam und erübrigt sich. Es ist das fundamentale Recht des Klienten/Patienten, seinen Berater für sich präsent zu haben. Das bedeutet bezogen auf die beraterische Kompetenz aber auch, Selbstachtung und Fremdachtung dauerhaft in Balance halten zu können.

Außer um Selbstachtung geht es bei der beraterischen Kompetenz auch um Selbstbeobachtung. Hier gilt es zu unterscheiden zwischen der Beobachtung erster und zweiter Ordnung (s. Abschn. 4.1.4). Erstrebenswert und zu trainieren ist Selbstreferenzialität (Beobachtung zweiter Ordnung). Damit ist der kritische Blick auf eigene Sichtweisen, die eigene Haltung und das eigene Handeln gemeint, also das Einnehmen einer Metaperspektive. In vielen Beratungssituationen ist es hilfreich, die Beziehungsgestaltung und Kommunikation innerhalb der Beratungssituation zu thematisieren und gemeinsam zu reflektieren – und zwar durch das

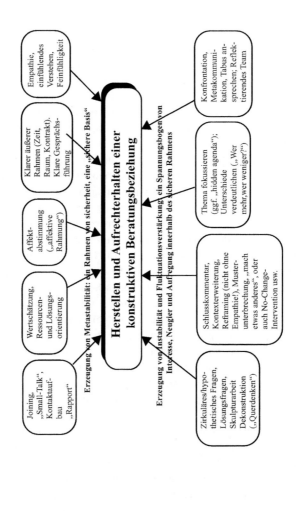

Abb. 5.3 Prozesssteuerung in der systemischen Therapie. (Aus von Schlippe und Schweitzer 2013, S. 17)

Tab. 5.1 Die neun Schlüssel der Selbstachtung (nach André und Lelord 2008, S. 271)

Bereich	Schlüssel
Das Verhältnis zum eigenen Ich	1. Sich selbst erkennen 2. Sich akzeptieren 3. Ehrlich zu sich selbst sein
Das Verhältnis zum Handeln	4. Handeln 5. Den „inneren Kritiker" zum Schweigen bringen 6. Die Möglichkeit eines Misserfolgs einkalkulieren
Das Verhältnis zu den anderen	7. Sich selbst behaupten 8. Aufgeschlossen und mitfühlend sein 9. Den sozialen Rückhalt nutzen

Vorleben bzw. Vormachen des Beraters als Modell, indem der Berater seine Gefühle, Gedanken, Hypothesen und vor allem seine Ambivalenzen im Hier-und-Jetzt benennt (vgl. Rohr 2016a).

5.6 Ziel-und Auftragsklärung

Kernstück und besonderes Merkmal von Beratung ist die Orientierung an den Zielen und den Aufträgen des Klienten. Nicht die guten Ideen des Beraters oder eine Veränderung in Richtung auf Lebensumstände, die seiner Ansicht nach erstrebenswert sind, zeichnen eine gute Beratung aus. Die sorgfältige Auftragsklärung ist ein markanter Aspekt von Beratung im Unterschied zur Pädagogik, zur Schulung, zur Anleitung und zur Information.

Aufträge können im Gespräch verdeckt erscheinen oder offen benannt werden. Sie gilt es in den ersten Gesprächen genauer herauszuarbeiten. Dieser den Auftrag klärende Prozess gehört als systemische Intervention in die Startphase jeder Beratung. Beratung ohne Auftrag ist nicht nur wirkungslos, sie entmündigt das Gegenüber und trägt nicht zur Subjektstellung und Autonomie des Klienten bei. Zudem sind für eine gute Beratung direkte und indirekte Aufträge zu unterscheiden. Direkte Aufträge sind z. B. Jugendamtsaufträge oder ärztliche Aufträge; indirekte Aufträge sind z. B. die inneren und verinnerlichten Aufträge von (inneren) Personen, z. B. die eigenen kritischen und unterstützenden Anteile, die es herauszufinden gilt (wie z. B. die Anwältin des Kindes, die Frauenrechtlerin, die Anwältin gegen Ungerechtigkeit u. a. Anteile).

Arist von Schlippe verwendet für den Prozess der Auftragsklärung das Bild des Karussells. Damit meint er den Prozess, durch den sich die Spielräume der Wirklichkeitsdefinitionen in Problemsystemen konstituieren und sukzessiv eingegrenzt werden können. In diesen Spielräumen kommt Eindrücken (Wahrnehmungen), Ausdrücken (kommunikative Angebote, kommunikative Handlungen) und Bewusstseinsinhalten (Gedanken, Gefühle, moderiert durch körperliche Prozesse = Muskelverspannungen, ...) eine bedeutsame Rolle zu.

Auftragsklärung setzt latent einen veränderungskundigen Klienten/Ratsuchenden voraus. Eine krisenhafte Lebenslage schränkt meist aber genau diese Wahrnehmung eigener Kundigkeit ein, und das Gewahrsein für eigene Lösungskompetenzen ist reduziert. So ist das Klären von Aufträgen für die Beratung kein einmaliger Akt, sondern ebenfalls ein Prozess, der mit der Klärung des Anlasses und der verschiedenen Anliegen der Systemmitglieder beginnt und sich über mehrere Beratungssitzungen hinziehen kann. Wenn der „klare Auftrag" ein Markenzeichen von Beratung ist, dann bedarf er zudem der besonderen und kontinuierlichen Überprüfung. Auch hat der Prozess der Auftragsklärung oftmals den Charakter einer Ansammlung vieler ungeordneter Mitteilungen, was eine sorgfältige Sortierung notwendig macht (vgl. von Schlippe und Kriz 1996, S. 106 ff.).

1. Aufträge sind zu ordnen
   - vom Klienten,
   - von den Institutionen,
   - von den Angehörigen,
   - vom Finanzierungsträger.
2. Zu prüfen ist, ob es sich um (a) widersprüchliche Aufträge und (b) handlungsleitende Aufträge handelt; diese gilt es auszumachen und zu analysieren:
   - Welche Aufträge sehe ich?
   - Welche sind worin widersprüchlich?
   - Was wären geeignete Kompromissaufträge?
3. Aufträge können erkannt werden durch
   - die eigene Wahrnehmung, den eigenen Eindruck,
   - das, was Einzelne oder die Familie, die helfende Institution tun (Ausdruck),
   - das, was man denkt, fühlt (das eigene Bewusstsein und das der anderen).

Aufträge gehören in den kritischen Diskurs des Beraters und des zu Beratenden. Beide Seiten prüfen miteinander die Klarheit des Ziels, die Offenheit für

Veränderung und die Relevanz des beraterischen Hilfeangebots für den Rat-suchenden. Die Subjektivität des Klienten, Bewohners, der Angehörigen oder der Mitarbeiter wird damit deutlich herausgefordert und in ihrer Entwicklung unter-stützt.

Die drei AAAs: Anlass, Anliegen, Auftrag
Von Schlippe und Schweitzer (2009, S. 18–24) empfehlen die Unterscheidung von Anlass, Anliegen und Auftrag. Der *Anlass* kann ein Symptom sein, eine Unzufriedenheit, ein aktuell gewordenes Thema, welches quasi auf den Weg zu einer Beratung führte. Das *Anliegen* meint den sehr persönlichen Bezugspunkt, das, was die jeweilige Person in der Beratung erreichen möchte. Zum *Auftrag* wird das Ganze erst dann, wenn klar ist oder wird, was die Wünsche an die Per-son des Beraters sind und wenn der Berater überprüfen konnte, ob das, was er dazu anbieten kann, das Richtige für die Bearbeitung des Anliegens ist. Ebenso muss gemeinsam entschieden werden, ob der Berater die passende Person für den Klienten und die Beratung ist.

Ein systemischer Leitfaden vom Anlass über das Anliegen zum Con-tracting (von Schlippe und Schweitzer 2009, S. 21 f.)
1. *Anlass: ‚Was führt Sie her?'*
   – Was führt Sie her, gab es einen Auslöser, einen aktuellen Anlass?
   – Warum wünschen Sie gerade jetzt Beratung?
2. *Anliegen: ‚Was möchten Sie hier erreichen?'*
   – Was soll heute hier geschehen?
   – Was soll am Ende der Sitzung/der Beratung/der Supervision geschehen sein, damit Sie sagen können (oder: jeder sagen kann): Es hat sich gelohnt?
   – Problemdefinition und Anliegen (bei mehreren Gesprächspartnern ggf. von jedem) erfragen, auch Nicht-Anwesende (vor allem Über-weisende) können miteinbezogen werden.

   Mögliche Fragen:
   – Zur Problemerklärung: Was vermuten Sie (bzw. ein anderer), wo das beklagte Problem liegt?
   – Zu Katastrophenphantasien: Was ist Ihre schlimmste Befürchtung?
   – Wie erklären Sie es sich, dass es nicht schlimmer ist?

- Zu Lösungsversuchen: Was haben Sie bisher versucht? Gab es Ausnahmen?
- Zu Lösungsideen: Was sollte passieren?
3. *Auftrag: ‚Was wollen Sie von mir?'*
   - Was genau wollen Sie dabei von mir?
   - Womit würde ich Sie enttäuschen?
   - Wer sonst von den Anwesenden oder nicht Anwesenden möchte etwas von mir – und was genau? Möchten Sie das auch? Wie gehen wir mit möglichen Diskrepanzen der Interessen um?
4. *Kontrakt: ‚Was biete ich an?'*
   - Das habe ich verstanden (zusammenfassen).
   - Wertschätzung von jedem: Jeder hat ein gutes Motiv!
   - Kooperationsbasis finden über:
      a) Passung/Abgrenzung: das kann ich mit meinen Mitteln/können wir hier in der Institution leisten, das – zumindest in dieser Form – nicht, aber:
      b) Angebot: das kann ich Ihnen anbieten
   - Äußerer Rahmen (vorläufige Sitzungsanzahl, Ort, Geld usw.)
5. *(Zwischen-)Bilanz: ‚Wo stehen wir jetzt?'*
   - War es bisher ein guter Weg? Sind Sie zufrieden?
   - Bin ich zufrieden?
   - Neue Ideen, Wünsche, ggf. modifizierter Kontrakt.

5.7　Mehrdimensionale Diagnostik

Aufgabe von Diagnostik

Diagnostik ist ein wesentlicher Pfeiler im Gesamtkonzept einer professionellen Beratung. Phänomenologisch gesehen beruht Diagnostik auf dem Bedürfnis nach Ordnung gegenüber der unermesslichen Vielfalt, in der die Welt sich zeigt. Indem sie die Vielfalt von Erscheinungsformen nach Klassen oder Typen einteilt und damit übersichtlicher und leichter erfassbar macht, hat Diagnostik eine *ordnende* und zugleich *vereinfachende* Funktion. Klassifikationen und Typisierungen sind Ordnungssysteme, die strengen erfahrungs- oder wissenschaftsbasierten Regeln folgen. Psychosoziale Diagnostik ordnet unser Wissen zur Erklärung und Erfassung von menschlichen Problemlagen und ihren spezifischen

Erscheinungsformen, etwa als Konflikte, Krisen, problematische Verhaltensweisen (z. B. vorübergehende Belastungsreaktionen), (tiefer greifende) Störungen oder als Ressourcenmangel. Aus einer Diagnose lassen sich Ideen für hilfreiche Maßnahmen oder interventive Handlungsformen ableiten. Die Intervention wird allerdings erst dann passend, wenn sie zu den Wünschen und Zielen des Klienten passt, wenn sie also stimmig ist mit der empfundenen Problemlage, die einer Veränderung zum Besseren bedarf. Zudem ist zu reflektieren, welche interventiven Schwerpunkte gesetzt werden sollen: Soll eine Veränderung zum Besseren vorrangig über die Arbeit an Defiziten und Problemen oder über die Aktivierung von ungenutzten bzw. nicht wahrgenommenen Potenzialen, Fähigkeiten bzw. Ressourcen erfolgen, oder werden beide Strategien kombiniert (Zwei-Prozess-Modell, s. Abschn. 4.3)?

In Anlehnung an Warschburger (2009, S. 46) lassen sich die klassischen Funktionen und Aufgaben von Diagnostik folgendermaßen zusammenfassen:

- Deskriptive Funktion: Umfassende qualitative und quantitative Beschreibung der jeweils aktuellen Problemlage mit den auftretenden Erscheinungsformen (Symptome, Problemmuster, Störungsbilder).
- Erklärende Funktion: Erklärung der Entstehung, Aufrechterhaltung und des Verlaufs eines Problems (Anamnese, lebensgeschichtliche und aktuelle lebensweltliche Bedingungen).
- Indikative Funktion: Auswahl geeigneter Vorgehensweisen für die erfasste Problemlage.
- Prognostische Funktion: Prognostische Informationen über den jeweiligen Verlauf der Störung und über die Konsequenzen bei spezifischen Interventionsformen.
- Evaluative Funktion: Erfassung der Beratungsergebnisse während und/oder nach Abschluss des Beratungsprozesses.

Konzepte und Systeme von Diagnostik
Im klinisch-psychologischen Feld wird auch heute im Wesentlichen noch eine am Störungsbild orientierte Diagnostik durchgeführt (Störungsdiagnostik). Dabei interessiert die Frage, welche Störungen beim betroffenen Individuum vorliegen (kategoriale Klassifikation) und wie stark die Symptome ausgeprägt sind (Erfassung des Schweregrades). Zumeist wird auch erfasst, auf welchem psychosozialen Hintergrund die psychische Symptomatik besteht (Analyse der Problemkonstellation). Eine Störungsdiagnostik erfolgt meist multimethodisch über Anamneseerhebung, Exploration, Familieninterviews, standardisierte Fragebögen zur Selbsteinschätzung, Verfahren der Selbstbeobachtung und der

Fremdbeurteilung (z. B. Ratingskalen), systematische Verhaltensbeobachtung, verschiedene psychologische Testverfahren und kreative Gestaltungsmethoden. Seit einiger Zeit ist der diagnostische Fokus nicht nur auf Störungen und Probleme ausgerichtet, sondern auch auf die Erfassung der Ressourcen beim Klienten und in dessen Umfeld (s. Abschn. 4.3). Eine multidimensionale Problem- und Ressourcendiagnostik folgt einem Zwei-Prozess-Modell: Neben problem- und störungsorientierten Informationen werden ressourcenorientierte Informationen aufgenommen und in ihren Wechselwirkungen eingeschätzt. Die Problemperspektive liefert Informationen darüber, *was* geändert werden soll; aus der Ressourcenperspektive und dem Wissen über Veränderungsprozesse lässt sich ableiten, *wie* es geändert werden kann. Der Blick ist dabei auch auf solche Ressourcenpotenziale gerichtet, die zwar verfügbar sind, aber nicht genutzt werden, wie auch auf Prozesse und Bedingungen, die eine Ressourcenschädigung bei den Klienten selbst ebenso wie in ihrem Umfeld bewirken.

Klemenz (2014) beschreibt anschaulich die unterschiedlichen Reaktionsweisen, die bei Klienten während der Störungsdiagnose und der Ressourcendiagnose zu beobachten sind („Störungsgesicht", „Ressourcengesicht"). Einen systematischen und breiten Überblick über eine erweiterte klinisch-psychologische Diagnostik, Vorgehensweisen, Störungs- und Praxisfelder bringt der Sammelband von Röhrle et al. (2008). Schubert (2018a) informiert über Ressourcendiagnostik und stellt Verfahren zur Ressourcenerfassung vor. Buttner (2018) beschreibt Ressourcendiagnostik als ein wesentliches Instrument in der (psycho-)sozialen Diagnostik.

Aktuelle Klassifikationssysteme zur Erfassung psychischer Störungen von Individuen sind die ICD und das DSM. Die Beziehungen des Individuums zu seinem sozialen Umfeld (Familie, Gruppe) werden von den Klassifikationssystemen weitgehend ausgeblendet. Letztere erfassen psychische Störungen im Wesentlichen auf der Ebene von Verhaltensbeschreibungen und somit als Konstrukte, die sich im Laufe der Zeit ändern. Dementsprechend werden die Beschreibungen der diagnostischen Kriterien verändert und die Manuale neu aufgelegt. Die *International Statistical Classification of Diseases, Injuries und Causes of Death* (ICD) ist das Klassifikations- und Diagnosesystem der WHO. Es liegt seit 1996 in der 10. Auflage als *ICD-10* vor (World Health Organization 2008). Das *Diagnostic and Statistical Manual* (DSM) ist das Klassifikationssystem der American Psychiatric Association. Die aktuelle Version, das *DSM-IV-TR,* wurde von Saß et al. (2003) publiziert. Ein weiteres Einteilungssystem, das auf einem biopsychosozialen Verständnis von Gesundheit und Krankheit beruht, ist die ICF (*International Classification of Functioning*/dt.: *Internationale Klassifikation der Funktionsfähigkeit, Behinderung und Gesundheit,* Weltgesundheitsorganisation

2001). Sie ergänzt die diagnostischen Angaben der ICD um wichtige Faktoren, die zur Beurteilung der Lebensqualität eines Individuums relevant sind. Eine weitere Skala der WHO, die *Disability Assessment Schedule* (WHO DAS II), erfasst ein Profil der Funktionsfähigkeit im Umweltbezug und einen Gesamtscore der Behinderung. ICF und DAS II erweitern den Blick zur Erfassung und Beurteilung von körperlichen und psychischen Beeinträchtigungen eines Individuums auf relevante Umweltfaktoren und auf die Teilhabe an der Gesellschaft (Renneberg et al. 2009).

Unter einer biopsychosozialen Verständnisweise erfasst Diagnostik den Menschen in seiner lebensweltlichen, insbesondere sozialen Einbettung und in seinen biografischen Erfahrungs- und Verarbeitungsmustern. Diagnostische Informationen sind immer mehrdimensional und in der Dynamik ihrer wechselseitigen Beziehungen und Beeinflussungen zu verstehen: die psychischen Faktoren (Problemverhalten und -erleben, Symptome u. a.) in ihren transaktionalen Beziehungen zu den kontextuellen und sozialen Faktoren (Lebenssituation, Partnerschaft, Beruf u. a.) und den biologischen Faktoren (körperliche Besonderheiten, Erkrankungen u. a.). Eine lediglich störungsorientierte klassifikatorische Diagnostik ist nicht ausreichend, um die Vielschichtigkeit der Problemlagen, die in den Handlungsfeldern von Beratung auftauchen, angemessen zu erfassen.

Wälte (2018b, S. 99) versucht die Komplexität „der wichtigsten Informationen, die in die Erklärungskonzepte für die psychosozialen Probleme der Klienten einfließen können" über ein dreidimensionales kategoriales Strukturmodell abzubilden. In einer analytischen Herangehensweise veranschaulicht es in Form eines Würfelmodells die vielfältigen Bezüge und wechselseitigen Einflüsse zwischen der Dimension Problemkonstellation (Belastungen, Konflikte, Krisen, Störungen) einschließlich Motivation und Ressourcen, der Dimension Systemebenen der Klienten/Auftraggeber (Person, Paar, Familie, Gruppe, Team, Organisation) und der quer dazu verlaufenden biopsychosozialen (Meta-)Dimension (Abb. 5.4).

Mit seiner analytischen Aufbereitung und kategorialen Darstellung besonders der beiden erstgenannten Dimensionen verführt das Modell zu einer monadischen Betrachtungsweise. Es soll jedoch eine Betrachtungsweise fördern, „mit der die Probleme von Klienten und Klientinnen in ihren komplexen individuellen bio-psycho-sozialen Bezügen eingeordnet werden können und betont den aktiven Status der Klienten und Klientinnen (Motivation, Ressourcen) bei der Bewältigung von Belastungen, Krisen, Problemen und Störungen" (Wälte 2018b, S. 99). Im Hinblick auf ihre Komplexität und Bedeutsamkeit ist die biopsychosoziale Metadimension in dem Modell nur wenig expliziert. In der Fachliteratur hat die *psychische Dimension* in den Bereichen ätiologisches Erklärungswissen (Entstehung von Problemen und Störungen), Diagnosewissen und Änderungswissen besonders vonseiten

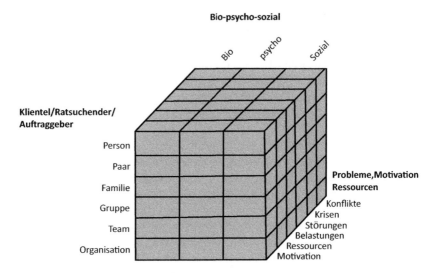

Abb. 5.4 Rahmenkonzept biopsychosozialer Diagnostik in der Beratung. (Aus Wälte 2018b, S. 99)

der klinischen Psychologie eine breite und gebietsweise auch hoch spezialisierte Ausdifferenzierung erhalten. Auch die Beteiligung der *biologischen Dimension* an der Entstehung von psychischen Störungen und Erkrankungen wird unter Einbezug der Physiologie und der Neurobiologie, seit Neuestem auch der Epigenese (Gen-Umwelt-Interaktion), intensiv erforscht (s. Abschn. 3.5). Die Bedeutung der *sozialen Dimension* für die Entstehung komplexer menschlicher Problemlagen und spezifischer psychosozialer Probleme und Störungen ist bereits in Kap. 3 aufgezeigt worden. Allerdings greift der Begriff „sozial" zu kurz, er verengt die Komplexität dieser Dimension: Die soziale Dimension umfasst den lebensweltlichen Kontext, in den die betroffene Person eingebettet ist, inklusive der Differenzierung in soziale, mediale, gesellschaftliche, physikalisch-ökologische und sozioökonomische Umwelten mit ihren vielfältigen Wechselwirkungen (Person-Umwelt-Wechselbeziehung; zu den Begrifflichkeiten s. Schubert 2013a). Erklärungswissen über die Entstehung von Problemlagen liefern zu dieser Dimension vor allem Soziologie und Sozialpsychologie und die neuen, disziplinübergreifend angelegten Disziplinen der Human- und Sozialökologie. Im Vergleich zur biologischen und zur psychischen Ebene sind diagnostisches Erklärungswissen und diagnostische Verfahren in der „sozialen Dimension" bislang nur wenig systematisiert und ausgearbeitet, wenn auch vielfältige Erkenntnisse vorliegen (im Überblick: Reiners 2015). Erst in jüngster Zeit wird eine psychosoziale bzw. soziale Diagnostik vorangetrieben. Einen Überblick zu Entwicklung und Forschungsstand dieser Diagnostikformate liefern die Sammelbände von Pantucek und Röh (2009), Gahleitner et al. (2013) und Buttner et al. (2018).

Zu unterscheiden sind Psychodiagnostik, psychosoziale Diagnostik und Sozialdiagnostik. Die beiden letztgenannten Formen erfassen die Person in ihrer komplexen Lebenssituation über eine vornehmlich dialogische Vorgehensweise, die Klienten partizipatorisch und reflexiv einbindet und ihre Ergebnisse als hypothetisches Konstrukt darstellt. In den Fokus rücken „soziopathologische" Risikofaktoren und lebensweltliche Dynamiken, die in der Psychodiagnostik häufig ausgeblendet werden: sozioökonomische Deprivation und Armut, Unterdrückung, Rassismus, Sexismus und schließlich die Soziogenese von Krankheit und Gesundheit. Um Erleben und Verhalten zu erfassen, bezieht die psychosoziale Diagnose die individuelle Lebenslage, die Lebensweisen und Lebenskrisen der Betroffenen und ihre individuelle Verarbeitungsweise unter den jeweiligen biografischen und kontextuellen Bedingungen ein und leitet daraus psychosoziale Interventionen ab. Die Sozialdiagnostik weist breite Überschneidungen damit auf, bezieht jedoch noch stärker die sozialen und sozioökonomischen Variablen der Lebenslage ein. In Abhängigkeit vom Arbeitsfeld, dem Erkenntnisinteresse und dem Auftrag kommen verschiedene diagnostische Verfahren zum Einsatz. Das sind beispielsweise Beobachtung, Befragung oder grafische Verfahren (vgl. Bergedick et al. 2011) wie Genogramm, Ecogramm, Netzwerkdiagnostik, Soziogramm und Stadtteilkarte, darüber hinaus komplexe qualitative Verfahren wie die biografisch-rekonstruktive Diagnostik (Einbezug von Biografie, Lebenswelt und sozialem Umfeld) oder narrativ-deskriptive Verfahren zur Fallerfassung. Der Sammelband von Buttner et al. (2018) liefert einen breiten Überblick über Konzepte und Verfahren der Sozialdiagnostik.

Die Versprachlichung zur Wechselseitigkeit der biopsychosozialen Dimensionen fokussiert hier zunächst die einzelnen biopsychosozialen Dimensionen. In einem weiteren Schritt muss jedoch das vielschichtige Wechselspiel innerhalb jeder Dimension wie auch zwischen den drei Dimensionen methodisch fundiert erfasst und sprachlich abgebildet werden. Darüber hinaus gilt es auch die vielfältigen Wechselwirkungen mit den Faktoren der anderen Dimensionen des oben abgebildeten diagnostischen Rahmenmodells zu erfassen. Nötig sind hierzu profunde professionelle Erfahrungen und die Fähigkeit, in komplexen Bezügen zu denken. In methodisch-wissenschaftlicher Hinsicht sind vor allem weitere Forschungsanstrengungen gefordert.

Pauls (2011) hat ein hilfreiches Instrument zur Ordnung und Systematisierung des komplexen Datenmaterials entwickelt: das Koordinatensystem psychosozialer

Diagnostik und Intervention, das eine störungs- und ressourcenorientierte Diagnose unter lebensweltlicher Ausrichtung erlaubt (Abb. 5.5). Entlang der beiden polar ausgerichteten Dimensionen „Individuum – soziales Umfeld" und „Defizite – Ressourcen" wird das komplexe Datenmaterial eines „Falles" in die vier Felder des Koordinatensystems eingetragen. Die Matrix ermöglicht es, die Wechselwirkungen aus Ressourcen und Belastungen/Defiziten von Individuum und Umfeld anschaulich und lebensnah zu erfassen und für die Diagnose sowie für erste, grob strukturierte Interventionsplanungen zu nutzen. Das kann auch prozessbegleitend zu verschiedenen Zeitpunkten im Beratungsverlauf erfolgen.

Diagnostik in der Beratung erfährt derzeit einen bedeutsamen Wandel: Sie geht weg von der ausschließlichen Defizit- und Problemorientierung hin zu einer Kompetenz- und Ressourcenorientierung. Probleme werden ganzheitlich in lebensweltlichen Zusammenhängen und in ihren biopsychosozialen Wechselwirkungen betrachtet und erfasst. Diagnostik ist auch nicht mehr ein ausschließlich von Experten betriebener Prozess, sondern Problemerfassung und -einschätzung und die Ableitung von Lösungen erfolgen annähernd gemeinsam, d. h. unter Einbeziehung der Klienten. Damit ist Diagnostik kein einmaliger und in sich abgeschlossener Prozess in der Beratung, sondern kann mit den hinzukommenden Erkenntnissen im Verlaufe des Beratungsprozesses wiederaufgenommen und inhaltlich erweitert werden.

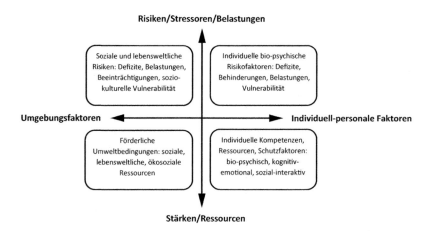

Abb. 5.5 Koordinatensystem psychosozialer Diagnostik und Intervention. (Modifiziert nach Pauls 2011, S. 209)

Wirksamkeit und Evaluation von Beratung

6

6.1 Wirksamkeit

Bei der Frage nach der Wirksamkeit von Interventionen kann die Psychotherapie bereits auf eine längere Forschungstradition blicken. Im Zusammenhang mit einem professionellen und wissenschaftlich fundierten Beratungsverständnis rückt diese Thematik ebenfalls in den Fokus. Dabei dürfte Beratung auf noch komplexere und vielschichtigere Forschungsprobleme treffen, als sie in der Psychotherapieforschung vorliegen. Das hängt mit den vielfältigen und komplexen Aufgabengebieten und Einsatzfeldern von Beratung zusammen, wenn sie Lebensgestaltung und darin eingebundene menschliche Problemlagen, Entscheidungen und Entwicklungen in ihren kontextuellen, d. h. zwischenmenschlichen, kulturellen und gesellschaftlichen sowie ökonomischen und ökologischen Einbindungen begreift.

In diesem schwierigen Gelände kann die Psychotherapieforschung in gewissem Umfang Orientierung geben. Beratungshandeln zur Problembewältigung orientiert sich gegenwärtig immer noch weitgehend an relevanten Verfahren von therapeutischen Schulen. Insofern können Ergebnisse aus der psychotherapeutischen Wirksamkeitsforschung herangezogen und in gewissem Umfang und mit gebotener Vorsicht auf die psychosoziale Beratung übertragen werden, zumal auch hier wieder betont werden muss, dass die Abgrenzung von „Therapy" zu „Counseling" im US-amerikanischen Kontext nicht so trennscharf ist wie im deutschen Kontext.

In dieser Wirksamkeitsforschung hat sich schon bald herausgestellt, dass die Hoffnung auf eine schnelle und relativ übergreifende Ergebniszusammenstellung zu den Wirkungsprinzipien von Psychotherapie nicht gerechtfertigt ist. Je nach Therapieschule variieren die Auffassungen, was die Zielvorstellungen von erfolgreicher Therapie sowie die Frage betrifft, über welche Kriterien ein Erfolg

© Springer Fachmedien Wiesbaden GmbH, ein Teil von Springer Nature 2019
F.-C. Schubert et al., *Beratung*, Basiswissen Psychologie,
https://doi.org/10.1007/978-3-658-20844-8_6

zutreffend erfasst werden kann. Allerdings ergeben die Forschungen insgesamt, dass Psychotherapie Effekte erzielt, die deutlich über Effekte einer Spontanheilung hinausgehen. Metaanalysen, die anstreben, Effekte einzelner Schulrichtungen auszugleichen, stellen zwei Befundrichtungen heraus (Lambert 2013). Die eine Richtung geht davon aus, dass die Wirksamkeit durch den Einsatz spezifischer psychotherapeutischer Behandlungsmethoden bedingt ist. Solche positiven Wirkeffekte werden vor allem im Hinblick auf die Behandlung spezifischer Störungen, wie Phobien, Panikstörungen und Zwangsstörungen, berichtet. Allerdings können (schulen-)*spezifische Vorgehensweisen und Behandlungstechniken* (spezifische Wirkfaktoren) nur einen geringen Anteil der therapeutischen Wirksamkeit erklären. Je nach herangezogener Studie liegt deren Erklärungsanteil zwischen 1 und 15 % des Therapieergebnisses. Schiepek et al. (2013) schließen daraus, dass letztlich kaum Wirksamkeitsunterschiede zwischen den schulenspezifischen Therapieverfahren bestehen und dass diese zu annähernd gleichen Effekten führen. Vielmehr legen die Befunde nahe, dass die Wirkung von Psychotherapie im Wesentlichen durch andere Faktoren, sogenannte *allgemeine Wirkfaktoren,* bedingt ist.

Im Rahmen seiner Forschungen erstellte Lambert (2013) eine Übersicht über die prozentuale Verteilung der therapeutischen Wirkfaktoren. Demnach sind 15 % der Therapiewirkung auf spezifische Therapietechniken bzw. -verfahren zurückzuführen, 15 % auf subjektive Erwartungen (Hoffnung auf Erfolg, Placeboeffekt), 30 % auf allgemeine Wirkfaktoren und 40 % auf Patientenfaktoren (z. B. Bereitschaft zur Mitarbeit und Veränderung sowie Resilienzfaktoren) und auf Kontextfaktoren (Lebensumwelt und bisherige kritische Lebensereignisse, sozioökonomische Situation). Der größte Anteil der Therapiewirkung ist somit durch Klientenfaktoren und die Lebenssituation der Klienten bedingt – und der letztgenannte Einflussbereich ist ein genuines Feld von psychosozialer Beratung. Gerade in diesem Zusammenhang wird ein systemisch-integratives Verständnis von Beratung hoch relevant. Anders als eine Richtlinienpsychotherapie, die stärker die intrapsychischen Aspekte bei Klienten fokussiert, begreift psychosoziale Beratung Klienten in ihrer komplexen Lebenslage, den zwischenmenschlichen, kulturellen und gesellschaftlichen Einbindungen wie auch in ihren sozialökologischen und sozioökonomischen Bedingungen und Strukturen (s. Kap. 3 und Abschn. 4.2).

Das Konzept der allgemeinen Wirkfaktoren wurde maßgeblich von Frank (1961/dt. 1981; 1971) entwickelt. Er untersuchte die Wirkungsweisen psychotherapeutischer Beeinflussung vom Schamanismus bis zu den (damals) modernen Psychotherapien und stellte vier gemeinsame „Wirkprinzipien" solcher „Beeinflussungsverfahren" vor, die auch schon in der Frühzeit der Medizin von Heilern eingesetzt wurden:

1. Eine bestimmte Art der Beziehung: Der Hilfesuchende vertraut der Kompetenz des Helfers und dessen Wunsch, ihm zu helfen. Der Helfer drückt Anteilnahme aus und glaubt an die Fähigkeit des Hilfesuchenden, die Störung zu überwinden. Das Vertrauen des Hilfesuchenden wird gesteigert durch die gesellschaftlich anerkannte Rolle des Helfers (Expertentum).
2. Die Hilfeorte sind gesellschaftlich als „Stätten der Heilung" ausgewiesen. Das Setting bietet Zuflucht vor Anforderungen und verhindert Ablenkung durch den Alltag. Dies ermöglicht eine Konzentration auf die Probleme und unterstützt das Experimentieren mit sich selbst und dem eigenen Verhalten.
3. Es gibt eine spezifische Behandlungstheorie oder einen „Mythos", die eine Erklärung von Krankheit und Gesundheit, Abweichung und Normalität einschließen. In dieser Theorie ist ein bestimmter Grad an Optimismus hinsichtlich der Veränderbarkeit von Personen und Störungen angelegt. Die Theorie interpretiert und erklärt die Störungsursachen, formuliert Veränderungsziele und leitet Methoden der Zielerreichung ab. Insbesondere eröffnet sie eine Einordnung von „Unfassbarem", „Unbegreiflichem" in Erklärungssysteme (welche auch immer) und erlaubt es dem Hilfesuchenden, seinen Problemen einen Sinn zu geben. Voraussetzung ist ein gemeinsamer kultureller oder Überzeugungshintergrund von Hilfesuchenden und Helfern.
4. Die Behandlungstheorie definiert Aktivitäten oder Verfahren. Diese verlangen Einsicht bei Fehlern und deren Korrektur, Motivation zur Veränderung, Opferbereitschaft und auch Opfer. Sie heben das Selbstbewusstsein des Hilfesuchenden durch neues Lernen und den Erwerb neuer Fähigkeiten (Sickendiek et al. 2008, S. 138 f.).

Die Grundthese von Frank (1961) lautet: Die Wirksamkeit von Beratung und Therapie liegt nicht primär in den theoretischen Inhalten der psychotherapeutischen Schulen und den zugehörigen Verfahren und Techniken, sondern in ihren verfahrensübergreifenden Funktionen. Sie vermitteln im Wesentlichen

- Anregungen für neues Fühlen, Denken, Handeln und neue Erfahrungen und damit für neue Entwicklungs- und Lernchancen,
- wieder auflebende Hoffnung auf Besserung bzw. Abbau von Selbstabwertung und Hoffnungslosigkeit,
- wieder Erfolgserlebnisse und damit Stabilisierung von Selbstbewusstsein und Zuversicht,
- innere Ausrichtung und Bindung über die Beratungs- bzw. Therapiebeziehung.

Weitere Auswertungen von Psychotherapiestudien legen nahe, dass es eine Wechselwirkung zwischen den spezifischen und den allgemeinen Wirkfaktoren gibt. Solche Zusammenhänge werden im Allgemeinen Modell der Psychotherapie („generic model of psychotherapy") von Orlinsky und Howard (1987, erweitert: Orlinsky et al. 2004) ausgearbeitet. Unterschieden werden in dem Modell Inputvariablen (z. B. Verstärkung auf Verhaltensebene), Prozessvariablen (z. B. Erhöhung der Selbstexploration) als Voraussetzung für Veränderungen bei den Ratsuchenden und Outputvariablen (real erfassbare Veränderungen). Diese Variablen stehen untereinander in Wechselwirkung und bedingen darüber die Wirkung von Therapie bzw. Beratung.

Grawe et al. (1994) haben umfangreiche und differenzierte Sekundäranalysen von Psychotherapiestudien und eigene Forschungen durchgeführt und gelangten so zu einem schulenübergreifenden Therapiemodell. Ihre Forschungen bestätigen ebenfalls, dass die einzelnen schulenspezifischen Therapierichtungen nur eine begrenzte Wirksamkeit aufweisen, wohingegen sich über alle Therapieschulen hinweg allgemeine Wirkfaktoren nachweisen lassen. Grawe (2000) formulierte vier zentrale, empirisch fundierte Wirkprinzipien, die in der gegenwärtigen Beratungs- und Therapielandschaft breite Resonanz gefunden haben. Sie bringen nicht nur Handlungsprinzipien, sondern immer auch eine innere Haltung des Beraters gegenüber den Ratsuchenden zum Ausdruck:

1. **Hilfe zur Problembewältigung** ist das wichtigste Prinzip erfolgreicher und effektiver Beratung und Therapie. Klienten werden durch den Berater oder Therapeuten aktiv unterstützt und angeleitet, dabei werden Selbstheilungskräfte geweckt. Die Unterstützungsleistungen müssen auf die spezifischen Störungsphänomene „passen". Ausschlaggebend ist hierbei die Erfahrung des Klienten, sich zum Positiven zu verändern (Prinzip: Vom Nicht-anders-Können zum Besserkönnen).
2. **Klärungsarbeit:** Der Klient soll Zugang zu und Einsicht in die (bewussten und unbewussten) Bedingungen und Motive gewinnen, die hinter den Problemen stecken. Die subjektive und objektive Bedeutung des Erlebens- und Verhaltensproblems wird geklärt (Prinzip: Vom Nichtwissen und Nichtverstehen zum Erkennen und Sich-selbst-Verstehen).
3. **Problemaktualisierung:** Die belastenden subjektiven Bedeutungen und Bewertungen des Problems wie auch die Veränderungsprozesse zur Problembewältigung sollen im Hier-und-Jetzt der Beratungs- bzw. Therapiesituation erfahrbar sein, real erlebt und aktuell bearbeitet werden. In der Beratung sollen somit Erlebnisfelder angeboten werden, die den Klienten Gelegenheit geben, ihre Probleme und die dahinterliegenden Bedeutungen zu aktualisieren

und zu erfahren und neue Verhaltensweisen auszuprobieren (Prinzip: Veränderungsprozesse in der aktuellen Realität erfahrbar machen).

4. **Ressourcenaktivierung:** In Beratung und Therapie wird gezielt mit den Potenzialen und Stärken der Klienten gearbeitet. Die Wahrnehmung und Aktivierung von Ressourcen lässt die Klienten eigene Kompetenzen, Stärken und Wirksamkeit (wieder) erfahren und erleben, woraus neue Selbstständigkeit entwickelt werden kann. Ressourcen umfassen sowohl individuelle Bewältigungspotenziale wie auch Unterstützungsmöglichkeiten in der sozialen Umwelt (Prinzip: Weg von der Problemfixierung, hin zu Ressourcen- und Entwicklungsorientierung).

Haken und Schiepek (2010) haben aus den Theorien der Selbstorganisation und Synergetik und der Chaos- sowie der Psychotherapieforschung deduktiv sogenannte generische Prinzipien abgeleitet, die den Wirkfaktoren vergleichbar sind. Schiersmann und Thiel (2012) haben diese generischen Prinzipien leicht modifiziert aufgegriffen und mit dem Ansatz der Problemlösepsychologie verknüpft.

Sieben allgemeine Wirkfaktoren

Unter Bezugnahme auf Taxonomien der psychotherapeutischen Wirksamkeitsforschung stellt Wälte (2018a) sieben allgemeine Wirkfaktoren auf, die in wechselseitigen Wirkzusammenhängen stehen und teilweise auch im Sinne eines phasischen Prozessablaufs verstanden werden können. Unter anderem fließen die Wirkfaktoren von Grawe et al. (1994) sowie Aspekte des 7-Stufen-Modells von Kanfer et al. (2012) in die Aufstellung ein. Für eine Optimierung der Wirkfaktoren wird zudem eine breite Palette von beraterischen Kompetenzen benötigt, wie sie z. B. Zwicker-Pelzer (2010) in ihrem Kompetenzmodell vorstellt.

1. **Gestaltung einer professionellen Beziehung:** Aufbau und Gestaltung einer professionellen Arbeitsbeziehung zwischen Berater und Klient über den gesamten Verlauf des Beratungsprozesses gehören zu den wichtigsten Elementen einer effektiven psychosozialen Beratung und Therapie. In allen Wirkfaktorenkonzepten gilt sie als zentraler Faktor und Schlüsselvariable für die Entfaltung anderer Wirkfaktoren und ihrer Wechselwirkung mit den eingesetzten Interventionstechniken, bildet also die

Basis für einen effektiven Beratungs- bzw. Therapieprozess (Schiersmann et al. 2016; Wälte 2018a). Grundlage für diesen allgemeinen Wirkfaktor ist eine auf bedingungsloser positiver Wertschätzung, Empathie, Präsenz und Selbstkongruenz (Authentizität und Transparenz; s. Abschn. 4.1.3) basierende Haltung des Beraters.

2. **Analyse und Klärung der Probleme:** Unter Bezugnahme auf das Modell von Kanfer et al. (2012) benennt Wälte (2018a) die sorgfältige Erfassung der Probleme des Klienten unter Berücksichtigung seiner Verhaltensweisen, Gefühle und der Wechselwirkungen mit der sozialen Umgebung als weiteren allgemeinen Wirkfaktor. Hier sind auch die subjektiven Erklärungskonzepte des Klienten über die Entstehung des Problems einzubeziehen, die unter Umständen von den Erklärungskonzepten des Beraters abweichen können. Dabei wird das Ziel verfolgt, dass der Klient seine vergangene oder aktuelle (Problem-)Situation besser versteht, sich im Verlauf der Beratung über sich selbst klarer wird, sich selbst besser versteht und besser annehmen kann (Selbstexploration und Selbstwertschätzung). Das trägt auch dazu bei, dass Klienten Interventionsprozesse besser annehmen können und von sich aus unterstützen und verfolgen. Nach dem „Common Component Model" von Frank (1971) kann dieser Prozess ein subjektiv plausibles Erklärungsschema befördern und mögliche Lösungswege aufweisen.

3. **Analyse und Vereinbarung von Beratungszielen:** Nahezu alle Beratungsmodelle weisen diesem Prozess eine zentrale Bedeutung für eine effiziente Beratung zu. Ein breiter Konsens zwischen Berater und Klient über die möglichen Beratungsziele ermöglicht, dass beide Seiten übereinstimmende und transparente Vorstellungen von dem Beratungsfokus und den Prioritäten entwickeln und gemeinsam darauf bezogene, konkrete und nachvollziehbare Arbeitsziele über den Beratungsprozess hinweg verfolgen. Im Allgemeinen werden die Ziele dabei in kurz- und langfristige gegliedert. Dabei muss auch bedacht werden, dass die am Anfang erarbeiteten Prioritäten und Zielvorstellungen sich im Laufe des Beratungsprozesses ändern können. Für die Beratungseffizienz ist zudem wesentlich, dass der Berater mögliche Differenzen in den Zielvorstellungen zwischen sich und dem Klienten erfasst und klärt. Von Klienten selbst erarbeitete Prioritäten und Ziele haben eine stärkere positive Auswirkung auf die Motivation zur Mitarbeit und Veränderung als solche, die vom Berater festgelegt oder von außen auferlegt werden (s. Abschn. 5.3).

4. **Motivation zur Veränderung/positive Erwartung an den Beratungs-erfolg:** Der Aufbau einer Eigenmotivation zur Veränderung beim Klienten (Kanfer et al. 2012) und positive Erwartungen an den Beratungserfolg (Weinberger 1995) sind weitere maßgebliche Faktoren für die Wirksamkeit von Beratung. Eigene Veränderungsmotivation trägt wesentlich zur Reduzierung von Resignation und Demoralisierung bei, die Klienten infolge subjektiver Erfahrungen mit misslingenden Problembewältigungsversuchen häufig zu Beratungsbeginn zeigen. Zudem bilden ungünstige soziale und sozioökonomische Lebens-bedingungen wie auch die Beschaffenheit des Problems potenzielle Hindernisse für die Entwicklung von Veränderungsmotivation. Miller und Rollnick (2015) stellen eine „motivierende Gesprächsführung" zum Aufbau von Veränderungsmotivation vor. Darüber hinaus ist das (Wie-der-)Erleben von eigener Wirksamkeit (Selbstwirksamkeitserfahrung) bereits in den ersten Beratungsstunden bedeutsam, was z. B. über ressourcenorientierte Beratungsverfahren aufgebaut werden kann (Schu-bert 2018b; Willutzki und Teismann 2013). Über diese Prozesse ent-wickelt sich eine positive Erwartung an den Beratungserfolg.

5. **Problemaktualisierung:** Verschiedene Forschungen postulieren Problem-erleben in der Therapie- bzw. Beratungssitzung bzw. das damit gekoppelte affektive Erleben und die Lösung emotionaler Blockaden als weiteren all-gemeinen Wirkfaktor (Grawe und Caspar 2012; Jørgenson 2004; Wein-berger 1995). Grawe und Caspar (2012, S. 35) gehen davon aus, dass „die problematischen Bedeutungen, die das Leiden des Patienten ausmachen, dann am wirksamsten verändert werden können, wenn diese Bedeutungen in der Therapie real zum Erleben gebracht werden". Probleme und damit subjektiv verbundene emotional-kognitive Bedeutungen und Affekte sol-len im Hier und Jetzt der Beratungssituation erlebt und aktuell bearbeitet werden. Je umfassender das geschieht, desto besser kann das Thema bearbeitet und vom Klienten mit der Erfahrung von Veränderung und Selbstwirksamkeit überwunden werden.

6. **Ressourcenaktivierung:** Grawe (2000) fokussiert die Aktivierung von Ressourcen bei Klienten als einen breit angelegten Wirkfaktor. Statt die Aufmerksamkeit auf deren Defizite, Schwächen und Kon-flikte zu richten, wie das zumeist in einer klassisch-klinisch orien-tierten Diagnosephase erfolgt, werden die positiven Eigenschaften und besonderen Fähigkeiten des Klienten in den Blick genommen. Ressourcenaktivierung lenkt die Aufmerksamkeit weg von den Defiziten

und Schwächen des Klienten hin zu seinen Potenzialen, Stärken und Änderungsmöglichkeiten. So wird dem Klienten z. B. bewusst, dass und wie er bereits früher Schwierigkeiten positiv gehandhabt hat und wie er diese Stärken gegenwärtig („ein klein wenig") wieder aktivieren kann oder welche Unterstützungsmöglichkeiten in seinem Umfeld erkennbar und (wieder) aktivierbar sind. Über diese Aufmerksamkeitsumlenkung und Wiederentdeckung gelebter eigener Stärken und Wahrnehmung zwischenmenschlicher bzw. auch sozialstaatlicher Hilfemöglichkeiten entwickeln sich Zuversicht und eine positive Grundstimmung für den weiteren Beratungsverlauf (Grawe und Grawe-Gerber 1999; Schubert 2018b; Willutzki und Teismann 2013). Dieser Prozess, der häufig mit gezielter Psychoedukation gekoppelt ist, kann den Klienten anregen, eigenständig weitere Ressourcen zu entdecken und zu aktivieren (s. Abschn. 4.3).

7. **Hilfe zur Problembewältigung:** Alle Taxonomien aus der Forschung zu allgemeinen Wirkfaktoren führen Hilfe zur Problembewältigung als zentrales Prinzip erfolgreicher und effektiver Therapie und Beratung auf. Nach Grawe (2000) wird der Klient vom Berater durch den Einsatz geeigneter Methoden und Techniken darin unterstützt, seine Probleme, Krisen und Konflikte zu überwinden oder zumindest besser mit ihnen fertigzuwerden. Diese Unterstützungsleistungen müssen auf die spezifischen Störungsphänomene „passen" (z. B. Selbstsicherheitstrainings bei selbstunsicheren Personen, Konfrontation mit angstauslösenden Reizen bei Personen mit Ängsten). Hilfe zur Problembewältigung kann auf verschiedenen Ebenen erfolgen. Unter Bezugnahme auf psychotherapeutische Taxonomien zu den allgemeinen Wirkfaktoren führt Wälte (2018a, S. 45) folgende Verfahren an:

   – kognitive Bewältigung, z. B. über die Veränderung „dysfunktionaler" Kognitionen. In einem weiteren Sinn zählt dazu auch die Förderung der Mentalisierung (Asen und Fonagy 2014). Sie soll den Klienten dazu befähigen, mentale und emotionale Zustände bei sich und bei anderen zu erkennen und zu kommunizieren. Weiterhin kann auch „Selbstnarration" einbezogen werden, bei der der Klient eine Neufassung seiner Lebensgeschichte und Identität konzipiert;

   – Verhaltensregulation, die auf eine verbesserte Verhaltenskontrolle oder neue Verhaltenskompetenzen abzielt;

- Exposition und Desensibilisierung mit den Effekten der Abschwächung der physiologischen Reaktion und des Vermeidungsverhaltens;
- Korrektur emotionaler Erfahrungen im Anschluss an Exposition und Desensibilisierung (dadurch, dass die gefürchteten Konsequenzen nicht eintreten);
- Emotionsregulation mit dem Ziel der Kontrolle über emotionale Prozesse.

Als achten allgemeinen Wirkfaktor schlägt Wälte (2018a) die Evaluation der Fortschritte in der Beratung entsprechend dem 7-Stufen-Modell von Kanfer et al. (2012) vor. Dabei geht es nicht nur um eine Erfolgsbewertung zum Abschluss der Beratung oder Therapie, sondern auch um die kontinuierliche Bewertung des Beratungsprozesses und auch der einzelnen Beratungsphasen. Hier wird nicht die Interaktion zwischen Berater und Klient ins Visier genommen, sondern es geht mehr um einen gemeinsamen begleitenden Bewertungsprozess der beraterischen bzw. therapeutischen Arbeitsweise und der Klient-Berater-Interaktion. Damit gerät ein weiterer Aspekt von Wirksamkeit in den Fokus: die Wirksamkeit von Therapie bzw. Beratung als Ergebnis des *Interaktionsprozesses* zwischen Berater und Klient.

Eine Zusammenschau der Wirkfaktorenkonzepte zeigt, dass der Beziehungsgestaltung in allen Konzepten eine zentrale Funktion zugeschrieben wird. Einige Modelle, wie die von Grawe (2000), Orlinsky et al. (2004) und Schiersmann und Thiel (2012), sind in ihrem Wirkverständnis explizit an einem Phasenablauf ausgerichtet. Nach Schiersmann et al. (2016) lassen sich jedoch gewisse Unterschiede in der Frage ausmachen, wer den Wirkprozess steuert. Grawes Modell fokussiert einseitig die Aktivitäten der Berater bzw. Therapeuten, wohingegen das Modell von Orlinsky die Aktivitäten der Berater/Therapeuten und die der Klienten integriert. „Die Wechselwirkung zwischen dem Input der Beratenden und der Resonanz der Ratsuchenden weiter zu verfolgen, dürfte eine wichtige Perspektive für die Zukunft darstellen, denn es ist naheliegend, dass keine der beteiligten Personen einseitig und allein den Prozess gestaltet, sondern dass es sich dabei um eine gemeinsame Leistung handelt" (Schiersmann et al. 2016, S. 5). Unter Bezugnahme auf Schiepek et al. (2013) formulieren die Autoren weiter, „dass der Klient bzw. die Klientin vielleicht den wesentlichsten Anteil zum Erfolg einer Therapie selbst beisteuert [...]. Dabei spielen z. B. persönliche und interpersonelle Kompetenzen und Ressourcen, die Kooperationsbereitschaft, das Erleben der Beratungsbeziehung, die individuelle Expressivität, verbale und emotionale Öffnung sowie die intrinsische Veränderungsmotivation und Aufnahmebereitschaft eine zentrale Rolle.".

Im Vergleich zu den vorher angeführten Forschungen macht dieser Ansatz deutlich, dass relativ unterschiedliche Vorstellungen davon bestehen, was als „Wirkfaktoren" zu bezeichnen ist. In einer Zusammenschau der verschiedenen Ansätze und Modelle resultiert die Wirksamkeit von Beratung und Therapie aus einem komplexen wechselseitigen Wirkmuster zwischen

- den „Wirkungen" der Berateraktivitäten bzw. der Beraterhaltung,
- den „Wirkungen" vielfältiger und wohl auch unterschiedlich zu gewichtender Klientenvariablen, wie Einstellung zu Beratung/Therapie, Veränderungsmotivation, Kooperationsbereitschaft, Expressivität, verbale und emotionale Öffnung sowie Ressourcenbeschaffenheit (einschließlich kognitiver Ressourcen),
- den rekursiven Wirkungen dieser Faktoren im Verlauf der Beratung/Therapie innerhalb und zwischen den einzelnen (Beratungs-/Therapie-)Prozessphasen.

6.2 Evaluation

Die Bedeutung von Evaluation im Beratungsgeschehen wird in der Praxis oft unterschätzt. Dabei gibt es viele gute Gründe für den Praktiker seine praktische Arbeit ständig zu evaluieren. Es hilft ihm, seine Behandlung zu verbessern, klinisch bedeutsame wissenschaftliche Erkenntnisse zu sammeln und seiner ethischen Verantwortung gegenüber dem Klienten und der Gesellschaft gerecht zu werden (Warschburger 2009, S. 50).

In Wissenschaft und Praxis bestehen oftmals unterschiedliche Ansichten über Ziele und Funktionen von Evaluation, und entsprechend unterschiedlich kann Evaluation angelegt sein: als angewandte Wissenschaft unter den wissenschaftlichen Forschungsstandards oder als Praxisberatung oder als eine Kombination beider (Heiner 2007). Im Feld praxisorientierter, wissenschaftlich fundierter Aus- und Weiterbildung dient Evaluation dazu, den Erfolg von Beratungsprozessen mit standardisierten und wissenschaftlich geprüften Verfahren zu erfassen. Fokussiert wird, ob die gemeinsam anvisierten Beratungsziele bzw. die vereinbarten Veränderungsziele erreicht wurden, ob die beraterischen Vorgehensweisen sowohl vom Berater wie auch vom Klienten als erfolgreich attribuiert werden.

Als vorrangig gelten dabei die Sichtweise und Bewertung des Klienten, seine Zufriedenheit mit dem Beratungsprozess und mit den erzielten Ergebnissen. Die Einschätzungen des Beraters zu diesen Kriterien sind ebenfalls bedeutsam. Beide können sich in ihren Bewertungen unterscheiden.

Evaluation muss bereits zu Beginn einer Beratung eingeplant und auch schon während des Beratungsverlaufs, also nicht erst am Ende, durchgeführt werden. Das verlangt zu Beginn einer Beratung Klarheit darüber, was und mit welchen Verfahren evaluiert wird. Damit sind die beiden zentralen Evaluationsarten angeführt: Prozessevaluation und Ergebnisevaluation. Bei der *Prozessevaluation* werden im Verlauf der Beratung zu festgelegten Zeiten solche Merkmale des Beratungsprozesses erfasst, die als Wirkfaktoren von Beratung gelten, z. B. Entwicklung der Beratungsbeziehung, der Kooperationsbereitschaft und Veränderungsmotivation, der Öffnung und Expressivität beim Klienten. Die *Ergebnisevaluation* misst nach Beratungsabschluss entweder retrospektiv oder in Form eines Prä-Post-Vergleichs den Beratungserfolg. Erfasst wird, ob die eingesetzten Interventionen zur Behebung oder mindestens zu einer Besserung des Problems beigetragen haben. Beispielsweise kann überprüft werden, in welchem Umfang die gemeinsam erarbeiten und festgelegten Beratungsziele erreicht wurden. Es können auch allgemeinere Kriterien angelegt werden, z. B. die Erweiterung sozialer Kontakte, die Verbesserung von individuellem Wohlbefinden, Lebenszufriedenheit usw. Im Idealfall wird nach einem längeren Zeitraum, etwa 18 Monate nach Beratungsende, zusätzlich eine katamnestische Untersuchung durchgeführt, um auch den längerfristigen Beratungseffekt zu erfassen.

Die Messinstrumente sollen wissenschaftlichen Kriterien entsprechen, d. h., sie sollen möglichst objektiv und standardisiert, hinreichend reliabel und valide sowie ökonomisch im Einsatz wie auch sensibel in der Erfassung des angezielten Gegenstands sein. Darüber hinaus sollten die Verfahren in Kooperation mit der Praxis entwickelt sein und die unterschiedlichen Problemstellungen aus den vielfältigen Handlungsfeldern von Beratung berücksichtigen. Gerade der letzte Aspekt macht es nach Warschburger (2009) oft schwierig, für das Beratungssetting angemessene Messinstrumente zu entwickeln. In der Beratung wird daher behelfsweise oft auf Messinstrumente aus dem therapeutischen Setting zurückgegriffen, die zumeist jedoch auf enge, teils sehr spezifische Therapieziele und einen standardisierten Prozessablauf ausgerichtet sind und der thematischen Vielfalt und Verfahrensoffenheit, wie sie in der Beratung oftmals angezeigt ist, nicht immer gerecht werden.

Warschburger (2009) gibt einen knappen und informativen Überblick über verschiedene Evaluationsverfahren, auf die hier Bezug genommen werden soll

(s. „Übersicht zu Evaluationsverfahren"). Ergänzende Übersichten bringen Borg-Laufs und Tiskens (2018), Klemenz (2014) sowie Klann et al. (2003). Einige Verfahren koppeln prozessbegleitende Beratungserfassung und Ergebniserfassung.

Übersicht zu Evaluationsverfahren (unter Bezugnahme auf Warschburger 2009; Borg-Laufs und Tiskens 2018; Klemenz 2014)

1. Prozessevaluation

Der „Stundenbogen für die Allgemeine und Differenzielle Einzelpsychotherapie" (Krampen 2002) ist eine empirisch überprüfte Prozessevaluation. Der Fragebogen mit 14 Items und einer Bewertung von 1 (= „stimmt überhaupt nicht") bis 7 (= „stimmt ganz genau") wird zum Ende jeder Beratungs- bzw. Therapiesitzung ausgegeben und liefert Informationen zum Verlauf und zum Ergebnis der Therapie- bzw. Beratungsstunde. Der Berater bearbeitet einen Parallelbogen. Damit können auch Diskrepanzen in den Einschätzungen von Berater und Klient erfasst werden. Der Fragebogen ist an dem allgemeinen Wirkfaktorenmodell von Grawe (Grawe et al. 1994) orientiert und erfasst die drei Wirkfaktoren über drei Subskalen:

- Perspektive der motivationalen Klärung (Einsicht in die Charakteristika der Probleme, 5 Items)
- Perspektive der Problembewältigung (Fortschritte in der Sitzung zur Bewältigung der Schwierigkeiten, 4 Items)
- Beziehungsebene (sich verstanden fühlen, 3 Items).

Durch die Bewertung der Sitzungen seitens des Klienten und des Beraters können Unstimmigkeiten und Missverständnisse rechtzeitig erfasst und in den Folgesitzungen angesprochen werden. Zudem können sich die Berater sowohl in ihrer professionellen Rolle als auch in ihrer Selbstwahrnehmung und Prozesseinschätzung konstant weiterentwickeln.

Aus dem englischsprachigen Raum kommen zwei Verfahren, die nach den Sitzungen sehr einfach und innerhalb weniger Minuten bearbeitet werden können. Die „Clinical Outcomes Routine Evaluation" (CORE) von Evans et al. (2006) wurde in Kooperation mit Praktikern erstellt und kann unterschiedliche Problemstellungen von Beratung berücksichtigen. Das Ratingverfahren erfasst fünf Skalen, die von Klienten beratungsbegleitend bearbeitet werden können:

- Subjektives Wohlbefinden (4 Items)
- Symptome/Probleme (12 Items)
- Leben/soziale Funktion (12 Items)
- Selbstgefährdung (4 Items)
- Fremdgefährdung (2 Items)

Das Verfahren zeigt nach Warschburger (2009) gute psychometrische Kennwerte hinsichtlich Reliabilität und Validität. Normwerte für klinische und nichtklinische Stichproben liegen ebenso vor wie Daten zur Berechnung klinisch relevanter Veränderungen. Über eine PC-Version kann der Nutzer die Auswertungen sowie den Vergleich mit Referenzdaten selbst vornehmen.

Ein weiteres sehr einfach zu handhabendes Verfahren ist die „Session Rating Scale" (SRS) von Duncan et al. (2003). Anhand von vier visuellen Analogskalen bewertet der Klient prozessbegleitend folgende Bereiche:

- Grad der Übereinstimmung mit dem Berater in Bezug auf Ziele und Themen
- Grad der Übereinstimmung mit dem Berater in Bezug auf Methoden und den allgemeinen Ansatz
- Bewertung der therapeutischen Beziehung
- Allgemeine Bewertung der zurückliegenden Sitzung

Die Skala beruht auf der „Kliententheorie der Veränderung" und erweist sich als reliabel, valide und prognostisch relevant. Verschiedene Studien belegen nach Warschburger (2009), dass durch die kontinuierliche Auswertung und Bewertung der Sitzungen und Feedback an den Therapeuten der erzielte Behandlungserfolg gesteigert und die Abbrecherquote reduziert werden konnte.

Mit der „Zielerreichungsskalierung" (Borg-Laufs und Hungerige 2010; Borg-Laufs und Tiskens 2018) werden gemeinsam erarbeitete Ziele operationalisiert und in Zwischenziele aufgeteilt. Im Verlauf der Beratung kann regelmäßig gemeinsam überprüft werden, inwieweit die Ziele erreicht sind. Das Ergebnis zu den einzelnen Zielen wird in eine Skala eingetragen. Das Verfahren bringt den Vorteil mit sich, dass im Beratungsprozess Ziele und dorthin führende Zwischenziele vom Klienten selbst erarbeitet und regelmäßig überprüft werden. Zudem unterstützt dieser Prozess die Zielorientiertheit und Eigenmotivation des Klienten während der gesamten Beratung.

2. Ergebnisevaluation

Warschburger (2009; im Überblick: Klemenz 2014, S. 222 f.) stellt ausgewählte empirisch überprüfte Verfahren vor. Sie wurden zwar zumeist für den psychotherapeutischen Kontext entwickelt, sind nach Angaben der Autorin jedoch auch gut im Beratungskontext einsetzbar.

Die „Outcome Rating Scale" von Miller et al. (2003) ist ein einfach zu handhabendes Ratingverfahren. Über vier visuelle Analogskalen (von 0 bis 10) bewertet der Klient retrospektiv die Veränderungen in folgenden Lebensbereichen:

- Allgemeines Wohlbefinden
- Individuelles, symptombezogenes Funktionsniveau
- Interpersonelle Beziehungen (Familie, enge Freunde)
- Soziales Funktionsniveau (Arbeit, Schule, Freundschaften)

Nach Angaben der Autoren zeigt die Ratingskala eine hohe interne Konsistenz und eine zufriedenstellende Konstruktvalidität. Über eine Online- und PC-Version kann der Berater die Daten relativ rasch auswerten.

Die „Fragebögen zur Beurteilung der Behandlung" (FBB) wurden von Mattejat und Remschmidt (1999) für den kinderpsychiatrischen und psychotherapeutischen Kontext entwickelt. Die Bearbeitung der Bögen dauert ca. 15 min. Eine Kurzversion soll die Bearbeitungszeit auf wenige Minuten beschränken. Die Qualität der Behandlung soll aus drei Sichtweisen eingeschätzt werden:

- Aus Sicht des Kindes: Behandlungserfolg in Bezug auf sich selbst, auf die familiären Beziehungen und die Beziehung zum Behandler
- Aus Sicht der Eltern: Behandlungserfolg in Bezug auf das Kind, die Beziehung der Eltern zum Kind, die eigene Person und die Familienbeziehungen
- Aus Sicht des Behandlers: Bewertung des Behandlungserfolgs im Hinblick auf den Patienten, Mutter, Vater, Familienbeziehungen und die Kooperation mit dem Patienten, mit Vater und Mutter

3. Kombinierte Verfahren

Der „Bonner Fragebogen für Therapie und Beratung" (BFTB) von Fuchs et al. (2003) besteht aus zwei Teilbereichen, die auch getrennt zur Anwendung kommen können. Die *Ergebnisskala* erfasst Veränderungen nach der Therapie/Beratung im Selbstbild, im sozialen Verhalten, im emotionalen Erleben (z. B. Selbstwertgefühl) und auf der Verhaltensebene (z. B. Leistungsfähigkeit). Das therapeutische Verhalten wird, unter Bezugnahme auf das allgemeine Wirkmodell der Psychotherapie nach Grawe, über zehn *Prozessskalen* beurteilt: Therapeut-Klient-Beziehung (3 Skalen: Echtheit, Empathie, Wertschätzung), Einsicht und Klärung (4 Skalen: Deutung, Bewusstheit, Strukturierung, Konfrontation), Integration und Verhaltensänderung (3 Skalen: Durcharbeiten, emotionszentriertes Arbeiten, Verstärkung). Die Bearbeitungsdauer ist mit 25 min sehr lang. Auch kann sich der elaborierte Sprachcode als hinderlich für einen breiten Einsatz im Praxissetting auswirken.

Der „Fragebogen zur Erziehungs- und Familienberatung" (FEF) von Vossler (2003) zeichnet sich u. a. dadurch aus, dass er auch die Spezifika dieser Art von Beratung berücksichtigt (z. B. Heterogenität der Problemlagen, stark fluktuierende Rahmenbedingungen, unterschiedliche Zielkriterien) und zugleich normiert und standardisiert ausgelegt ist. Der Fragebogen besteht aus vier Hauptskalen und erfasst Prozess- und Outcomequalität von Beratungen. Je nach der Fragestellung des Nutzers können die Skalen auch in unterschiedlicher Kombination eingesetzt werden:

- Skala FEF-1 (Zugang zur Beratung) erfasst den Beratungsanlass, Vorerfahrungen mit Beratung, beratungsbezogene Erwartungen und Bedenken, den Leidensdruck in der Familie und die Zufriedenheit mit den Rahmenbedingungen der Beratung.
- Skala FEF-2 (Beratungsprozess) erfasst wesentliche Aspekte der Berater-Klienten-Beziehung (z. B. hilfreiche Beratervariablen) und das Vorgehen in der Beratung (z. B. Beratungstechniken).
- Skala FEF-3 (Beratungszufriedenheit) wird durch eine deutsche Übersetzung des „Client Satisfaction Questionnaire" erfasst, ergänzt durch Fragen zur Zufriedenheit mit der Beratungsorganisation.
- Skala FEF-4 (Beratungseffekte) erfasst Veränderungen in den Bereichen Problemsituation, Problemsicht, Emotionen, Situation des Kindes und der Familie und Selbsthilferessourcen. Zusätzlich kann angegeben werden, inwieweit Veränderungen (auch im interpersonellen Bereich) auf die Beratung zurückgeführt werden.

Reliabilität und Validität sind nach Warschburger (2009) zufriedenstellend.

Wo und wie erfolgt Beratung? 7

Beratung befasst sich mit der Bewältigung von Fragen und Problemen, die aus den Auseinandersetzungen mit den Ereignissen und Anforderungen der alltäglichen und arbeitsweltlichen Lebensführung entstehen oder sich dort perspektivisch abzeichnen. Dabei bezieht sie auch die auf diese Lebensbedingungen bezogenen Einschätzungen, Bewertungen und Sinngebungen der Ratsuchenden und ihres sozialen Umfeldes ein (s. Abschn. 2.2). Allgemeines Ziel von Beratung ist die Befähigung von Individuen, Paaren, Familien und Gruppen zur angemessenen Bewältigung von Problemen, zur Gestaltung ihrer Lebensführung und zur Schaffung individueller und sozialer Lebensqualität und biopsychosozialer Gesundheit. Lebensführung konkretisiert sich in den verschiedenen Lebensführungssystemen. Auf die Frage, wo, wie und bei wem Beratung zur Unterstützung und Befähigung zur Lebensführung erfolgt, können unterschiedliche Kategorien angeführt werden.

Zum einen können *Einrichtungen* benannt werden, die in öffentlicher oder privater Trägerschaft oder freiberuflich Beratung anbieten. Das sind beispielsweise alle institutionellen Beratungsstellen wie Frauen-, Familien-, Ehe- und Lebensberatung, Drogenberatung, Klinikambulanzen, Schwangerschaftskonfliktberatung, Schuldnerberatung oder freiberufliche Einrichtungen/Praxen für Beratung oder Psychotherapie.

Eine weitere Kategorisierung erfolgt nach *Zielgruppen*, z. B. Paare, Familien, in Trennung oder Scheidung lebende Menschen, alleinerziehende Elternteile, Stief-, Pflege-, Adoptions-, Patchwork-, Migrations- und Armutsfamilien, Schüler, Rentner, Arbeitslose, chronisch kranke Menschen, Angehörige von Pflegebedürftigen usw. Wie ersichtlich, ergibt sich daraus eine nahezu endlose Auflistung. Die jeweiligen Zielgruppen werden nach gemeinsamen oder ähnlichen Belastungserfahrungen zusammengefasst.

© Springer Fachmedien Wiesbaden GmbH, ein Teil von Springer Nature 2019   199
F.-C. Schubert et al., *Beratung,* Basiswissen Psychologie,
https://doi.org/10.1007/978-3-658-20844-8_7

Eine vergleichbare Einteilung kann nach *Problembereichen* erfolgen: Erziehung, Ehe und Familie, Trennung und Scheidung, ungewollte Schwangerschaft, ungewollte Kinderlosigkeit, Krisenereignisse (Lebenskrisen, Übergangskrisen, traumatische Krisen, Tod nahestehender Menschen), Bewältigung von bzw. Leben mit chronischer (somatischer und/oder psychischer) Erkrankung, soziale oder wirtschaftliche Notlagen. Hier können auch Übergänge zur arbeitsweltlichen Beratung einbezogen werden, wie die Vereinbarkeit von Arbeit und Familie/Privatleben (Work-Life-Ausbalancierung). Die genannten Kategorien gehen auch in die Bezeichnung von *Praxisfeldern* der Beratung ein: Erziehungsberatung, Lebensberatung, Gesundheitsberatung, Sozialberatung, Studienberatung, Berufsberatung usw.

Eine weitere Kategorienlogik folgt den *krisenhaften Übergängen in der Lebensspanne.* Das sind typische biopsychosoziale Entwicklungsphasen des Menschen oder gesellschaftlich vorgesehene (normierte) Entwicklungsübergänge, die mit entsprechenden, mehr oder weniger vorhersehbaren Belastungen und Krisen gekoppelt sein können. Die kategoriale Einteilung ist zumeist an den individuellen oder an familialen Entwicklungsphasen ausgerichtet, z. B.: Pubertät, Übergang in Kita oder Schule, Berufs- oder Studienfindung, Berufseintritt, Berufswechsel, vom Paar zur Elternschaft, Wiedereintritt in den Beruf nach längerer Elternschaft, Kinder verlassen das Elternhaus („empty nest"), Berufsaustritt und Umgang mit Alterung.

Zu den genannten Kategorien liegen mittlerweile viele Publikationen vor, auf die hier lediglich verwiesen werden soll. Eine breite Übersicht bringt das dreibändige *Handbuch der Beratung* von Nestmann et al. (Bd. 1 und 2: 2007 in 2. Aufl., Bd 3: 2013). Entscheidend ist, dass Beratung in allen Kategorien und Zuordnungen immer in ihrem Grundanliegen verortet ist: der Befähigung zur Gestaltung von Lebensführung, Lebensqualität und Gesundheit in den vielfältigen Lebenskontexten der Klienten. Nicht selten zeichnet sich die Lebenssituation von ratsuchenden Menschen durch eine Fülle unterschiedlicher Probleme und Belastungen aus, die sich gegenseitig bedingen und überlagern. Beratung muss sich auf diese Multiperspektivität von Problemlagen einlassen und professionell damit umgehen. Dies verlangt auf dem Hintergrund einer breiten und fundierten Beratungskompetenz ein Beratungshandeln, das immer wieder den Kontext erfasst und berücksichtigt, in dem die Anliegen, Fragen und Probleme der Klienten auftreten. An dieser vielschichtigen kontextuellen Perspektive orientieren sich die folgenden Erläuterungen in Bezug auf die Fragen, wo, wie und bei wem Beratung erfolgt. Betrachtet werden unterschiedliche Beratungsformate (formalisiert, teilformalisiert, informell), die den unterschiedlichen Lebensbedingungen von Klienten und den dort vorherrschenden Erfordernissen der Lebensbewältigung gerecht werden sollen, z. B. in Form von aufsuchender oder zugehender Beratung. Dabei werden auch komplexe Anforderungen an die Beratung in den Blick genommen, wie sie beispielsweise in Beratungseinrichtungen mit Multiproblemklientel, einem multidisziplinären Beratungsteam und einer Netzwerkeinbindung bestehen.

Sowohl die Kinder-, Jugend- und Familienpolitik wie auch die Gesundheitspolitik stellen den Finanzierungsrahmen für bestimmte gesellschaftlich bedeutsame Problemstellungen und die entsprechenden Zielgruppen bereit. Der Markt der Beratungsangebote orientiert sich an diesen Vorgaben und Strategien, und auch die Fachverbände fördern, je nach ihrer Zielsetzung, verschiedene Bereiche.

Zwicker-Pelzer (2018) vermittelt ein multiaxiales Modell von Beratung (Abb. 7.1), das es ermöglicht, anhand der Achsen „Beziehung" und „Zeit" (Dauer des Settings) unterschiedliche Beratungsformate (formalisiert, teilformalisiert, informell) zu erfassen und zu definieren. Dieses Modell setzt die Orte, an denen Beratung stattfindet, in Beziehung zu der Art und Weise, wie dort unter den gegebenen Rahmenbedingungen Beratung angemessen stattfinden kann. Lange Zeit galten für die Psychologie die Gütekriterien der Freiwilligkeit, kombiniert mit denen der festen Zeit, des festen Orts und des eindeutigen Settings. Aufgrund der

Abb. 7.1 Das multiaxiale Modell von Beratung. (Nach Zwicker-Pelzer 2018)

vielfältigen Weiterentwicklungen und der Erweiterung der psychosozialen Arbeitsfelder ist inzwischen eine große Spannbreite von Beratungsfeldern zu beobachten, in denen andere oder weitere Gütekriterien relevant sind. Die Jugendhilfe und die präventive Gesundheitsberatung beispielsweise verlangen – den unterschiedlichen öffentlichen Finanzierungsquellen entsprechend – von den psychologischen Beratern erweiterte und vielleicht auch neue Formate von Beratung. Das multiaxiale Modell verweist auf die verschiedenen Spannungspole, die teilweise konträr sind oder sich ergänzen können.

Hinsichtlich der *Zeitachse* unterscheiden wir kurze bis längere Beratungssequenzen. Lange Zeit galt die Aufmerksamkeit der längeren Variante, und die kurze Begegnung wurde als „Gespräch" eher abgetan. Mittlerweile aber sind auch die kurzen, sogenannten Tür-und-Angel-Beratungsgespräche, beispielsweise in einer Einrichtung der Offenen Tür, fachlich besser beleuchtet. Der Berater muss sich in solchen Begegnungen immer wieder auf die Kernmerkmale von Beratung besinnen, damit sein „Anwesendsein" zu einem „guten" Beratungsgespräch werden kann. Darüber hinaus braucht es Erfahrung und das Wissen, dass das Setting bereits eine die Beratung gestaltende Kraft hat. Mit dem Klienten wird sozusagen ausgehandelt, was wie lange und wo bearbeitet wird.

Hinsichtlich der *Zugänge* unterscheiden wir die „Kommstruktur" und die „Gehstruktur": Beratung in der Kommstruktur findet zumeist in einem von den Beratern eingerichteten Setting in institutionellen Beratungsstellen statt. Beratung in der Gehstruktur wird als „aufsuchend" (Sprache der Jugend-und Familienhilfe) oder als „zugehend" (Sprache der Gesundheitsberufe) bezeichnet und findet häufig in den Wohnräumen der Familien statt. Manch eine „Hilfe zur Erziehung" (Sprache des KJHG) findet in den Haushalten der Klientenfamilien, in deren Küche oder Wohnzimmer statt, wo sich die Gastgeberschaft vonseiten der Klientenfamilie deutlich vermischt mit der beratungsfachlichen Gastgeberschaft einer guten Gesprächsführung. Auch in den gesundheitlichen, alters- und pflegebedingten Hilfekontexten vermischen sich diese Achsen.

Entsprechend dicht oder weniger dicht ist die *Beziehungsachse:* In den Wohn- und Lebensräumen von Menschen entsteht eine andere Art von Nähe, viele alltägliche Dinge können nicht verborgen werden, Sorgen drücken sich in der Alltagswelt anders aus als im gepflegten Gespräch innerhalb einer Beratungseinrichtung. Institutionelle Beratung *ist* bereits Distanz; Nähe wird durch den verbalen Kontakt und über das Setting *hergestellt.*

Hinsichtlich der *Handlungsgrundlage* bewegen sich Berater zwischen Regelwissen aus den verschiedenen lebens- und arbeitsweltlich relevanten Theoriegrundlagen, dem Wissen über bestimmte Problemlagen, deren Konstruktion von Wirklichkeit und dem jeweiligen Fallverstehen in Bezug auf die Besonderheiten der erlebten Lebenslagen der Ratsuchenden.

Die Beratungsformate unterscheiden sich somit entsprechend den unterschiedlichen Rahmenbedingungen in Verbindung mit den unterschiedlichen Erfordernissen der Lebensbewältigung bei der Klientel.

7.1 Formate von Beratung

In ihrer Veröffentlichung von 2015 zur Begründung der Beratungswissenschaft greift Zwicker-Pelzer (2015a, S. 128–146) auf Engel, Nestmann und Sickendiek (1997, S. 23) zurück. Diese drei Autoren unterschieden bereits in den 1990er-Jahren zwischen den Formaten der formellen, der halbformellen und der informellen Beratung. Die *formelle Beratung* findet in Beratungsstellen mit einem öffentlichen Bekanntheitsgrad, eindeutigem Setting und Ablaufstandards statt. Diese Einrichtungen sind eindeutig als Beratungsstellen erkennbar und durch eine Kommstruktur gekennzeichnet. Das bedeutet, dass Klienten bereits eine Vorentscheidung zur Hilfesuche getroffen haben und sich in das Beratungssetting begeben. *Halbformell* (bzw. „halbformalisiert") ist Beratung dann, wenn sie ein Bestandteil von anderen, angrenzenden beruflichen Handlungsvollzügen ist. Verschiedene psychosoziale Berufe, aber auch Mediziner, Juristen, Pflegefachkräfte und Betreuungsfachkräfte haben zunehmend mit halbformalisierten Settings von Beratung zu tun (Beratung als Teilleistung). Die Herausforderung für die jeweilige Profession ist, sich über den spezifischen Zugang zur beraterischen Leistung klar zu sein und dies den Klienten gegenüber deutlich zu vermitteln. *Informell* sind Beratungsprozesse, die im alltäglichen und informellen Zusammenhang stattfinden, etwa unter Freunden oder mit anderen nahestehenden Personen, mit denen man Sorgen teilt oder die man um Rat oder Unterstützung fragt. Der Auftrag wird dabei selten überprüft, und die Umsetzung informell entwickelter Veränderungen bleibt oftmals eher unverbindlich.

Beratung in halbformellen Kontexten nimmt immer mehr zu. Dabei sind diese Beratungskontexte oft wenig steuerbar im Sinne der Herstellung eines geschützten Raums und Settings. Deshalb kommt es in diesen Beratungssituationen ganz besonders auf die Personen- und die Beziehungskompetenz des Beraters an, besonders in Bezug auf die Herstellung einer tragfähigen Beziehungsgrundlage. Im Bereich der halbformellen Beratung sind sich Ratsuchende oftmals nicht über ihre Aufträge und Ziele klar. Der Beratungsprozess dient am Anfang eher der Auftragssuche und der Einholung von Unterstützung (in individueller wie struktureller Hinsicht), im weiteren Verlauf der Stärkung von Selbstdefinition und Selbstermächtigung und schließlich der Partizipation der Klienten an sozialen Prozessen. In diesem Zusammenhang sei auf die Bedeutsamkeit von Tür-und-Angel-Situationen oder von aufsuchender bzw. zugehender Beratung hingewiesen, die oft erst stabilere und kontraktierte Beratungsprozesse eröffnen.

Beratung zwischen Tür und Angel wurde vor Kurzem von Knab (2008) und von Hollstein-Brinkmann (2010) als eine neue Form professionellen sozialen Handelns beschrieben. Für sie sind dies besondere Situationen, die aufzugreifen seien. In diesem Beratungsformat stecken Qualitäten, die derzeit noch fachlich wenig anerkannt und profiliert sind, jedoch mehr professionelle Aufmerksamkeit verdienen, denn „gesellschaftspolitisch betrachtet ist Beratung in einem offenen Setting als ein Beitrag zu einer gerechteren Infrastruktur anzusehen, da sie für Personengruppen Wege der Beratung ermöglicht, für welche das institutionalisierte Beratungssetting nicht adäquat oder nicht erreichbar ist" (Knab 2008, S. 113). Bei diesem Beratungsformat gehe es meist „um eine Bewegung zwischen zwei Orten oder Räumen, vielleicht um ein kurzes Innehalten in einer Bewegung und nicht um ein Sich-Niederlassen mit festem Aufenthalt". Knab beschreibt Bewegung, Offenheit, Gerechtigkeit und Partizipation als die herausragenden Qualitäten und regt in ihrem Beitrag zu weiteren Forschungen zu diesem speziellen Beratungsformat an.

7.2   Beratung als Kernaufgabe und als Querschnittsaufgabe

Formelle institutionelle Beratung bildete den historischen Ausgangspunkt von psychosozialer Beratung. Wie bereits in Kap. 1 geschildert, formierte sich die psychosoziale Beratung in Deutschland während der Nachkriegszeit. Dank der Übereinkunft der Alliierten, dass die Förderung von Familien ein wichtiger Garant für die Verhinderung nationalistischen Gedankenguts sei, wurden Fördermittel bereitgestellt und über viele Jahrzehnte immer wieder sichergestellt. Über die Jahre entstand ein bunter Strauß von Beratungsfachverbänden, die sich je nach Praxisfeld fachlich ausdifferenzierten. Alle geförderten Verbände haben sich als sogenannte institutionelle Beratung im Dachverband DAJEB (Deutsche Arbeitsgemeinschaft für Jugend- und Eheberatung e. V., www.dajeb.de) zusammengeschlossen. Die DAJEB ist außerdem Ansprechpartner für die Ministerien. Der Verband wurde 1949 gegründet mit den Zielen,

- den Aufbau von Jugend- und Eheberatungsstellen anzuregen und zu fördern,
- für eine qualifizierte Fort- und Weiterbildung der Mitarbeitenden in Theorie und Praxis zu sorgen,
- wissenschaftliche Grundlagenforschung im Bereich Ehe und Familie zu betreiben.

Die in der DAJEB beheimateten Verbände bieten hochwertige Weiterbildungen im Feld der Beratung an, vernetzen ca. 14.000 Beratungsstellen und können auf zahlreiche Veröffentlichungen verweisen. Diese Veröffentlichungen sind über die verbandsinternen Diskurse und Zugänge und über die Homepages der Mitgliedsverbände zugänglich, werden hingegen kaum in akademische Publikationen aufgenommen und finden dementsprechend dort auch keinen fachlich angemessenen Anschluss. Für die Weiterentwicklung von lebensweltlich orientierter psychosozialer Beratung wird es daher bedeutsam sein, wie sich fachverbandliche Entwicklungen zukünftig mit der Wissen generierenden Welt der Wissenschaft verbinden. Gerade die institutionelle Beratung ist angehalten, gesellschaftliche Entwicklungen in jeden Beratungsprozess (wieder) einzubinden, zu erfassen und zu reflektieren.

Auch sind die ursprünglichen Gründungsziele des Dachverbands hinsichtlich der Stabilisierung und Weiterentwicklung von Demokratie aktueller denn je. Die interkulturellen Herausforderungen, die innergesellschaftlichen Konfliktlagen, wie auch immer sie innerfamiliär oder persönlich erlebt werden, verlangen nach neuen sozialen und kulturellen Umgangsformen. Diese werden u. a. auch im Setting von Beratung angeregt und aufgebaut.

Hinsichtlich der Veröffentlichungen fällt auf, dass die ersten Jahrzehnte nach dem Zweiten Weltkrieg eher dem Aufbau der Beratungsstellen und der Profilbildung der unterschiedlichen institutionellen Schwerpunkte galten. 1975 erstellte das Bundesministerium für Jugend, Familie und Gesundheit zusammen mit der Bundeszentrale für gesundheitliche Aufklärung (BZgA) den *Beratungsführer* (BZgA 1975). Als eine Art Lotse auf dem wachsenden Feld der verschiedenen Beratungsschwerpunkte sollte er Aufschluss geben über die psychosoziale Beratung, die Ehe-, Familien- und Lebensberatung, die Familienplanungsberatung, die Sozialberatung, die Schwangerschafts- und Schwangerschaftskonfliktberatung, die Sexualberatung und die Erziehungsberatung. Im Laufe der Jahrzehnte haben die freien Träger der zugehörigen Fachverbände eigene Akzentuierungen entwickeln können und einige dieser ausgewiesenen Schwerpunkte zusammengeführt.

Die Ehe-, Familien- und Lebensberatung z. B. fokussiert ihre Beratung auf Krisen und Konflikte in der Partnerschaft, entsprechend bietet sie Beratung und Mediation an. Sie möchte zusammen mit den Klienten Möglichkeiten der Lösung von Problemen suchen. Psychosoziale Beratung hat u. a. das Ziel, „über den aktuellen Bereich des jeweiligen Anlasses hinaus den Rat- und Hilfesuchenden ein Stück mündiger und liebesfähiger zu machen und ihm mehr persönliche Freiheit zu vermitteln [...]. Damit leistet die Beratung gleichzeitig einen Beitrag zur Demokratisierung der Gesellschaft" (BZgA 1975, S. 4 f.). Alle partnerschaftsrelevanten Themen wie unerfüllter Kinderwunsch, Schwangerschaftskonflikt etc.

werden mittlerweile meist im Verbund beraten. Die Erziehungsberatung grenzt eng an dieses Beratungsfeld an. Dort richtet sich der Fokus auf die Kinder und deren Familien und das Gelingen elterlicher bzw. erzieherischer Sorge. Diagnostik, Beratung und Therapie werden als Prophylaxearbeit für Kinder, Jugendliche und Eltern verstanden (S. 8 ff.).

Eine große Wende vollzog 1995 das Deutsche Jugendinstitut (DJI) infolge der Wiedervereinigung Deutschlands und der Herausforderungen, die sich aus der Entwicklung von zwei sehr verschiedenen staatlichen Jugendhilfen zwischen 1945 und 1989 ergaben. *Erziehungsberatung im Wandel der Familie* lautete der Titel einer bedeutsamen Veröffentlichung von Kurz-Adam und Post (1995). Auf dem Hintergrund des Kinder- und Jugendhilfegesetzes (KJHG) suchte die Erziehungsberatung Begründungen für ihre Vielfalt von Beratungsangeboten.

Neben der institutionellen Beratung haben andere, eher *halbformelle Beratungsformate* ihren Weg in das psychosoziale Feld gefunden. Besonders in den psychosozialen, sozialpädagogischen und erzieherischen Handlungsfeldern, an denen viele Psychologen beteiligt sind, wie auch in der Sozialen Arbeit und in der Pflege finden wir Beratungsarbeit in großen Anteilen bzw. als Querschnittsaufgabe vertreten, nicht aber als Kernaufgabe. Je nach ihren fachlichen Kontexten und Zuständigkeiten erfolgt eine Beratung im Sinne einer mehr oder weniger situativ strukturierten Querschnittsaufgabe zumeist in halbformalisierter Form. Als Teilleistung sollte sie hier von den übrigen beruflichen Handlungen unterscheidbar sein, sowohl hinsichtlich des Formats als auch hinsichtlich des Settings und der Berufsrolle. Diese Klarheit ist besonders wichtig in Bezug auf die Schweigepflicht des Beraters und den Vertrauensschutz, den der Klient genießt. Beratung im halbformalisierten Format und als Querschnittsaufgabe ist vor allem auf die Ressourcen der Ratsuchenden und deren Aktivierung und Festigung bezogen. Der Beratungsprozess ist quasi entlang der Ressourcen angelegt. Auch vermischen sich bei halbformellen Beratungsformaten oft Beziehungsaufbau und Begleitung der emotionalen Prozesse mit informierenden Anteilen, d. h. der Informationsgabe durch den Berater. Dieses fachspezifische Feldwissen (psychologisch, pädagogisch, sozialwissenschaftlich, rechtlich etc.) gilt es in eine Passung mit den dynamischen Beratungsprozessen zu bringen.

7.3   Aufsuchende/zugehende Beratung

Beratung im zugehenden bzw. aufsuchenden Kontext verlangt von den Fachkräften, für eine umfassende Passung bezüglich der lebensweltlichen Rahmenbedingungen der Klienten zu sorgen. Meist gibt es kein festes Setting – es geht eher darum, ein angemessenes Setting im lebensweltlichen Kontext herzustellen. Dieses Setting ist im Allgemeinen durch vielfältige Verwobenheiten der unterschiedlichsten Problemlagen geprägt.

Bei der aufsuchenden Beratung findet das Gespräch am alltäglichen Lebensort und im Kontext der Lebensvollzüge, also zumeist im *familiären Lebensführungssystem* der Klienten statt. Unter einem systemischen Zugang – aber nicht nur da – ist methodisch zu beachten, dass nicht „über" Einzelne oder die Familie geredet, sondern unmittelbar und wechselseitig kommuniziert wird. Das ermöglicht auf einfache und rasche Weise eine diagnostische Präzision hinsichtlich Homöostase und Veränderung im System und seiner Mitglieder. Wenn man aus systemischer Sicht davon ausgeht, dass das Symptom des Einzelnen über wechselseitiges Zusammenwirken mit dem Restsystem zu tun hat, dann spricht vieles für ein gutes Kennenlernen der Lebensumstände und für die konkrete Wahrnehmung der Wechselwirkungen zwischen den Systemmitgliedern. In der aufsuchenden Beratung gilt es für Berater und Klienten eine neue Haltung gegenüber dem Symptom und den familiären Auffälligkeiten zu entwickeln. Familiäre Symptomatik systemisch zu verstehen bedeutet, zu erfassen, dass

- Symptome entstehen, wenn eine Familie eine notwendige Neuanpassung an eine veränderte Situation nicht vollziehen kann,
- Symptome die Funktion haben, eine Familie im Gleichgewicht zu halten,
- Symptome für das System, in dem sie sich entwickeln, einen – oft verborgenen – Sinn, eine positive Intention haben,
- Symptombeseitigung oft eine Symptomverlagerung zur Folge hat und die Gefahr des „Zusammenbruchs" des ganzen Systems oder einzelner Mitglieder in sich birgt. Es trifft nicht zu, dass einer krank ist und alle anderen gesund sind. Die anderen *erscheinen* auf Kosten des Symptomträgers gesund, brauchen ihn aber komplementär zu ihrem eigenen Wohlbefinden. Familien mit Symptomträgern sind als Ganzes betroffen.

Für professionelle Berater ist es demzufolge besonders wichtig, eine umfassende Sicht der wechselseitigen Wirkzusammenhänge in einer Familie und einen erweiterten Blick für die vielschichtigen sozialen Dimensionen und psychosozialen Verwobenheiten eines (Problem-)Verhaltens zu gewinnen (s. Abschn. 4.1.4). Beratung mit multipel belasteten Familien bedeutet auch,

- den Auftrag der Familien und die Ziele, die sie mit der Beratung erreichen wollen, herauszufinden und sie dabei zu begleiten,
- den Blick auf die Ressourcen der Familien und ihrer Mitglieder und auf mögliche Lösungen zu lenken,

- auf die Gestaltung der Zukunft durch die Familie und auf die dafür notwendigen Veränderungen hinzuarbeiten,
- auf die Selbstständigkeit und Autonomie der Familien zurückzugreifen,
- die Familie als Ganzes und jedes einzelne Familienmitglied wertzuschätzen,
  egal wie „chaotisch" sie sich möglicherweise in der Beratung zeigen.

Je mehr Zeit die Berater in der Familie verbringen, desto mehr *innere* Distanz
ist notwendig, um nicht vereinnahmt zu werden und die Beobachtungsfähigkeit
aus einer Kybernetik zweiter Ordnung zu gewährleisten. Begleitung durch Supervision ist nicht nur günstig, sondern unabdingbar.

Ziel von Beratung mit Familien in deren Lebenswelt ist es, gemeinsam Handlungsalternativen zu klären und Entscheidungshilfen zu finden, die zu realisier-
baren und lebensweltlich passenden Lösungen der Probleme führen. Deutlich
wird in diesen Arbeitsfeldern, dass die z. T. multiplen Schwierigkeiten, die Familien haben, durch größere Chancengleichheit, gerechtere Einkommensverhält-
nisse und mehr Gleichberechtigung gelindert werden könnten (Zwicker-Pelzer
2010).

Aufsuchende Beratung stellt somit hohe Anforderungen an die Kompetenz
der Berater, sich dem Arbeitsfeld angemessen anzupassen und dem Beratungs-
rahmen die passenden Konturen zu geben. Um in diesem Beratungsformat
erfolgreich intervenieren zu können, ist eine hohe systemisch-diagnostische
Kompetenz erforderlich, besonders hinsichtlich der Regeln innerhalb der Familie, der Grenzen und Räume, der Bindung und Autonomie und der Ressourcen
des Systems und des Einzelnen. Bei einer aufsuchenden Familienberatung gliedert sich der Berater zeitweise in das Subsystem der Familie ein und nimmt deren
Energien, Rhythmen und Muster auf. Abwechselnd kann er sich je nach Bedarf
als außenstehender Beobachter aus dem Systemgeschehen herausbewegen oder
auch nahe am Familiensystem wie auch an der einzelnen Person sein, ohne
dabei seine Identität und professionelle „Objektivität" zu verlieren. Eine professionelle Beziehung zu und mit einer Familie lässt sich auf ähnliche Weise
erreichen wie die Beziehung zu einer Einzelperson: Beim Zusammensitzen mit
der Familie muss der Berater zuhören und Anteil nehmen, statt lediglich Ratschläge zu erteilen. Er muss sich selbst sorgfältig beobachten und hinterfragen,
wie wohl er sich im Gespräch und als Teil der Familie fühlt. Er erlebt auch direkt
und sehr konkret die Spiegelung der Gefühle der Familienmitglieder in der für
ihn neuen und meist ungewohnten Situation. Sich Zeit für ein scheinbar belang-
loses Gespräch zu nehmen und auch Humor einbringen zu können ist wichtig,
um auftauchende Spannungen zu lockern. Mit beratenden Anteilen unterstützt
er den Veränderungsprozess des Systems Familie und der Einzelnen. So bleibt

die Familie während des gesamten Prozesses aktiv und bestimmt ihre Richtung selbst. Wenn die Familie versteht, wie sie selbst neue, angemessene Wege in ihrem Bestreben nach Veränderung und Problemlösung finden kann, löst sich die Beratungsfachkraft wieder aus dem temporären Interaktionssystem.

7.4 Beratung im Kontext von Freiwilligkeit und Verpflichtung

Wenn von Beratung die Rede ist, wird meist davon ausgegangen, dass Ratsuchende freiwillig und von sich aus eine Beratung aufsuchen. Andererseits gibt es vielfältige Anlässe, bei denen Klienten nicht aus freien Stücken und von sich aus zur Beratung kommen. Verpflichtende Beratung erfolgt beispielsweise über eine behördliche oder betriebliche Anordnung (Schule, Jugendamt, Familiengericht, Arbeitgeber). Beratung mit verpflichtendem Charakter ist auch in den Handlungsfeldern nach dem Kinder- und Jugendhilfegesetz (KJHG) angesiedelt: Beratung zur Förderung der elterlichen Erziehungskompetenz und des Kindeswohls, Beratung bei Trennung und Scheidung u. a. m.; meist geht es um Beratung bei Nichtwahrnehmung gesetzlich fundierter, erzieherisch-versorgender Leistungsverpflichtungen von Eltern und Erziehungsberechtigten. Das führt dazu, dass ein entsprechendes Beratungsangebot der Jugendämter von den Eltern oftmals als Pflicht oder als Zwang erlebt wird, wodurch der Beratungsprozess häufig erschwert wird. Zu erreichen, dass Eltern sich dennoch als kompetent und zuständig für ihre Kinder erleben können, bleibt eine große Herausforderung für Fachkräfte in diesem Beratungskontext. Die Kunst der Beratung in diesem Rahmen besteht darin, viel Zeit darauf zu verwenden, die Aufträge zu klären, und Eltern zu aktivieren, sorgende und verantwortliche Beziehungspartner für ihre Kinder werden zu wollen.

Wie Zwicker-Pelzer (2015a) im *Handbuch Allgemeiner Sozialer Dienst* erläutert, sind viele professionelle Tätigkeiten im Allgemeinen Sozialen Dienst (ASD) eher sozialarbeiterischer Natur und finden kaum im Rahmen einer klassischen Beratungskonstellation und eines geordneten Beratungsstellensettings mit dem Charakter einer formellen Beratung statt – und doch handelt es sich hier um Varianten einer als „Beratung" zu kennzeichnenden Interaktion zwischen Fachkräften und Adressaten. Im Handlungsfeld des ASD ist Beratung nur als Teilleistung konzipiert und vollzieht sich in unterschiedlichen Konstellationen und Settings: im eher freiwilligen Kontext, im Bereich der Hilfen zur Erziehung, über zielorientierte Hilfeplangespräche bis zur verpflichtenden Trennungs- und Scheidungsberatung. Beratung im Pflichtkontext des Jugendamtes findet meist im zugehenden bzw. aufsuchenden Kontext statt.

Sehr oft hat Beratung für betroffene Familien und Einzelpersonen im Gefüge des ASD einen hohen Verpflichtungscharakter mit dem Zwang zur Veränderung und zur Wahrnehmung und Nutzung von Potenzialen. Dies sind Ausgangspunkte für einen herausfordernden, oftmals schwierig zu gestaltenden Prozess, bei dem zwischen Klienten, Beratern und Auftraggebern nach gemeinsamen Aufträgen gesucht wird, die es zu realisieren gilt. Dies kommt einem Spagat zwischen Freiwilligkeit und Zwang gleich, und für die Theorie der Beratung bleibt die Frage offen, wie viel Freiwilligkeit für die Beratung wirklich konstitutiv ist. Der beratungsfachliche Diskurs ist jedenfalls entfacht.

Die Familiengeschichten im ASD stellen häufig eine harte Konfrontation mit dem Nichtgelingen psychosozialer und sozialer Beratung dar. Trotz des vielfachen Scheiterns vorangegangener Bemühungen geht es im Kern um die gemeinsame Ressourcensuche. Markante Zugänge und Orte von Beratung im ASD und im Jugendamt sind Fallberatung, Hilfeplanung, Mitarbeiterberatung, die Beratung der an den ASD angrenzenden Dienste und die Beratung der Familien selbst (Zwicker-Pelzer 2015).

- *Fallberatung:* Als ein- oder mehrmaliger Prozess beraten sich Kollegen gegenseitig, oder der Vorgesetzte berät den „fallführenden" Mitarbeiter. Diese Beratung kann effizient erfolgen, wenn es Rahmenvorgaben für die Fallpräsentation gibt, gute diagnostische Kompetenzen zum schwierigen System (Fall) darin ihren Ausdruck finden, zielführende Fragestellungen der Personen, die den Fall einbringen, klar benannt werden, wenn wertschätzende Hypothesen gebildet und die Ressourcen sowohl der am Fall Beteiligten (Klienten) als auch der den Fall einbringenden Personen nutzbar gemacht werden.
- *Hilfeplanung* als Beratung: Zielorientierte Gesprächsstrategien der am Fall tätigen Fachkräfte mit Einbezug der einzelnen Mitglieder der Klientenfamilie zur gemeinsamen Entwicklung von Verhaltensstrategien und dem Ziel, Selbsttätigkeit und Selbstwirksamkeit der Klienten zu erreichen.
- *Mitarbeiterberatung:* Durch Spontankrisen in Familien sehen sich die Mitarbeiter des ASD zum sofortigen Handeln gezwungen. Handlungsdruck, enge Zeitvorgaben für bestimmte Abläufe, komplizierte und oft zeitaufwendige Verwaltungs- und Qualitätsmanagementprozesse, kollegiale Engpässe und Vertretungsnotwendigkeiten machen die Beratung von Mitarbeitern notwendig. Das Beratungsgeschehen ist durch eine hohe Sensibilität für den Verantwortungsdruck der Mitarbeiter gekennzeichnet. Auch sind Zweifel an der eigenen Professionalität Gegenstand der Mitarbeiterberatung.
- *Beratung der an den ASD angrenzenden Dienste:* Vielfach arbeitet der ASD mit anderen Fachkräften und -diensten zusammen. Die Zusammenarbeit mit

freien Anbietern mit speziellen Fachangeboten (z. B. aufsuchende Familientherapie) oder mit anderen Diensten, die von belasteten Familien oder einzelnen Familienmitgliedern genutzt werden, machen fachliche Kooperationen
und damit verbundene Absprachen und Beratungen notwendig. Zudem werden
ASD-Mitarbeiter als Experten von Familienzentren, Kindertageseinrichtungen
und Jugendhilfeträgern in deren Entwicklungsaufgaben einbezogen und als
Berater im Sinne der Früherkennung und des Krisenmanagements herausgefordert. Diese Aufgaben haben häufig beraterischen Charakter und sind selten durch einmalige Kontakte zu lösen (Zwicker-Pelzer 2002).

- *Familienberatung:* Die ASD-Mitarbeiter geraten oft in ein Dilemma: Einerseits
  sollen und müssen sie in Prozesse defizitärer familialer Entwicklung eintauchen,
  andererseits sollen sie die Familien aktivieren und in ihren Ressourcen bestärken,
  und scheinbar nebenbei werden sie in Tür-und-Angel-Situationen um Rat
  gefragt: Beratung im „Vorbeigehen", im Stehen und ohne Auftrag, in knapper
  Zeit und mit unverhofft sich ausweitenden komplexen Thematiken – so stellt sich
  der direkte beraterische Anteil der sozialen Familienarbeit oftmals dar. Ethik und
  Recht, Vertraulichkeit und Schweigepflicht, eine Gemengelage von vielen, einander oft zuwiderlaufenden Themen drängt im Geschehen des Hilfeprozesses nach
  Unterscheidungen zwischen Beratung und sozialer Hilfe. Mit etwas kontinuier-
  licheren und vorbereiteten Beratungsanlässen und Settings ist die Beratung von
  Pflegefamilien verbunden. Eine eher bekannte Konstellation von Erwachsenen
  (Pflegeeltern) ist sich über ihre jeweiligen Dienstleistungsaufgaben (Erziehungs-
  aufgaben) meist klar und bestärkt sich z. B. im Gruppensetting gegenseitig in
  den Erziehungs- und Entwicklungsprozessen. Berater/Sozialarbeiter und Pflegeeltern diagnostizieren gemeinsam das Referenzsystem Kind(er) und vereinbaren
  Entwicklungsziele und gemeinsame Beratungsaufträge.

7.5   Krisenberatung und präventive Beratung

Beratung orientiert sich vornehmlich an der gegenwärtigen Alltags- und Lebensbewältigung und ist stärker auf den Umgang mit Krisen und schwierigen Lebenslagen und auf deren Bewältigung fokussiert als auf die intrapsychischen Prozesse
in der Vergangenheit und deren Ursachen. Beratung ist weiterhin getragen von
der Sorge um eine mögliche Verschlimmerung der akuten Probleme einerseits
und von der Ausrichtung auf einen möglichen Zugewinn durch präventives Handeln andererseits. Gleichwohl baut die Prävention auf den Ressourcen der Klienten zur Bewältigung von Krisen in der Vergangenheit und in der Gegenwart auf
und ist mit diesen zu verbinden.

Krisenberatung Akut krisenhaftes Geschehen verlangt eine unmittelbare Orientierung am Hier-und-Jetzt. Keineswegs ist es im Krisenzustand hilfreich, in Vergangenem zu graben, es sei denn, es geht um früher genutzte Ressourcen in der Krisenverarbeitung, die bei der akuten Bewältigung einer schwierigen Lebenssituation erneut hilfreich sein könnten. Im Unterschied zur Psychotherapie arbeitet die Beratung bei der Bewältigung akuter Krisen und schwieriger Lebensumstände mit dem vollen Gegenwartsbezug. Kritische Lebensereignisse werden unterschiedlich schwer erlebt, sie machen Stress und haben Auswirkungen auf die körperliche und seelische Gesundheit (vgl. Filipp und Aymanns 2010). Akute Hilfe durch Beratung muss auf eine Grundstabilisierung des Selbsts der Person ausgerichtet sein. Oft bleibt nicht viel Zeit für psychologisch vertiefende Prozesse. Die Diagnostik muss daher treffsicher wie auch hypothetisch vielfältig und kreativ sein und auf eine Vielfalt von Lösungen bzw. Bewältigungsstrategien abzielen. Wie in anderen Bereichen von Beratung geht es auch in der Krisenintervention um die Hilfe zur Selbsthilfe, also um die Anregung von Selbstermächtigungsprozessen. Dies bedeutet, „dem Betroffenen zu ermöglichen, sich in seiner Krise zu akzeptieren und, davon ausgehend, selbst zu Lösungen und Bewältigungsmöglichkeiten zu kommen" (Sonneck et al. 2012, S. 18). In der Krisenintervention sind als Anforderungen und zur optimalen Begleitung der Ressourcenfindung hilfreich und leitend:

- ein schneller Beginn,
- die Gewährleistung von Sicherheit für die Betroffenen und für das Umfeld (Selbst-und Fremdgefährdung prüfen)
- rasche physische, kognitive und emotionale Entlastung,
- Anbieten eines sicheren Raums für den Ausdruck von Gefühlen,
- eine flexible beraterische Haltung (von Zuhören bis Handeln), d. h. Methodenflexibilität als Kompetenz,
- transparente und nachvollziehbare Beratung mit klarem Kommunikationsmuster,
- Fokus auf der aktuellen Situation und/oder den Krisenauslösern,
- Reaktivierung und Einbeziehung von Ressourcen,
- Planung und Vereinbarung einer Nachsorge (D'Amelio 2010).

Präventive Beratung Präventiv ist Beratung dann, wenn sie einen problematischen Zustand vorwegnimmt und ihn heute schon unter der Perspektive möglicher hilfreicher Entwicklungen und Veränderungen betrachtet. Der Veränderungsdruck ist allerdings nicht immer hoch genug, um neue Entwicklungen einzuleiten. Präventive Beratung hat immer auch etwas Pädagogisches, insofern es um Überlegen, Reflektieren und durch dialogisch-reflektierende Beratung angeregtes Sich-selbst-Überzeugen geht und Probehandeln als Versuch verstanden wird, der neuen Option Gestalt zu verleihen. Das lateinische Verb „prävenire" ist als vorweggenommenes Handeln zu verstehen: Einer Verschlimmerung soll vorweggehandelt werden. Hafen (2013) beschreibt die Grundlagen der systemischen Prävention und die Umstände präventiver Interventionen. Meistens wird Beratung präventiv eingesetzt und hat es mit der komplizierten Aufgabe zu tun, Menschen wachsam in Bezug auf Verschlimmerungen zu machen, die in der Zukunft liegen können. Die Krise wird mitgedacht, sie ist aber akut nicht erlebbar und meist auch mit individuellen emotionalen Widerständen belegt. Präventive Beratung hat eher informierenden Charakter. Die verändernden Maßnahmen, die im Hinblick auf eine mögliche oder antizipierte Verschlimmerung eingeleitet werden, lassen oft auf zeitnahe, konkrete Veränderungen warten. Berater müssen hier eine deutliche Spannung aushalten, besonders dann, wenn sie bei einer eintretenden Verschlimmerung selbst die Experten für entsprechende Hilfeleistungen sind (z. B. bei körperlicher Erkrankung).

7.6   Beratung im Umgang mit Lebensalter und Generationenzugehörigkeit

„Alter" und „Generation" sind soziale und kulturbezogene Konstruktionen. In der Beratung von Menschen im höheren Lebensalter ist es für die Beratenden wichtig, sich über ihre eigene Perspektive, ihre Ängste und Vorurteile im Hinblick auf Alter und damit subjektiv assoziierte Verluste und Hilfebedürftigkeit bewusst zu werden. Diese dynamischen Aspekte sind nicht nur bei einem Setting von jungen Beratern und älteren Klienten, sondern auch dort relevant, wo Berater und Klient in ähnlichem Alter sind, aber einen unterschiedlichen Status ihrer Funktionstüchtigkeit wahrnehmen. Wie verhalten sich Berater gegenüber Klienten, die nur wenig älter sind als sie selbst, z. B. hinsichtlich deren Verharrungsstrategien oder Uneinsichtigkeit bezüglich des Annehmens von Hilfen, und wie vermeiden oder schauen sie auf Defizite, auf das, was bei der Alltagsgestaltung nicht mehr geht? Wie gehen sie mit Ressourcen vergangener Zeiten um; inwieweit sind diese in der Gegenwart zugänglich, inwieweit für die Zukunftsgestaltung nutzbar? Wie kann trotz Defiziten und Einschränkungen die Lebensgestaltung positiv ausgerichtet werden?

Aner (2013) beschreibt, wie sich unterschiedliche Lebensalter in der Beratung begegnen: Beratende und Ratsuchende nehmen einander als Menschen mit einem bestimmten Lebensalter wahr und sind damit selbst „beteiligt an der Konstruktion von Alter und Generationenzugehörigkeit" (Aner 2013, S. 11). Auch mit einem hohen beraterisch-professionellen Bemühen bleibt eine Fremdheit zwischen den Generationen, und bezogen auf die Lebensalterzugehörigkeit ist jede Beratungsbeziehung grundsätzlich von Unbestimmtheit, Ambivalenz und Fremdheit geprägt. Gerade in Beratungsbeziehungen zwischen älteren Beratern und älteren Klienten findet immer auch eine Art der Selbstbegegnung statt, häufig auch eine Konfrontation (oder deren Vermeidung) mit zumeist selbst bereits erlebten Einschränkungen und Mühen des Älterwerdens. Erfahrbar werden die unausweichlichen Verluste im Erleben eigener Alterung. Die Beratung älterer Menschen ist daher eine dauernde Auseinandersetzung mit dem eigenen bevorstehenden Alter und sich entwickelnder Hilfsbedürftigkeit und damit eine Bedrohung des Selbstbildes. Neben der Empathie können sich bei Beratern Gefühle der Abwehr breitmachen. Wenn diese Gefühle nicht auf das eigene Selbst hin reflektiert werden, sondern abgewehrt bleiben, kann ein Zustand „fremden Alterns" entstehen, d. h. ein auf die Welt der Klienten hin konstruiertes Bild. Solche Bilder neigen dazu, die Defizite stärker zu betonen und die Ressourcen des Alterns auszublenden. Aner beschreibt neben dieser Abwehr und pragmatischen Aspekten der Beratungskonstellationen einen dritten Weg im Umgang mit Alter: Generationenbeziehungen seien „als Bestandteile des beruflichen Rollenhandelns" in und für die Beratung selbst eine hohe Kompetenz, die in Anbetracht der demografischen Entwicklung in keinem Curriculum der Weiterbildung in Counseling/Beratung fehlen dürfe (Aner 2013, S. 12).

Es gibt zudem „keine universelle Alterspersönlichkeit […], auch im hohen Alter können bei ein- und demselben Individuum in den einzelnen Persönlichkeitsbereichen Entwicklungsprozesse im Sinne eines Abbaus wie auch im Sinne einer Zunahme oder Konstanz gleichzeitig nebeneinander gehen" (Elfner 2008, S. 19; s. auch Lehr 2003).

Im Alter sind zwischenmenschliche Beziehungen von hohem Wert und geraten zugleich durch bedeutsame Veränderungen und Verluste in Bewegung:

- Intergenerationelle Verbundenheit befindet sich permanent in der Spannung zwischen neuer Distanz und neuer Nähe.
- Partnerverlust und Neubeginn (Traurigkeit, Ohnmacht und Sorge um das eigene Weiterleben vs. Gefühle der Befreiung angesichts eines wiedergewonnenen eigenen Gestaltungsraums).

- Die familiären Beziehungen zwischen den Generationen und zwischen den Geschwistern nehmen den höchsten Stellenwert ein, gleichzeitig nimmt die Verfügbarkeit naher Verwandter ab.
- Das soziale Netzwerk von Freunden, Bekannten, Nachbarn sowie ein Engagement in Vereinen oder Ehrenämtern gewinnen an Gewicht; das Beziehungsnetz dünnt sich andererseits durch den Tod nahestehender Menschen deutlich aus.

Berater unterstellen alten Menschen oftmals die ausgeprägte Tendenz, andauernd ihr Leben zu bilanzieren und zu ordnen, sich mit Abschied, Lebensabschluss und Todesfantasien zu beschäftigen. In dieser Pauschalisierung trifft das nicht zu. Auch wenn diese Themen in der Beratung einen achtsamen Umgang erfordern und zu würdigen sind, so sind alte Menschen doch vielfach mit der aktuellen Lebensgestaltung und eventuell neuer Sinngebung beschäftigt. Auch hier gilt es für professionelle Berater, unbedingt achtsam darauf zu hören, welche Gedanken, Bedürfnisse, Sorgen oder Ängste die Ratsuchenden einbringen und wie sie ihre Ohnmachtsgefühle zu bewältigen versuchen. Beratung älterer Menschen braucht die Ausrichtung auf die Wahrnehmung neuer wie auch bereits früher erlebter und möglicherweise gegenwärtig (eventuell in veränderter Form) wieder aktivierbarer Ressourcen (s. Abschn. 4.3). Wichtig ist dabei der Blick auf die Meso-Bezugs-systeme, d. h. auf die soziale Vernetzung der Ratsuchenden und auf die darin enthaltenen Ressourcen wie auch auf die Ressourcen in den sozialen Dienst-leistungen und auf altersgerechte Gestaltungsmöglichkeiten des Wohnumfeldes.

7.7   Beratung mit Familien in prekären Lebenslagen

Beratung von Multiproblemfamilien
Familien in prekären Lebenslagen sind gekennzeichnet durch soziale bzw. gesellschaftliche Benachteiligung unterschiedlicher Ausprägung. Zentrales Merk-mal ist eine Anhäufung von materiellen und sozialen ebenso wie von individu-ellen und Beziehungsproblemen, die in sich verschärfenden Wechselwirkungen stehen und die gesamte Familie, nicht nur ein einzelnes Familienmitglied betreffen. Probleme zeigen sich

- im Bereich der Arbeit oder Nichtarbeit,
- in der finanziellen Situation der Familie (Verschuldung, Umgang mit Geld),
- in der Wohnsituation,
- in der Familiendynamik,
- im Selbstwert,

- in den Erziehungszielen und den Erziehungsstilen,
- in der Bedeutung und dem Einfluss der Familienbiografie,
- im Umgang mit Ämtern und Hilfsdiensten.

Multiproblemfamilien sind meist über einen langen Zeitraum von sozialer Unterstützung abhängig. Anzahl und Intensität der Probleme und Belastungen und ihre Auswirkungen sind individuell verschieden. Die Benachteiligung von Familien zeigt sich demnach multifaktoriell. Für eine Beratung bedeutet das, dass sich nicht das „eine" Problem herausdestillieren lässt, sondern ein Bündel ineinanderwirkender Probleme permanent präsent ist. Im professionellen Sprachgebrauch hat sich die Bezeichnung „Multiproblemfamilie" etabliert. Dabei geht es nicht um eine gesteigerte Stigmatisierung, sondern um die begriffliche Kennzeichnung der gehäuften und verwickelten Probleme betroffener Familien. Die aufgezeigten Problemkonstellationen und Benachteiligungen zeigen sich bei den Familien zwar unterschiedlich ausgeprägt, doch es bestehen sich ähnelnde Belastungserfahrungen, z. B. bei alleinerziehenden Elternteilen, Stieffamilien, Armutsfamilien und Migrationsfamilien.

Als Kennzeichen von Multiproblemfamilien beschreibt das Psychosoziale Centrum in Batenburg/NL nach mehrjährigen Studien (Bouwkamp 2005; de Vries 1996).

- Es herrscht ein Mangel an Struktur und Organisation.
- Die Familienmitglieder sind meistens negativ miteinander verbunden.
- Die Familien zeigen einen Zyklus von Krisen in Form von Spannung – Ausbruch – Versöhnung – Spannung usw.
- Oft gibt es über Generationen die gleichen Schwierigkeiten.
- Es geht um ein Knäuel vielfältiger, zusammenhängender Probleme.
- Die Kommunikation in den Familien ist dysfunktional: Sie gewährleistet keine Achtung, keinen Respekt und keine Wertschätzung.
- Es gibt bereits viele und sehr unterschiedliche Erfahrungen mit verschiedensten Helfersystemen und Institutionen, mit wechselhaften Verläufen.
- Die Fähigkeit, Probleme zu lösen, ist den Familien weitestgehend abhandengekommen.

Ähnlich wie in den Familien selbst zeigt sich auch bei den beteiligten sozialen Diensten eine deutliche Fragmentierung, die einer erfolgreichen Lebensbewältigung der Familie abträglich ist. Familien wirkungsvoll zu stützen bedeutet, integrativ zu arbeiten. Wenn die sozialen Dienste und Beratungseinrichtungen unverbunden, partikular, selbstgewiss und z. T. auch selbstherrlich „ihr eigenes

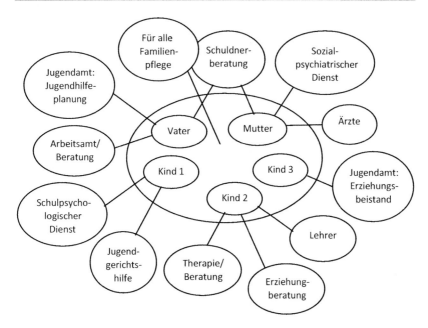

Abb. 7.2 Helfernetzkarte bei einer „Multiproblemfamilie". (Zwicker-Pelzer 2010, S. 94;
2002, S. 41)

Ding" machen, dann wiederholen und multiplizieren sie die Dysfunktionali-
tät der Familie. Das wiederum verführt die helfenden Institutionen dazu, die
betreffenden Familien als unbehandelbar darzustellen. Die Helfernetzkarte in
Abb. 7.2 gibt ein Beispiel für die Fragmentierung helfender Dienste in der Arbeit
mit einer „Multiproblemfamilie".

Als grundlegende Schwierigkeiten bei der Inanspruchnahme von Beratung
durch Familien in prekären Lebenssituationen haben sich herausgestellt:

- Schwierigkeiten, Terminvereinbarungen einzuhalten und an einer kontinuierlichen Beratung teilzunehmen,
- Schwierigkeiten, die Aktivität aufzubringen, die erforderlich ist, um die
  Beratung in den Räumen der Institution zu nutzen,
- Schwierigkeiten, die psychodynamischen Anforderungen von Beratung zu
  erfüllen (Verbalisierungsfähigkeit, Selbstreflexion, Impulskontrolle, Leidens-
  einsicht usw.).

In der Beratung selbst treten häufig folgende Schwierigkeiten auf:

- Scheitern von Beratungsansätzen, die psychische Probleme von sozialen oder ökonomischen Problemen zu isolieren versuchen und soziale Belastungen vernachlässigen.
- Oft sehen Berater in den Familien nur die Oberfläche, nämlich Gewalt, Alkohol, dissoziales Verhalten und Ähnliches, nicht aber die Notlage, die dahintersteht, weil die Berater selbst außerhalb dieser Erlebnis- und Vorstellungsmöglichkeiten leben.
- Die Familien bestärken das Bild, dass sie nicht beratungsfähig sind, weil sie ihre Probleme für vererbt halten oder nicht glauben, dass sie selbst ihre Schwierigkeiten erfolgreich lösen können.
- Ein Verharren im Status quo garantiert, dass der Berater länger bleibt und so Sicherheit vermittelt.
- Positive Entwicklungen werden oft unter der Fülle von Problemen übersehen.

Bei der beratenden Arbeit mit Multiproblemfamilien zeigt sich daher die Notwendigkeit eines veränderten professionellen Handelns:

- Die Hilfen sind von der Niedrigschwelligkeit zur Hochschwelligkeit zu organisieren. Beispiel: Bei einer Familie mit wirtschaftlichen Schwierigkeiten, geprägt von Arbeitslosigkeit, mit kranken Familienmitgliedern und schulschwierigen Kindern macht es wenig Sinn, einzelne Familienmitglieder zuerst in Therapie zu bringen. Vielmehr gilt es, die „oben liegenden" und damit „dringlichsten" Problemlagen zuerst zu bearbeiten und die Familie stützend zu begleiten.
- In familialen Krisen geht der Energieeinsatz aller Familienmitglieder in die Aufrechterhaltung des familialen (Minimal-)Ablaufs. Die Aufforderung, Hilfeeinrichtungen zu suchen und auch dorthin zu gehen, ist unter diesen Umständen eine nicht angemessene Forderung.
- Die Hilfe muss zur Familie kommen, die Angebote müssen in die Familie gehen. Besonders aufsuchende Familienhilfen sind von außen und untereinander zu stärken; statt Konkurrenz ist eine Feinabstimmung der Angebote und Anbieter sinnvoll.
- Die Regel der unbedingten Wertschätzung gilt nicht nur für die Familie, sondern ebenso für alle Dienste untereinander (Zwicker-Pelzer 2002, S. 30–45).

Frühe Hilfen: Beratung für Paare, die Eltern werden
In den letzten Jahren haben sich neue Initiativen durchgesetzt, die die Übergangsphase vom Paar zur Familie fokussieren. Die Forschungen zu den Phasen der

Familienentwicklung zeigen, dass der Einstieg in die erweiterte Paarbeziehung für viele junge Menschen eine große Herausforderung darstellt. Der Weg vom Paar mit einer unterschiedlich lang praktizierten Partnerschaft in die neue Lebensform als Familie stellt viele vor erhebliche Schwierigkeiten. Energie, Zuwendung und Aufmerksamkeit füreinander müssen neu verteilt werden, dabei können Beziehungs- und Bewältigungsmuster entstehen, die zu weitreichenden Problemen führen. Die kurzen und fragmentierten Nächte und die Neuverteilung der haushaltlichen Versorgungsaufgaben werden meist als sehr belastend erlebt. Rollenklärung ist auf mehreren Ebenen gefordert: im Haushalt, in der gegenseitigen Zuwendung, in der Versorgung des Kindes und der Beziehung zum Kind wie auch in der beruflichen und familialen Orientierung.

Diese und andere Belastungen, die weiter oben dargestellt wurden, können zu einer Gefährdung des Kindeswohls führen. Auf dem Hintergrund der gesetzlichen Verpflichtung zum Schutz der Familie muss das Jugendamt Hinweise und Meldungen rechtzeitig prüfen und möglichst präventiv Angebote zur Unterstützung der Familie machen. Verschiedene Fälle von Vernachlässigung, die amtliches Handeln notwendig machten, das z. T. als verspätet kritisiert wurde, haben in den vergangenen Jahren eine große Öffentlichkeit hergestellt. Auf diesem Hintergrund entstand die Bundesinitiative Frühe Hilfen des Nationalen Zentrums Frühe Hilfen als Koordinationsstelle des Bundes (NZFH). Das 2012 verabschiedete Bundeskinderschutzgesetz (BKiSchG) fördert die Kooperation und Information im Kinderschutz durch bessere bundeseinheitliche Rahmenbedingungen. „Durch die Frühen Hilfen können familiäre Belastungen schon frühzeitig erkannt werden. Es wird sichergestellt, dass den Familien Unterstützung angeboten wird, um Risiken und Gefahren für das Kind so weitgehend wie möglich zu verringern" (Nationales Forum Frühe Hilfen 2014, S. 4 f.). Dabei geht es um die Qualifizierung von Fachleuten im Bereich des Kinderschutzes und um einen interdisziplinären und kooperierenden Austausch aller Fachleute im Feld der familienbezogenen Dienste. Begleitforschung und der Aufbau von kommunalen Angeboten im Bereich der Frühen Hilfen sind weitere Schwerpunkte dieser großflächigen Initiative. Darüber hinaus sollen Unterstützungsbedarfe von Familien mit Säuglingen und Kleinkindern über Praxisforschung erkundet werden. Eine Studie der Bertelsmann-Stiftung (Jurczyk und Klinkhardt 2014, S. 12 ff.) versucht familienstärkende Entwicklungen zu erfassen, die den gegenwärtigen Lebensbedingungen von Familien deutlicher Rechnung tragen als bisher, denn die Familienpolitik in Deutschland habe an vielen Stellen mit den veränderten Lebensbedingungen von Familien nicht Schritt gehalten und insbesondere die Bedürfnisse von Kindern nicht ausreichend im Blick. Obwohl also die entwicklungspsychologischen Befunde in Bezug auf das Aufwachsen und Wohlergehen von Kindern

hinreichend bekannt sein dürften, scheinen die gesellschaftlichen und sozialstaat-
lichen Rahmenbedingungen für junge Familie nicht mitgewachsen zu sein. Waren
der Übergang vom Paar zur Familie und die Phase der Familienwerdung früher
noch von vielen Selbstverständlichkeiten geprägt, so haben wir es gegenwärtig
eher mit einer belasteten und kritischen Situation zu tun. Beratung, die sich an
Familien in diesen besonderen Lebenslagen richtet, braucht Kenntnisse dieser
neuen Entwicklungen; beispielsweise müssen Berater wissen, wie diese Entwicklungen von den jungen Eltern konkret erfahren und wie sie gesellschaftlich
konnotiert werden. Beratung benötigt nicht nur hier eine reflexive Haltung weit
über den Einzelfall hinaus.

Beratung von alleinerziehenden Familien und Stieffamilien
Trennungsprozesse von Elternpaaren führen auch bei den Kindern zu einer emotionalen Destabilisierung. Zumeist verbleiben die Kinder bei einem Elternteil
und können – nicht nur dadurch – leicht in einen Loyalitätskonflikt geraten. Die
Zeit rund um die Trennung und Auflösung der Partnerschaft sind für Kinder von
dem Verlust von Geborgenheits- und Zugehörigkeitsgefühlen geprägt. Die Kinder wollen gerne beide Elternteile zusammenhalten und reagieren sehr sensibel
auf kleinste Veränderungen, Spannungen und im Hintergrund drohende Streitigkeiten zwischen den Eltern. Als Folge zeigen sie häufig emotionale und soziale
Auffälligkeiten und entwickeln schulische Probleme, die wiederum zum Anlass
für eine Beratung des Kindes wie auch des alleinerziehenden Elternteils oder (im
günstigen Fall) beider Eltern werden. Auch die Eltern selbst suchen, meist einzeln, eine Beratung auf, um mit Schmerz, Trauer oder Wut umzugehen und den
spezifischen Entwicklungserfordernissen in dieser neuen Familienform gerecht
werden zu können. In der Beratung von getrennt lebenden Eltern und ihren Kindern geht es vor allem um folgende Themen:

- Bewältigung der Alltagsanforderungen im Umgang mit den Kindern (Wer
  versorgt die Kinder wann und wie? Wie wird die Übergabe/der Wechsel der
  Kinder von einem Elternteil zum anderen geregelt? Wer ist zuständig für die
  Schule und andere institutionelle Partner der Kinder?).
- Finden neuer Regeln, die zu dem neuen Lebenssystem und der neuen Lebens-
  situation des jeweiligen Elternteils passen (als Alleinerziehende(r) mit dem
  Lebensmittelpunkt der Kinder oder als „Besuchselternteil").
- Beziehungsverlust, Enttäuschung, Neuorientierung in der Lebensführung der
  getrennt lebenden Eltern.
- Bei den Kindern geht es oft darum, wie sie die beiden Elternteile wahrnehmen
  und erleben und beide lieb haben bzw. behalten können (Loyalitätskonflikte).

- Das gewohnte Werte- und Normensystem der Kinder wie auch der Eltern ist durcheinandergeraten oder vorübergehend sogar verloren und muss in geänderter, an die neue Situation angepasster Form wiederhergestellt werden.

Die *Stieffamilie* bzw. die *Patchworkfamilie* wird oft als Neustart in eine wieder als „vollständig" gedachte Familie angestrebt. Die Strukturen und das Beziehungs-geschehen sind dabei alles andere als einfach und werden von den Systemmit-gliedern oft als belastend und konfliktreich erlebt. Konflikte zwischen den Systemmitgliedern – den neuen Partnern (biologischer und Stiefelternteil), den biologischen Eltern, den biologischen Großeltern, oft auch den Stiefgroßeltern, und zwischen den Kindern und den verschiedenen Eltern- und Großelternteilen – sind nahezu „vorprogrammiert". Beratung wird aufgesucht, um die komplizierten Beziehungen mit Fairness und Verständnis positiver gestalten zu können. Ein zen-trales Problem der Stieffamilie sind die unklaren Grenzen: Der abwesende Eltern-teil nimmt – auch wenn er nicht anwesend ist – Einfluss auf das neue familiale Leben, und der neue elterliche Bezugspartner (Stiefmutter oder -vater) braucht einen eigenen Platz im System. Die neue Zentrierung und Rebalancierung erfordert Zeit und Auseinandersetzung. Wenn der neue Bezugspartner eines Elternteils eigene Kinder mitbringt und dann noch Kinder aus der neuen Paar-beziehung hinzukommen, ergeben sich noch mehr konflikthafte Strukturen und Beziehungsmuster, die systemisch neu zu justieren sind (meine/deine/unsere Kin-der). In der Beratung von Patchworkfamilien hilft es, sich als Berater immer wie-der neu um eine differenzierende Diagnostik zu bemühen. Sieben diagnostische Dimensionen sind während der Beratung zu untersuchen:

1. Rolle und Funktion aller Familienmitglieder,
2. alte und neue Subsysteme,
3. Grenzen und Räume im alten und neuen System,
4. alte und neue Regeln und die damit verbundenen Regeldifferenzen,
5. Referenzdifferenzen, d. h. Verschiedenheiten in dem, worauf man sich bezieht (z. B. Erziehungswerte, Umgangsformen),
6. Personendifferenzen (Erbgut, Einkommen, Status u. a. – diese Verschieden-heiten lösen viele Streitigkeiten aus),
7. Interaktionen im verwandtschaftlichen und nichtverwandtschaftlichen Netz-werk, d. h. intergenerationelle und soziale Netze.

Im Wesentlichen geht es bei konflikthaften Auseinandersetzungen in neu zusammengesetzten Familien um die Unterschiedsbildung (alte Strukturen, Werte, Verhaltensweisen usw. vs. neue) und um die Zufriedenheit mit den

Ergebnissen. Der Neufindungsprozess kann lange dauern, zumal alle Beteiligten unter Belastungen und Krisen dazu neigen, an den gewohnten Mustern und Strukturen festzuhalten.

7.8   Kultursensible Beratung

Unser gesellschaftliches Leben kann längst nicht mehr von einer unsere Vorstellungen leitenden Kultur her gedacht und verstanden werden. Die schon immer existierende Migration und besonders die neuen globalen Fluchtbewegungen wirken in unsere gegenwärtigen lebensweltlichen Systeme hinein und bringen erhebliche Herausforderungen und krisenhafte Verunsicherungen mit sich. Migration ist ein bedeutsamer Hintergrund in der kultursensiblen Beratung. Der Begriff Migration (von lat. „migrare" = wandern) meint eine räumliche Bewegung mit einem „vorübergehenden oder permanenten Wechsel des Wohnsitzes […], eine Veränderung der Position […] im physischen und sozialen Raum" (Hamburger, zit. nach Otto und Thiersch 2015, S. 1212). Migration ist als Resultat von global zu beobachtenden und weiterhin andauernden Veränderungen der politischen, sozialen und arbeitsweltlichen Bedingungen zu begreifen und damit letztlich eine Konsequenz der Globalisierung, nicht nur in Deutschland, sondern in nahezu allen Teilen der Welt. „Migration" ist somit ein scheinbar neutraler Begriff für die kulturellen Wechselaktivitäten in einer zunehmend globalisierten Welt. Kulturelle Diversität kennzeichnet den Migrationskontext unserer Gesellschaft.

> [Auch] Einheimische müssen umlernen und erkennen, dass sie ihren Alltag mit Menschen anderer Muttersprache, Kultur und Religion teilen, die ihrerseits Rechte einfordern, so z. B. das Recht für ihre Kinder auf islamischen Religionsunterricht. Migranten müssen lernen, dass es Grundregeln des Gastlandes gibt, die für sie bindend sind, und dass sie die Sprache des Gastlandes lernen müssen, wenn sie ihre Rechte wahrnehmen und am Leben voll partizipieren wollen. Sie müssen für sich eine Balance finden zwischen dem, was ihnen von ihrer Heimatkultur her wichtig bleibt, und dem, was an Akkulturation – hier verstanden als die Eingliederung in das rechtliche und politische System des Gastlandes – gefordert ist (Freise 2005, S. 9).

Beratung im Bereich von Migration erfordert von allen Beteiligten, den Beratern wie den Klienten, eine besondere Differenziertheit und Sensibilität für kulturell bedingtes Verhalten und zugehörige Einstellungen. Kultursensibilität bezieht sich aber auch auf die Sensibilität gegenüber der gewohnten, eigenen Kultur. Viele Anteile der eigenen Kulturzugehörigkeit bleiben uns fremd oder sind dem eigenen Erfahrungs- und Handlungsbereich nicht zugänglich oder ausgeblendet.

Kultursensible Beratung erscheint unter verschiedenen Bezeichnungen, z. B. als multikulturelle Beratung, die die kulturelle Vielfalt in den Fokus rückt, als interkulturelle Beratung mit dem Austausch zwischen Kulturen und der Wahrnehmung ihrer Unterschiede oder als transkulturelle Beratung, deren Ansätze darauf ausgerichtet sind, grenzüberschreitend kulturadäquat und integrativ-verbindend zu beraten. Für ein angemessenes Verständnis von kultursensibler Beratung und der darin einfließenden interkulturellen Kompetenz erscheinen die Ausführungen von Simon-Hohm brauchbar. Interkulturelle Kompetenz „umfasst ein Repertoire an kognitivem Wissen und individuellen persönlichen Fähigkeiten. Interkulturelle Kompetenz bedeutet, dieses Bündel von Teilkompetenzen in unterschiedlichen kulturellen Kontexten situationsgerecht und professionell einsetzen und mit ethischen Reflexionen verknüpfen zu können" (Simon-Hohm 2002, zit. nach Freise 2005, S. 11). Für eine gelingende kultursensible Beratung von Familien und Einzelpersonen ist eine sensible Diagnostik, bezogen auf folgende Erkundungsdimensionen, hilfreich:

- Was sind die leitenden Annahmen der Familie zu Verbundenheit und Autonomie?
- Als wie freiwillig oder gezwungen empfinden die Systemmitglieder die Migration?
- Welche Haltung hat die Familie zur Homöostase, d. h., wer will wie viel und wie langsam oder wie schnell Veränderung?
- Welche Verhaltensregeln, Werte und Normen hatte man vor der Migration, welche heute? Was sind die Differenzen?
- Welche kulturbedingten Haltungen gibt es bezüglich der Intergenerationalität?
- Erfassung der Werte-Normen-Differenzen zwischen den Kulturen und der Umgang damit.
- Erfassung unterschiedlicher kulturbedingter Problemlöse- und Konfliktmuster.
- Sensible Verständigung über Deutung und Bedeutung (Zwicker-Pelzer et al. 2018).

Wie sehr durch und in Beratung eine neue kultursensible Kommunikation und Kooperation erforderlich wird, illustriert Oestereich (2009). Als Berater/Therapeuten können wir

in einer positiv-konnotierenden, kontextualisierenden, eher hypothetischen Sprache uns anteilnehmend, wohlwollend und neugierig zeigen und auf Ressourcen und Lösungen eher als auf Defizite fokussieren. Wenn es gelingt, die Patienten als Experten ihrer selbst und ihrer Familie zu sehen, können wir eine respektvoll neugierige

Haltung zeigen, die Bereitschaft signalisiert, uns auch mit fremden Werthaltungen auseinander zu setzen. Niemand steht allein. Für das gemeinsame Entwickeln guter Lösungen ist die Einbeziehung von Familie, von Angehörigen und Unterstützungssystem, von an der Behandlung beteiligten Helfern und Beratern in Familiengesprächen und Kooperationskonferenzen sehr wichtig (Oestereich 2009, S. 70).

Abschließend werden Tipps der Autorin für nützliche und deutlich systemisch geprägte Sichtweisen, Haltungen und Vorgehensweisen in einer kultursensiblen Kommunikation wiedergegeben. In kursiver Schrift haben wir dem folgenden Zitat erklärende Anmerkungen für Nichtsystemiker hinzugefügt:

- „Sprache gegenüber dem Patientensystem und dem Behandlungssystem
  - positiv konnotierend *(nicht dem Defizit folgend, die Ressourcen beachtend)*
  - verflüssigend *(situations- und kontext- und motivbezogene Sätze bilden)*
  - nicht-linear-beschreibend *(statt „Es ist so, weil …", kreativ und vielfältig)*
  - kontextualisierend *(die Umstände einbeziehend und nur auf diese jeweils bezogen)*
  - hypothetisch *(Vorannahmen, Vermutungen, keine Tatbestände versprachlichen)*
  - zirkulär *(durch zirkuläre Fragen, vgl. dazu von Schlippe und Schweitzer 2009, S. 40–61)*
  - ressourcen- und lösungsorientiert
  - respektvoll-respektlos *(den Mut haben, mit Wertschätzung gegenüber der Person auch freche Hypothesen aufzustellen)*
  - anteilnehmend, wohlwollend und neugierig
  - sprachliche und kulturelle Verständigung ermöglichend durch das Hinzuziehen geeigneter Dolmetscher
- Haltung
  - Klienten und Familien als Experten ihrer selbst
  - Engagierte Neutralität und anteilnehmende, wohlwollende Neugier in Bezug auf fremde Werthaltungen, Erklärungen und Bedeutungs-Gebungen
  - Engagierte Neutralität in Bezug auf den Sinn und Nutzen von Veränderung und Nicht-Veränderung
  - Ressourcen erfragend und nutzend (der Klienten, der Familien, der Mitarbeiter und der beteiligten Institutionen sowie des kulturellen Hintergrundes und des institutionellen Rahmens)
- Interventionen
  - Kooperationskonferenzen mit den anderen beteiligten Institutionen und Helfern

– Familiengespräche
– Fallbesprechungen unter Einbeziehung des interkulturellen Kontextes
– Weitere Ideen, an ihren individuellen Beratungskontext angepasst"
(Oestereich 2009, S. 70 ff.).

7.9   Digitalisierung von Beratung

Die Digitalisierung hat die alltägliche Kommunikation, nicht nur bei der jüngeren Generation, in den letzten Jahren radikal verändert. Die Kommunikation zwischen Berater und Ratsuchenden wird somit vor ganz neue Herausforderungen gestellt. Eine zentrale Veränderung ist dabei die Beratung im Internet, die sogenannte Onlineberatung, mit der wir uns hier schwerpunktmäßig auseinandersetzen.

Digitalisierung von Beratung kann aber auch andere Auswirkungen bzw. Möglichkeiten mit sich bringen: Im Arbeitsbereich Beratungsforschung der Universität zu Köln entwickeln wir mit Informatikern der Technischen Hochschule Köln eine App zur Erstellung von Genogrammen (s. Abschn. 4.1.4). Damit können Berater in den Sitzungen gemeinsam mit ihren Klienten an einem Tablet Genogramme erstellen (Rohr 2017a). Die Nutzung von digitalen Medien während sowie nach (z. B. zur Dokumentation) einer Präsenzberatung kann in diesem Buch jedoch nicht vertieft werden. Fokussiert wird hier die Onlineberatung.

Die Bezeichnung der Digitalisierung von Beratung variiert in Fachkreisen zwischen „Onlineberatung", „E-Beratung" und „Beratung im Internet". Wir werden im Folgenden hauptsächlich den Begriff der Onlineberatung verwenden. Diese Beratungsform definiert Schwenty (2017) wie folgt:

> Onlineberatung ist ein virtuelles Setting, in der Regel in Schriftform als textbasierte Kommunikation, das nicht face-to-face und nicht zwingend synchron abläuft. Die Instrumente reichen dabei von öffentlichen Formen wie der Forenberatung über passive Formen wie Informationsbeschaffung über Frequently Asked Questions auf Internetseiten bis hin zu interaktiv-kommunikativer Einzelberatung in asynchroner Form per E-Mail, wo Nachrichten erst nach einem mehr oder weniger langen Zeitintervall rezipiert werden, oder in synchroner Form mit unmittelbarer Reaktion eines Gegenübers im Chat als direktes virtuelles Gespräch (Schwenty 2017).

In dieser Definition wird auf das breite, sich erst noch entwickelnde Feld der Onlineberatung aufmerksam gemacht. Im folgenden Unterkapitel wird aufgezeigt, in welcher Entwicklungsphase sich die Onlineberatung aktuell befindet.

7.9.1 Zum aktuellen Stand der Onlineberatung

Für das 10. Fachforum Onlineberatung hat Prof. Dr. Richard Reindl (2018), akademischer Leiter des Instituts für E-Beratung, welches an der Technischen Universität Nürnberg entstanden ist, einen Überblick zum aktuellen Stand der Onlineberatung erstellt. Zur Veranschaulichung der Entwicklung von Online-beratung bezieht er sich auf das Institutionalisierungsmodell von Tolbert und Zucker (1996, nach Reindl 2018), das Stephan Kühne (2009, zit. nach Reindl 2018) auf die Onlineberatung adaptiert hat. Die von Reindl (2018) aufgeführten einzelnen Modellphasen werden im Folgenden verkürzt aufgeführt:

1. *Phase der vorbereitenden Institutionalisierung (Pionierphase).* mit ersten Ver-suchen zu Beratungsangeboten im Internet; Learning by Doing, da noch keine wissenschaftlichen bzw. theoretischen Untersuchungen bestehen.
2. *Phase der annähernden Institutionalisierung:* Zunahme an systematischer Beobachtung und Reflexion des Arbeitsgebietes; wachsende Fachöffentlich-keit und wissenschaftliche Reflexionen; Best-Practice-Beispiele sorgen für Qualifizierungs- und Weiterbildungsmaßnahmen; jedoch noch kein Gütesiegel.
3. *Phase der vollständigen Institutionalisierung:* Standards und Normen für Onlineberatung werden allgemein anerkannt; eine breite theoretische Grund-lage für das praktische Handeln und eine hohe Beständigkeit der Online-beratung bei Einrichtungen und Trägern entstehen (Kühne 2009, nach Reindl 2018).

Die Pionierphase der Onlineberatung ist bereits abgeschlossen, und die Frage-stellung in der zweiten Phase hat sich von einem „Ob" der Onlineberatung, also dem Hinterfragen ihrer generellen Notwendigkeit, in ein „Wie" gewandelt (Reindl 2018). Dazu formuliert Reindl (2018) die folgenden, aktuellen Fragen von und an die Onlineberatungs-Community: „Wie können Zielgruppen erreicht werden, welche zusätzlichen Qualifikationserfordernisse sind notwendig, wel-che methodischen Ansätze lassen sich in der Onlineberatung realisieren und modifizieren? Wie kann Qualität in der Onlineberatung gesichert und entwickelt werden?" (Reindl 2018, S. 18). Um diese Frage zu beantworten, müssten feste Standards und Normen für die Onlineberatung entstehen, um somit auch die dritte Entwicklungsphase zu erreichen. Dafür spielt jedoch besonders die Unter-stützung auf politischer Ebene eine große Rolle. Daher ist es besonders erfreu-lich, dass diese Debatte einen neuen Aufschwung erlebt. In seiner *Digitalen Agenda für eine lebenswerte Gesellschaft* fordert das Bundesministerium für Familie, Senioren, Frauen und Jugend dazu auf, „jene Kräfte zu aktivieren und zu stärken, die sich in der digitalisierten Welt für gesellschaftlichen Zusammenhalt einsetzen und den digitalen Wandel mitgestalten" (BMFSFJ 2017, zit. nach Reindl 2018). Es wird das erste Mal über die Chancen und nicht nur über die Gefahren der Digitalisierung im Kontext der Sozial- und Familienpolitik geschrieben.

Einige Bedenken werden auch stets im Hinblick auf die Vertraulichkeit der internetbasierten Beratung geäußert. Zur Sicherstellung dieser Vertraulichkeit wurde bereits 2002 ein Standard zur sicheren Kommunikation im Internet entwickelt (Reindl 2018). Dieser besteht aus einer webbasierten, SSL-verschlüsselten Kommunikationslösung. Das heißt in diesem Zusammenhang, dass die Übertragung zwischen Browser und Server verschlüsselt ist und kein sogenannter „Man in the middle"-Angriff stattfinden kann. Somit können auch diese Bedenken ausgeräumt werden, da das Mitlesen der Onlinekommunikation zwischen Beratern und Ratsuchenden somit verhindert wird. Mittlerweile existiert eine Bandbreite verschiedener internetbasierter Beratungsangebote, die sich von sehr spezifischen und auf bestimmte Zielgruppen gerichteten (z. B. trauernde Jugendliche, Cannabis konsumierende Jugendliche) bis hin zu lebenslagenorientierten Beratungsportalen (z. B. Onlineberatung des Deutschen Caritasverbandes) erstreckt (Reindl 2018).

Um auf die aktuelle Phase der wissenschaftlichen Reflexion und Best-Practice-Beispiele, in der sich die Onlineberatung momentan befindet, näher einzugehen, werden wir in den folgenden Abschnitten die Onlineberatungsformen von Jugend-, Peer- und kollegialer Beratung thematisieren. Reindls Fragen zum „Wie" der Onlineberatung lassen sich auf diese Weise z. T. beantworten.

7.9.2 Onlineberatung für Jugendliche und junge Erwachsene

Für die jüngere Generation bietet das Internet durch seine Anonymität einen Raum, in dem ganz offen auch Unangenehmes thematisiert werden kann. Dadurch ist es häufig der erste „Ansprechpartner" in Krisensituationen. Berater stellen sich daher immer öfter die Frage, wie sie diese Zielgruppe bestmöglich erreichen können. Alexander Oswald (2018) geht in seinem Artikel besonders auf das Erreichen von Jugendlichen und jungen Erwachsenen in (suizidalen) Krisen ein. Er führt an, dass Mailberatung zum Grundgerüst gehört und besonders in schwierigen Situationen u. a. wie ein antwortendes „Tagebuch" genutzt werden kann. Zu diesem Punkt führt Justen-Hosten Paschen (2016) auf: „Das autobiografische Schreiben hilft in Situationen, in denen man sich emotional besonders herausgefordert fühlt. […] Im Schreiben legt man sich selbst über die eigene Befindlichkeit Rechenschaft ab – in einer Phase, in der man die Kommunikation mit einem anderen noch nicht unbedingt sucht, weil man noch nicht die richtigen Worte gefunden hat" (Paschen 2016, S. 15). Aus der Bearbeitung seiner Fragestellung zur Mailberatung ergeben sich zusätzliche zu beachtende Aspekte in der Online-Jugendberatung. Oswald (2018) listet daher fünf Praxisimpulse für einen möglichen Umgang mit der jungen Generation im Kontext der Onlineberatung auf. Dabei legt er den Fokus besonders auf die Wirksamkeit massenmedialer Präventionsmaßnahmen, die auch Paschen (2016) als großes Potenzial des Internets bezeichnet. Junge Menschen lassen sich nämlich über viele Kanäle erreichen, und diese sollten idealerweise abgedeckt sein, um Jugendliche in schwierigen Momenten, etwa bei depressiven und suizidalen Gedanken, aber auch z. B. bei Drogenkonsum, auf Beratungsangebote aufmerksam zu machen. Um diese massenmediale Präsenz leisten zu können, zählt Oswald (2018) zu seinen Praxisimpulsen die Möglichkeit der *Suchmaschinenoptimierung*: „so können bekannte themenverwandte Suchstichworte mit hoher Relevanz eruiert und als Schlüsselwörter eingebunden werden, um das eigene Beratungsangebot leichter und schneller auffindbar zu machen" (Oswald 2018, S. 10). Für den zweiten Praxisimpuls, die *Präsenz in den sozialen Netzwerken* wie Facebook, Snapchat, YouTube und Co, kann ein Social-Media-Berater nützlich sein. Weiter regt Oswald (2018) an, dass *Beratungs- und Informationsportale miteinander verknüpft* werden sollten, um den Synergieeffekt komplementärer Angebote zu nutzen. Auch die Nutzung von *Apps* (z. B. einer Selbsthilfe-App zur Suizidprävention) und der *Kontakt über Chats* wie WhatsApp sollten nicht gescheut werden, da junge Menschen heute hauptsächlich über ihr mobiles Endgerät ins Internet gehen.

Abschließend kann festgehalten werden, dass alle Medien genutzt werden sollten, um die junge Zielgruppe in schwierigen Situationen zu erreichen. Dies ist institutionell oft (noch) nicht umsetzbar, wird jedoch in Zukunft besonders im Hinblick auf Prävention an Wichtigkeit gewinnen. Um eine breitflächige Präsenz bieten zu können, ist der Zusammenschluss verschiedener Beratungsinstitutionen wünschenswert.

Hilfreich für die Einschätzung von Vor- und Nachteilen der Onlineberatung von Jugendlichen und jungen Erwachsenen sind die Ergebnisse der Evaluation eines bundesweiten Onlineberatungsformats (Rohr et al. 2007). Besonders auffällig war, dass in den Gesprächen mit den Beratern die technische Umsetzung im Zentrum der Betrachtungen und Diskussionen stand. Dass hierbei die „Internettechnikkompetenz", verstanden als grundständiges Wissen und routinierter Umgang mit PC und Internet, gewissermaßen die elementare Voraussetzung und das nötige Rüstzeug für die Umsetzung des Onlineberatungsprogramms darstellen, wurde von allen am Modellprojekt Beteiligten unterschätzt. Durch die einstweilen gesammelte Erfahrung bestand auch in einer Gruppendiskussion Einigkeit darin, dass der sichere und verständige Umgang mit PC und Internet ein entscheidendes Aufnahmekriterium für einen möglichst unproblematischen Einstieg in das Onlineberatungsprogramm ist. Da die Berater der Modelleinrichtungen ungeachtet dieses Kriteriums ausgewählt wurden, gestaltete sich der Einstieg in die computerbasierte Beratung über das Internet entsprechend den individuell vorhandenen und wider Erwarten doch sehr stark voneinander abweichenden Vorkenntnissen der Berater unterschiedlich schwer. Dabei reichte das Spektrum zu Beginn der Evaluationszeit vom „technikscheuen Computernovizen", dem selbst technische Banalitäten große Schwierigkeiten bereiteten, bis hin zum Sachkundigen mit hoher Computeraffinität, der sich auch in seiner Freizeit mit dem PC und seinen verschiedenen Funktionen und Anwendungsgebieten befasste. Diejenigen Berater, die vor der Teilnahme am Modellprojekt bereits Erfahrung im Gebrauch des Computers und der Kommunikation per Internet besaßen und sich auch über den Beruf hinaus in ihrer Freizeit intensiv mit diesem Medium auseinandersetzten, berichteten im Vergleich zu Beratern mit geringer oder fehlender PC- und Interneterfahrung von weniger Komplikationen bei der Umsetzung des Onlineberatungsprogramms und einer relativ kurzen Eingewöhnungszeit.

Festzustellen ist, dass die Berater mit anfänglich nur geringfügig vorhandenen Internetkenntnissen durch „Learning by Doing" in wenigen Monaten rasch hinzulernten und eine größere Gelassenheit im Umgang mit dem PC gewannen, sodass gegen Ende der Transferlaufzeit technische Nachfragen und Probleme kaum mehr eine bedeutsame Rolle bei der Umsetzung des Programms spielten. Grundsätzlich konnte festgehalten werden, dass eine funktionierende Onlineberatung gemäß den konzeptionellen Zielen und Methoden des Programms bei entsprechenden Ressourcen der Berater sicher realisierbar ist und inzwischen auch weitestgehend praktiziert wird. Hingegen stellt ein Mangel an (basalen) technischen Kompetenzen einen Störfaktor im Beratungsprozess dar, der im schlimmsten Fall die Kommunikation zwischen Beratenden und Klienten erheblich beeinträchtigt und zum Ausstieg von Klienten führen kann. Diese Hemmschwelle wurde auch bei der Nutzung der Genogramm-App deutlich: Solange sich die Berater nicht hundertprozentig sicher fühlten, nutzten sie die App nicht innerhalb der Beratung (z. B. gemeinsam mit den Klienten). Insgesamt ist festzustellen, dass sich die Berater der am Onlineberatungs-Modellprojekt teilnehmenden Einrichtungen nach einer Phase der Umstellung nun in einer Phase der fortgeschrittenen Eingewöhnung befinden, die sich insbesondere durch eine zunehmende Sicherheit in der technischen und inhaltlichen Umsetzung und die Entwicklung eines persönlichen

Stils der Onlineberatung auszeichnet. Da zum Ende des Evaluationszeitraumes die meisten technischen Probleme und Anfangsschwierigkeiten weitestgehend behoben waren und die Mitarbeiter der Beratungseinrichtungen sich in technischer Hinsicht inzwischen gut in das Programm eingefunden hatten, empfahlen wir (das Evaluationsteam), zukünftig der inhaltlichen Umsetzung des Programms wieder mehr Beachtung zu schenken.

Folgende Empfehlungen gelten allgemein für Institutionen, die ihr Angebot um Onlineberatungen erweitern: Zunächst sollten in Fortbildungen und Schulungen theoretische Rahmenkonzepte der Onlineberatung und computervermittelten Kommunikation und Grundlagenwissen vermittelt werden, um dann im nächsten Schritt anwendungsorientierte Methoden, Techniken und Strategien der Onlineberatung und digitalen Kommunikation zu vertiefen. Zur Unterstützung der Umsetzung und Anwendung der Kompetenzen in der Praxis ist die Formulierung von Qualitätsstandards oder die Erstellung eines Manuals mit allgemeinen Interventionsstrategien für die Chatberatung bzw. für eine Tagebuchrückmeldung sinnvoll. Ebendiesen Schritt sind wir im Projekt zur Erstellung der Genogramm-App auch gegangen: Im Sinne eines Manuals haben wir ein Handbuch sowie Onlinetutorials erstellt. In unserer Studie (Rohr et al. 2007) haben wir außerdem empfohlen, bei der Ausgestaltung eines inhaltlichen Handlungskonzepts darauf zu achten, dass ein „Durchwurschteln" und Handeln nach Gutdünken ausgeschlossen ist, gleichzeitig aber genügend Handlungs- und Interpretationsspielraum für eine individuelle und flexible Ausgestaltung bleibt. Im Onlineberatungsprojekt wurde darüber hinaus die Einführung eines „Qualitäts- oder Lernzirkels" angeraten, um eine kontinuierliche Verbesserung der Beratungsqualität im Programm zu bewirken und Schwierigkeiten mit den Spezifika der Onlineberatung zu minimieren. Auf diese Weise wird nicht nur das große Potenzial der Berater an Wissen, Ideenreichtum und Erfahrungen genutzt, es wird gleichzeitig auch auf breiter Ebene an einer Steigerung des Leistungspotenzials und an der Verbesserung des Gruppenklimas (kollegiale Ebene) gearbeitet.

Empfehlenswert ist auch, die Supervision (s. Abschn. 8.2) von Onlineberatungen zu verändern: Im sogenannten Fallmonitoring kann sich der Supervisor die Beratungen 1:1 anschauen und durchlesen und so ein sehr detailliertes Feedback geben. Wiederholt auftretende Problemstellungen oder Beispiele von Aufnahmegesprächen im Chat oder von Tagebuchrückmeldungen können als Ausgangspunkt dienen und zur Erfassung und erfolgreichen Bearbeitung von komplexen Aufgaben herangezogen werden. Anhand von anschaulichen Beispielen lernen die Berater, ihr Wissen und ihre Kompetenzen praxisrelevant zu erweitern und vor allem auch Strategien für einen positiven Umgang mit den spezifischen Anforderungen und Problemen der Onlineberatung zu entwickeln und einzuüben. Im Sinne einer positiven Umdeutung kann beispielsweise die Kanalreduktion (Döring-Meijer 1999, S. 170) als „Entstörung" der Beratungssituation begriffen werden – insofern, als dass die Onlineberatung im Vergleich zur Face-to-Face-Beratung in geringerem Maße zusätzlichen externen Einflussfaktoren unterliegt (Erscheinungsbild, Emotionen, Raum) und Änderungen im Konsummuster selbstständig(er) und ohne unmittelbare Steuerung durch die Berater realisiert werden (Thiery 2005, S. 9).

7.9.3   Peerberatung im Internet

Die Peerberatung ist die gegenseitige Beratung von Personen, die in gleichen oder ähnlichen Situationen sind oder waren (Deutsch und Rohr 2019; Rohr et al. 2016b). Es ist eine Beratungsform, die sich auch als Online-Präventionsmaßnahme eignet und nicht nur für Ratsuchende einen großen Vorteil bietet. Sie ist auch für Beratungsanfänger eine Möglichkeit, sich in geschütztem Rahmen auszuprobieren. Auch hier bietet die asynchrone Kommunikation dem Berater die Möglichkeit, die Antwort vor dem Absenden zu überdenken, zu reflektieren und ggf. noch einmal ins „Handbuch" zu schauen. Marc Weinhardt (2014) nimmt darauf in seinem Artikel zum Thema „Wissen, Intuition und Können in der E-Mail-Beratung" Bezug. Er schreibt, dass gute Berater ihr Wissen und Können miteinander verknüpfen müssten und zudem während der Beratung intuitiv, aus dem Bauch heraus, handeln sollten. Solch eine Expertise zu erlangen dauert den Studien zur Präsenzberatung zufolge, auf die Weinhardt (2014) sich bezieht, bis zu zehn Jahre, und Weinhardt vermutet, dass dies auch auf die Onlineberatung zu übertragen ist. Die Peerberatung im Internet biete dahingehend den großen Vorteil, dass die noch lernenden angehenden Berater das Wissen, also die „Regeln" zur intuitiven Beratung, durch die sich Beratung von alltäglichen Unterhaltungen unterscheidet (z. B. das Zurückhalten eigener Anekdoten), vor dem „Handeln" nachschlagen und anwenden könnten. Dies wäre in der Präsenzberatung nicht denkbar. In seinem Artikel zur Peerberatung im Internet geht Weinhardt (2017) auf die Ergebnisse einer Nachfragestudie („NEE-BW – Nachhaltigkeit ehrenamtlichen Engagements in Baden-Württemberg am Beispiel von youth-life-line") ein. Diese noch laufende Studie beschäftigt sich mit der Frage, wie nachhaltig sich eine ehrenamtliche Beratertätigkeit wie die des Peerberaters im Internet auf den Lebenslauf von Studierenden aus dem sozialwissenschaftlichen Bereich auswirkt. Um dies herauszufinden, werden die Studierenden später (im Alter von 25 bis 30 Jahren) noch einmal kontaktiert und zu ihrem Lebenslauf befragt. Die Antworten zeigen, dass die ehemaligen ehrenamtlichen Berater positive Effekte durch die gute Ausbildung und Supervision verzeichnen können und sich nicht durch das Beratungssetting belastet gefühlt haben. Zum „Youth-Life-Line"-Projekt gehört, dass die Studierenden mit der ehrenamtlichen Beratungstätigkeit einen Praktikumsnachweis erwerben können, der eine Studienleistung abdeckt. Außerdem werden sie fachmännisch durch Supervision, z. T. in Einzelgesprächen, betreut. Dies ist nicht in jedem Online-Peerberatungssetting gegeben. Somit sind die Ergebnisse der Studie nicht für alle Peerberatungsangebote im Internet zu verallgemeinern. Grundsätzlich ist jedoch festzuhalten, dass dieses Modell zeigt,

> dass ehrenamtliche Beratungstätigkeit einen didaktisch gut begründbaren Gegenpol zu hochschulischen Lernangeboten darstellt. Die Reichweite und Grenzen dieser Prozesse sind angesichts der als berufsqualifizierend konzipierten Hochschulbildung derzeit sehr relevant und müssten aus Sicht des Verfassers noch breiter untersucht werden – insbesondere in solchen Lehr-Lern-Arrangements, in denen nicht nur eine irgendwie geartete praktische Tätigkeit im Studium als diffus sinnvoll bewertet, sondern curricular stimmig eingepasst wird. Und schließlich zeigt sich in den ersten Ergebnissen der Nachbefragungsstudie NEE-BW, dass ein solches Beratungsehrenamt auch für den späteren Lebensweg relevant sein kann – sowohl bezogen auf die ehemaligen Peers und deren Kompetenzen, als auch auf die damit mögliche gesellschaftliche Funktion der Multiplikation wichtiger psychosozialer Themen (Weinhardt 2017, S. 8).

Im folgenden Abschnitt geht es ebenfalls um eine Form der Gruppenberatung, die sogenannte kollegiale Beratung. Die kollegiale Beratung im Internet wird am Beispiel des Praxistests einer bestimmten Plattform vorgestellt.

7.9.4 Kollegiale Beratung im Internet

Kollegiale Beratung bietet im Gegensatz zu Schulungen und Seminaren den Vorteil eines Sofortnutzens, indem die Teilnehmenden konkrete und situative Problemlösungsstrategien und Praxislösungen für den Fallgeber entwickeln (Schmid et al. 2013, zit. nach Westphal 2017). Zeit für ein kollegiales Beratungstreffen zu finden kann in der Schnelllebigkeit des Arbeitsalltags jedoch schwierig sein. So hat das Format der kollegialen Beratung im Internet allein durch seine asynchrone Kommunikation erhebliche zeitliche Vorteile. In ihrem Artikel zur kollegialen Beratung bezieht sich Silke Westphal (2017) auf die Erfahrungen aus einem Praxistest der Plattform www.kokom.net. Dadurch wird die kollegiale Beratung zu einer Art von E-Learning, die Westphal als „reflexives Lernen" im visuellen Raum einordnet. Wie schon oben in Bezug auf das Erreichen der jungen

Zielgruppe festgestellt wurde, spielt auch für die Rahmenbedingungen der kollegialen Beratung die Nutzung des mobilen Endgeräts eine große Rolle. Damit wird es z. B. möglich, Reise- oder Wartezeiten für eine kollegiale Reflexion eines Falls zu nutzen.

Was muss eine Plattform zur kollegialen Beratung bieten?
Über die Anforderungen eines klassischen E-Learning-Settings hinaus muss eine Plattform für kollegiale Beratung einige weitere Ansprüche erfüllen. Im Folgenden werden die von Westphal (2017) zusammengefassten Anforderungen stichpunktartig aufgelistet:

- Flexibilität in der Zuweisung von Rollen an Personen,
- Bereitstellung von der jeweiligen Rolle entsprechenden Rechten und Werkzeugen,
- Besondere technische Unterstützung für die Moderation, entsprechende Funktionen und Kommunikationswerkzeuge zur Erleichterung
- der Diskussionsleitung,
- der Strukturierung der Gruppenmitgliederbeiträge,
- der Sicherstellung einer wertschätzenden und respektvollen Kommunikation,
- Flexibilität in der Prozessstrukturierung des gewählten Beratungsmodells,
- Ermöglichung einer detaillierten Falldarstellung,
- Dokumentationsmöglichkeiten,
- die Möglichkeit, jederzeit selbst Beratungsgruppen zu gründen.

All diese Anforderungen können technische oder kommunikative Schwierigkeiten aufweisen, welche sich nachhaltig auf die kollegiale Beratung auswirken können. Westphal (2017) geht in ihrem Artikel u. a. auf die Schwierigkeit ein, dass in der Onlinekommunikation Gestik und Mimik anders übermittelt werden müssen. Hierzu können Emoticons aus Satzzeichen verwendet werden oder auch klare Formulierungen der Gedanken und Gefühle.

Zur Verringerung von Fehlern in der Kommunikation kann das Fünf-Ebenen-Modell der computervermittelten Kommunikation (cvK) von Monique Janneck (2008) herangezogen werden. Die fünf Ebenen, auf die hier nicht näher eingegangen werden kann, sind: 1) die Ebene des personalen kommunikativen Prozesses, 2) die Ebene der individuellen Eigenschaften, 3) die Ebene der technischen Störungen und Fehler, 4) die Ebene der Medieneigenschaften und 5) die Ebene des medialen kommunikativen Prozesses. Janneck weist auch darauf hin, dass streng unterschieden werden muss, ob es sich um ein technisches oder um ein soziales Problem der Kommunikation handelt.

Die Ergebnisse der Praxistests von Plattformen ergaben, dass die zeitliche Flexibilität auch ihre Schattenseiten hat. Im Gegensatz zur Praxisberatung wird in der kollegialen Beratung im Internet kein fester Ablauf anmoderiert, also werden auch keine zeitlichen Vorschriften vorgegeben. So ist es schwer zu erkennen, ob ein Teilnehmender absichtlich schweigt oder einfach noch nicht zum Antworten gekommen ist. Dies verrät leider auch die Plattform nicht; es wird lediglich angezeigt, wie viele Personen einen Beitrag gelesen haben, aber nicht, welche. Auch das Problem der Gliederung der Beiträge ist unvorteilhaft gelöst, da diese nach ihrem Erscheinungszeitpunkt aufgelistet werden. Gleichzeitig fällt die Dynamik der Gruppe weg. Außerdem werden alle Teilnehmenden bei jedem neuen Beitrag per Mail benachrichtigt, was als sehr störend empfunden wurde. Dies lässt sich leider nicht abstellen. Insgesamt wurde die kollegiale Beratung im Internet als sehr wertschätzend und vertrauenswürdig empfunden. Die Mehrzahl erlebte die zeitliche und räumliche Flexibilität als sehr angenehm. Westphal (2017) äußert jedoch abschließend, dass kollegiale Onlineberatung aus ihrer Sicht eine ganz andere Beratungsform ist als die Präsenzberatung.

Zum Abschluss dieses Unterkapitels zur Digitalisierung von Beratung kann die Erkenntnis festgehalten werden, dass Onlineberatung nicht, wie zuerst angenommen, eine Ergänzung zur Präsenzberatung ist, sondern eine ganz neue und eigene Beratungsart darstellt. Dies ist auch am letztgenannten Beispiel der kollegialen Beratung zu beobachten. Als positiv empfunden werden in allen hier aufgeführten Beratungsformaten zum einen die zeitliche Flexibilität und zum anderen die räumliche Unabhängigkeit, die durch eine vermehrte Nutzung von Onlineberatung über mobile Endgeräte gegeben ist. Besonders in Bezug auf die Ratsuchenden ist zudem die Anonymität des Internets hervorzuheben: Die Hürde, eine Beratung aufzusuchen, ist im Internet viel niedriger als in der Präsenzberatung. Auch Beratungsanfänger ziehen einen Nutzen aus der Onlineberatung, indem sie sich in Beratungsformen wie der Peerberatung im Internet angeleitet ausprobieren können.

Eine weitere Beratungsform, auf die an dieser Stelle nicht vertieft eingegangen werden kann, die jedoch für weitere Arbeiten zur Onlineberatung sicherlich interessant ist, ist die des Blended Counselling, also der Vermischung von Online- und Präsenzberatung.

Spezielle Beratungsformate

8.1 Coaching

Der Begriff „Coaching" ist in aller Munde – in den Medien lassen sich Angebote und Methoden für verschiedenste Zielgruppen finden. Doch handelt es sich beim Elterncoaching, Führungskräftecoaching und beim Coaching zur Verbesserung der Work-Life-Balance um ein und dieselbe Beratungsart? Um eine erste Orientierung im Coaching-Dschungel zu bekommen, wollen wir uns im Folgenden mit verschiedenen grundlegenden Fragestellungen zum Coaching beschäftigen und so ein Grundverständnis hinsichtlich dieser Art von Beratung entwickeln:

- Wie lässt sich Coaching definieren?
- Welche Anliegen haben die Coachees?
- Was macht einen guten Coach aus?
- Welche Grundprinzipien und Regeln gilt es zu beachten?
- Welche Techniken und Methoden werden im Coaching verwendet?
- Welche verschiedenen Coaching-Settings gibt es?

8.1.1 Definition

Der Begriff „Coaching" geht auf das englische Wort „coach" zurück, das ursprünglich „Kutsche" bedeutet und heute im sportlichen Kontext verwendet wird. Dort ist ein „Coach" ein Trainer, der neben den sportlichen auch die mentalen Fähigkeiten der Sportler fördert. In den frühen 1980er-Jahren kam das Coaching aus den USA nach Deutschland und wurde zunächst auf der (Top-) Managementebene von Wirtschaftsunternehmen zur individuellen Einzel-

© Springer Fachmedien Wiesbaden GmbH, ein Teil von Springer Nature 2019
F.-C. Schubert et al., *Beratung,* Basiswissen Psychologie,
https://doi.org/10.1007/978-3-658-20844-8_8

betreuung der oberen Führungskräfte eingesetzt. In der weiteren Entwicklung rückten auch Mitarbeiter der unteren und mittleren Führungsebene in den Fokus, und Coaching konnte sich als Instrument der Personalentwicklung mehr und mehr etablieren (Böning 2002). Heute richtet sich Coaching zum einen an Fach- und Führungskräfte aus dem wirtschaftlichen Kontext, zum anderen zunehmend auch an Privatpersonen, die an beruflichen Anliegen arbeiten möchten. Der Begriff wird mittlerweile nahezu inflationär gebraucht, weswegen sich bereits etliche Verbände gegründet haben, die u. a. das Ziel einer klareren Definition und einer Professionalisierung des Coachings verfolgen (Webers 2015). Um den viel verwendeten Begriff näher zu bestimmen, werden im Folgenden einige Aspekte genannt, die Coaching ausmachen: Coaching …

- ist personen- und fachbezogen,
- ist strukturiert und individuell,
- richtet sich an Einzelpersonen, Teams oder Gruppen,
- stellt Probleme und Ziele aus der beruflichen Lebenswelt der Coachees in den Mittelpunkt,
- will individuelle Potenziale fördern und die Entwicklung von Zielen vorantreiben,
- ist ressourcen- und lösungsorientiert,
- ist Prozessberatung,
- ist zeitlich begrenzt.

Wenn vom modernen Coaching als Beratungsart gesprochen wird, sollte diese sich von anderen Beratungsarten wie der kollegialen Fallberatung und der Supervision ebenso abgrenzen lassen wie von den psychotherapeutischen Ansätzen der Beratung. Erkrankungen, die in die *ICD-10* aufgenommen wurden, dürfen in Deutschland ausschließlich von medizinisch bzw. psychotherapeutisch ausgebildetem Fachpersonal behandelt werden. Coaching richtet sich hingegen an „gesunde" Personen, die Anliegen hinsichtlich ihrer beruflichen Lebenswelt haben.

8.1.2   Anliegen der Coachees

Zentral ist im Coaching häufig der Wunsch nach Wiedererlangung der Handlungsfähigkeit in blockierenden Situationen oder die Verbesserung der Effektivität des eigenen Handelns (Backhausen und Thommen 2017). Neben allgemeinen Problemen mit Kollegen, Vorgesetzten, Mitarbeitern oder Kunden können auch spezifische Themen wie Kündigung, Mobbing oder eine berufliche Krise/Neuorientierung ein Coaching-Anliegen sein. Auch die Arbeit an eigenen Verhaltensweisen, Ängsten oder Blockaden oder eine Entscheidungsfindung können im Mittelpunkt stehen. Es kann um die Bearbeitung eines Problems gehen oder um die Arbeit an einem bereits gesteckten Ziel. Im ersteren Fall ist es die Aufgabe des Coachs, den Coachee darin zu unterstützen, aus dem Problem- in den Lösungszustand zu kommen und sich selbst ein Ziel zu stecken, das im Rahmen des Coachings erreicht werden soll. Das Coaching soll zur Selbstreflexion anregen, die häufig bewusst oder unbewusst vermieden wird. Dieser Prozess kann sowohl eine kognitive als auch eine emotionale Herausforderung für den Coachee bedeuten (Webers 2015).

8.1.3 Grundprinzipien

Neben den Grundprinzipien der Beratung gibt es weitere, die spezifisch für das Coaching sind. Der Coach fungiert als Experte für den Coaching-Prozess und übernimmt in diesem Bereich die Verantwortung. Der Coachee hingegen tritt als Experte für seine Anliegen in den Prozess ein und übernimmt die Verantwortung für die Lösung und das Erreichen des Ziels. Damit eine konstruktive und offene Beziehung zwischen Coach und Coachee entstehen kann, ist es wichtig, dass der Coachee das Coaching aus freien Stücken aufgesucht hat. Bei einem durch den Arbeitgeber veranlassten Coaching mit wenig Eigeninteresse des Coachees an einer Veränderung ist das Gelingen meistens erschwert. Der Coach selbst sollte unabhängig von dritten Personen und deren Anliegen arbeiten können und über den Coaching-Prozess in jedem Falle Verschwiegenheit bewahren.

Bezüglich der Rahmenbedingungen ist der begrenzte zeitliche Rahmen zu nennen, in welchem das Coaching stattfindet. Dieser wird von Coach und Coachee zu Beginn in Abhängigkeit von Anliegen und Ziel (grob) festgelegt und dient der beiderseitigen Orientierung im Prozess. Das Coaching sollte in einer neutralen, störungsfreien Umgebung stattfinden, damit sich der Coachee auch räumlich von seinen Anliegen distanzieren und diese aus einer anderen Perspektive betrachten kann. Das Coaching selbst folgt einem strukturierten Ablauf, die eingesetzten Methoden und Techniken werden jedoch vom Coach je nach Bedürfnis des Coachees und der Art des Anliegens individuell kombiniert, sodass eine große Flexibilität den Prozess bestimmt und dieser immer wieder neu justiert werden muss (Ethikrichtlinie DCV).

8.1.4   Kompetenzen und Haltungen eines guten Coachs

Welche fachlichen und persönlichen Fertigkeiten und Fähigkeiten sollte ein
Coach mitbringen, um den Coachee bestmöglich begleiten zu können? Welche
Grundhaltungen des Coachs sind für das Coaching von Bedeutung?

Fachliche und methodische Kompetenzen

Zur fachlichen Kompetenz gehört an erster Stelle eine fundierte Coaching-Ausbildung und eine sich daran anschließende fortlaufende Weiterbildung, die in
Deutschland von verschiedenen Weiterbildungsinstituten angeboten wird und bislang nicht staatlich geregelt ist. Daher ergibt sich in der Praxis eine große Spann-
weite bezüglich der zeitlichen Dauer und damit auch der thematischen Fülle für
die Kompetenzgewinnung als Coach.

Der Coach sollte sich seiner eigenen Begrenztheit (sowohl der seines Fach-
wissens als auch der seiner Interventionsmöglichkeiten) bewusst sein. Coaching
als professionelle, individuelle und personenbezogene Dienstleistung ist nach
Röckelein und Welge (2010) als *Weiterbildung* zu verstehen, in der der Coachee
(ebenso wie der Coach) als Co-Produzent fungiert und seine eigenen Kompetenzen sowie sein Engagement mit in den Prozess einbringt (Webers 2015, S. 37 f.).
Ein Coaching kann nur so erfolgreich sein, wie es der Coachee zulässt. Die Verantwortung für das Ergebnis liegt somit beim Coachee selbst und nicht beim
Coach.

Eine weitere Aufgabe des Coachs liegt in der Wahrnehmung seines Gegenübers. Er hat die Aufgabe, Äußerungen und Verhalten des Coachees mit allen
Sinnen aufzunehmen und zu verarbeiten. Anschließend werden diese Eindrücke
geordnet und analysiert. Dem Coachee soll auf seiner eigenen Landkarte gefolgt
werden, um gemeinsam Verhaltensmuster oder Verstrickungen zu entdecken
und aufzulösen (Schmidt-Tanger und Stahl 2007, S. 17 f.). Hierbei gilt für viele
Coaching-Verbände der an Immanuel Kants kategorischen Imperativ angelehnte
„ethische Imperativ" nach Heinz von Foerster (2003, zit. nach Webers 2015,
S. 37). „Handle stets so, dass die Anzahl der Wahlmöglichkeiten größer wird!"
Es geht im Coaching somit um das (Er-)Finden alternativer Wirklichkeitskonstruktionen, deren Chancen, Risiken und Anschlussfähigkeit es gemeinsam
abzuschätzen gilt (Backhausen und Thommen 2017, S. 103).

Persönliche Kompetenzen

Um eine qualitativ hochwertige Coaching-Arbeit sicherstellen zu können, sollte
sich der Coach mit seiner eigenen Persönlichkeit und Biografie auseinander-

setzen. Diese Selbstreflexion geschieht im Idealfall bereits im Rahmen der Coaching-Ausbildung, sollte aber im Laufe der weiteren Berufstätigkeit fortgesetzt werden (z. B. im Rahmen von Supervision), um die eigenen „blinden Flecken" (Johari-Fenster, s. Luft und Ingham 1955) zu verkleinern. Dazu gehören auch Neugier und Motivation zur Arbeit an der eigenen Person sowie die Auseinandersetzung mit eigenen Zielen, Werten, Emotionen sowie mit Sinn- und Ethikfragen (Webers 2015).

Wenn zu einem erfolgreichen Coaching-Prozess eine emotional tragfähige Beziehung zum Coachee gehört, bedeutet dies nicht, dass der Coach seine eigenen Gedanken, Ideen und Weltanschauungen mit in den Prozess einbringen darf – im Gegenteil: Eine neutrale Haltung, in der es keine Bewertungen und Koalitionen (auch nicht gemeinsam mit dem Coachee gegen eine dritte Person) gibt (Selvini Palazzoli et al. 1992, 137 f.), unterstützt den Coachee bei der Suche nach einer eigenen Lösung und dem Erreichen des eigenen Ziels. Was zunächst recht einfach klingt, erfordert im Prozess ein hohes Maß an Selbstdisziplin und Introspektion.

8.1.5 Haltung

Eine der Hauptaufgaben des Coachs ist zunächst der Aufbau einer tragfähigen Beziehung (Rapport) zum Coachee, da nur so Veränderungsarbeit möglich werden kann. Ein solides Arbeitsbündnis, das auf gegenseitiger Verlässlichkeit, Verbindlichkeit sowie einer gemeinsamen Zielausrichtung basiert, bildet die Grundlage für das gesamte Coaching (Backhausen 2017).

Empathie, d. h. einfühlendes Verstehen, und Wertschätzung gegenüber dem Coachee führen zu einer vertrauensvollen und offenen Atmosphäre (Schmidt-Tanger und Stahl 2007). Weiterhin sollten eine respektvolle und positive Einstellung gegenüber dem Coachee und dessen Meinungen sowie Selbstkongruenz Teil der verinnerlichten Haltung des Coachs sein (Webers 2015, S. 38 f.). Das lösungsorientierte Drängen auf eine Veränderung und auch das kleinschrittige Abarbeiten von vorgegebenen Verhaltensstrategien sind nicht mit der in diesem Buch beschriebenen Grundhaltung vereinbar.

8.1.6 Techniken und Methoden

Im systemischen Coaching werden je nach Ziel verschiedene Techniken und Methoden angewandt, die z. T. auch anderen Beratungsschulen entstammen können. Abb. 8.1 gibt eine Übersicht über eine Reihe möglicher Methoden, die in verschiedenen Phasen des Coachings eingesetzt werden können.

Außer auf die oben stehenden systemischen Interventionen wird im Coaching auf eine Reihe weiterer psychotherapeutischer Konzepte (z. B. Psychodrama oder Interventionen aus der Gestalttherapie) zurückgegriffen. Nach Rauen (2008, s. Webers 2015, S. 5) macht gerade die Kombination existierender Modelle das Coaching so innovativ. Draht (2012) bezeichnet diese Zusammenführung der Modelle, Haltungen und Interventionen als „elektrischen Kern" des Coachings, der im Laufe der Zeit wächst und von immer mehr Einflüssen geprägt und weiterentwickelt wird (Draht 2012, S. 54 f.).

8.1.7 Settings im Coaching

Coaching lässt sich in drei verschiedenen Settings (Einzel-, Team- und Gruppencoaching) durchführen. Das Einzelcoaching ist als klassisches Setting zu bezeichnen, Team- und Gruppencoaching existieren vor allem in der Theorie und sind in der Praxis weitaus seltener zu finden, da sie sich mit anderen Beratungsarten (z. B. Supervision) überschneiden und nur schwer davon abzugrenzen sind.

Einzelcoaching
Das klassische Setting, in dem ein Coach und ein Coachee gemeinsam arbeiten, ermöglicht eine vertrauensvolle und intensive Auseinandersetzung der

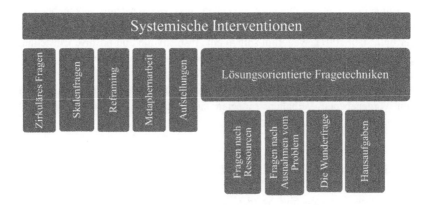

Abb. 8.1 Systemische Methoden und Techniken im Coaching

Anliegen des Coachees. Im Vergleich zum Gruppen- und Teamcoaching ist die Perspektivenvielfalt eingeschränkt auf die Wahrnehmungen und Handlungsmuster des Coaches und des Coachees (Lippmann 2013, S. 88).

In der Coaching-Literatur lassen sich verschiedene Phasenmodelle finden, welche – mehr oder weniger ausdifferenziert – drei bis sieben Phasen zuzüglich eventueller Unterphasen beschreiben (Müller 2012; Rauen 2002; Schmidt-Tanger 2004; s. auch Abschn. 5.4). Das in Abb. 8.2 dargestellte Modell besteht aus den drei Hauptphasen: der Kontakt- und Kontraktphase, der Prozessphase und der Abschlussphase. Nachdem in der Kontakt- und Kontraktphase der Erstkontakt und das Erstgespräch stattgefunden haben sowie der Kontrakt zwischen Coach und Coachee geschlossen wurde, folgt in der Prozessphase das eigentliche Coaching, in dem Auftragsklärung, Zieldefinition sowie Interventionen im Mittelpunkt stehen. In der Abschlussphase wird das Coaching schließlich beendet, sobald das definierte Ziel erreicht ist. Der Coaching-Prozess lässt sich aus diesem Grund nicht in ein zeitliches Raster drücken. Das Coaching ist erst dann abgeschlossen, wenn der Coachee sein Ziel erreicht hat – ungeachtet darüber hinaus bereits vereinbarter Sitzungen.

Die existierenden Phasenmodelle zum Prozess des Coachings stellen einen scheinbar idealtypischen Verlauf dar. Jedoch ist an dieser Stelle kritisch anzumerken, dass eine derartige lineare Entwicklung in der Praxis oft nicht umsetzbar

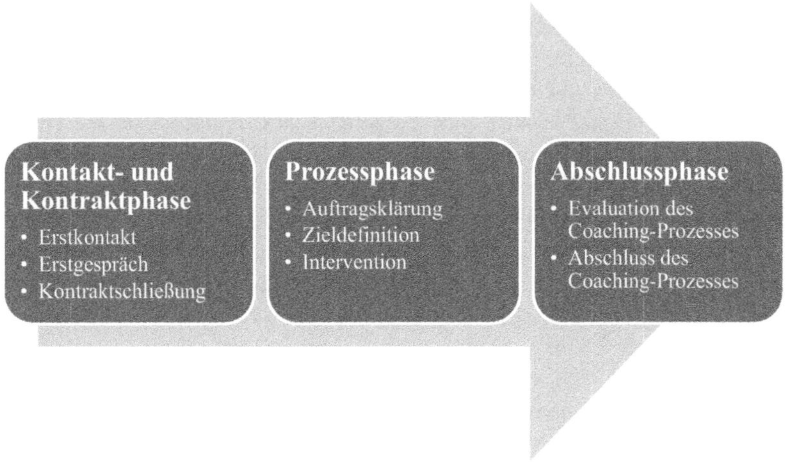

Kontakt- und Kontraktphase
- Erstkontakt
- Erstgespräch
- Kontraktschließung

Prozessphase
- Auftragsklärung
- Zieldefinition
- Intervention

Abschlussphase
- Evaluation des Coaching-Prozesses
- Abschluss des Coaching-Prozesses

Abb. 8.2 Phasen im Coaching

bzw. zielführend ist. Stattdessen kann es auch zu Sprüngen oder zu Rückfällen in (scheinbar bereits abgeschlossene) Phasen kommen (Webers 2015, S. 66).

Gruppencoaching

Beim Gruppencoaching finden sich mehrere Coachees mit ähnlichen beruflichen Problem- und Fragestellungen zum Coaching zusammen; eine persönliche Verbindung zwischen den Personen gibt es in der Regel nicht. Die Gruppe und ihre Dynamik stehen im Fokus des Prozesses. Die Begriffe Gruppencoaching und Gruppensupervision werden in Praxis und Theorie häufig synonym verwendet (Lippmann 2013, S. 89 f.).

Die Vorteile eines Gruppencoachings gegenüber einem Einzelcoaching liegen zunächst in der Perspektivenvielfalt, die durch die verschiedenen Sichtweisen entsteht, und in den Synergieeffekten, die sich bei der gemeinsamen Arbeit zwischen den Coachees entwickeln. Ein weiterer positiver Aspekt ist der Aufbau eines Netzwerks zwischen den Coachees, welches sich auch nach Abschluss des Gruppencoachings als hilfreiche Stütze im Arbeitsalltag erweisen kann.

Neben dem Coach wirkt die Gruppe als „geschwisterliches" Peersystem durchaus unterstützend, und die Erfahrung, dass andere Menschen auch Schwierigkeiten haben können, kann manch eine Härte gegenüber der eigenen Person aufweichen.

Einige der zuvor genannten Aufgaben, Grundprinzipien und Regeln von systemischem Coaching können für den Coach im Rahmen eines Gruppencoachings zu einer größeren Herausforderung werden als im Einzelcoaching. Der Aufbau einer tragfähigen Beziehung zu den einzelnen Coachees gestaltet sich in der Regel bei einer größeren Gruppe schwieriger, in jedem Fall jedoch langwieriger als im Eins-zu-eins-Kontakt. Bei den Coachees ist die Hemmschwelle, vor bislang fremden Personen über ein persönliches, problembesetztes Thema zu sprechen, höher als im Einzelkontakt, sodass ein tiefer gehendes Arbeiten am Problem möglicherweise erst spät oder gar nicht stattfindet. Dem Coach kommt die Aufgabe zu, für ein ausgewogenes Verhältnis zu sorgen und alle Coachees mit ihren Anliegen und Zielen gleichermaßen im Blick zu behalten. Wenn ein Coachee mit seinem Anliegen bevorzugt behandelt wird, besteht die Gefahr eines „Einzelcoachings unter Zeugen" (Looss 1997).

Teamcoaching

Im Gegensatz zum Gruppencoaching handelt es sich beim Teamcoaching um eine bereits bestehende Gruppe von Coachees als institutionalisiertes Subsystem einer Organisation, dessen gemeinsame Anliegen bearbeitet werden. Im Fokus steht hier die Teamentwicklung. Folgende Anliegen können einem Teamcoaching zugrunde liegen:

- Ausrichtung auf gemeinsame Ziele und Unterstützung bei Veränderungsprozessen
- Aufgaben- und Rollenverteilung im Team
- Verbesserung der Zusammenarbeit
- Verbesserung der Kommunikation untereinander
- Konfliktlösung
- Steigerung der Leistungsfähigkeit und Qualität des Teams

Der Erhalt der Selbststeuerungsfähigkeit des Teams ist beim Teamcoaching wie auch beim Einzelcoaching als Grundprinzip anzusehen (Lippmann 2013, S. 92 f.). Aus systemischer Sicht kann die Einbeziehung aller Mitglieder des Teams zu einer Perspektivenvielfalt und Erweiterung der Lösungsmöglichkeiten und somit zu einer schnelleren und für alle tragbare Lösung führen. Das Teamcoaching lässt sich in Bezug auf Anliegen und Methoden nur schwer von der Teamsupervision abgrenzen und wird in Theorie und Praxis ebenfalls weitestgehend synonym verwandt.

8.2 Supervision

8.2.1 Begriffsbestimmung und historische Entwicklung

Supervision ist eine spezielle Beratungsform in der Arbeitswelt, die als Erkenntnis- und Lernform sowohl bei Einzelpersonen als auch bei Arbeitsteams oder anderen Organisationseinheiten zum Einsatz kommt. Sie ist eine Kombination aus Reflexion, Beratung und Fortbildung und hat zur Aufgabe, zu einer Veränderung, Differenzierung und Weiterentwicklung von beruflichen Wahrnehmungs-, Bewertungs- und Handlungsschemata beizutragen (erweitert auf der Grundlage von Linke 2001, S. 33). Supervision wird in vielfältigen Bereichen und Settings genutzt: von Einzelnen, Gruppen, Teams und Organisationen im Profit- und Non-Profit-Bereich, z. B. in psychosozialen Feldern, im Gesundheitswesen wie auch in Verwaltung und Wirtschaft. Im Besonderen kommt sie als eine spezifische Lehr-, Anleitungs- und Lernform im Kontext von psychosozialen Ausbildungs- und Handlungsfeldern (Soziale Arbeit, Beratung, Psychotherapie) zum Einsatz. In einem Übersichtsartikel beschrieb Schubert (2018c) vor Kurzem die Besonderheiten und Formate von Supervision in der beruflichen Praxis und in der Ausbildung von Beratern und Psychotherapeuten.

Die historische Entwicklung der Supervision ist eng mit der Entwicklung und Professionalisierung der Sozialen Arbeit verbunden. Der Begriff kommt aus dem Englischen und bedeutet „(Ober-)Aufsicht, Beaufsichtigung, Überwachung". Vom Wortursprung her ist Supervision aus dem Lateinischen ableitbar (lat. „super" = über, darüber, von oben; „visio" = Sehen, Anblick, Erscheinung). Demzufolge bedeutet „Supervision" so viel wie: „von oben sehen", Überblick, Übersicht.

Im Zusammenhang mit der Industrialisierung und der Verelendung der Arbeiterfamilien setzte die Armenfürsorge in den USA Ende des 19. Jahrhunderts ehrenamtliche „friendly visitors" ein, die von Supervisoren ausgebildet und angeleitet, aber auch kontrolliert wurden. Ein zweiter Entwicklungsstrang beruht auf den therapeutischen Kontrollsitzungen, die in den 1920er-Jahren für psychoanalytische Ausbildungen verbindlich eingeführt wurden und sich bis heute als Ausbildungssupervision für angehende Berater und Psychotherapeuten erhalten haben. Bereits hier wird die Doppeldeutigkeit – zum einen Kontrolle/Aufsicht, zum anderen Anleitung/Ausbildung – offenkundig, von der die Supervision geprägt ist. In den Jahren nach dem Zweiten Weltkrieg wurde die Entwicklung der Supervision im europäischen Raum stark durch die niederländische, US-amerikanische und schweizerische Sozialarbeit beeinflusst, was rasch zu einer Professionalisierung in diesem Feld führte (Krönchen 2012).

1989 gründete sich die Deutsche Gesellschaft für Supervision (DGSv), die seitdem die professionellen Standards für die Ausbildung und die praktische Anwendung regelt. Die DGSv definiert Supervision als

> ein Beratungskonzept, das zur Sicherung und Verbesserung der Qualität beruflicher Arbeit eingesetzt wird. Sie bezieht sich dabei auf psychische, soziale und institutionelle Faktoren. Supervision basiert auf Kenntnissen und Theorien aus Soziologie, Sozialer Arbeit, Psychologie sowie aus Management- und Institutionstheorien und Kommunikationswissenschaften. In der Supervision werden Fragen, Problemfelder, Konflikte und Fallbeispiele aus dem beruflichen Alltag thematisiert und selbstreflexiv bearbeitet. Supervision fördert in gemeinsamer Suchbewegung das Lernen von Einzelpersonen, Gruppen, Teams und Organisationen (DGSv 2008a, S. 8).

Supervision verbindet die vier Perspektiven Person, berufliche Rollen, Organisation/Institution, Kunde/Klient und ist zu unterscheiden von Psychotherapie, Fortbildung und Organisationsberatung (DGSv 2008a).

8.2.2   Ziele und Aufgaben

Allgemeines Ziel von Supervision ist es, durch angeleitete Reflexion und Erfahrungslernen die Fachlichkeit und Persönlichkeit der Supervisanden und die Weiterentwicklung von Teams und Personal zu fördern, die Bewältigung von Schwierigkeiten im Arbeitsalltag sowie die Kooperations- und Koordinationsfähigkeit von Arbeitsteams oder Organisationseinheiten zu unterstützen und eine Verbesserung von beruflichem Handeln und dessen Effektivität zu bewirken.

> Die zahlreichen Evaluationen und wissenschaftlichen Arbeiten dokumentieren, dass Änderungen im Erleben, in den Kognitionen, in Verhaltensmustern und im Bewusstsein über sich selbst – bezogen auf die berufliche Tätigkeit, die Arbeitsorganisation und das Arbeitsumfeld – wesentliche Elemente in und von Supervisionsprozessen sind. Supervision gilt als Orientierungshilfe, die Handlungssicherheit schafft und die Angemessenheit der eigenen Wahrnehmung hinsichtlich der beruflichen Tätigkeit, der aktuellen Situation des Teams und/oder der eigenen Organisation überprüft und wo nötig zu ändern hilft (DGSv 2008b, S. 10).

Kurz gefasst, dient Supervision der Verbesserung der Handlungskompetenz, der Steigerung der Arbeitszufriedenheit und der Überprüfung der Wirksamkeit des eigenen professionellen Handelns. Sie ist damit ein Instrument der Qualitätssicherung und der Personal- und Organisationsentwicklung.

Unter einem allgemeinen Verständnis bietet Supervision einen geschützten „Reflexionsraum", in dem die beruflichen Handlungen der Person wie auch ihre Beziehungen zu ihrer Arbeit und/oder die Interaktionen mit ihren Kollegen und darin auftauchende Probleme in den Fokus rücken und systematisch erschlossen, reflektiert und zu möglichen Lösungen geführt werden. Reflektiert wird im Kontext der individuellen, organisatorisch-institutionellen und gesellschaftlichen Strukturen und Bedingungen. Institutionelle Bedingungen werden nach Arbeitsbedingungen (Aufgaben, Anforderungen, Abläufe) und organisationellen Strukturen differenziert. Diese Reflexionsprozesse erfolgen nach Buchinger und Klinkhammer (2007, S. 33) durch „Beobachtung und Selbstbeobachtung bzw. dabei angestellte Überlegungen – etwa über zu erwartende Folgen, über Beweggründe, mögliche Absichten, andere Zusammenhänge und vor allem über andere Alternativen". Die Autoren betrachten Supervision auf drei Reflexivitätsebenen: Die „primäre Reflexivität" erfasst die berufliche Tätigkeit bzw. die Interaktionen zwischen Supervisand und Klient, die „sekundäre Reflexivität" die daraus abgeleitete berufliche Rolle einschließlich Rollenwidersprüchen und die „tertiäre Reflexivität" die Organisationseinheit, in der die Arbeit geleistet wird. Erst alle zusammen gestalten die Professionalität von Supervision. In den Fokus rückt nicht die Person mit ihren Charaktereigenschaften oder Störungen, sondern die berufliche Persönlichkeit in ihrem beruflichen Handeln. Gleicherweise ist nicht das Team oder die Supervisionsgruppe in ihrer Gruppendynamik Gegenstand der Supervision, sondern der Fokus liegt auf dem arbeitsweltlichen Handeln, auf den beruflichen Interaktionen des Teams (Buchinger und Klinkhammer 2007). Supervision bewirkt eine Entlastung von Handlungsdruck in verdichteten Arbeitsprozessen und ist ein Beitrag zur Gesundheitsfürsorge (weitere Ausführungen zu Zielen und Aufgabenbereichen vgl. Schubert 2018c).

Die starke Nachfrage nach Supervision in psychosozialen Arbeitsfeldern begründete Linke bereits 2001 über drei Aspekte (Linke 2001, S. 18).

- *Qualitätssicherung und Prozesskontrolle:* das Anliegen der Institution, Supervision als ein bewährtes Instrument der Wirksamkeitsüberprüfung und der Steuerung von beruflichen Hilfeprozessen zu implementieren (Effizienz und Transparenz).
- *Bedürfnis nach Orientierungshilfe und Handlungssicherheit* in Tätigkeitsfeldern, die in starkem Maße arbeitsweltlichen Strukturveränderungen und organisationellen Umstrukturierungen unterliegen. Hinzu kommen Verunsicherungen und Orientierungsbedarf durch pluralistische und individualisierte, hochkomplexe und teils widersprüchliche Gesellschaftsstrukturen und Lebenskonzepte (Möller 2010; Schubert 2009a; Schubert 2016b).
- *Belastungen in der psychosozialen Arbeitswelt:* Diese Unbalanciertheit und emotionale Überlastung ist in Berufen, die hohes Engagement oder professionelle Beziehungsarbeit fordern, zu beobachten. Helfer mit Klienten in schwierigen, ausweglos erscheinenden Lagen befinden sich oft in einer Überforderungssituation: Sie sind sowohl ihren eigenen Ansprüchen und auch den „Heilserwartungen" der Klienten ausgesetzt als auch zugleich mit oft unlösbar erscheinenden Problemen und einer aggressiv-ungeduldigen oder passiven Haltung ihrer Klienten konfrontiert.

8.2.3 Kompetenzen und Grundhaltungen

Supervision verlangt vom Supervisor spezifische Grundkompetenzen, wie Ordnungs- und Abstraktionskompetenz, Interaktions- und Beratungskompetenz, Personenkompetenz, Sozialkompetenz und Feldkompetenz.

- Ordnungs- und Abstraktionskompetenz: die Fähigkeit, komplexe Sachverhalte und Zusammenhänge zu erfassen und zu abstrahieren sowie in ihrer

Komplexität über angemessene Deutungsschemata zu reduzieren und zu ordnen. Solche Deutungsschemata werden aus wissenschaftlich fundierten Deutungs- und Erklärungsmodellen abgeleitet, z. B. aus den oben angeführten psychologischen und beraterischen Referenztheorien.

- Interaktions- und Beratungskompetenzen: Kommunikations-, Beziehungs- und Reflexionsfähigkeit, die Fähigkeit, Beziehungsmuster zu verstehen und mit ihnen zu arbeiten, und die Fähigkeit, kommunikative Beratungsverfahren und Methoden angemessen zu handhaben.
- Personenkompetenz: Hier fließt zum einen Lebenserfahrung ein, die sich in intuitivem und angemessenem Handeln zeigt. Weiter sind das Wissen und die Fähigkeit gemeint, die Entwicklung von Supervisanden unter verschiedenen Sozialisations- und Lebensbedingungen zu erfassen und zu verstehen, wie sich ihre Auffassungen von Wirklichkeit herausbilden und wie diese ihr Denken und Handeln bestimmen.
- Sozialkompetenz: Die Fähigkeit und Fertigkeit, soziale Systeme zu verstehen, sich darin zurechtzufinden, ihre Regeln, Strukturen und darin ablaufende Dynamiken und Beziehungsmuster angemessen zu erfassen, zu analysieren und mit ihnen zu arbeiten.
- Feldkompetenz umfasst bestimmte Kenntnisse in dem zur Supervision anstehenden Kontext, z. B. über Arbeitsfelder und institutionelle Arbeitsbedingungen, typische Konfliktdynamiken im Team, über Strukturen, Abläufe und Kulturen von Institutionen und Organisationen. Allerdings muss im Einzelfall bedacht werden, dass Feldkompetenz für bestimmte supervisorische Zielsetzungen auch hinderlich sein kann, etwa für strukturelle Innovationen oder Perspektivenwechsel bei den Beteiligten.

Supervision baut auf bestimmten Grundhaltungen auf, die unabdingbar mit einer spezifischen ethischen Haltung und einem positiven Menschenbild verbunden sind:

- Kontextorientierung und Reflexivität: Erfassung und Reflexion der Einbindung des Menschen in seinen arbeitsweltlichen Kontext, deren Auswirkungen auf den Menschen und Rückwirkungen auf das berufliche System sowie Einbeziehung dieser Wechselwirkungen in die supervisorische Arbeitsweise,
- Förderung der Autonomie der Supervisanden: Achtung ihrer Ziele, Vorstellungen, Selbstorganisation und Selbstentfaltung, Verständnis für ihre Affektlage ("Supervisandenorientierung"),
- ein respektvoller, nicht wertender Umgang mit Supervisanden (Beziehungsgestaltung),

- Allparteilichkeit, Neutralität und Verschwiegenheit, Schaffung einer vertrauensvollen, geschützten Atmosphäre. Dies ist durch externe Supervision meist besser gewährleistet als durch betriebsinterne Supervision (Mitarbeiter der Organisation),
- Vorrang von Ressourcenorientierung gegenüber einer Defizitperspektive,
- Erweiterung von Perspektiven und Handlungsmöglichkeiten, z. B. über Ressourcenaktivierung, Perspektivenwechsel und Anbieten von Wahlmöglichkeiten,
- Interdisziplinarität und Multiperspektivität in der Arbeitsweise,
- Erhalt von Arbeitszufriedenheit und Wohlbefinden und damit auch von psychischer und somatischer Gesundheit im arbeitsweltlichen Kontext.

8.2.4 Settings von Supervision

Supervision ist interdisziplinär ausgerichtet und nicht als ein einheitliches Konzept oder Verfahren zu verstehen. Vielmehr erfolgt Supervision nach spezifischen Ansätzen, die auf unterschiedliche Referenztheorien zurückgreifen. Im Wesentlichen sind systemische, klientenzentrierte, psychoanalytische, psychodramatische, verhaltenstherapeutische, gruppendynamische und integrative Supervisionskonzepte anzutreffen. Entsprechend vielfältig sind die methodischen Konzepte und Verfahrensweisen, die hier jedoch nicht weiter vertieft werden (vgl. z. B. Belardi 2015; Boeckh 2008; Rappe-Gieseke 2009; Schreyögg 2010; *Psychotherapie im Dialog* 1/2015).

Supervision findet in unterschiedlichen Settings (Rahmenbedingungen) und Angebotsformen statt: als Einzel-, Gruppen-, Teamsupervision oder als Intervision. Spezielle Formen sind Fallsupervision und Supervision in der Aus- und Fortbildung. Eine Gemeinsamkeit aller Varianten ist, dass es einen ausgebildeten oder weitergebildeten Supervisor gibt. Lediglich die Anzahl und Zusammensetzung der Supervisanden kann, ebenso wie die Art der Aus- oder Weiterbildung des Supervisors, variieren. Weiterhin ist den Varianten gemein, dass es im Format der Supervision keinen direkten Kontakt mit Klienten/Kunden gibt, d. h. z. B. mit Jugendlichen oder Familien, die vom Jugendamt betreut werden. Supervision ist Reflexion über das berufliche Handeln, nicht das berufliche Handeln selbst. Auch die Regelmäßigkeit ist als Gemeinsamkeit zu nennen. Meist werden nach einer Probesitzung mehrere Supervisionssitzungen über einen längeren Zeitraum vereinbart (z. B. einmal im Monat).

Im Folgenden werden die Besonderheiten der verschiedenen Settings beschrieben.

Einzelsupervision

Bei der Einzelsupervision sucht eine Einzelperson die Supervision auf, um berufliche Fragestellungen zu klären, z. B. über die eigene berufliche Rolle und Möglichkeiten zu deren Ausgestaltung zu reflektieren. Zwar können durchaus weitere Personen, z. B. Kollegen oder Vorgesetzte, thematisiert werden, die Perspektive bleibt jedoch immer die des real anwesenden Supervisanden. Linke (2001, S. 27) beobachtet, dass in Einzelsupervisionen „regelmäßig deutlich [wird], dass der Supervisand in der Handhabung der beruflichen Rolle – z. T. unbewusst – auf Regeln, Muster, Einstellungen und Prämissen seiner familiären Erfahrungen zurückgreift und sich damit oft in ähnlichen Konstellationen und Problemen wiederfindet wie in seiner Ursprungsfamilie". In der Gemengelage vielfältiger arbeitsweltlicher Personkonstellationen geht oftmals die Wahrnehmung der einzelnen Personen unter, daher hat Einzelsupervision auch einen nährenden Charakter, d. h., der Supervisand steht in seiner Einzigartigkeit ganz im Blick des supervisorischen Geschehens. Leitungen und Teamleitungen bevorzugen dieses Setting für Supervision.

Teamsupervision

Von einer Teamsupervision sprechen wir, wenn sich eine Gruppe, die im beruflichen Alltag zusammenarbeitet, zu einer Supervision entschließt. In der Teamsupervision können und sollten auch Konflikte thematisiert werden, die das Team direkt betreffen, wie z. B. Koalitionsbildungen (die „Erfahrenen" gegen die „Neuen", die „Konservativen" gegen die „Erneuerer" etc.) oder die Gruppendynamik (Außenseiter, heimliche Leiter, Clowns etc.).

Allgemeine Ziele sind die Entwicklung tragfähiger Kooperationen im Team und/oder neuer Strukturen und Konzepte und verbessertes gegenseitiges Verständnis für Rollen, Funktionen, Aufgaben und Abläufe unter den Teammitgliedern. Teamsupervision ist immer auch an die organisationsspezifischen Strukturen und Dynamiken rückgebunden und trägt damit zur Entpersonifizierung von Teamkonflikten und beruflichen Belastungen bei. Diese werden in ihrer organisatorisch-strukturellen Beschaffenheit und Bedingtheit offenkundig und nicht den Verhaltensweisen und Einstellungen einzelner Personen zugeschrieben. Funktionalität im handelnden Miteinander neu gewinnen, persönliche Verwicklungen in kooperative Arbeitsprozesse überführen, konfliktive Themen (u. a. auch mit der Leitung) mit dem außenstehenden Supervisor bearbeiten – all dies sind meist Hauptschwerpunkte der Teamsupervision.

Gruppensupervision

Von einer Gruppensupervision sprechen wir, wenn mehrere Personen eine Supervision aufsuchen, die in gleichen, ähnlichen oder auch unterschiedlichen beruflichen Funktionen und Rollen tätig sind und sich in regelmäßigen Abständen unter der Leitung eines externen Supervisors über ihr berufliches Handeln, ihre Rollen und Funktionen austauschen und diese reflektieren. Dies können z. B. Lehrer von unterschiedlichen Schulen oder niedergelassene Ärzte verschiedener Einrichtungen sein, die einen gemeinsamen Supervisor aufsuchen. Die Gruppensupervision hat den Vorteil, dass viele unvoreingenommene „Außenperspektiven" zusammenkommen. Neues kann gedacht werden, ohne dass Tabus oder Zwischenmenschliches zu sehr in den Vordergrund rücken oder eine Betriebsblindheit aufkommt. Ein Nachteil ist, dass die unterschiedlichen institutionellen Rahmenbindungen immer wieder zu klären sind und nicht selbstverständlich vorausgesetzt werden können. Genau dieser Klärungsprozess ist wiederum ein Vorteil, denn das Explizieren – und damit genaueres Hinterfragen – selbst ist schon ein bedeutsamer Erkenntnisakt.

Fallsupervision

Fallsupervision befasst sich mit einem speziellen Thema, einem Fall oder Problem, das von Supervisanden eingebracht wird. „Fall" sollte hierbei durchaus weit definiert werden: Es geht um Kommunikation mit nicht Anwesenden; daher ist Gruppensupervision immer zugleich auch Fallsupervision. Fallsupervision kann im Rahmen von Einzelsupervision oder in Gruppen oder Arbeitsteams durchgeführt werden. Sie findet meist in Kontexten statt, die vorwiegend fallbezogen arbeiten, wie z. B. im Allgemeinen Sozialen Dienst. Die Lebenswelt der Klienten ist in ihrer Komplexität zum Fall geworden, und bei diesem Fall geht es meist um mehrere Akteure (Eltern, Kinder und Großeltern usw.) und meist auch um mehrere angrenzende Dienste und deren Kooperation oder Nichtkooperation.

8.3 Mediation

Mediation kann als eine spezielle Form der Beratung angesehen werden, die sich auf Konfliktlösung beschränkt. Sie ist ein Verfahren zur Beilegung und Lösung eines Konflikts zwischen (zumeist) zwei Parteien, die aufgrund unterschiedlicher Meinungen über eine Sache oder ein Anliegen in streitige Auseinandersetzungen geraten sind und gegensätzliche, scheinbar unvereinbare Positionen (Ansichten und Forderungen) vertreten. Verstärkt werden die festgefahrenen

Positionen, je mehr die Beteiligten subjektiv überzeugt sind, mit ihrer jeweiligen Auffassung recht zu haben. Üblicherweise wird das Durchsetzen der eigenen Position als Bestätigung oder Sieg und das Abweichen davon als Niederlage aufgefasst. In dieser festgefahrenen Situation ist eine Entscheidungsfindung und Konfliktlösung, die von beiden Parteien akzeptiert wird und den Anliegen beider umfassend gerecht wird, ohne die Hilfe Dritter kaum vorstellbar. Das zu erreichen ist Anliegen der Mediation.

8.3.1 Historische Entwicklung

Die moderne Mediation hat ihren Ursprung in den USA und verbreitet sich seit etwa 1990 auch in Europa. Die Grundidee der Mediation hat in verschiedenen Kulturen als Kunst der Diplomatie und der Friedensschlüsse eine lange Tradition, etwa in den frühen Kulturen Asiens und in der griechischen und römischen Antike. Im Mittelalter wurden mediative Verfahren auch in Mitteleuropa noch gelegentlich eingesetzt, beispielsweise bei den Friedensverhandlungen zur Beendigung des Dreißigjährigen Krieges. Danach geriet das Wissen über diese traditionelle Vorgehensweise offenbar in Vergessenheit. Der enorme Aufschwung, den die Mediation gegenwärtig nimmt, basiert auf Entwicklungen in den USA seit den 1960er-Jahren. Dort wurde Mediation in vier Bereichen als ein außergerichtliches Verfahren zur einvernehmlichen Einigung bei Konflikten eingesetzt: bei Familien in Trennung und Scheidung, tariflichen Auseinandersetzungen zwischen Gewerkschaften und Arbeitgebern, im kommunalen Bereich und bei Konflikten im Zusammenhang mit öffentlichen Entscheidungen (Bastine und Theilmann 2007).

Gegenwärtig bestehen verschiedene Konzepte zur psychosozialen Konfliktbearbeitung, Mediation ist eines davon und international am weitesten verbreitet. Andere Konzepte sind beispielsweise das Harvard-Konzept (Fisher et al. 2014) oder „Gewaltfreie Kommunikation" (Rosenberg 2001).

8.3.2 Anwendungsbereiche

Mediation wird in Deutschland im Wesentlichen in vier Anwendungsbereichen praktiziert:

1. *Familienmediation:* In der Entwicklung und Erforschung von Mediation nimmt Familienmediation eine Vorreiterrolle ein, z. B. im Bereich Trennung

und Scheidung mit den resultierenden Konfliktfeldern der Umgangs- und Sorgerechtsregelung. Zunehmend kommt Familienmediation auch bei Streitigkeiten im Zusammenhang mit Erbauseinandersetzungen, der Gestaltung von Testamenten und Erbverträgen und bei Konflikten im Zusammenleben verschiedener Generationen zum Einsatz.

2. *Schulmediation,* z. B. bei Streitigkeiten zwischen Schülern; hierunter fällt auch Schülermediation und die Ausbildung von Schülermediatoren. Die Mediation zwischen Schulleitung und Lehrern oder anderen dort tätigen Berufsgruppen kann auch unter Organisationsmediation subsumiert werden.

3. *Wirtschafts- und Organisationsmediation,* z. B. bei Konflikten zwischen Unternehmen, zwischen Unternehmen und Kunden, zwischen Mitarbeitern und Führungsebene oder bei Konflikten im Bereich der Unternehmensnachfolge, z. B. innerhalb der Familie oder bei einem anstehenden Verkauf.

4. *Mediation im öffentlichen Bereich,* insbesondere in den Bereichen Planen, Bauen und Umwelt, z. B. bei Stadtentwicklungs-, Infrastruktur- oder Umweltprojekten mit Auswirkungen auf Ökologie und Lebens- und Umweltqualität (z. B. Straßenverlauf, Mülldeponien, Windkraftanlagen).

Weitere Einsatzgebiete von Mediation sind Nachbarschaftskonflikte, interkulturelle Konflikte (z. B. bei unterschiedlichen Nationalitäten im Wohnviertel, Mehrfamilienhaus, am Arbeitsplatz) und der Bereich des Strafrechts (Täter-Opfer-Ausgleich).

8.3.3 Anlässe für eine Mediation

Der Anlass für eine Mediation können unterschiedliche Positionen in *Sachfragen* sein, beispielsweise vergleichsweise einfache Schadenersatzfragen, komplexe umgangsrechtliche Fragen getrennt lebender Eltern oder bürgerschaftliche Auseinandersetzungen bei öffentlichen Bauvorhaben. Bereits an diesen Beispielen wird deutlich, dass es sich zumeist nicht um simple Sachfragen handelt, sondern um komplexe Themen, bei denen die Sachfragen auf dem Hintergrund unterschiedlicher Vorstellungen in Bezug auf die individuelle Lebensgestaltung oder das Verhältnis von Politik und Lebens- bzw. Umweltgestaltung zu erfassen sind. Zum anderen können Themen im Bereich *zwischenmenschlicher Beziehungen* der Anlass sein: Wie kann durch den Konfliktverlauf verloren gegangenes Vertrauen für die weitere Zusammenarbeit am Arbeitsplatz oder für das familiäre bzw. partnerschaftliche Zusammenleben wieder aufgebaut werden? Was wäre notwendig (z. B. an Verhaltensweisen), um eine angemessene Wertschätzung in dem gemeinsamen Rahmen wiederherzustellen und auch konkret zu erleben?

Mediation ist nicht für jeden Konflikt geeignet. Nicht geeignet ist sie z. B. bei einer fortgeschrittenen Konflikteskalation mit massiver gegenseitiger Abwertung (s. unten) oder wenn Partner sich von einer Trennungsmediation ein Wiederzusammenfinden erhoffen (in diesem Fall ist eine Paarberatung angezeigt).

8.3.4 Konflikt als zentraler Gegenstand

Konflikte und ihre Bewältigung sind ein dominantes Thema im menschlichen Zusammenleben geworden. Konflikte sind von ihrem Wesen her nicht negativ zu bewerten: Sie sind unverzichtbar für persönliche Entwicklung, für Veränderung und sozialen Wandel. Aus psychologischer Sicht entsteht ein Konflikt, wenn mehrere nicht miteinander zu vereinbarende Emotionen oder Motive aufeinandertreffen. Konflikte werden eingeteilt in intrapsychische (innerhalb einer Person ablaufende) Konflikte und interpersonelle bzw. soziale Konflikte, die zwischen zwei oder mehr Personen oder Gruppen auftreten. Innerpsychische Konflikte sind beispielsweise kognitive Dissonanzen, widersprüchliche Strebungen, Emotionen und Motive in Bezug auf ein Objekt, oft gepaart mit Gewissenskonflikten. Mediation befasst sich mit interpersonellen bzw. sozialen Konflikten. Ausgangssituation für diese Konfliktart ist, dass die Interessen und Bedürfnisse von Personen, Gruppen oder Organisationen, die in wechselseitiger Beziehung stehen, widersprüchlich oder unvereinbar sind. Ein Konflikt entsteht nach Glasl (2013) dann, wenn a) die Handlungen mindestens einer Seite durch die Gegensätzlichkeit oder Unvereinbarkeit der Interessen beeinträchtigt wird oder b) der Interessensausrichtung der anderen Seite widersprochen wird, der Widerspruch jedoch von dieser Seite abgewehrt wird.

Die Erscheinungsformen sozialer Konflikte sind vielfältig: *Personale Konflikte* entstehen aus Unterschiedlichkeiten von Interessen, Zielen, Rollen- und Aufgabenverständnis oder in der Beurteilung der Wege zur Zielerreichung. *Strukturelle Konflikte* entstehen aus widersprüchlichen Strukturen und Vorgaben einer Organisation (z. B. hinsichtlich Hierarchie, Aufgabenerfüllung, Funktions- und Rollenverteilung) oder aus Mangel an verfügbaren Ressourcen (Zeit, Mittel, Personal) zur Aufgabenerfüllung. Konflikte werden insbesondere in Konkurrenzsituationen angestoßen. Konfliktentstehung und Konfliktmuster sind oft an ein kulturell geprägtes Denk- und Verhaltensmuster von Konkurrenz, Kampf, Durchsetzung, Kontrolle und Widerstand gebunden. Dabei geht es zumeist um den Einsatz von Macht, um eine Niederlege des Kontrahenten zu erreichen und/oder die eigene Niederlage zu verhindern.

8.3.5 Begriff, Merkmale und Ziele

Der Begriff „Mediation" wurde aus dem englischsprachigen Raum übernommen und bedeutet „Vermittlung" – ursprünglich in den verschiedensten Bereichen. Inzwischen hat er sich als Fachbegriff für eine professionelle Konfliktbearbeitung nach einem spezifischen Verfahren etabliert.

Mediation ist ein außergerichtliches, vertrauliches, in Aufbau und Ablauf strukturiertes Verfahren, bei dem die Konfliktbeteiligten/Konfliktparteien mithilfe eines Dritten (des Mediators) freiwillig und eigenverantwortlich eine einvernehmliche Lösung bzw. Beilegung ihres Konflikts anstreben, die ihren Interessen und Bedürfnissen entspricht. In dem Verfahren fungiert der Mediator als unabhängige und neutrale Person, dem die Aufgabe obliegt, die Konfliktparteien durch die Mediation zu führen, ohne dabei eine eigene Entscheidungsbefugnis innezuhaben. Ziel der Mediation ist es, dass die Konfliktparteien, auch Medianden genannt, eigenständig Lösungen erarbeiten, die von allen Beteiligten gleichermaßen getragen werden. Der Mediator unterstützt diesen Prozess, indem er die Kommunikation zwischen den Konfliktparteien fördert, auf einen eigenverantwortlichen Umgang mit dem Konflikt hinwirkt und die Medianden bei der Suche nach geeigneten Lösungen unterstützt (von Schlieffen 2016, S. 10).

In dieser Definition sind die alle wesentlichen Grundsätze und Prinzipien von Mediation enthalten. Sie werden von den deutschen Fachverbänden für Mediation geteilt und sind weitgehend auch in § 1 des Mediationsgesetzes von 2012 aufgenommen. Mediatoren kommen in Deutschland und anderen Ländern aus verschiedenen Grundberufen, zumeist aus juristischen Feldern (Rechtsanwälte, Richter, Notare), aus der Psychologie, der Sozialen Arbeit (Sozialpädagogik, Sozialarbeit) und der Pädagogik. Als Berufsgesetz regelt das Mediationsgesetz in Deutschland eine einheitliche rechtliche Grundlage für die Tätigkeit und für die Zertifizierung als Mediator. Voraussetzung für die fachlich fundierte Ausübung von Mediation ist eine spezielle Zusatzausbildung, die auch gesetzliche Grundlagen und Besonderheiten im Bereich des jeweiligen Mediationsgebietes umfasst.

Verfahrensmerkmale Grundlegende Bedeutung für die Vorgehensweise in einer Mediation hatten die Untersuchungsergebnisse von Fisher, Patton und Ury aus den 1970er-Jahren zu den Kriterien einer zufriedenstellenden Konfliktbeilegung (Fisher et al. 2014). In dem daraus entwickelten Harvard-Konzept geben die

Autoren folgende Empfehlungen, die in einem Mediationsverfahren heute noch Gültigkeit haben:

- Gehe das Problem an, nicht die Menschen.
- Nimm die Interessen und die Bedürfnisse in den Blick, nicht die Positionen.
- Suche nach Lösungen zum beiderseitigen Vorteil.
- Suche für die Vereinbarungen möglichst sachgerechte Kriterien.
- Mache deinen Konfliktgegner zum Konfliktpartner.
- Vereinbare kooperative Kommunikationsregeln.

In der Mediation werden die Konfliktparteien über eine strukturierte, methodisch fundierte Gesprächsführung dabei unterstützt, in kommunikativer Form gemeinsam ihren Konflikt zu bearbeiten. Das Verfahren vermittelt Möglichkeiten, deeskalierend miteinander umzugehen und den Konflikt in einzelne Themenfelder zu aufzugliedern. Kernstück des Verfahrens ist es, über ein strukturiertes Vorgehen aus den streitigen Auffassungen und Forderungen (Positionen) der Beteiligten zu dem jeweiligen Themenbereich die dahinterliegenden Interessen, Motive, Bedürfnisse und Befürchtungen herauszuarbeiten, die von den Beteiligten in dieser Klarheit und Offenheit bisher nicht ausgedrückt wurden oder ihnen nicht bewusst waren. Das trägt erheblich zum gegenseitigen Verständnis bei und ist Basis für eine Beilegung des Konflikts und für die gemeinsame Gestaltung von Lösungen, die von beiden Konfliktparteien getragen werden (Phase 3, s. unten). Dieses Vorgehen stößt bei den Beteiligten persönliche Entwicklungs- und kreative Lösungsprozesse an.

Ziele Das wesentliche Ziel von Mediation besteht darin, die Medianden zu unterstützen, neue Handlungsmöglichkeiten und Sichtweisen zu erkennen und zu übernehmen, die zu einer besseren Konfliktbewältigung befähigen. Es gilt, „die Kompetenzen und vor allem die Konfliktlösungsressourcen der Beteiligten so zu stärken und zu entwickeln, dass diese künftig ähnliche Konflikte möglichst eigenständig bewältigen können" (Klemenz 2014, S. 231). Generell strebt Mediation an, eine sogenannte Win-win-Lösung zu erarbeiten, sodass keine der beteiligten Parteien als Verlierer aus dem Konflikt hervorgeht, sondern beide gewinnen. Klemenz (2014) betont die ressourcenstärkende und -entwickelnde Bedeutung von Mediation und verweist auf die Ausführungen von Montada und Kals (2007), die von einem Gewinn an Selbsterkenntnis, Wissen und Weisheit und von einer Stärkung der Fähigkeit zur Perspektivenübernahme sprechen. Darüber hinaus begreift Klemenz (2014) Mediation auch unter dem Aspekt einer umfassenden Ressource zur Befriedigung der psychischen Grundbedürfnisse des Menschen. In gewisser

Weise kann daher auch eine abgebrochene Mediation als erfolgreich bewertet werden, weil die Partner Kompetenzen und Ressourcen aufgebaut haben, die für eine bessere Alltagsgestaltung oder zwischenmenschliche Umgangsweise hilfreich sind. In einer Mediation geht es allerdings nicht nur darum, Kompetenzen zu stärken und bessere Lösungs- und Handlungsmöglichkeiten zu finden und abzusprechen, sondern auch darum, die Maßnahmen zur Beilegung und Lösung des Konflikts über eine schriftliche Vereinbarung verbindlich zu machen.

Bei einer Mediation haben die Konfliktbeteiligten grundsätzlich die Möglichkeit, Einfluss auf die Entscheidungen zu nehmen. Die Ergebnisoffenheit ist eine Grundbedingung für das Verfahren und stellt einen wesentlichen Unterschied zu gerichtlichen Entscheidungsprozessen dar. Und anders als bei einer Konfliktlösung über Rechtsanwälte verhandeln die Konfliktparteien direkt miteinander und in eigener Verantwortlichkeit und nicht über einen Dritten und die von diesem unterbreiteten Lösungsvorschläge. Mediation erfolgt also im Dialog der Konfliktbeteiligten. Das bietet beiden Parteien die Möglichkeit, die verdeckten Gründe des Konflikts wie auch die dahinterliegenden Hoffnungen zu erfassen und darüber persönliche wie auch zwischenmenschliche Veränderungen zu erreichen.

8.3.6 Funktion und Aufgaben von Mediator und Medianden

Der Mediator ist unabhängig von Interessen Dritter und hat keine Entscheidungsbefugnis im Hinblick auf die Inhalte und die getroffenen Vereinbarungen. Er unterbreitet auch keine Lösungsvorschläge oder -empfehlungen. Die eingebrachten Themen, die Argumente und Vereinbarungen liegen im Verantwortungsbereich der Konfliktbeteiligten. In einer Mediation wird kein Urteil oder Schiedsspruch verkündet, und es findet auch keine Rechtsberatung oder psychosoziale Beratung statt.

Der Mediator trägt die Verantwortung für den Ablauf der Mediation. Er muss sich zu Beginn der Mediation vergewissern, dass die Konfliktbeteiligten freiwillig an dem Verfahren teilnehmen und die Grundsätze eines Mediationsverfahrens verstanden haben. Für einen günstigen Einstieg und Verlauf der Mediation ist es nötig, dass der Mediator die Prinzipien und Regeln einer Mediation und seine Rolle erläutert, da die Erwartungen der Konfliktbeteiligten oft anders ausgerichtet sind; nicht selten erwarten sie Unterstützung ihrer Position und Zurechtweisung der Gegenpartei.

Grundpfeiler des Verfahrens ist die Schaffung einer vertrauensvollen Atmosphäre. Dazu gehört auch, für sichere (gewaltfreie) Rahmenbedingungen zu sorgen und die Kommunikation zwischen den Beteiligten deeskalierend und konstruktiv zu gestalten. Der Mediator hat eine neutrale, allparteiliche und zugleich strukturierende Rolle, er moderiert die Gespräche, führt durch den gesamten Prozessablauf und dokumentiert, für alle sichtbar (Flipchart), die Themen, Ziele, Bedürfnisse und Lösungsvorschläge. Dabei ist die Fähigkeit nötig, andere und unterschiedliche Sichtweisen zu akzeptieren. Dem Mediator kommt außerdem eine maßgebliche kommunikative Funktion zu, wenn es darum geht, die „hinter" den geäußerten Forderungen und Positionen liegenden Motive herauszuarbeiten und in einen gegenseitigen Verstehens- und Klärungsprozess zu überführen. Das verlangt oftmals die Rolle eines „Dolmetschers", der es den Konfliktparteien durch seine Übersetzungsleistung ermöglicht, die Wünsche und Bedürfnisse zu verstehen, die „hinter" den Forderungen und Positionen des anderen liegen.

Eingangsvoraussetzungen aufseiten der *Medianden* sind freiwillige Teilnahme, Informiertheit über den Prozess und die Bereitschaft, den Konflikt beizulegen. Eine weitere zentrale Voraussetzung ist die Bereitschaft, sich aktiv an dem Prozess zu beteiligen und das Setting zu nutzen, um über den Konflikt und dessen Hintergründe zu sprechen und eine selbstbestimmte, einvernehmliche und konkrete Konfliktregelung zu erarbeiten. Die Medianden sind verantwortlich für die Anliegen, die Themen und Argumente, die sie einbringen, und schließlich für die Verhandlungsergebnisse. Das verlangt die Fähigkeit, eigene Anliegen und Ziele zu formulieren und eigenverantwortlich zu einer rational ausgerichteten Problemklärung und zur Erarbeitung von Lösungen beizutragen. Mediation ist nicht angezeigt bei Medianden, die keine Verantwortung für ihr Handeln übernehmen können oder wollen oder auf einer dominanten, Macht ausübenden Position beharren.

8.3.7 Strukturierter Ablauf

Das zentrale Merkmal von Mediation ist die nach Phasen strukturierte Vorgehensweise. In der Praxis haben sich Konzepte mit unterschiedlicher Phasenanzahl etabliert, sie verfahren jedoch alle nach der gleichen Ablaufstruktur: Vorbereitung und Auftragsklärung, Aufklärung des Sachverhaltes, Klärung der Interessen und Lösungsfindung. Kessen und Troja (2016) haben verschiedene Modelle gesichtet und schlagen eine Einteilung in sechs Phasen vor. In einer Tabelle skizzieren sie jede Phase nach drei Kriterien (Prozessschritte/Inhalte/Worauf ist besonders zu achten?) und beschreiben anschließend ausführlich die Vorgehensweise in den einzelnen Phasen (S. 331 ff.). Zusammengefasst ergibt sich der folgende Ablauf.

Phase 1: Vorbereitung und Mediationsvertrag „Wie wollen Sie miteinander und mit dem Mediator arbeiten?" In dieser Phase werden die Erwartungen aller Konfliktbeteiligten und ihre Bereitschaft, sich auf das Verfahren einzulassen, geklärt. Weiterhin erläutert der Mediator die organisatorischen und verfahrensrelevanten Strukturen, seine eigene Rolle und Haltung und in groben Zügen den Prozess und das Ziel der Mediation. Möglichst gemeinsam mit den Konfliktbeteiligten werden Regeln für eine gewaltfreie und respektvolle Kommunikation aufgestellt und schriftlich festgehalten. Abschließend wird mit allen Beteiligten einen Mediationsvertrag erstellt, der die Aufgaben aller Beteiligten beschreibt und auch die entstehenden Kosten regelt. In dieser Phase werden die Grundsätze für die gemeinsame Arbeit aufgestellt.

Phase 2: Themensammlung „Was wollen Sie im Einzelnen besprechen/klären?" Die Konfliktbeteiligten formulieren, möglichst frei von Vorwürfen, die einzelnen Themen, um die es in der Mediation gehen soll und für die sie eine Lösung anstreben. Die Positionen (Forderungen) werden in mediierbare Themen umformuliert. Die Themen jeder Partei werden tabellarisch und für alle sichtbar (Flipchart) festgehalten. Diese Phase kann stark von Emotionen geprägt sein. Der Mediator bekommt einen Einblick in die Beschaffenheit und Dynamik des Konflikts und kann auf dieser Basis eine Konfliktanalyse erstellen und Indikationen für kommunikative Vorgehensweisen ableiten.

Phase 3: Interessenklärung „Was ist Ihnen jeweils wichtig?" Diese Phase stellt das Kernstück des Mediationsprozesses dar. Die Medianden werden unterstützt (im Sinne von Empowerment), ihre jeweiligen Interessen und die Motive (Ziele, Bedürfnisse, Befürchtungen), die hinter ihren Positionen stecken und ihr Verhalten und Denken bisher in eine konflikthafte Richtung gelenkt haben, zu erkennen und zu artikulieren. Über spezielle Kommunikationsformen des Mediators, wie zirkuläres Fragen, Umformulierungen und Zusammenfassungen, wird gegenseitiges Verstehen gefördert. Dieses erweiterte oder neue Verständnis für die eigenen Interessen und Motive und die der anderen Partei führt zu einer Annäherung zwischen den Beteiligten und zur Überwindung der typischen konfliktbedingten Blockadesituation.

Phase 4: Kreative Ideensuche „Was wäre alles denkbar?" Auf der Grundlage von Phase 3 entwickeln die Medianden in einem gemeinsamen und kreativen Prozess eine Vielzahl an möglichen Lösungsideen, die die zuvor erkannten Interessen und Bedürfnisse möglichst umfassend abdecken oder auch darüber hinausgehen. Die eingesetzten Techniken sollen auch die Kreativität der Beteiligten ansprechen und fördern, sodass auch neue oder ungewöhnliche, für alle Seiten akzeptable und vor allem vorteilhafte Lösungsoptionen herauskommen können.

Phase 5: Bewertung und Auswahl der Lösungsoptionen „Wie kann es konkret gehen?" Die entwickelten Ideen werden gemeinsam auf ihre Tauglichkeit für die konkrete Lebenssituation der Beteiligten bewertet, und gemeinsam wird entschieden, ob diese näher konkretisiert oder verworfen werden. Es gilt Ideen herauszufiltern, die möglichst viele Interessen und Bedürfnisse beider Parteien abdecken. Anschließend werden die angedachten Lösungen auf ihre Realisierbarkeit überprüft. Das verlangt auch, sie operationalisiert zu formulieren, sodass sie über konkretes Handeln umgesetzt und erprobt werden können. Am Ende stehen konkrete, realisierbare Vorschläge, mit denen alle Konfliktbeteiligten „gut leben können" und die den jeweiligen Interessen und Bedürfnissen möglichst weitgehend gerecht werden.

Phase 6: Vereinbarung und Umsetzung In der Schlussphase des Mediationsprozesses werden die in Phase 5 entwickelten und bereits konkretisierten Lösungsideen in einer Art Abschlussvereinbarung oder Vertrag schriftlich festgehalten und von allen Beteiligten unterzeichnet. Durch die gemeinsamen Unterschriften erhält die Vereinbarung eine größere Verbindlichkeit. Gegebenenfalls werden Nachfolgetreffen vereinbart.

Konfliktanalyse Aus den Aussagen der Konfliktparteien und der Beobachtung ihrer interaktiven, kommunikativen und emotionalen Verhaltensmuster kann der Mediator eine Konfliktanalyse erstellen, die Aufschluss über spezielle Problemkonstellationen bei den Konfliktparteien und Indikationen für die Auswahl spezieller Verfahrensweisen gibt. Glasl (2013) hat sich ausführlich mit der Beschreibung und Analyse von Konflikten – zumeist im Rahmen von Institutionen und Organisationen – befasst und erstellt einen Konflikt-Indikatoren-Kompass. Der erste Indikator erfasst die Reichweite eines Konflikts (isolierte Fragen, Positionskampf oder grundlegende Veränderungen), der zweite Indikator erfasst die sogenannte Konfliktarena (mikro- oder makrosozialer Austragungsrahmen) und der dritte die Austragungsform (heiße oder kalte Konfliktaustragung). Beispielsweise sind je nach Austragungsform unterschiedliche Strategien im Mediationsprozess angezeigt. Bekannt geworden ist das *Konflikteskalationsmodell* von Glasl (2013), das einen Konfliktverlauf in neun Eskalationsstufen beschreibt:

1. *Verhärtung* der Standpunkte mit gegenseitiger Ausschließung und verzerrter Wahrnehmung.

2. *Polarisierung und Polemik* in Wahrnehmung, Denken und im Gespräch, Wechsel zwischen Kooperation und Kampf um Überlegenheit und Selbstwertschutz.

3. *Taten statt Worte:* Trennendes wird hervorgehoben, man unterstellt einander feindliche Absichten und stellt sich gegenseitig vor vollendete Tatsachen.

4. *Images und Koalitionen:* Selbstaufwertung und Abwertung des Gegners, Suche nach Verbündeten unter Außenstehenden.

5. *Gesichtsverlust:* absichtliche Schädigung des öffentlichen Ansehens der Gegenpartei.

6. *Drohstrategien und Erpressung:* zunehmende gegenseitige Drohungen, Erpressungsstrategien und Gewalttaten.

7. *Begrenzte Vernichtungsschläge:* Die Schädigung des Gegners steht im Vordergrund (nach dem Motto: „Es gibt selbst nichts mehr zu gewinnen, doch der Verlust des Gegners soll größer sein als der eigene").

8. *Zersplitterung, totale Zerstörung:* Vernichtung der Macht- und Existenzgrundlage des Gegners.

9. *Gemeinsam in den Abgrund:* Vernichtung des Gegners auch um den Preis der Selbstvernichtung.

Ab Stufe 5 sind in der Mediation anstelle des beschriebenen klassischen Verfahrens spezielle Vorgehensweisen angezeigt, ab Stufe 7 ist es nicht mehr sinnvoll, Mediation einzusetzen.

Die *Spinnwebanalyse* (Weber 2008; Weiterentwicklung s. Schubert et al. 2017) bietet die Möglichkeit, über eine grafische Aufbereitung schon relativ bald eine Konfliktanalyse vorzunehmen, die die Positionen aller an dem Konflikt Beteiligten wie auch die dahinter vermuteten (hypothetischen) Motive übersichtlich darstellen kann.

Umsetzung von Lösungsideen Mediation ist auf eine Beilegung oder Lösung des Konfliktes in der unmittelbaren Zukunft ausgerichtet. Dazu werden Verhaltensweisen und emotionale Dynamiken der Konfliktbeteiligten aus der Gegenwart einbezogen, soweit sie für die Entstehung und Beilegung des Konflikts relevant sind. Mediation ist nicht mit der Bearbeitung vergangener Verhaltensweisen oder (Beziehungs-)Dynamiken befasst. Es können nur solche Themen mediiert werden, die auf einer Sachebene liegen oder, z. B. im Bereich zwischenmenschlicher Beziehungen, auf der Verhaltensebene erfassbar und beschreibbar (operationalisierbar) sind. Auf dieser Ebene ist eine Veränderung im Sinne einer Lösung konkret gestaltbar und gegenseitig nachvollziehbar.

Mediation von Paaren Diese Grundsätze zur Lösungsgestaltung finden auch Anwendung bei der Mediation von Paaren, die ihre Beziehung und ihr Zusammenleben nach einem Konflikt wieder besser gestalten wollen. Paarberatung oder therapeutische Paargespräche, die ebenfalls Konflikte bearbeiten, sind zumeist auf ein kognitiv-emotionales Verstehen und Bewältigen von früherem und gegenwärtigem Konflikterleben und weniger auf konkrete Lösungsvereinbarungen ausgerichtet. Mediative Konfliktberatung fokussiert über den gesamten Prozess hinweg die Fragen und Inhalte, die zu klären sind. Sie „exploriert, welche Interessen und Bedürfnisse die Verhandlungspartner bei den zu regelnden Problemen, um die der Streit entbrannt ist, haben und untersucht sie im späteren Verlauf darauf, was im alltäglichen Miteinander der Konfliktpartner geregelt werden soll" (Bastine und Theilmann 2007, S. 1032). Der Fokus von Mediationsverfahren ist stringent darauf ausgerichtet, das partnerschaftliche Zusammenleben nach Streit, Enttäuschung oder Vertrauensverlust über Lösungen zu den Streitfragen und entsprechende konkrete Verhaltensweisen wiederherzustellen. Mediation aktiviert bei den Konfliktpartnern somit Ressourcen zu einer nachhaltigen, sowohl eigenverantwortlichen wie auch auf den anderen bezogenen Beziehungsgestaltung.

Beratungskompetenz durch Weiterbildungen

In Deutschland hat man Beratung als Fortsetzung von humanwissenschaftlichen Bachelorstudiengängen im Sinne einer Spezialisierung verortet. Nachdem sich die Berufsfelder auch im psychosozialen Bereich mehr und mehr vermischen, stellen sich die Bachelor-Erststudiengänge ebenso vielfältig dar. Die Akkreditierungsagenturen sehen Beratung als Masterstudium sowohl als konsekutives wie als weiterbildendes Studium vor. Für diese Studienprogramme ist ein Bachelorabschluss oder ein Diplom im psychosozialen Feld eine Zugangsvoraussetzung. Auf dieser akademischen Ebene ist Deutschland nun anschlussfähig an die Entwicklungen im angloamerikanischen Raum.

Auf der anderen Seite ist in keinem anderen Land die Zahl der privaten Weiterbildungsanbieter so groß und der gesellschaftliche Stellenwert der Fachverbände so hoch. Mit dem Beginn der Studiengangumstrukturierung (Bologna-Prozess) wuchs die Sorge bei den beratungsrelevanten Fachverbänden und privaten Weiterbildungsanbietern, dass in Zukunft die Qualifizierung zum Berater ausschließlich an Hochschulen stattfinden könnte und die Fachverbände mit ihren Weiterbildungsinstituten zurückgedrängt würden. Diese Sorge erwies sich als unbegründet: Die verkürzte Gymnasialzeit, der Wegfall der Wehrpflicht und das im Vergleich zum Diplomstudiengang kürzere Bachelorstudium u. a. m. führten zu sehr jungen Absolventen, die in der weiten Praxislandschaft der psychosozialen Handlungsfelder ihren Berufseinstieg suchen. Noch weitgehend institutionsunerfahren, benötigen diese Absolventen aus der Psychologie, der Sozialen Arbeit, der Pädagogik nun Handwerkszeug für Beratung. Dieses finden sie zuallermeist in den Weiterbildungsangeboten der fachverbandlichen Institute. Hier sei auf die gemeinsamen Standards der Mitglieder des Dachverbandes für Beratung/Counseling hingewiesen (www.dachverband-beratung.de). Um Beratung als professionelle, hochwertige Dienstleistung bei den Kunden

F.-C. Schubert et al., *Beratung,* Basiswissen Psychologie,
https://doi.org/10.1007/978-3-658-20844-8_9

wie in der Fachwelt zu etablieren, hat man in den Bündnissen der Fachverbände Mindeststandards entwickelt und abgestimmt. Diese gelten für die fachverbandlichen Institute wie für die Hochschulprogramme gleichermaßen. Ob als weiterbildendes Studium oder als Weiterbildungsprogramm eines Fachverbandes: Diese Zusatzqualifizierung kostet Geld, das Berufsanfängern nicht so einfach zur Verfügung steht und erst durch berufliche Tätigkeit erwirtschaftet werden muss.

Für die Lernenden wie für die Lehrenden und deren Institutionen bedeutet dies, sich deutlicher auf erwachsenenbildnerische Kontexte einzustellen (vgl. Rohr et al. 2016a), die den beruflichen Start und die ersten Grenzen eigenen beruflichen Handelns zu integrieren vermögen. Auch Berufswechsler, die sich aus dem Fahrwasser des beruflichen Handelns heraus neu und zukunftstauglich mit Beratungskompetenzen ausstatten wollen, bringen sich in die Weiterbildungsprogramme gestaltend ein.

9.1   Zwischen formellem und halbformellem Lernen: Ein Blick in die Geschichte

In Weiterbildungszusammenhängen wird häufig der Begriff der „Ausbildung zum Berater" benutzt. *Ausbildung* aber ist all jenes, was zu einem staatlich anerkannten Berufs- oder Hochschulabschluss (z. B. Diplom/BA/MA) beiträgt. Ausbildung auf dem Hintergrund des Europäischen Qualifikationsrahmens (EQR) ist „formelles" Lernen. Dieses ist zu unterscheiden vom „halbformellen" Lernen, welches in Deutschland in den privaten Weiterbildungsinstituten der Fachverbände geschieht und meist mit Zertifikaten und eben nicht mit einer staatlich anerkannten Urkunde etc. abschließt. *Weiterbildungen* sind grundsätzlich mehrmonatig, modularisiert und an einem Curriculum orientiert. Sie sind zu unterscheiden von *Fortbildungen,* bei denen es sich z. B. um Vorträge, Tagungen, eintägige Seminare oder mehrtägige Workshops handelt. Diese können mit Teilnahmebescheinigungen, aber nicht mit Zertifikaten „abgeschlossen" werden.

So hat sich in den vergangenen Jahren vieles verändert, auch wenn diese Veränderungen die Welt der Weiterbildungsinstitute noch nicht durchgängig erreicht haben. Der EQR ist Referenzpunkt für die Umsetzung in einen Deutschen Qualifikationsrahmen (DQR). Vorreiter für die Umsetzung sind derzeit z. B. der VHS-Verband, der Berufsverband der Heilpädagogen und die Gesundheitsberufe.

9.2   EQR und lebenslanges Lernen

Das Konzept des lebenslangen Lernens (LLL) ist nicht erst durch den EQR bildungswissenschaftlich hinterlegt, sondern wurde spätestens mit dem Bildungs-gesamtplan (BGP) 1973 öffentlich verankert. Die Erziehungs- und Bildungs-wissenschaft erkannte damals deutlicher denn je die Lebensphasen nach Schule und Ausbildung als lernrelevant. Viele bildungsrelevante Studien belegten, wie wichtig Lernen in der Erwachsenenphase sein kann. Zuvor hatten sich die Erziehungswissenschaften lange Zeit an den psychologisch ausgerichteten Ent-wicklungsphasenmodellen orientiert – diese hörten meist beim lernwilligen jungen Erwachsenen auf. Ab dem BGP galt der erwachsene Mensch als weiter-hin bildungsfähig, -willig und -bedürftig. Die Studien an und mit Erwachsenen wurden vorwiegend in der damaligen DDR durchgeführt und veröffentlicht. Die Vorstellung des lebenslangen Lernens beflügelte die bundesdeutsche Erwachsenenbildung, und ab 1973/1974 entstanden die Weiterbildungsgesetze in den einzelnen Bundesländern, von denen u. a. Einrichtungen wie die VHS und die Familienbildungsstätten profitierten, die die Weiterbildungslandschaft noch heute nachhaltig prägen. In den 1980er- und 1990er-Jahren war ein Aufblühen vieler Fachverbände und Weiterbildungsinstitute festzustellen, die einzeln für sich arbeiteten oder aber sich einem größeren Fachverband zuordneten und sich je nach Stilrichtung – meist an der Therapie orientiert – etablieren konnten.

Weiterbildung gewinnt gegenwärtig – der Zeit des EQR – und in einer euro-päischen Arbeitsmarktperspektive einen zunehmend großen Raum. Beruf-liche Qualifikation wird in der immer stärker spezialisierten Arbeitswelt immer bedeutender. Komplexität und Flexibilität prägen das arbeitsweltliche Dasein und fordern von den Menschen flexible und permanent neue Kompetenzen. Wer eine Berufstätigkeit im psychosozialen Bereich anstrebt, fühlt sich nach dem Studium häufig nicht oder nicht dauerhaft tauglich genug für den Beruf. An diesem Tat-bestand hat sich trotz Bachelor- und Masterstudiengängen (Bologna-Prozess) nicht viel geändert. Diese Beobachtung ist weitgehend unabhängig vom Lebens-alter. Die „riskante" Arbeitswelt, wie sie Haubl und Voß (2011) beschreiben, scheint alle Lebensalter erreicht und ergriffen zu haben.

Für Menschen im Alter von 40 Jahren und aufwärts tritt die Frage in den Vordergrund, wie sie gesund, motiviert und sich selbst weiterentwickelnd bis zu ihrer Verrentung bzw. Pensionierung in Beruf und Arbeitswelt verbleiben (oder einen Berufswechsel bewältigen) und ihre Aufgaben erfüllen können. Für die im Vergleich zu früher jüngeren Hochschulabsolventen (früheres Abitur, zügiger BA-Abschluss) steht hingegen der gelingende Berufseinstieg im Vordergrund. Die

Kürze des Studiums auf der einen und die erhöhten und komplexen Anforderungen der Arbeitswelt auf der anderen Seite nähren das persönliche Insuffizienz-Empfinden der von Soziologen als „Generation Y" bezeichneten Absolventen. Geradezu zwangsläufig will man/frau weiterlernen. Meist fragen junge Weiterbildungsteilnehmer nicht einmal ihre Arbeitgeber nach einer Kostenbeteiligung oder gar Kostenübernahme und/oder arbeitszeitlichen Anrechnungen, obwohl die ausgewählte Weiterbildung motivational eindeutig beruflich begründet ist.

Im Bereich der Beratung und Therapie unterscheiden wir Aus- und Weiterbildungsmaßnahmen:

- **Ausbildungsangebote** sind, wie bereits erwähnt, Bildungsangebote mit einem formal qualifizierenden Abschluss (Techniker, Erzieherin etc.) sowie aufeinander aufbauende Ausbildungen (der *approbierte* Kinder-und Jugendpsychotherapeut nach einem Studium der Psychologie, Erziehungswissenschaft, Sozialpädagogik, Heilpädagogik oder Medizin etc.); die Prüfungen finden staatlich kontrolliert und in öffentlichen „Settings" nach den jeweiligen staatlich festgelegten Ausbildungsvorgaben statt.
- **Weiterbildungen** werden von den privaten Weiterbildungsinstituten der Fachverbände, den VHS und anderen öffentlich anerkannten Bildungsträgern angeboten.

Am Beispiel der DGSF, des größten systemischen Fachverbands (mit derzeit ca. 7000 Mitgliedern), legen wir exemplarisch dar, wie hochwertig und komplex das Angebot einer zertifizierten Weiterbildung durch einen institutionellen Anbieter (Weiterbildungsinstitut) zu sein hat:

- Das Weiterbildungsinstitut selbst braucht eine Anerkennung.
- Das Curriculum benötigt eine Anerkennung und damit eine eindeutige Ausrichtung entlang der Standards und Richtlinien der DGSF.
- Das Institut verpflichtet sich zur aktiven Teilnahme an der Qualitätssicherung (Qualitätszirkel, Institutsversammlungen, Institute-Fachtagungen).
- Die Lehrenden in einem Weiterbildungsprogramm benötigen eine Qualifikation als Lehrende (im Sinne einer Meister-Schüler-Beziehung), pädagogische und erwachsenenbildnerische Kompetenzen sind nicht nachzuweisen. Jedoch verpflichten sich Lehrende mit dem Erhalt ihrer Zertifizierung zur eigenen Supervision und Weiterbildung.
- Die Teilnehmer legen ihr Institutszertifikat der DGSF vor und beantragen die fachverbandliche Anerkennung (in anderen Fachverbänden ist die Zertifizierung unmittelbar mit der Mitgliedschaft verknüpft bzw. daran gebunden).

9.3   Systemische Weiterbildung in Beratung, Supervision, Coaching und ihre Spezifika

Zwei Drittel aller Weiterbildungen in psychosozialer Beratung sind inzwischen systemisch oder systemisch-integrativ ausgerichtet (Rohr 2018). Aus diesem Grund fokussieren wir an dieser Stelle die systemischen Weiterbildungen.

Systemische Weiterbildungen waren in ihrer Entwicklungsgeschichte immer schon auf Zeit sowie prozessorientiert angelegt. Sie verfolgten die Ziele der Weiterbildung theoriegestützt und gleichzeitig modellhaft übend, eingebettet in den Gruppenprozess der lernenden Gruppe. Das Peer Learning gehörte ebenfalls von Anfang an zu den Basics. Die Kernstruktur der systemischen Weiterbildungen geht wesentlich auf die Arbeitsweise von Virginia Satir zurück, die das Person-Selbst als bedeutsamen Faktor des gelingenden Beratungsgeschehens sah. Infolgedessen wurde das selbsterfahrungsbezogene und prozesshafte Lernen zum Kernstück einer zertifizierten systemischen Weiterbildung in Beratung/Counselling.

Weiterbildungsteilnehmer lernen vorwiegend analog, d. h. anwendungsbezogen, teilnehmerbezogen und praxisorientiert. Sie lernen im Prozess der Aneignung neuer Inhalte, durchzogen von permanenter Selbstreflexion. Die Fragen, die sich alle Teilnehmer kontinuierlich und immer wieder stellen, lauten in etwa:

- Was bedeuten die Inhalte für mich und meine gegenwärtigen Bezugssysteme?
- Was bedeuten die Inhalte, Fragen und Erkenntnisse auf dem Hintergrund meines Ursprungssystems (Herkunftsfamilie als primäre Systemerfahrung)?
- Was bedeuten die Inhalte für meine berufliche Praxis?

Zur Vertiefung wird hier auf eine kleine Übersicht aus den Richtlinien der DGSF zurückgegriffen, die Zuordnungen der Weiterbildungselemente nehmen wir modellhaft auf. Dabei wird bewusst auf Vergleiche mit den unterschiedlichsten existierenden Richtlinien (Richtlinien für Beratung, Richtlinien für Supervision, Richtlinien für Coaching) verzichtet, da diese sich nur in der Quantität, d. h. bezogen auf Stundenzahlen, unterscheiden:

- Theorie und Methodik
- Selbsterfahrung
- Supervision
- Peergruppe/kollegiale Beratung/Intervision
- Praxis der Beratung (als dokumentierte Live-, d. h. Echtberatung)

Die Theorievermittlung geschieht in der Regel durch kurze inhaltliche Inputs und dann in Form von Übungen zur Selbstreflexion bis hin zur ersten Umsetzung in übenden Beratungsprozessen.

Der Theoriebezug ist immer auch ein Methodenbezug, weil die Theorie u. a. im Fallbezug bereits angewandt wird. Systemische Methoden ohne Inhalts- und Praxisbezug sind nicht vorgesehen. Die Trias „Diagnose – Hypothesenbildung – Intervention" lässt ein nichtprozesshaftes Lernen von Interventionen nicht zu. Die Zirkularität und Multiperspektivität systemischen Handelns im Lerngeschehen verbieten quasi eine Abspaltung des einen vom anderen. Aus genau diesem Grund gelten Theorie/Methodik/Selbsterfahrung und durch Supervision begleitete Praxis als ein Ganzes, und eine analytische Aufschlüsselung (wie oben) könnte irreführend wirken. In der Theorie zur Weiterbildung bezeichnet man diese Kombination als „analoges Lernen". Das eigene Selbst, die neue Rolle als Berater oder Beraterin, die eigenen Vorannahmen zur Klientenwirklichkeit u. v. a. m. sind ein Ganzes. Gerade in der kompetenzorientierten Lehre von Beratung würde eine Trennung zu einer künstlichen.

Wenn man diese Weiterbildungen mit den Weiterbildungsangeboten von nicht explizit systemisch orientierten Verbänden vergleicht, so können Unterschiede hinsichtlich folgender Aspekte ausgemacht werden:

- *Theorie und Methodik:* Am offensichtlichsten sind die Unterschiede im Theorie-Methodik-Teil. Hier werden systemisch orientierte Theorie und Methoden vorgestellt und geübt. Die Methoden sind in ihrem Kern systemisch begründbar, und im Vorgehen spiegelt sich bereits systemische Theorie oder kann in der nachfolgenden Reflexion deutlicher sichtbar werden. Ob sie jedoch systemisch gelehrt werden, bleibt eine diskussionswürdige Frage.

Nicht weniger groß, aber nicht immer ganz so offensichtlich sind die Unterschiede in den folgenden Bereichen:

- *Peer-Learning-Prozesse* werden hoch gewertet und sind eine besondere Lernerfahrung mit relativ großen Stundenanteilen im Gesamtcurriculum. Sie ergänzen die Weiterbildungskursblöcke entsprechend dem systemischen Konzept „zwischen den Sitzungen".
- *Systemische Supervision:* Die hohen Stundenzahlen der systemischen Gruppensupervision dienen der Vertiefung und der Ausdifferenzierung der Inhalte aus Theorie und Methodik; diese gilt es fallbezogen fortzuführen und/ oder zu fokussieren. Die Supervision findet in Anwesenheit und Begleitung

von anerkannten Lehrenden für Beratung und/oder Supervision oder Familientherapie/systemische Therapie statt. Ein Kernelement ist die Live- oder videogestützte Beratung mit „echten" Klienten in Anwesenheit der ganzen Supervisionsgruppe und des Supervisors. In einer kompetenzorientierten Lehre wird dies in Zukunft einen noch größeren Stellenwert einnehmen (müssen). Systemische Supervision enthält daher immer Methodik im Sinne der angewandten und reflektierten Theorie.

- *Selbsterfahrung:* Kernstück aller systemischen Weiterbildungen ist die Selbsterfahrung, d. h. ein Bewusstwerden subjektiver Theorien und die Rekonstruktion des Ursprungs- und Herkunftssystems. An diesem Element führt kein Weg vorbei. „Duschen, ohne nass zu werden", also der Erwerb von Beratungskompetenz ohne die vertiefte Selbstreflexion des Primärsystems, ist nicht möglich. Die Verstrickungen eigener Systemerfahrungen können, wenn sie nicht erkannt und reflektiert wurden, zu fatalen Blockaden in der Beratung führen. Analytisch betrachtet, würde man an genau dieser Anschlussstelle die Übertragung/Gegenübertragung (als Gefahr und als Ressource) sehen. Sie zu erkennen, die eigenen Ressourcen deutlich zu spüren u. v. a. m. ist Gegenstand der Selbstreflexion – ganz im doppelten Sinne: „Sich verstehen; ist das eine Entdeckung oder eine Erschaffung?" (Zitat aus dem Roman *Nachtzug nach Lissabon* von Pascal Mercier 2006, S. 415).
- *Reflektierte (supervidierte)und dokumentierte Praxis:* Eine vorgegebene Zahl von Praxiseinheiten ist systemisch strukturiert durchzuführen und zu protokollieren. Die Lehrenden oder Supervisoren geben Feedback und zeichnen die Protokolle ab, in denen das auftragsgeleitete Tun, die systemische Diagnostik und Hypothesenbildung, der Einsatz systemischer Interventionen in der Prozessgestaltung, die Gestaltung des Abschlusses einer Sitzung und die Orientierung nach Aufgaben „zwischen den Sitzungen" dokumentiert werden.
- *Abschlussregelungen:* In den meisten Instituten der DGSF bilden systemische Fallarbeiten (6–10 und mehr Sitzungen) den Hauptanteil des Weiterbildungsabschlusses. Diese Fallberichte bringen die systemische Kompetenz zum Ausdruck, d. h., Auftragsklärung, kontextueller Rahmen, Prozessverlauf, die eigenen Person- und die Beratungssystemanteile sind darin kritisch zu reflektieren. Diese Fallarbeiten sind von zertifizierten Lehrenden der DGSF zu kommentieren und gegenzuzeichnen.
  - Darüber hinaus können Arbeiten zu ausgewählten systemischen Themen und Fragestellungen verfasst und anerkannt werden, in denen vergleichbare Kompetenzen erkennbar sind.
  - Viele Institute führen am Schluss einer Weiterbildung ein umfangreiches Kolloquium durch. Dabei geht es darum, sich und anderen Teilnehmern auf

der Grundlage einer schriftlichen Selbstevaluation Feedback zu geben – ein dialogischer Prozess aller Beteiligten inklusive der Lehrenden, der sich oft über mehrere Tage erstreckt. Feedback geben und Feedback nehmen ist die große Herausforderung am Ende des bis zu dreijährigen Lern- und Weiterbildungsweges.

Wenn wir die hier erläuterten Aspekte mit den Standards der European Association for Counseling (EAC) und der DGfB vergleichen, so fällt auf, dass diese keine Angaben zum Peer Learning machen. Die Supervision erscheint als Lehr-/ Lerneinheit ebenso uneinheitlich, und auch in der Frage, auf welche Art und Weise eine Weiterbildung qualifiziert beendet wird, d. h. wie die Kompetenzmessung erfolgt, finden wir deutliche Unterschiede bei den Fachverbänden für Beratung.

Richtlinien haben etwas Normatives; sie geben Rahmen und Struktur. In der DGSF ist der Fort-und Weiterbildungsausschuss Hüter der Standards. Er begutachtet, prüft und bewertet die Güte der Durchführung. Zudem verpflichten sich die akkreditierten Institute zu einem laufenden Qualitätsentwicklungsprozess. Sie sind zur Teilnahme an den Institutsversammlungen und zur Mitarbeit in Qualitätszirkeln angehalten und legen in regelmäßigen Abständen ihre Curricula erneut zur Genehmigung vor. Mehr darüber kann auf der Homepage der DGSF (www. dgsf.org) eingesehen werden.

Schlusswort

10

Beratung ist als Einladung zu verstehen, die Grenzen psychotherapeutischen Denkens zu überschreiten und mit den benachbarten psychosozialen Disziplinen und Berufen zu kooperieren, statt zu konkurrieren. Die Kompetenzen der Psychologie, ihre Erklärungsmodelle, ihre diagnostischen und interventiven Konzepte bilden für eine kontextorientierte Beratung und generell für psychosoziale Berufe und Tätigkeitsfelder ein maßgebliches Fundament. Für die Beratung sind weitere Disziplinen einzubeziehen, um die Komplexität der Lebenswirklichkeit von Klienten und Klientinnen angemessen erfassen und beratend handeln zu können. Gerade die kontextuelle Ausrichtung, die die Vielfalt in der Gestaltung und Handhabung von Lebensführung aufnimmt, gibt der Beratung die professionelle Position und Kontur. Dies wäre missverstanden, wenn nur vordergründig an den Umweltbedingungen von Menschen und Lebenslagen gearbeitet würde. Vielmehr muss Beratung auch die psychodynamischen Aspekte erklärend und interventiv einbeziehen können. Aus den verschiedenen Therapierichtungen ist viel methodologisches Erfahrungswissen entstanden, das es in einer Passung zu den Fragen nach Lebensgestaltung und Bewältigung von Lebensanforderungen im Beratungssetting zu nutzen gilt.

In unseren Ausführungen favorisieren wir eine kontextuell orientierte, systemisch-integrative Profilierung von Beratung. Hierbei sollen humanistische Grundhaltungen (z. B. eine klare Werte-, Gefühls- und Beziehungsorientierung), analytisch-tiefenpsychologisches Verstehen (z. B. Bedeutung der Kindheit, Bewusstheit von Übertragungen und Gegenübertragungen im Hier-und-Jetzt) wie auch verhaltenstherapeutische Konzepte, insbesondere der „dritten Welle", sowie lebensweltliche und sozialökologische Denk- und Handlungsformen in den systemischen Ansatz integriert werden.

© Springer Fachmedien Wiesbaden GmbH, ein Teil von Springer Nature 2019
F.-C. Schubert et al., *Beratung,* Basiswissen Psychologie,
https://doi.org/10.1007/978-3-658-20844-8_10

Lebenswelten, menschliche Entwicklungen und Lebensführung sind kom-
plizierter geworden, und um sie verstehen und handhaben zu können, bedarf es
zusätzlich zur Psychologie verschiedener Quellen, von denen wir wesentliche
vorgestellt haben. Dieses Zusammenwirken einer Vielfalt von kontextuellen
und psychischen Strukturen und Prozessen braucht reflektierende und reflexive
Psychologen und Berater. Umgekehrt hat das prozesshafte Unterstützen von Menschen in ihren „Lebensengpässen" einen hohen Wert und eine Erlebnisqualität für
die eigene Entwicklung und das eigene persönliche Wachstum. Die Begleitung
solcher Prozesse bedeutet und bringt einen Zuwachs an vielfältigen persönlichen
Kompetenzen.

Last but not least ist uns Autoren ein politisches Anliegen wichtig: Wenn
Beratung, insbesondere psychosoziale Beratung, in der Gesellschaft etabliert werden soll, bedarf es dreierlei: a) der Emanzipierung von Therapie(schulen) und der
deutlichen Bezugnahme auf Lebensführung, b) der Beschreibung von konkreten
Kompetenzen der Profession Beratung und c) der Erarbeitung von Qualitätsstandards. Psychosoziale Beratung muss in das Gesundheits- und Bildungssystem
integriert werden, und vom Arbeitgeber finanziertes Coaching muss ebenso wie
Team- und Fallsupervision zu einem Arbeitnehmerrecht werden wie Urlaub und
Krankengeld.

Literatur

Aarts, M. (2016). *Marte Meo: Handbuch*. Eindhoven: Aarts Productions.

Abel, A. H. (1998). Geschichte der Erziehungsberatung: Beziehungen, Zwecke, Kontinuitäten. In W. Körner & G. Hörmann (Hrsg.), *Handbuch der Erziehungsberatung* (Bd. 1., S. 19–52). Göttingen: Hogrefe.

Aichhorn, A. (1972). *Verwahrloste Jugend*. Bern: Huber. (Erstveröffentlichung 1925).

Andersen, T. (Hrsg.). (1996). *Das Reflektierende Team. Dialoge und Dialoge über Dialoge*. Dortmund: Modernes Lernen.

Anderson, H., & Goolishian, H. (1992). Der Klient ist Experte: Ein therapeutischer Ansatz des Nicht-Wissens. *Zeitschrift für systemische Therapie, 10*(3), 176–189.

André, C., & Lelord, F. (2008). *Die Kunst der Selbstachtung*. Berlin: Kiepenheuer.

Aner, K. (2010). *Soziale Beratung und Alter. Irritationen, Lösungen, Professionalität*. Opladen: Budrich.

Aner, K. (2013). Der wusste alles besser, wie mein Vater. *Journal Supervision, 1*, 10–13.

Antonovsky, A. (1997). *Salutogenese. Zur Entmystifizierung der Gesundheit* (Originalausgabe 1987). Tübingen: Dgvt-Verlag.

Asen, E., & Fonagy, P. (2014). Mentalisierungsbasierte therapeutische Interventionen für Familien. *Familiendynamik, 39*, 234–249.

Backhausen, W., & Thommen, J.-P. (2017). *Coaching. Durch systemisches Denken zu innovativer Personalentwicklung* (4. Aufl.). Wiesbaden: Springer.

Bamberger, G. (2001). *Lösungsorientierte Gesprächsführung*. Weinheim: Beltz.

Bamberger, G. (2005). *Lösungsorientierte Beratung*. Weinheim: Beltz.

Bamler, V., Werner, J., & Nestmann, F. (2013). Psychosoziale Beratung: Entwicklungen und Perspektiven. Resonanzen. *E-Journal für Biopsychosoziale Dialoge in Psychotherapie, Supervision und Beratung, 1*(1), 79–91. http://www.resonanzen-journal.org. Zugegriffen: 6. Sept. 2018.

Bandura, A. (1977). *Self-efficacy. The exercise of control*. New York: Freeman and Company.

Bandura, A. (1991). *Sozial-kognitive Lerntheorie*. Stuttgart: Klett.

Bandura, A., Blanchard, E. B., & Ritter, R. (1969). Relative efficacy of desensitization and modelling approaches for including behavioral, affective, and attitudinal changes. *Journal of Personality and Social Psychology, 13*, 173–199.

Barthelmeß, M. (1996). *Systemische Beratung*. Weinheim: Beltz.

© Springer Fachmedien Wiesbaden GmbH, ein Teil von Springer Nature 2019   273
F.-C. Schubert et al., *Beratung*, Basiswissen Psychologie,
https://doi.org/10.1007/978-3-658-20844-8

Bastine, R., & Theilmann, C. (2007). Mediation mit Familien. In F. Nestmann, F. Engel & U. Sickendiek (Hrsg.), *Das Handbuch der Beratung*, Bd. 2: *Ansätze, Methoden, Felder* (2. Aufl., S. 1029–1040). Tübingen: Dgvt-Verlag.

Bateson, G. (1972). *Steps to an ecology of mind: Collected essays in anthropology, psychiatry, evolution, and epistemology*. San Francisco: Chandler Publishing.

Bateson, G. (1981). *Ökologie des Geistes*. Frankfurt a. M.: Suhrkamp.

Bateson, G. (1987). *Geist und Natur*. Frankfurt a. M: Suhrkamp.

Baur, J. (2009). Supervision als neurowissenschaftlich inspirierter Lehr-Lernprozess: Facetten einer „gehirngerechten" Supervision. In R. Hanswille (Hrsg.), *Systemische Hirngespinste. Neurobiologische Impulse für die systemische Theorie und Praxis* (S. 207–228). Göttingen: Vandenhoeck & Ruprecht.

Baur, J. (2015). Gehirngerechte Beratung. Aktuelle Perspektiven der Neurowissenschaften zu einer multidisziplinär ausgerichteten Beratungswissenschaft. In T. Hoff & R. Zwicker-Pelzer (Hrsg.), *Beratung und Beratungswissenschaft* (S. 109–118). Baden-Baden: Nomos.

Beck, A. T. (1979). *Cognitive therapy of depression*. New York: Guilford Press.

Beck, A. T., Rush, J. R., Shaw, B. F., & Emery, C. (2001). *Kognitive Therapie der Depression*. Weinheim: Beltz.

Beck, B., & Borg-Laufs, M. (2018). Änderungsmotivation. In D. Wälte & M. Borg-Laufs (Hrsg.), *Psychosoziale Beratung. Grundlagen – Diagnostik – Intervention* (S. 80–96). Stuttgart: Kohlhammer.

Beck, U., Giddens, A., & Lasch, S. (1996). *Reflexive Modernisierung. Eine Kontroverse*. Frankfurt a. M: Suhrkamp.

Becker, P. (2006). *Gesundheit durch Bedürfnisbefriedigung*. Göttingen: Hogrefe.

Beesdo-Baum, K. (2011). Ressourcenaktivierung. In H.-U. Wittchen & J. Hoyer (Hrsg.), *Klinische Psychologie und Psychotherapie* (2. Aufl., S. 491–502). Berlin: Springer.

Belardi, N. (2015). *Supervision für helfende Berufe*. Freiburg: Lambertus.

Beratungsverständnis der DGfB. http://www.dachverband-beratung.de/beratungsv.php. Zugegriffen: 6. Nov. 2014.

Berg, I. K. (1992). *Familien-Zusammenhalt(en). Ein kurztherapeutisches und lösungsorientiertes Arbeitsbuch*. Dortmund: Modernes Lernen.

Bergedick, A., Rohr, D., & Wegener, A. (2011). *Bilden mit Bildern. Visualisieren in der Weiterbildung*. Bielefeld: Bertelsmann.

Berne, E. (1996). *Spiele der Erwachsenen. Psychologie der menschlichen Beziehungen*. Reinbek bei Hamburg: Rowohlt.

Beushausen, J. (2010). Ressourcenorientierte stabilisierende Interventionen. *Kontext, 41*(4), 287–307.

Beushausen, J. (2012). *Genogramm und Netzwerkanalyse. Die Visualisierung familiärer und sozialer Strukturen*. Göttingen: Hogrefe.

Biederbeck, M. (2006). *Interaktion zwischen chronisch kranken Menschen und pflegenden Angehörigen*. Dissertation, Universität Bremen.

Biggs, J., & Tang, C. (2011). *Teaching for quality learning at university. What the student does*. Maidenhead: Open University Press and Society for Research into Higher Education.

Bloom, B. (1971). *Taxonomy of educational objectives. The classification of education goals, Handbook I: Cognitive domain*. New York: McGraw-Hill.

Boeckh, A. (2008). *Methodenintegrative Supervision. Ein Leitfaden für Ausbildung und Praxis*. Stuttgart: Klett-Cotta.

Boeger, A. (2009). *Psychologische Therapie- und Beratungskonzepte. Theorie und Praxis*. Stuttgart: Kohlhammer.

Böning, U. (2002). Coaching: Der Siegeszug eines Personalentwicklungs-Instruments. Eine 10-Jahres-Bilanz. In C. Rauen (Hrsg.), *Handbuch Coaching* (2., überarb. u. erw. Aufl., S. 21–45). Göttingen: Hogrefe.

Borg-Laufs, M. (2007). Verhaltensberatung nach dem kognitiv-behavioristischen Modell. In F. Nestmann, F. Engel, & U. Sickendiek (Hrsg.), *Das Handbuch der Beratung* (Bd. 2, S. 629–640). Tübingen: Dgvt-Verlag.

Borg-Laufs, M. (2015). Systemische Ansätze in der Verhaltenstherapie. In G. Esser (Hrsg.), *Klinische Psychologie und Verhaltenstherapie bei Kindern und Jugendlichen* (S. 379–387). Stuttgart: Thieme.

Borg-Laufs, M. (2016). *Störungsübergreifendes Diagnostik-System für die Kinder- und Jugendlichenpsychotherapie (SDS-KJ)* (3. Aufl.). Tübingen: Dgvt-Verlag.

Borg-Laufs, M., & Beck, B. (2018). Methoden der Einzelberatung. In D. Wälte & M. Borg-Laufs (Hrsg.), *Psychosoziale Beratung. Grundlagen – Diagnostik – Intervention* (S. 207–235). Stuttgart: Kohlhammer.

Borg-Laufs, M., & Hungerige, H. (2010). *Selbstmanagementtherapie mit Kindern* (2. Aufl.). Stuttgart: Klett-Cotta.

Borg-Laufs, M., & Tiskens, J. (2018). Evaluation des Beratungsprozesses. In D. Wälte & M. Borg-Laufs (Hrsg.), *Psychosoziale Beratung. Grundlagen – Diagnostik – Intervention* (S. 272–280). Stuttgart: Kohlhammer.

Borg-Laufs, M., & Wälte, D. (2018). Prozessmodell der Beratung. In: D. Wälte & M. Borg-Laufs (Hrsg.), *Psychosoziale Beratung. Grundlagen – Diagnostik – Intervention* (S. 51–59). Stuttgart: Kohlhammer.

Boscolo, L., Cecchin, G., Hoffmann, L., & Penn, P. (1988). *Familientherapie – Systemtherapie. Das Mailänder Modell*. Dortmund: Modernes Lernen.

Boszormenyi-Nagy, I., & Spark, G. (1981). *Unsichtbare Bindungen. Die Dynamik familiärer Systeme*. Stuttgart: Klett-Cotta.

Bourdieu, P. (1987). *Die feinen Unterschiede. Kritik der gesellschaftlichen Urteilskraft*. Frankfurt a. M: Suhrkamp.

Bouwkamp, R. (2005). Hilfen für Multiproblemfamilien. *Kontext, 36*(2), 150–165.

Brandl-Nebehay, A., & Russinger, U. (1995). Systemische Ansätze im Jugendamt – Pfade zwischen Beratung, Hilfe und Kontrolle. *Zeitschrift Systemische Therapie, 13*(2), 90–104.

Bronfenbrenner, U. (1976). *Ökologische Sozialisationsforschung*. Stuttgart: Klett.

Bronfenbrenner, U. (1981). *Die Ökologie der menschlichen Entwicklung. Natürliche und geplante Experimente*. Stuttgart: Klett-Cotta.

Brunswik, E. (1943). Organismic achievement and environmental probability. *Psychological Review, 50*, 255–272.

Buber, M. (1984). *Das dialogische Prinzip*. Heidelberg: Schneider.

Bubolz-Lutz, E., Gösken, E., Kricheldorff, C., & Schramek, R. (2010). *Geragogik, Bildung und Lernen im Prozess des Alterns. Das Lehrbuch*. Stuttgart: Kohlhammer.

Buchinger, K. (2008). Ideen zur Grundlegung einer Beratungswissenschaft. *Supervision, 4*, 3–11.

Buchinger, K., & Klinkhammer, M. (2007). *Beratungskompetenz. Supervision, Coaching und Organisationsberatung.* Stuttgart: Kohlhammer.

Bugenthal, J. F. (1964). The third force in psychology. *Journal of Humanistic Psychology, 1,* 19–26.

Bünder, P. (2002). *Geld oder Liebe. Verheißungen und Täuschungen der Ressourcenorientierung in der Sozialen Arbeit.* Münster: LIT.

Bundeszentrale für gesundheitliche Aufklärung (BZgA). (1975). *Beratungsführer.* Köln: BZgA.

Bundeszentrale für gesundheitliche Aufklärung (BZgA). (o. J.). *Kritische Lebensereignisse im Alter – Übergänge gestalten* (Reihe Forschung und Praxis der Gesundheitsförderung, Bd. 49). Köln: Bundeszentrale für gesundheitliche Aufklärung.

Bürgi, A., & Eberhardt, H. (2004). *Beratung als strukturierter Prozess.* Göttingen: Vandenhoeck & Ruprecht.

Buttner, P. (2018). Ressourcendiagnostik. In P. Buttner, S. B. Gahleitner, U. Hochuli Freund & D. Röh (Hrsg.), *Handbuch soziale Diagnostik. Perspektiven und Konzepte für die Soziale Arbeit* (S. 142–151). Freiburg i. Brsg.: Lambertus.

Buttner, P., & Knecht, A. (2009). Wege der Ressourcendiagnostik in der Sozialen Arbeit – ein ressourcentheoretisch fundierter Überblick. In P. Pantucek & D. Röh (Hrsg.), *Perspektiven Sozialer Diagnostik. Über den Stand der Entwicklung von Verfahren und Standards* (S. 99–110). Berlin: LIT.

Buttner, P., Gahleitner, S. B., Hochuli Freund, U., & Röh, D. (Hrsg.). (2018). *Handbuch soziale Diagnostik. Perspektiven und Konzepte für die Soziale Arbeit.* Freiburg i. Brsg.: Lambertus.

Cecchin, G. (1988). Zum gegenwärtigen Stad von Hypothetisieren, Zirkularität und Neutralität – eine Einladung zur Neugier. *Familiendynamik, 13*(3), 190–203.

Christen, A. (1976). *Carl Rogers und die nicht-direktive Beratung.* Zürich: aku-Fotodruck.

Cierpka, M. (Hrsg.). (2008). *Handbuch der Familiendiagnostik.* Berlin: Springer.

Ciompi, L. (1982). *Affektlogik. Über die Struktur der Psyche und ihre Entwicklung.* Stuttgart: Klett-Cotta.

Cohn, R., & Farau, A. (1999). *Gelebte Geschichte der Psychotherapie.* Stuttgart: Klett-Cotta.

Como-Zipfel, F., & Löbmann, R. (2013). Kognitions- und Verhaltensorientierung. In H. Pauls, P. Stockmann & M. Reicherts (Hrsg.), *Beratungskompetenzen für die psychosoziale Fallarbeit. Ein sozialtherapeutisches Profil* (S. 140–155). Freiburg i. Brsg.: Lambertus.

Cornell, K. L. (2006). Person-in-situation: History, theory, and new directions for social work practice. *Praxis, 6,* 50–57.

Culley, S. (2002). *Beratung als Prozeß. Lehrbuch kommunikativer Fertigkeiten.* Weinheim: Beltz.

Dällenbach, R., Rüegger, C., & Sommerfeld, P. (2013). Soziale Diagnostik als Teil der Beratung in der Psychiatrie. In H. Pauls, P. Stockmann, & M. Reicherts (Hrsg.), *Beratungskompetenzen für die psychosoziale Fallarbeit* (S. 175–192). Freiburg i. Brsg.: Lambertus.

Damásio, A. R. (2000). *Ich fühle, also bin ich. Die Entschlüsselung des Bewusstseins.* München: List.

D'Amelio, R. (2010). *Studienbrief: Krise und Krisenintervention* (Version 2010). http://www.uniklinikum-saarland.de/fileadmin/UKS/Einrichtungen/Kliniken_und_Institute/Medizinische_Kliniken/Innere_Medizin_IV/Patienteninfo/Psychologe/KriseninterventionSTUDIENBRIEF.pdf. Zugegriffen: 3. Aug. 2018.

Danner, H. (1994). *Methoden geisteswissenschaftlicher Pädagogik.* München: Reinhardt.

Datler, W., Steinhardt, K., & Gstach, J. (2004). Psychoanalytisch orientierte Beratung. In F. Nestmann, F. Engel, & U. Sickendiek (Hrsg.), *Das Handbuch der Beratung* (Bd. 2, S. 613–627)., Ansätze, Methoden, Felder Tübingen: Dgvt-Verlag.

Däubner-Böhme, M., Deppe-Schmitz, U., & Trösken, A. (2013). Angewandte Ressourcendiagnostik. In J. Schaller & H. Schemmel (Hrsg.), *Ressourcen: Ein Hand- und Lesebuch zur psychotherapeutischen Arbeit* (2., vollständig überarb. u. erw. Aufl., S. 207–234). Tübingen: Dgvt-Verlag.

Dell, P. F., & Goolishian, H. A. (1981). Ordnung durch Fluktuation. Eine evolutionäre Epistemologie für menschliche Systeme. *Familiendynamik, 6*(2), 104–122.

Derrida, J. (1986). *Positionen: Gespräche mit Henri Ronse, Julia Kristeva, Jean-Louis Houdebine, Guy Scarpetta.* Hrsg. von P. Engelmann. Graz: Böhlau.

Derrida, J. (1988). *Feuer und Asche.* Berlin: Brinkmann und Bose.

Deutsch, C., & Rohr, D. (2019). *Lehr- und Praxisbuch für Peer Learning – Peer-Projekte initiieren, begleiten und beraten.* Weinheim: Beltz.

Deutsche Gesellschaft für Beratung e. V. (2003). *Beratungsverständnis.* http://dachverband-beratung.de/dokumente/DGfB_Beratungsverstaendnis.pdf. Zugegriffen: 27. Juni 2017.

Deutsche Gesellschaft für Supervision e. V. (DGSv). (Hrsg.). (2008a). *Supervision. Ein Beitrag zur Qualifizierung beruflicher Arbeit* (6. überarb. Aufl.). Köln: DGSv.

Deutsche Gesellschaft für Supervision e. V. (DGSv). (Hrsg.). (2008b). *Der Nutzen der Supervision. Verzeichnis von Evaluationen und wissenschaftlichen Arbeiten.* Kassel: kassel university press.

Deutsches Institut für angewandte Pflegeforschung (DIP). (2008). *EDe-Projekt mit vielen Facetten. Informationen des Deutschen Instituts für angewandte Pflegeforschung, 1,* 1–4.

Dietrich, G. (1983). *Allgemeine Beratungspsychologie. Eine Einführung in die psychologische Theorie und Praxis der Beratung.* Göttingen: Hogrefe.

Dietrich, G. (1987). *Spezielle Beratungspsychologie.* Göttingen: Hogrefe.

Doran, G. T. (1981). There's a S.M.A.R.T. way to write management's goals and objectives. *Management Review, 70*(11), 35–36.

Döring-Meijer, H. (1999). *Ressourcenorientierung – Lösungsorientierung.* Göttingen: Vandenhoeck & Ruprecht.

Dörner, K., & Plog, U. (1984). *Irren ist menschlich. Lehrbuch der Psychiatrie und Psychopathologie.* Bonn: Psychiatrie Verlag.

Draht, K. (2012). *Coaching und seine Wurzeln. Erfolgreiche Interventionen und ihre Ursprünge.* Freiburg i. Brsg.: Haufe.

Dross, M. (2001). *Krisenintervention.* Göttingen: Hogrefe.

Duncan, B. L., Miller, S. D., Sparks, J. A., Claud, D. A., Reynolds, L. R., Brown, J., et al. (2003). The session rating scale: Preliminary psychometric properties of a "working" alliance measure. *Journal of Brief Therapy, 3,* 3–12.

Earman, J., Janis, A. J., Massey, G. J., & Rescher, N. (Hrsg.). (1993). *Philosophical problems of the internal and external worlds. Essays on the philosophy of Adolf Grünbaum.* Konstanz: Universitätsverlag Konstanz.

Edelman, G., & Tononi, G. (2000). *A universe of consciousness.* New York: Basic Books.

Egger, J. W. (2005). Das biopsychosoziale Krankheitsmodell – Grundzüge eines wissenschaftlich begründeten ganzheitlichen Verständnisses von Krankheit. *Psychologische Medizin, 16*(2), 3–12.

Egger, J. W. (2015). *Integrative Verhaltenstherapie und Psychotherapeutische Medizin. Ein biopsychosoziales Modell.* Wiesbaden: Springer.

Egger, J. W. (2017). *Theorie und Praxis der biopsychosozialen Medizin. Körper-Seele-Einheit und sprechende Medizin.* Wien: Facultas.

Einsle, F., & Hummel, K. (2015). *Kognitive Umstrukturierung. Techniken der Verhaltenstherapie.* Weinheim: Beltz.

Elfner, P. (2008). *Personzentrierte Beratung und Therapie in der Gerontopsychiatrie.* München: Reinhardt.

Elger, C., Friederici, A., Koch, C., Luhmann, H., Menzel, R., von der Malsburg, C., et al. (2004). Das Manifest – Elf führende Neurowissenschaftler über Gegenwart und Zukunft der Hirnforschung. *Gehirn & Geist, 6,* 30–37.

Ellis, A. (1977). *Grundlagen und Methoden der Rational-Emotiven Verhaltenstherapie.* München: Pfeiffer.

Els, A. (2007). *Angehörige im Pflegeprozess – Von der Störung zur Ressource.* Unveröffentl. Diplomarbeit, Kath. Hochschule NRW Köln.

Els, A. (2010). *Sorge und Fürsorge der pflegenden Angehörigen – Wirkung in Pflege und Beratung.* Unveröffentl. Masterthesis (M.A. Lehrerinnen Pflege und Gesundheit), Kath. Hochschule NRW Köln.

Engel, G. L. (1977). The need for a new medical model: A challenge for biomedicine. *Science, 196*(4286), 129–136. http://www.drannejensen.com/PDF/publications/The%20need%20for%20a%20new%20medical%20model%20-%20A%20challenge%20for%20biomedicine.pdf. Zugegriffen: 3. März 2018.

Engel, G. L. (1979). Die Notwendigkeit eines neuen medizinischen Modells: Eine Herausforderung der Biomedizin. In H. Keupp (Hrsg.), *Normalität und Abweichung. Fortsetzung einer notwendigen Kontroverse* (S. 63–85). München: Urban & Schwarzenberg.

Engel, G. L. (1980). The clinical application of the biopsychosocial model. *The American Journal of Psychiatry, 137*(5), 535–544.

Engel, F., Nestmann, F., & Sickendiek, U. (2007). „Beratung" – Ein Selbstverständnis in Bewegung. In F. Nestmann, F. Engel, & U. Sickendiek (Hrsg.), *Das Handbuch der Beratung* (Bd. 1, S. 33–44)., Disziplinen und Zugänge Tübingen: Dgvt-Verlag.

Evans, B. L., Mellor-Clark, J., Barkham, M., & Mothersole, G. (2006). Developing the resources and management support for routine evaluation in counselling and psychological therapy service provision: Reflections on a decade of CORE development. *European Journal of Psychotherapy and Counselling, 8,* 141–161.

Farrely, F., & Brandsma, J. M. (2005). *Provokative Therapie.* Heidelberg: Springer.

Fiedler, P. (2016). Psychotherapie im Wandel: Ein kritischer Blick zurück in die Zukunft. *Verhaltenstherapie und psychosoziale Praxis, 48*(2), 307–315.

Filipp, S.-H., & Aymanns, P. (2010). *Kritische Lebensereignisse und Lebenskrisen. Vom Umgang mit den Schattenseiten des Lebens.* Stuttgart: Kohlhammer.

Fisher, R., Patton, B., & Ury, W. (2014). *Das Harvard-Konzept. Der Klassiker der Ver-handlungstechnik* (Jubiläumsausgabe). Frankfurt a. M.: Campus.

Fliegel, S., Jänicke, W., Münstermann, S., Veith, A., & Willutzki, U. (Hrsg.). (2018). *Ver-haltenstherapie – was sie kann und wie es geht*. Tübingen: Dgvt-Verlag.

Flückiger, C., & Wüsten, G. (2008). *Ressourcenaktivierung. Ein Manual für die Praxis*. Göttingen: Huber.

Förstl, H. (Hrsg.). (2007). *Theory of Mind. Neurobiologie und Psychologie sozialen Verhal-tens*. Heidelberg: Springer.

Foucault, M. (1976). *Mikrophysik der Macht*. Berlin: Merve.

Frank, J. D. (1961). *Persuasion and Healing*. Baltimore: Johns Hopkins University Press (dt. 1981: *Die Heiler. Wirkungsweisen psychotherapeutischer Beeinflussung: Vom Scha-manismus bis zu den modernen Therapien*. Stuttgart: Klett-Cotta).

Frank, J. D. (1971). Therapeutic factors in psychotherapy. *American Journal of Psychothe-rapy, 25*(3), 350–361.

Frank, R. (Hrsg.). (2011). *Therapieziel Wohlbefinden. Ressourcen aktivieren in der Psycho-therapie* (2., aktual. Aufl.). Heidelberg: Springer.

Freise, J. (2005). *Interkulturelle Soziale Arbeit*. Schalbach/Ts.: Wochenschau-Verlag.

Friedemann, M. L., & Köhlen, C. (2003). *Familien- und umweltbezogene Pflege*. Bern: Huber.

Friedrich, S. (2010). Arbeit mit Netzwerken. In T. Möbius & S. Friedrich (Hrsg.), *Ressour-cenorientiert arbeiten. Anleitung zu einem gelingenden Praxistransfer im Sozialbereich* (S. 63–105). Wiesbaden: VS-Verlag.

Friedrich-Hett, T. (Hrsg.). (2007). *Positives Altern. Neue Perspektiven für Beratung und Therapie älterer Menschen*. Bielefeld: transcript.

Frommann, A., Schramm, D., & Thiersch, H. (1976). Sozialpädagogische Beratung. *Zeit-schrift für Pädagogik, 5,* 715–741.

Fuchs, T. (2008). *Das Gehirn – Ein Beziehungsorgan. Eine phänomenologisch-ökologische Konzeption*. Stuttgart: Kohlhammer.

Fuchs, T. (2013). *Das Gehirn – Ein Beziehungsorgan. Eine phänomenologisch-ökologische Konzeption*. (4., aktual. u. erw. Aufl.). Stuttgart: Kohlhammer.

Fuchs, T., Sidiropoulou, E., Vennen, D., & Fisseni, H.-J. (2003). *BFTB. Bonner Fragebo-gen für Therapie und Beratung*. Göttingen: Hogrefe.

Gahleitner, S. B., & Reichel, R. (2013). Integrative Orientierung. In H. Pauls, P. Stockmann & M. Reicherts (Hrsg.), *Beratungskompetenzen für die psychosoziale Fallarbeit. Ein sozialtherapeutisches Profil* (S. 156–172). Freiburg i. Brsg.: Lambertus.

Gahleitner, S. B., Hahn, G., & Glemser, R. (Hrsg.). (2013). *Psychosoziale Diagnostik* (Kli-nische Sozialarbeit: Beiträge zur psychosozialen Praxis und Forschung, Bd. 5). Köln: Psychiatrie-Verlag.

Gardenswartz, L., & Rowe, A. (2010). *Diverse teams at work. Capitalizing on the power of diversity*. Chigago: Irwin Professional Publishing.

Geib, N. W. H., Rosarius, A., & Trabant, D. (1994). Auf Spurensuche … Zur Geschichte der Erziehungsberatung. In Bundeskonferenz für Erziehungsberatung (Hrsg.), *Jahrbuch für Erziehungsberatung* (Bd. 1, S. 273–292). Weinheim: Juventa.

Geisbauer, W. (Hrsg.). (2004). *Reframing. Methodenhandbuch zur lösungsorientierten Beratung*. Heidelberg: Carl-Auer.

Geißler, K., & Hege, M. (1995). *Konzepte sozialpädagogischen Handelns. Ein Leitfaden für soziale Berufe.* Weinheim: Beltz.

Gerber, H. (2011). *Vergleich des lösungsorientierten Ansatzes mit dem klientenzentrierten Ansatz.* Bachelorarbeit: Universität zu Köln.

Gergen, K., & Gergen, M. (2009). *Einführung in den sozialen Konstruktionismus.* Heidelberg: Carl-Auer.

Germain, C. B., & Gitterman, A. (1999). *Praktische Sozialarbeit. Das „Life Model" der Sozialen Arbeit* (Fortschritte in Theorie und Praxis, 3., völlig neu bearb. Aufl.). Stuttgart: Enke.

Geyer, C. (Hrsg.). (2004). *Hirnforschung und Willensfreiheit.* Suhrkamp: Frankfurt a. M.

Glasl, F. (2013). *Konfliktmanagement, Diagnose und Behandlung von Konflikten in Organisationen* (11. Aufl.). Bern: Haupt.

Glemser, R., & Gahleitner, S. B. (2012). Ressourcenorientierte Diagnostik. In A. Knecht & F.-C. Schubert (Hrsg.), *Ressourcen im Sozialstaat und in der Sozialen Arbeit. Zuteilung – Förderung – Aktivierung* (S. 278–291). Stuttgart: Kohlhammer.

Goolishian, H., & Anderson, H. (1988). Menschliche Systeme: Vor welche Probleme sie uns stellen und wie wir mit ihnen arbeiten. In L. Reiter, E. J. Brunner, & S. Reiter-Theil (Hrsg.), *Von der Familientherapie zur systemischen Perspektive* (S. 189–217). Berlin: Springer.

Graf, G., & Rieforth, J. (2014). *Tiefenpsychologie trifft Systemtherapie.* Göttingen: Vandenhoeck & Ruprecht.

Graumann, C.-F. (1996). Der phänomenologische Ansatz in der ökologischen Psychologie. In L. Kruse, C.-F. Graumann & E.-D. Lantermann (Hrsg.), *Ökologische Psychologie. Ein Handbuch in Schlüsselbegriffen* (2. Aufl., S. 97–104). Weinheim: Beltz.

Grawe, K. (1998). *Psychologische Therapie.* Göttingen: Hogrefe.

Grawe, K. (2000). *Psychologische Therapie* (2., korr. Aufl.). Göttingen: Hogrefe.

Grawe, K. (2004). *Neuropsychotherapie.* Göttingen: Hogrefe.

Grawe, K., & Caspar, F. (2012). Allgemeine Psychotherapie. In W. Senf & M. Broda (Hrsg.), *Praxis der Psychotherapie. Ein integratives Lehrbuch* (S. 33–46). Stuttgart: Thieme.

Grawe, K., & Grawe-Gerber, M. (1999). Ressourcenaktivierung – Ein primäres Wirkprinzip der Psychotherapie. *Psychotherapeut, 44*(2), 63–73.

Grawe, K., Donati, R., & Bernauer, F. (1994). *Psychotherapie im Wandel. Von der Konfession zur Profession.* Göttingen: Hogrefe.

Gregusch, P. (2013). *Auf dem Weg zu einem Selbstverständnis von Beratung in der Sozialen Arbeit – Beratung als transprofessionelle und sozialarbeitsspezifische Methode.* Bonn: socialnet.

Gröning, K. (2010). *Entwicklungslinien pädagogischer Beratungsarbeit. Anfänge – Konflikte – Diskurse.* Wiesbaden: VS-Verlag.

Großmaß, R. (2000). *Psychische Krisen und sozialer Raum.* Tübingen: Dgtv-Verlag.

Großmaß, R. (2007). Psychotherapie und Beratung. In F. Nestmann, F. Engel, & U. Sickendiek (Hrsg.), *Das Handbuch der Beratung* (Bd. 1, S. 89–102)., Disziplinen und Zugänge Tübingen: Dgtv-Verlag.

Grundmann, M., Fuss, D., & Suckow, J. (2000). Sozialökologische Sozialisationsforschung: Entwicklung, Gegenstand und Anwendungsgebiete. In M. Grundmann & K. Lüscher (Hrsg.), *Sozialökologische Sozialisationsforschung* (S. 17–76). Konstanz: Universitätsverlag.

Grunwald, K., & Thiersch, H. (Hrsg.). (2004). *Praxis Lebensweltorientierter Sozialer Arbeit. Handlungszugänge und Methoden in unterschiedlichen Arbeitsfeldern.* Weinheim: Juventa.

Haeckel, E. (1866). *Generelle Morphologie der Organismen* (Bd. 1: *Allgemeine Anatomie der Organismen*, Bd. 2: *Allgemeine Entwicklungsgeschichte der Organismen*). Berlin: Reimer.

Hafen, M. (2013). *Grundlagen der systemischen Prävention.* Heidelberg: Carl-Auer.

Haken, H., & Schiepek, G. (2010). *Synergetik in der Psychologie. Selbstorganisation verstehen und gestalten* (2. Aufl.). Göttingen: Hogrefe.

Hall, A., & Fagan, R. (1956). Definition of system. In A. von Bertalanffy & A. Rappaport (Hrsg.), *Genaral systems yearbook I* (S. 18–29). Ann Arbor: Ann Arbor Press.

Hamburger, F. (2015). Migration. In H.-U. Otto & H. Thiersch (Hrsg.), *Handbuch Soziale Arbeit* (S. 1036–1048). München: Reinhardt.

Hamilton, G. (1951). *Theory and practice of social case work* (2. Aufl.). New York: Columbia University Press.

Hanses, A. (2005). AdressatInnenforschung in der Sozialen Arbeit – Zwischen disziplinärer Grundlegung und Provokation. In C. Schweppe & W. Thole (Hrsg.), *Sozialpädagogik als forschende Disziplin. Theorie, Methode, Empirie* (S. 185–200). Weinheim: Juventa.

Hantel-Quitmann, W. (1997). *Beziehungsweise Familie* (Bd. 3). Freiburg i. Brsg.: Lambertus.

Harris, T. H. (2002). *Ich bin o.k. Du bist o.k. Wie wir uns selbst besser verstehen und unsere Einstellung zu anderen verändern können – Eine Einführung in die Transaktionsanalyse.* Reinbek bei Hamburg: Rowohlt.

Haubl, R., & Voß, G. G. (2011). *Riskante Arbeitswelten im Spiegel von Supervision.* Göttingen: Vandenhoeck & Ruprecht.

Hawellek, C., & von Schlippe, A. (Hrsg.). (2011). *Entwicklung unterstützen – Unterstützung entwickeln. Systemisches Coaching nach dem Marte-Meo-Modell.* Göttingen: Vandenhoeck & Ruprecht.

Hebb, D. (1949). *The organization of behavior. A neuropsychological theory.* New York: Routledge.

Heidenreich, T., & Michalak, J. (Hrsg.). (2013). *Die „Dritte Welle". Neue Ansätze der Verhaltenstherapie.* Weinheim: Beltz.

Heiner, M. (2007). Evaluation in der Beratung. In F. Nestmann, F. Engel, & U. Sickendiek (Hrsg.), *Das Handbuch der Beratung* (Bd. 2, S. 825–836)., Ansätze, Methoden, Felder Tübingen: Dgvt-Verlag.

Herriger, N. (2006). *Empowerment in der Sozialen Arbeit. Eine Einführung* (3., erw. u. aktual. Aufl.). Stuttgart: Kohlhammer.

Hitzler, R. (1999). Die Entdeckung der Lebens-Welten. Individualisierung im sozialen Wandel. In H. Willems & A. Hahn (Hrsg.), *Identität und Moderne* (S. 231–249). Frankfurt a. M.: Suhrkamp.

Hobfoll, S. E. (1989). Conservation of resources: A new attempt at conceptualizing stress. *American Psychologist, 44,* 513–524.

Hobfoll, S. E., & Buchwald, P. (2004). Die Theorie der Ressourcenerhaltung und das multiaxiale Copingmodell – Eine innovative Stresstheorie. In P. Buchwald, C. Schwarzer & S. E. Hobfoll (Hrsg.), *Stress gemeinsam bewältigen. Ressourcenmanagement und multiaxiales Coping* (S. 11–26). Göttingen: Hogrefe.

Höcker, M., Hummelsheim, A., & Rohr, D. (2017). „Don't play what's there. Play what's not there." – Vom Spielen beim Beraten und in der Beratungslehre. In D. Rohr (Hrsg.), *Kontext – Zeitschrift für Systemische Therapie und Familientherapie. Schwerpunktheft Aus- und Weiterbildung in Beratung*, 3/2017. Göttingen: Vandenhoeck & Ruprecht.

Hoff, T. (2015). Konzepte in der Beratung. In T. Hoff & R. Zwicker-Pelzer (Hrsg.), *Beratung und Beratungswissenschaft* (S. 147–190). Baden-Baden: Nomos.

Hoff, T., & Zwicker-Pelzer, R. (Hrsg.). (2015). *Beratung und Beratungswissenschaft.* Baden-Baden: Nomos.

Hollenstein, L., Calzaferri, R., Dällenbach, R., Rüegger, C., & Sommerfeld, P. (2018). Systemisch-biographische Diagnostik des Lebensführungssystems. In P. Buttner, S. B Gahleitner, U. Hochuli Freund & D. Röh (Hrsg.), *Handbuch soziale Diagnostik. Perspektiven und Konzepte für die Soziale Arbeit* (S. 183–195). Freiburg i. Brsg.: Lambertus.

Hollis, F. (1964). *Casework: A psychosocial therapy.* New York: Random House.

Hollstein-Brinkmann, H. (2010). Beratungsprozesse in uneindeutigen Settings oder: Begegnung zwischen Tür und Angel. *Beratung aktuell, 10*(3), 11–20.

Houben, A. (1984). *Klinisch-psychologische Beratung.* Basel: Reinhardt.

Huber, L. (1995). Hochschuldidaktik als Theorie der Bildung und Ausbildung. In D. Lenzen (Hrsg.), *Enzyklopädie Erziehungswissenschaft* (Ausbildung und Sozialisation in der Hochschule, Bd. 10, S. 114–138). Stuttgart: Klett.

Huber, L. (2009). Lernkultur – Wieso „Kultur"? Eine Glosse. In R. Schneider, B. Szczyrba, U. Welbers, & J. Wildt (Hrsg.), *Wandel der Lehr- und Lernkulturen* (S. 114–138). Bielefeld: Bertelsmann.

Hügli, A., & Lübcke, P. (2000). *Philosophielexikon. Personen und Begriffe der abendländischen Philosophie von der Antike bis zur Gegenwart.* Reinbek bei Hamburg: Rowohlt.

Hundenborn, G. (2007). *Fallorientierte Didaktik in der Pflege. Grundlagen und Beispiele für Ausbildung und Prüfung.* München: Elsevier.

Hüther, G. (2004). Die neurobiologische Verankerung von Erfahrungen und ihre Auswirkungen auf das spätere Verhalten. *Gesprächspsychotherapie und Personzentrierte Beratung, 4*, 246–252.

Hüther, G. (2004). Psychotherapie und Beratung kann die Plastizität des Gehirns nutzen. *Gesprächspsychotherapie und Personzentrierte Beratung, 4*, 243–245.

Hüther, G. (2006). *Brainwash: Einführung in die Neurobiologie für Therapeuten und Pädagogen.* Mülheim: DVD.

Janneck, M. (2008). Das Fünf-Ebenen-Modell der computervermittelten Kommunikation. In K. Meißner & M. Engelien (Hrsg.), *Virtuelle Organisation und Neue Medien* (S. 57–68). Dresden: TUDpress.

Jørgenson, C. R. (2004). Active ingredients in individual psychotherapy: searching for common factors. *Psychoanalytic Psychology, 21*(4), 516–540.

Jucker, R. (2016). Rezension vom 28.10.2016 zu: D. Rohr, A. Hummelsheim & M. Höcker (Hrsg.), *Beratung lehren. Erfahrungen, Geschichten, Reflexionen aus der Praxis von 30 Lehrenden.* Weinheim: Beltz Juventa. https://www.socialnet.de/rezensionen/20717.php. Zugegriffen: 27. Juni 2017.

Jurczyk, K., & Klinkhardt, J. (2014). *Vater, Mutter, Kind?* Gütersloh: Bertelsmann.

Kaminski, G. (1970). *Verhaltenstheorie und Verhaltensmodifikation.* Stuttgart: Klett.

Kanfer, F. H., Reinecker, H., & Schmelzer, D. (2012). *Selbstmanagement-Therapie. Ein Lehrbuch für die klinische Praxis* (5. Aufl.). Heidelberg: Springer.

Karls, J. M., & Wandrei, K. E. (1994). *PIE Manual. Person-in-Environment System. The PIE classification system for social functioning problems.* Washington: NASW Press.

Kaspar, I. (2011). *Ehe-Familien-Lebensberatung und die Pflegebedürftigkeit eines Partners im Alter.* Unveröffentl. Masterthesis (Master of Counseling), Kath. Hochschule NRW Köln.

Kempen, D. & Rohr, D. (2009a). *From Peer to peer: Kollegiale Hospitationen in der Hochschule. In: Neues Handbuch Hochschullehre.* (L 3.5). Berlin: Raabe Verlag.

Kempen, D., & Rohr, D. (2009b). Peer Learning & Counceling im Fokus – Das Programm des Zentrums für Hochschuldidaktik der Universität zu Köln im Überblick. *Personal- und Organisationsentwicklung in Einrichtungen der Lehre und Forschung (P-OE), 4*(3+4), 103 f.

Kempen, D., & Rohr, D. (2011). Team Teaching in Higher Education. In B. Berendt, H.-P. Voss & J. Wildt (Hrsg), *Neues Handbuch Hochschullehre* (L 3.6, S. 1–36). Berlin: Raabe.

Kessen, S., & Troja, M. (2016). Ablauf und Phasen einer Mediation. In F. Haft & K. von Schlieffen (Hrsg.), *Handbuch Mediation* (3., vollst. überarb. Aufl., S. 329–355). München: Beck.

Keupp, H. (1972). *Psychische Störungen als abweichendes Verhalten. Zur Soziogenese psychischer Störungen.* München: Urban & Schwarzenberg.

Keupp, H. (Hrsg.). (1974). *Verhaltensstörungen und Sozialstruktur. Epidemiologie, Empirie, Theorie, Praxis.* München: Urban & Schwarzenberg.

Keupp, H. (1995). Erziehungsberatung in einer Welt riskanter werdender Chancen. In A. Dröschel (Hrsg.), *Kinder, Umwelt, Zukunft* (S. 238–257). Münster: Votum.

Keupp, H. (2013). Fit für was? Beratung als Aktivierungsschema fürs Hamsterrad. In F. Nestmann, F. Engel, & U. Sickendiek (Hrsg.), *Das Handbuch der Beratung* (Bd. 3, S. 1723–1740)., Neue Beratungswelten: Fortschritte und Kontroversen Tübingen: Dgvt-Verlag.

Keupp, H., & Zaumseil, M. (Hrsg.). (1978). *Die gesellschaftliche Organisierung psychischen Leidens. Zum Arbeitsfeld Klinischer Psychologen.* Suhrkamp: Frankfurt a. M.

Klann, N., Hahlweg, K., & Heinrichs, N. (2003). *Diagnostische Verfahren für die Beratung* (2., überarb. Aufl.). Göttingen: Hogrefe.

Klemenz, B. (2012). Ressourcenorientierte Erziehung. Ein grundbedürfnisorientiertes Erziehungsmodell. In A. Knecht & F.-C. Schubert (Hrsg.), *Ressourcen im Sozialstaat und in der Sozialen Arbeit. Zuteilung – Förderung – Aktivierung* (S. 264–277). Stuttgart: Kohlhammer.

Klemenz, B. (2014). *Beratungspsychologie. Konzepte – Methoden – Perspektiven.* Tübingen: Dgvt-Verlag.

Knab, M. (2008). Beratung zwischen Tür und Angel. Perspektiven für Professionalisierung, Forschung und eine gerechtere Infrastruktur. *Beratung aktuell, 9*(2), 113–126.

Knecht, A., & Schubert, F.-C. (Hrsg.). (2012). *Ressourcen im Sozialstaat und in der Sozialen Arbeit. Zuteilung – Förderung – Aktivierung.* Stuttgart: Kohlhammer.

Koch-Straube, U. (2001). *Beratung in der Pflege.* Bern: Huber.

Königswieser, R., & Hillebrand, M. (2004). *Einführung in die systemische Organisationsberatung.* Heidelberg: Carl-Auer.

Kösel, E. (1993). *Die Modellierung von Lernwelten.* Elztal-Dallau: Laub.

Krämer, R. (2001). Die Berufsberatung in Deutschland von den Anfängen bis heute – Eine historische Skizze. *Informationen zur Beratung und Vermittlung in der Bundesanstalt für Arbeit, 16*, 1097–1105.

Krampen, G. (2002). *Stundenbogen für die Allgemeine und Differentielle Einzel-Psychotherapie (STEP). Handanweisung und Verbrauchsmaterialien.* Göttingen: Hogrefe.

Kraus, B. (2006). Lebenswelt und Lebensweltorientierung – Eine begriffliche Revision als Angebot an eine systemisch-konstruktivistische Sozialarbeitswissenschaft. *Kontext, 37*(2), 116–129.

Kriz, J. (1997). Begegnung und Erkenntnis. *Scheidewege, 27*, 145–181.

Kriz, J. (2010). Systemtheorie als eine Metatheorie zur Integration psychotherapeutischer Ansätze. *Psychotherapie im Dialog, 11*(1), 28–34.

Kriz, J. (2014). *Grundkonzepte der Psychoanalyse. Eine Einführung* (7., überarb. u. erw. Aufl.). Weinheim: Beltz/PVU.

Kriz, J. (2017). *Subjekt und Lebenswelt. Personzentrierte Systemtheorie für Psychotherapie, Beratung und Coaching.* Göttingen: Vandenhoeck & Ruprecht.

Kron, F. W. (1999). *Wissenschaftstheorie für Pädagogen.* München: Reinhardt.

Kronbichler, R. (2014). Narrative Therapie. In T. Levold & M. Wirsching (Hrsg.), *Systemische Therapie und Beratung – das große Lehrbuch* (S. 71–75). Heidelberg: Carl-Auer.

Krönchen, S. (2012). Supervision. In J. V. Wirth & H. Kleve (Hrsg.), *Lexikon des systemischen Arbeitens. Grundbegriffe der systemischen Praxis, Methodik und Theorie* (S. 403–406). Heidelberg: Carl-Auer.

Kruse, L., Graumann, C. F., & Lantermann, E.-D. (Hrsg.). (1996). *Ökologische Psychologie. Ein Handbuch in Schlüsselbegriffen* (2. Aufl.). Weinheim: Beltz.

Kurz-Adam, M., & Post, I. (Hrsg.). (1995). *Erziehungsberatung im Wandel der Familie.* Wiesbaden: Springer.

Lambert, M. J. (2013). The efficacy and effectiveness of psychotherapy. In M. J. Lambert (Hrsg.), *Bergin and Garfield's handbook of psychotherapy and behavior change* (6. Aufl., S. 169–218). New Jersey: Wiley.

Lauth, G. W. (2004). Selbstinstruktionstraining. In G. W. Lauth, M. Grünke, & J. C. Brunstein (Hrsg.), *Interventionen bei Lernstörungen* (S. 360–370). Göttingen: Hogrefe.

Lazarus, R. S. (1990). Streß und Streßbewältigung – Ein Paradigma. In S.-H. Filipp (Hrsg.), *Kritische Lebensereignisse* (2., erw. Aufl., S. 198–229). München: Urban & Schwarzenberg.

Lazarus, R. S., & Folkman, S. (1984). *Stress, appraisal, and coping.* New York: Springer.

Lazarus, R. S., & Launier, R. (1981). Stressbezogene Transaktionen zwischen Person und Umwelt. In J. R. Nitsch (Hrsg.), *Streß: Theorien, Untersuchungen, Maßnahmen* (S. 213–259). Bern: Huber.

Lehr, U. (2003). *Psychologie des Alterns.* Wiebelsheim: Quelle & Meyer.

Lenz, A. (Hrsg.). (2011a). *Empowerment. Handbuch für die ressourcenorientierte Praxis.* Tübingen: Dgvt-Verlag.

Lenz, A. (2011b). Netzwerkorientierte Interventionen – Aktivierung sozialer Ressourcen. In A. Lenz (Hrsg.), *Empowerment. Handbuch für die ressourcenorientierte Praxis* (S. 223–256). Tübingen: Dgvt-Verlag.

Levold, T., & Wirsching, M. (Hrsg.). (2014). *Systemische Therapie und Beratung – Das große Lehrbuch.* Heidelberg: Carl-Auer.

Lewin, K. (1944). Constructs in psychology and psychological ecology. *Iowa Studies in Child Welfare, 20,* 3–29.

Lewin, K. (1969). *Grundzüge der topologischen Psychologie.* Bern: Huber.

Linehan, M. M. (1993). *Cognitive-behavioral treatment of borderline personality disorder.* New York: Guilford (dt. 1996: *Dialektisch-Behaviorale Therapie der Borderline-Persönlichkeitsstörung.* München: CIP-Medien).

Linke, J. (2001). *Supervision und Beratung.* Aachen: Institut für Beratung und Supervision (IBS).

Lippmann, E. (Hrsg.). (2013). *Coaching. Angewandte Psychologie für die Beratungspraxis* (3., überarb. Aufl.). Berlin: Springer.

Loch, W. (1983). Phänomenologische Pädagogik. In D. Lenzen & K. Mollenhauer (Hrsg), *Theorien und Grundbegriffe der Erziehung und Bildung* (Enzyklopädie Erziehungswissenschaft, Bd. 1, S. 155–173). Stuttgart: Klett-Cotta.

Looss, W. (1997). *Unter vier Augen.* Landsberg/Lech: moderne industrie.

Ludewig, K. (1992). *Systemische Therapie. Grundlagen klinischer Theorie und Praxis.* Stuttgart: Klett-Cotta.

Luft, J., & Ingham, H. (1955). The Johari Window, a graphic model for interpersonal relations. *Proceedings of the Western Training Laboratory in Group Development,* Los Angeles, UCLA Extension Office.

Luhmann, N. (1984). *Soziale Systeme, Grundriss einer allgemeinen Theorie.* Frankfurt a. M.: Suhrkamp.

Lumma, K. (Hrsg.). (1999). *Counseling – Theorie und Praxis der Beratungspädagogik.* Humanistische Psychologie, 22. Jg., Sonderausgabe 1/99. Eschweiler: IHP-Bücherdienst.

Mahoney, J. (1977). *Kognitive Verhaltenstherapie. Neue Entwicklungen und Integrationsschritte.* München: Pfeiffer.

Margraf, J. (2009). Hintergründe und Entwicklungen. In J. Margraf & S. Schneider (Hrsg.), *Lehrbuch der Verhaltenstherapie* (Bd. 1, 3. Aufl., S. 3–45). Heidelberg: Springer.

Mattejat, F., & Pauschardt, J. (2009). Beratung in der Klinischen Psychologie. In P. Warschburger (Hrsg.), *Beratungspsychologie* (S. 173–204). Heidelberg: Springer.

Mattejat, F., & Remschmidt, H. (1999). *Fragebögen zur Beurteilung der Behandlung (FBB).* Göttingen: Hogrefe.

Maturana, H. (1982). *Erkennen: Die Organisation und Verkörperung von Wirklichkeit. Ausgewählte Arbeiten zur biologischen Epistemologie.* Braunschweig: Vieweg.

Maturana, H. (1994). *Was ist Erkennen?.* München: Goldmann.

Maturana, H., & Varela, F. (1987). *Der Baum der Erkenntnis.* München: Scherz.

McGoldrick, M., Gerson, R., & Petry, S. (2009). *Genogramme in der Familienberatung* (3., erw. Aufl.). Bern: Huber.

McLeod, J. (2004). *Counselling – Eine Einführung in Beratung.* Tübingen: Dgvt-Verlag.

Mehlmann, R., & Röse, O. (2000). *Das LOT-Prinzip, Lösungsorientierte Kommunikation im Coaching mit Teams und in Organisationen.* Göttingen: Vandenhoeck & Ruprecht.

Meichenbaum, D. (1977). *Cognitive-behavior modification. An integrative approach.* New York: Plenum.

Meichenbaum, D. (1979). *Kognitive Verhaltensmodifikation.* München: Urban & Schwarzenberg.

Mellany, A. R., Rees, J. B., & Tripp, J. H. (2000). Peer-led and adult-led school health education. A critical review of available comparative research. *Health Education Research*, *15*(5), 533–545.

Mentha, D. (2013). Zur Neurobiologie der Ressourcenorientierung. In J. Schaller & H. Schemmel (Hrsg.), *Ressourcen. Ein Hand- und Lesebuch zur psychotherapeutischen Arbeit* (2., vollst. überarb. u. erw. Aufl., S. 87–129). Tübingen: Dgvt-Verlag.

Merleau-Ponty, M. (1966). *Phänomenologie der Wahrnehmung*. Berlin: De Gruyter.

Miller, S. D., Duncan, B. L., Brown, J., Sparks, J. A., & Claud, D. A. (2003). The outcome rating scale: a premilinary study of the reliability, validity, and feasibility of a brief visual analog measure. *Journal of Brief Therapy, 2,* 91–100.

Miller, W. R., & Rollnick, S. (2015). *Motivierende Gesprächsführung* (3. Aufl.). Freiburg i. Brsg.: Lambertus.

Minuchin, S. (1977). *Familien und Familientherapie*. Freiburg i. Brsg.: Lambertus.

Minuchin, S., & Fishman, H. (1983). *Praxis der strukturellen Familientherapie*. Freiburg i. Brsg.: Lambertus.

Moldaschl, M. (2009). Beratung als Wissenschaft, als Profession oder Kunst? In H. Möller & B. Hausinger (Hrsg.), *Quo vadis Beratungswissenschaft?* (S. 19–41). Wiesbaden: VS-Verlag.

Möbius, T. (2010). Arbeit mit individuellen Ressourcen. In T. Möbius & S. Friedrich (Hrsg.), *Ressourcenorientiert Arbeiten. Anleitung zu einem gelingenden Praxistransfer im Sozialbereich* (S. 107–124). Wiesbaden: VS-Verlag.

Möbius, T., & Friedrich, S. (Hrsg.). (2010). *Ressourcenorientiert Arbeiten. Anleitung zu einem gelingenden Praxistransfer im Sozialbereich*. Wiesbaden: VS-Verlag.

Möller, H. (2010). *Beratung in der ratlosen Arbeitswelt*. Göttingen: Vandenhoek & Ruprecht.

Möller, H., & Hausinger, B. (Hrsg.). (2009). *Quo vadis Beratungswissenschaft?*. Wiesbaden: VS-Verlag.

Mönig, M. (2011). *Eltern pflegen — Herausforderung für die Partnerschaft*. Unveröffentl. Masterthesis (Master of Counseling). Münster: Kath. Hochschule NRW.

Montada, C., & Kals, E. (2007). *Mediation: Ein Lehrbuch auf psychologischer Grundlage*. Weinheim: Beltz.

Moreno, J. L. (2007). *Gruppenpsychotherapie und Psychodrama: Einleitung in die Theorie und Praxis*. Stuttgart: Thieme.

Motte, A. de la (2018). Die Geschichte der Beratung. In D. Wälte & M. Borg-Laufs (Hrsg.), *Psychosoziale Beratung. Grundlagen – Diagnostik – Intervention* (S. 14–24). Stuttgart: Kohlhammer.

Mücke, K. (1998). *Systemische Beratung und Psychotherapie – Ein pragmatischer Ansatz*. Berlin: Ökosysteme-Verlag.

Mücke, K. (2003). *Probleme sind Lösungen*. Potsdam: Klaus Mücke Systemverlag.

Müller, G. (2012). *Systemisches Coaching im Management. Das Praxisbuch für Neueinsteiger und Profis* (3., überarb. u. erw. Aufl.). Weinheim: Beltz.

Münsterberg, H. (1912). *Psychologie und das Wirtschaftsleben. Ein Beitrag zur angewandten Experimental-Psychologie*. Leipzig: J. A. Barth.

Nationales Forum Beratung in Bildung, Beruf und Beschäftigung (NfB). (2005). *Leitdokumente (Mission Statement)*. http://www.forum-beratung.de/cms/upload/Miss.Statement_aktualisierter_Vorstand_und_Layout_2016.pdf. Zugegriffen: 3. Aug. 2018.

Nationales Zentrum Frühe Hilfen (NZFH)/Deutsche Gesellschaft für Systemische Therapie, Beratung und Familientherapie (DGSF). (2017). *Netzwerke Frühe Hilfen systemisch verstehen und koordinieren. Qualifizierungsmodul.* Köln: BZgA.

Nestmann, F. (1988). Alltägliche psychosoziale Intervention. In G. Hörmann & F. Nestmann (Hrsg.), *Handbuch der psychosozialen Interventionen* (S. 160–169). Opladen: Westdeutscher Verlag.

Nestmann, F. (1996). Psychosoziale Beratung – Ein ressourcentheoretischer Entwurf. *Verhaltenstherapie und psychosoziale Praxis, 28,* 359–376.

Nestmann, F. (1997a). Big Sister is inviting you – Counseling und Counseling Psychology. In F. Nestmann (Hrsg.), *Beratung. Bausteine für eine interdisziplinäre Wissenschaft und Praxis* (S. 161–177). Tübingen: Dgvt-Verlag.

Nestmann, F. (Hrsg.). (1997b). *Beratung. Bausteine für eine interdisziplinäre Wissenschaft und Praxis.* Tübingen: Dgvt-Verlag.

Nestmann, F.(1998). Beratung als Ressource. *Pädagogisches Forum, 5,* 419–424.

Nestmann, F. (2007a). Beratung im Gesundheitswesen – Maximen und Herausforderungen. In S. Matzick (Hrsg.), *Zukunftsaufgabe Gesundheitsberatung. Strategien für Gesundheitsberufe. Perspektiven für Patienten und Verbraucher* (S. 17–38). Lage: Jacobs Verlag.

Nestmann, F. (2007b). Professionelle Beratung: Grundlagen, Verfahren, Indikatoren. In W. Senf & M. Broda (Hrsg.), *Praxis der Psychotherapie* (S. 186–194). Stuttgart: Thieme.

Nestmann, F. (2011). Anforderungen an eine nachhaltige Beratung in Bildung und Beruf – Ein Plädoyer für die Wiedervereinigung von „Counselling" und „Guidance". In M. Hammerer & E. Kanelutti (Hrsg.), *Zukunftsfeld Bildungs- und Berufsberatung: Neue Entwicklungen aus Wissenschaft und Praxis* (S. 59–79). Bielefeld: Bertelsmann.

Nestmann, F., & Engel, F. (2002). Beratung – Markierungspunkte für eine Weiterentwicklung. In F. Nestmann & F. Engel (Hrsg.), *Die Zukunft der Beratung* (S. 51–78). Tübingen: Dgvt-Verlag.

Nestmann, F., Engel, F., & Sickendiek, U. (2013). Beratung: Zwischen „old school" und „new style". In F. Nestmann, F. Engel, & U. Sickendiek (Hrsg.), *Das Handbuch der Beratung* (Bd. 3, S. 1325–1348)., Neue Beratungswelten Tübingen: Dgvt-Verlag.

Nestmann, F., Engel, F., & Sickendiek, U. (Hrsg.). (2004/2007/2013). *Das Handbuch der Beratung in 3 Bänden* (Bd. 1 u. 2: 1997, 2004, Bd. 3: 2013). Tübingen: Dgvt-Verlag.

O'Connor, J., & McDermott, J. (1998). *Die Lösung lauert überall: Systemisches Denken verstehen & nutzen.* Freiburg i. Brsg.: VAK.

Oestereich, C. (2009). Grundlagen interkultureller systemischer Therapie. *Zeitschrift für systemische Therapie und Beratung, 27*(2), 64–73.

Orlinsky, D., & Howard, K. I. (1987). A generic model of psychotherapy. *Journal of Integrative and Eclectic Psychotherapy, 6,* 6–27.

Orlinsky, D., Ronnestad, M. H., & Willutzki, U. (2004). Fifty years of psychotherapy processoutcome research: Continuity and change. In M. J. Lambert (Hrsg.), *Bergin and Garfield's handbook of psychotherapy and behavior change* (5. Aufl., S. 307–389). New York: Wiley.

Oswald, A. (2018). Onlineberatung: Ist Mailberatung noch eine angemessene Form, um Jugendliche und junge Erwachsene in (suizidalen) Krisen zu erreichen? Eine sozio-technische Analyse. *e-beratungsjournal.net,* 14(1), S. 1–15. http://www.e-beratungsjournal.net/wp-content/uploads/2018/03/oswald.pdf. Zugegriffen: 4. Apr. 2018.

Otto, H.-U., & Thiersch, H. (Hrsg.). (2015). *Handbuch Soziale Arbeit* (5. Aufl.). München: Reinhardt.

Paetz, N. V., Ceylan, F., Fiehn, J., Schworm, S., & Harteis, C. (2011). *Kompetenz in der Hochschuldidaktik. Ergebnisse einer Delphi-Studie über die Zukunft der Hochschullehre.* Wiesbaden: Springer VS.

Pantucek, P., & Röh, D. (Hrsg.). (2009). *Perspektiven Sozialer Diagnostik. Über den Stand der Entwicklung von Verfahren und Standards.* Berlin: LIT.

Park, R. E. (1936). Human ecology. *American Journal of Sociology, 41,* 1–15.

Park, R. E., Burgess, E. W., & McKenzie, R. D. (1925). *The city.* Chicago: Chicago University Press.

Paschen, J.-H. (2016). *Online-Interventionen in Therapie und Beratung.* Weinheim: Beltz.

Pauls, H. (2011). *Klinische Sozialarbeit. Grundlagen und Methoden psycho-sozialer Behandlung* (2., überarb. Aufl.). Weinheim: Beltz.

Pauls, H. (2013). Das biopsychosoziale Modell – Herkunft und Aktualität Resonanzen. *E-Journal für Biopsychosoziale Dialoge in Psychotherapie, Supervision und Beratung,* 1(1), 15–31. http://www.resonanzen-journal.org. Zugegriffen: 30. Juli 2018.

Perls, F. S. (1976). *Grundlagen der Gestalt-Therapie.* München: Pfeiffer.

Perls, F. S., Hefferline, R. F., & Goodman, P. (1979). *Gestalttherapie.* Bd. 1: *Lebensfreude und Persönlichkeitsentfaltung,* Bd. 2: *Wiederbelebung des Selbst.* Stuttgart: Klett-Cotta.

Petzold, H. (1997). Das Ressourcenkonzept in der sozialinterventiven Praxeologie und Systemberatung. *Integrative Therapie, 23*(4), 435–471.

Piaget, J. (1988). *Das Weltbild des Kindes.* München: dtv.

Plessner, H. (2003). *Conditio Humana.* Darmstadt: Wissenschaftliche Buchgesellschaft.

Prochaska, J. O., & DiClemente, C. C. (1982). Transtheoretical therapy: Towards a more integrative model of psychotherapy. *Psychotherapy, 19,* 276–288.

Prochaska, J. O., & DiClemente, C. C. (2005). The transtheoretical approach. In J. C. Norcross & M. R. Goldfried (Hrsg.), *Handbook of psychotherapy integration* (2. Aufl., S. 147–171). New York: Oxford University Press.

Prochaska, J. O., & Norcross, J. C. (2001). Stages of change. *Psychotherapy, 38,* 443–448.

Programm des Zentrums für Hochschuldidaktik der Universität zu Köln im Überblick. (2009). *Personal- und Organisationsentwicklung in Einrichtungen der Lehre und Forschung (P-OE), 4*(3+4), 103 f. Bielefeld: Universitätsverlag Webler.

Psychologinnengruppe München (1978). Spezifische Probleme von Frauen und ein Selbsthilfeansatz. In H. Keupp & M. Zaumseil (Hrsg.), *Die gesellschaftliche Organisierung psychischen Leidens. Zum Arbeitsfeld Klinischer Psychologen* (S. 221–264). Frankfurt a. M.: Suhrkamp.

Psychotherapie im Dialog. (2015). *Supervision* (Heft 1). Stuttgart: Thieme.

Quitmann, H. (1991). *Humanistische Psychologie.* Göttingen: Hogrefe.

Rank, O. (1929). *Technik der Psychoanalyse.* Leipzig: Deuticke.

Rappe-Gieseke, C. (2009). *Supervision für Gruppen und Teams* (4. Aufl.). Heidelberg: Springer.

Rauen, C. (2002). *Handbuch Coaching* (2., überarb. u. erw. Aufl.). Göttingen: Hogrefe.

Rauen, C. (2005). *Handbuch Coaching* (3., überarb. u. erw. Aufl.). Göttingen: Hogrefe.

Rauen, C. (2008). *Coaching* (2., aktual. Aufl.). Göttingen: Hogrefe.

Rechtien, W. (2004). *Beratung. Theorien, Modelle und Methoden* (2., überarb. u. erg. Aufl.). München: Profil-Verlag.

Rechtien, W., & Irsch, J. (2006). *Lexikon Beratung*. München: Profil-Verlag.

Reich, K. (2012). *Konstruktivistische Didaktik: Lehr- und Studienbuch mit Methodenpool*. Weinheim: Beltz.

Reindl, R. (2018). Zum Stand der Onlineberatung in Zeiten der Digitalisierung. *e-beratungsjournal.net*, 14(1), 16–26. http://www.e-beratungsjournal.net/wp-content/uploads/2018/03/reindl.pdf. Zugegriffen: 4. Apr. 2018.

Reiners, A. (2015). Wenn die Gesellschaft das Problem ist – Zur soziologischen Perspektive von Beratung. In T. Hoff & R. Zwicker-Pelzer (Hrsg.), *Beratung und Beratungswissenschaft* (S. 47–62). Baden-Baden: Nomos.

Reiter, L., Brunner, E. J., & Reiter-Theil, S. (Hrsg.). (1988). *Von der Familientherapie zur systemischen Perspektive*. Heidelberg: Springer.

Renneberg, B., Heidenreich, T., & Noyon, A. (2009). *Einführung Klinische Psychologie*. München: Reinhardt.

Richmond, M. E. (1922). *What is social case work? An introductionary description*. New York: Russel Sage.

Richter, H. E. (1972). *Patient Familie*. Reinbek bei Hamburg: Rowohlt.

Richterich, L. (1993). Postmoderne Psychotherapie. *Zeitschrift für systemische Therapie, 11*(1), 23–31.

Rief, W. (2016). Was ist moderne Verhaltenstherapie? Chancen und Risiken moderner Entwicklungen. *Verhaltenstherapie und psychosoziale Praxis, 48*(2), 291–295.

Rieforth, J., & Graf, G. (2014). *Tiefenpsychologie trifft Systemtherapie*. Göttingen: Vandenhoeck & Ruprecht.

Ritscher, W. (2011). Systemische Diagnose: Eine Skizze. *Kontext, 42*(1), 4–28.

Rizzolatti, G., & Sinigaglia, C. (2008). *Empathie und Spiegelneurone: Die biologische Basis des Mitgefühls*. Frankfurt a. M: Suhrkamp.

Röckelein, C., & Welge, K. (2010). Haltung im Coaching. *Coaching-Magazin, 2*, 18–21.

Rogers, C. R. (1972). *Die nicht-direktive Beratung*. Reinbek bei Hamburg: Rowohlt.

Rogers, C. R. (1974). *Lernen in Freiheit*. München: Kösel.

Rogers, C. R. (1981). *Therapeut und Klient*. München: Kindler.

Rogers, C. R. (2000a). *Die klientenzentrierte Gesprächspsychotherapie*. Frankfurt a. M.: Fischer.

Rogers, C. R. (2000b). *Entwicklung der Persönlichkeit*. Stuttgart: Klett-Cotta.

Rogers, C. R., & Rosenberg, R. (1980). *Die Person als Mittelpunkt der Wirklichkeit*. Stuttgart: Klett-Cotta.

Rohr, D., Vossebrecher, D., Kempen, D., & Jeschke, K. (2007). *Bericht zur Evaluation der Onlineberatung*. Köln: BZgA.

Rohr, D. (2013). Beratung durch Peers: Theorie, Praxis und Evaluation der Studienberatung durch Studentische Hilfskräfte. *Zeitschrift für Beratung und Studium, 4*, 98–103.

Rohr, D. (2016a). *Eine kleine Theorie-Einführung in Systemische und Humanistische Ansätze am Beispiel des Inneren Teams. Mit Begleittexten von Friedemann Schulz von Thun, Bernd Schmid und Jürgen Kriz*. Weinheim: Beltz.

Rohr, D. (2016b). Lehren durch Beraten und Vorleben: Ambivalenzen wertschätzend transparent machen. In D. Rohr, A. Hummelsheim, & M. Höcker (Hrsg.), *Beratung lehren – Erfahrungen, Geschichten, Reflexionen aus der Praxis von 30 Lehrenden* (S. 90–102). Weinheim: Beltz.

Rohr, D. (2017a). *Über die Arbeit mit Genogrammen – Auswertung von ExpertInneninterviews zur Genogrammerstellung.* Heidelberg: Verlag für Systemische Forschung im Carl-Auer.

Rohr, D. (Hrsg.). (2017b). *Kontext – Zeitschrift für Systemische Therapie und Familientherapie. Schwerpunktheft Aus- und Weiterbildung in Beratung, 3/2017.* Göttingen: Vandenhoeck & Ruprecht.

Rohr, D. (2018). *Mini-Handbuch Beraten – Eine kleine Praxis-Einführung mit 10 Prinzipien und 100 Interventionen. Mit Begleittexten von Hilarion Petzold und Eia Asen.* Weinheim: Beltz.

Rohr, D., & Meiners, K. (2018). *Kinder in ihrer Bildung begleiten – Das KibBibe-Projekt. Empirische Bildungsforschung zu den Interaktionselementen des Marte-Meo-Beratungsmodells.* Heidelberg: Verlag für Systemische Forschung im Carl-Auer-Verlag.

Rohr, D., Hummelsheim, A., Kricke, M., & Amrhein, B. (Hrsg.). (2013). *Reflexionsmethoden in der Praktikumsbegleitung.* Münster: Waxman.

Rohr, D., Hummelsheim, A., & Höcker, M. (Hrsg.). (2016). *Beratung lehren. Erfahrungen, Geschichten, Reflexionen aus der Praxis von 30 Lehrenden.* Weinheim: Beltz.

Rohr, D., den Ouden, H., & Rottländer, E.-M. (2016). *Hochschuldidaktik – Im Fokus von Peer Learning und Beratung.* Weinheim: Beltz.

Röhrle, B., & Laireiter, A.-R. (Hrsg.). (2009). *Soziale Unterstützung und Psychotherapie.* Tübingen: Dgvt-Verlag.

Röhrle, B., Caspar, F., & Schlottke, P. F. (Hrsg.). (2008). *Lehrbuch der klinisch-psychologischen Diagnostik.* Stuttgart: Kohlhammer.

Rönnau-Böse, M., & Fröhlich-Gildhoff, K. (2015). *Resilienz und Resilienzförderung über die Lebensspanne.* Stuttgart: Kohlhammer.

Rosenberg, M. (2001). *Gewaltfreie Kommunikation.* Paderborn: Junfermann.

Roth, G. (1987). Erkenntnis und Realität. In S. Schmidt (Hrsg.), *Der Diskurs des Radikalen Konstruktivismus* (S. 229–255). Frankfurt a. M.: Suhrkamp.

Roth, G. (2001). *Fühlen, Denken, Handeln. Wie das Gehirn unser Verhalten steuert.* Frankfurt a. M.: Suhrkamp.

Rüegg, J. C. (2007). *Gehirn, Psyche und Körper. Neurobiologie von Psychosomatik und Psychotherapie* (4., aktual. u. erw. Aufl.). Stuttgart: Schattauer.

Ruf, G. D. (2009). Vom Krankheitsmodell zum Lösungsmodell. Eine systemische Nutzung psychiatrischer Begriffe. *Kontext, 40*(4), 357–373.

Sacher, A. (1998). Gesundheitsförderung zwischen Utopie und Wirklichkeiten – Zur Entwicklung der WHO-Programmatik. In G. Amann & R. Wipplinger (Hrsg.), *Gesundheitsförderung: Ein multidimensionales Tätigkeitsfeld* (S. 53–71). Tübingen: Dgvt-Verlag.

Safranski, R. (2009). *Ein Meister aus Deutschland. Heidegger und seine Zeit.* Frankfurt a. M.: Fischer.

Sander, K. (2007). Personenzentrierte Beratung. In F. Nestmann, F. Engel & U. Sickendiek (Hrsg.), *Das Handbuch der Beratung* (Bd. 1, S. 331–344). Tübingen: Dgvt-Verlag.

Sandler, J., Dare, C., & Holder, A. (1979). *Die Grundbegriffe der psychoanalytischen Therapie.* Stuttgart: Klett-Cotta.

Sartre, J.-P. (1989). *Das Sein und das Nichts.* Reinbek bei Hamburg: Rowohlt.

Saß, H., Wittchen, H.-U., Zaudig, M., & Houben, I. (2003). *Diagnostisches und Statistisches Manual Psychischer Störungen (DSM-IV-TR). Textversion.* Göttingen: Hogrefe.

Satir, V. (1996). *Kommunikation, Selbstwert, Kongruenz – Konzepte und Perspektiven familientherapeutischer Praxis*. Paderborn: Junfermann.

Schaller, J., & Schemmel, H. (Hrsg.). (2013a). *Ressourcen. Ein Hand- und Lesebuch zur psychotherapeutischen Arbeit* (2., vollst. überarb. u. erw. Aufl.). Tübingen: Dgvt-Verlag.

Schaller, J., & Schemmel, H. (2013b). Exkurs: Ressourcen, Ressourcenorientierung und Ressourcenaktivierung. In J. Schaller & H. Schemmel (Hrsg.), *Ressourcen. Ein Hand- und Lesebuch zur psychotherapeutischen Arbeit* (S. 83–86). Tübingen: Dgvt-Verlag.

Schaper, N., Reis, O., & Wildt, J. (u. Mitarbeit v. E. Horvath & E. Bender). (2012). *Fachgutachten zur Kompetenzorientierung in Studium und Lehre. Ausgearbeitet für die HRK, Projekt nexus, Konzepte und gute Praxis für Studium und Lehre*. http://www.hrk-nexus.de/fileadmin/redaktion/hrk-nexus/07-Downloads/07-02-Publikationen/fachgutachten_kompetenzorientierung.pdf. Zugegriffen: 30. Juli 2018.

Schiepek, G., & Cremers, S. (2003). Ressourcenorientierung und Ressourcendiagnostik in der Psychotherapie. In H. Schemmel & J. Schaller (Hrsg.), *Ressourcen. Ein Hand- und Lesebuch zur therapeutischen Arbeit* (S. 147–193). Tübingen: Dgvt-Verlag.

Schiepek, G., Eckert, H., & Kravanja, B. (2013). *Grundlagen systemischer Therapie und Beratung*. Göttingen: Hogrefe.

Schiersmann, C., & Thiel, H.-U. (2012). Beratung als Förderung von Selbstorganisationsprozessen – Eine Theorie jenseits von „Schulen" und „Formaten". In C. Schiersmann & H.-U. Thiel (Hrsg.), *Beratung als Förderung von Selbstorganisationsprozessen. Empirische Studien zur Beratung von Personen und Organisationen auf der Basis der Synergetik* (S. 14–78). Göttingen: Vandenhoek & Ruprecht.

Schiersmann, C., Maier-Gutheil, C., & Weber, P. (2016). Beratungsforschung im Kontext von Bildung, Beruf und Beschäftigung. In R. Tippelt & B. Schmidt-Hertha (Hrsg.), *Handbuch Bildungsforschung* (S. 1–22). Springer Reference Sozialwissenschaften. https://doi.org/10.1007/978-3-531-20002-6_52-1.

Schindler, H., & von Schlippe, A. (Hrsg.). (2005). *Anwendungsfelder systemischer Praxis*. Dortmund: Modernes Lernen.

Schindler, I., Kricke, M., & Rohr, D. (2013). Nach der Praxis Mehr-Sehen: Die Methode des Reflecting Teams. In D. Rohr, A. Hummelsheim, M. Kricke & B. Amrhein, B. (Hrsg.), *Reflexionsmethoden in der Praktikumsbegleitung* (S. 99–109). Münster: Waxmann.

Schlieffen, K. von (2016). Einführung in die Mediation. In F. Haft & K. von Schlieffen (Hrsg.), *Handbuch Mediation* (3., vollst. überarb. Aufl., S. 3–16). München: Beck.

Schlippe, A. von (2008). Systemische Praxis zwischen Handwerk, Kunst, Wissenschaft und Profession. *OSC Organisationsberatung – Supervision – Coaching, 15*(4), 455–467.

Schmid-Traub, S. (2003). Therapeutische Beziehung – Ein Überblick. *Psychotherapeutische Praxis, 3*, 111–129.

Schmidt, S. (1985). *Kognitive Autonomie und soziale Orientierung*. Frankfurt a. M.: Suhrkamp.

Schmidt-Tanger, M. (2004). *Gekonnt coachen. Präzision und Provokation im Coaching*. Paderborn: Junfermann.

Schmidt-Tanger, M., & Stahl, T. (2007). *Change Talk. Coachen lernen! Coaching-Können bis zur Meisterschaft* (2. Aufl.). Paderborn: Junfermann.

Schmied, E., & Grawe, K. (2013). Die funktionale Rolle von Ressourcenaktivierung für therapeutische Veränderungen. In J. Schaller & H. Schemmel (Hrsg.), *Ressourcen. Ein Hand- und Lesebuch zur psychotherapeutischen Arbeit* (2. Aufl., S. 165–178). Tübingen: Dgvt-Verlag.

Schmitt, T. (2008). *Das soziale Gehirn. Eine Einführung in die Neurobiologie für psychosoziale Berufe.* Bonn: Psychiatrie Verlag.

Schneider, C., Brinker- Meyendriesch, E., & Schneider, A. (2005). *Pflegepädagogik.* Berlin: Springer.

Schneider, I. (2017). *Gut, besser, am besten. Leid durch Selbstoptimierung und die Bedeutung für die Praxis der Beratung.* Unveröffentl. Masterthesis, Katholische Hochschule NRW, Köln.

Schneider, R., Szczyrba, B., Welbers, U., & Wildt, J. (Hrsg.). (2009). *Wandel der Lehr- und Lernkulturen.* Bielefeld: Bertelsmann.

Schnoor, H. (2011). Psychodynamische Beratung: ein Anwendungsgebiet der Psychoanalyse. In H. Schnoor (Hrsg.), *Psychodynamische Beratung* (S. 21–37). Göttingen: Vandenhoeck & Ruprecht.

Schnoor, H. (Hrsg.). (2013). *Psychosoziale Beratung.* Göttingen: Vandenhoeck & Ruprecht.

Schönig, W., & Brunner, E. J. (1990). Beratung in pädagogischen, sozialpädagogischen und psychologischen Arbeitsfeldern – Rahmenbedingungen und Probleme. In E. J. Brunner & W. Schönig (Hrsg.), *Theorie und Praxis von Beratung. Pädagogische und psychologische Konzepte* (S. 7–27). Freiburg i. Brsg.: Lambertus.

Schreyögg, A. (2010). *Supervision. Ein integratives Modell* (5. Aufl.). Wiesbaden: VS-Verlag.

Schröder, A. (2007). Psychologie und Beratung. In F. Nestmann, F. Engel, & U. Sickendiek (Hrsg.), *Das Handbuch der Beratung* (Bd. 1, S. 49–60)., Disziplinen und Zugänge Tübingen: Dgvt-Verlag.

Schubert, F.-C. (2009a). Lebensführung in der Postmoderne: Belastungen, Risiken, Bewältigungsformen. In F.-C. Schubert & H. Busch (Hrsg.), *Lebensorientierung und Beratung. Sinnfindung und weltanschauliche Orientierungskonflikte in der (Post-)Moderne* (Schriftenreihe des Fachbereichs Sozialwesen, Bd. 39, 2. Aufl., S. 19–49). Mönchengladbach: Hochschule Niederrhein.

Schubert, F.-C. (2009b). Lebensführung als Balance zwischen Belastung und Bewältigung – Beiträge aus der Gesundheitsforschung zu einer psychosozialen Beratung. In F.-C. Schubert & H. Busch (Hrsg.), *Lebensorientierung und Beratung. Sinnfindung und weltanschauliche Orientierungskonflikte in der (Post-)Moderne* (Schriftenreihe des Fachbereichs Sozialwesen, Bd. 39, 2. Aufl., S. 137–213). Mönchengladbach: Hochschule Niederrhein.

Schubert, F.-C. (2012). Psychische Ressourcen – Zentrale Konstrukte in der Ressourcendiskussion. In: A. Knecht & F.-C. Schubert (Hrsg.), *Ressourcen im Sozialstaat und in der Sozialen Arbeit. Zuteilung – Förderung – Aktivierung* (S. 205–223). Stuttgart: Kohlhammer.

Schubert, F.-C. (2013a). Systemisch-sozialökologische Beratung. In F. Nestmann, F. Engel, & U. Sickendiek (Hrsg.), *Das Handbuch der Beratung* (Bd. 3, S. 1483–1505)., Neue Beratungswelten: Fortschritte und Kontroversen Tübingen: Dgvt-Verlag.

Schubert, F.-C. (2013b). System- und Kontextorientierung. In H. Pauls, P. Stockmann, & M. Reicherts (Hrsg.), *Beratungskompetenzen für die psychosoziale Fallarbeit* (S. 101–118). Freiburg i. Brsg.: Lambertus.

Schubert, F.-C. (2014a). Lebensweltorientierung und Person-Umwelt-Transaktion – Ein Fundament Klinischer Sozialarbeit und psychosozialer Beratung. In S. B. Gahleitner, G. Hahn & R. Glemser (Hrsg.), *Psychosoziale Intervention* (Klinische Sozialarbeit: Beiträge zur psychosozialen Praxis und Forschung, Bd. 6, S. 36–53). Bonn: Psychiatrie Verlag.

Schubert, F.-C. (2014b). Psychosoziale Beratung und Lebensführung – ein transaktionales Verständnis von (reflexiver) Beratung. *Journal für Psychologie, 22*(2), 157–177. http://www.journal-fuer-psychologie.de/index.php/jfp. Zugegriffen: 30. Juli 2018.

Schubert, F.-C. (2015). Die historische Dimension von Beratung. In T. Hoff & R. Zwicker-Pelzer (Hrsg.), *Beratung und Beratungswissenschaft* (S. 28–44). Baden-Baden: Nomos.

Schubert, F.-C. (2015). Systemische Beratung. In T. Hoff & R. Zwicker-Pelzer (Hrsg.), *Beratung und Beratungswissenschaft* (S. 190–207). Baden-Baden: Nomos.

Schubert, F.-C. (2016a). Ressourcenorientierung im Kontext von Lebensführung – grundlegende Theorien und konzeptionelle Entwicklungen. *Verhaltenstherapie und Psychosoziale Praxis, 48*(4), 827–844.

Schubert, F.-C. (2016b). Moderne Arbeit und psychische Gesundheit. Ein Überblick aus beratungswissenschaftlicher Perspektive. *Kontext, Zeitschrift für systemische Therapie und Familientherapie, 47*(3), 240–256.

Schubert, F.-C. (2018a). Ressourcendiagnostik. In D. Wälte & M. Borg-Laufs (Hrsg.), *Psychosoziale Beratung. Grundlagen – Diagnostik – Intervention* (S. 113–129). Stuttgart: Kohlhammer.

Schubert, F.-C. (2018b). Ressourcenaktivierung: In D. Wälte & M. Borg-Laufs (Hrsg.), *Psychosoziale Beratung. Grundlagen – Diagnostik – Intervention* (S. 190–204). Stuttgart: Kohlhammer.

Schubert, F.-C. (2018c). Supervision. In D. Wälte & M. Borg-Laufs (Hrsg.), *Psychosoziale Beratung. Grundlagen – Diagnostik – Intervention* (S. 288–302). Stuttgart: Kohlhammer.

Schubert, F.-C., & Knecht, A. (2012). Ressourcen – eine Einführung in Merkmale, Theorien und Konzeptionen. In A. Knecht & F.-C. Schubert (Hrsg.), *Ressourcen im Sozialstaat und in der Sozialen Arbeit. Zuteilung – Förderung – Aktivierung* (S. 15–41). Stuttgart: Kohlhammer.

Schubert, F.-C., & Knecht, A. (2015). *Ressourcen – Merkmale, Theorien und Konzeptionen im Überblick: eine Übersicht über Ressourcenansätze in Soziologie, Psychologie und Sozialpolitik.* http://dx.doi.org/10.13140/RG.2.2.30527.71849.

Schubert, F.-C., Krönchen, S., & Reitz, K. (2017). Spinnwebanalyse – Ein Instrument zur Konfliktanalyse. In S. Krönchen, K. Reitz, & F.-C. Schubert (Hrsg.), *Reader zum Handlungsbereich Mediation.* Mönchengladbach: Fachbereich Sozialwesen der Hochschule Niederrhein.

Schubert, F.-C., Wälte, D., & Meyer, M. (2018). Methoden der systemischen Paar- und Familienberatung. In D. Wälte & M. Borg-Laufs (Hrsg.), *Psychosoziale Beratung. Grundlagen – Diagnostik – Intervention* (S. 235–254). Stuttgart: Kohlhammer.

Schulte, D. (2015). *Therapiemotivation. Widerstände analysieren, Therapieziele erklären, Motivation fördern.* Göttingen: Hogrefe.

Schulz von Thun, F. (1999). *Miteinander reden.* 3 Bde. Reinbek bei Hamburg: Rowohlt.

Schürmann, I. (2011). Ressourcenorientierte Krisenintervention. In A. Lenz (Hrsg.), *Empowerment. Handbuch für die ressourcenorientierte Praxis* (S. 321–338). Tübingen: Dgvt-Verlag.

Schütz, A. (1974). *Der sinnhafte Aufbau der sozialen Welt. Eine Einleitung in die verstehende Soziologie.* Frankfurt a. M.: Suhrkamp.

Schwarzer, R. (2004). *Psychologie des Gesundheitsverhaltens: Einführung in die Gesundheitspsychologie* (3., vollst. überarb. Aufl.). Göttingen: Hogrefe.

Schweitzer, J. (2010). Praxis der Familientherapie. *Psychotherapie im Dialog, 11*(3), 202–207.

Schweitzer, J., & von Schlippe, A. (2007). *Lehrbuch der systemischen Therapie und Beratung II: Das störungsspezifische Wissen.* Göttingen: Vandenhoek & Ruprecht.

Schwenty, L. (2017). *Chancen und Grenzen psychosozialer Onlineberatung von Jugendlichen.* https://www.hausarbeiten.de/document/373210. Zugegriffen: 22. Apr. 2018.

Schwing, R., & Fryszer, A. (2012). *Systemisches Handwerk. Werkzeug für die Praxis* (5. Aufl.). Göttingen: Vandenhoek & Ruprecht.

Seel, H.-J.(2014). *Beratung. Reflexivität als Profession.* Göttingen: Vandenhoek & Ruprecht.

Selvini Palazzoli, M., Boscolo, L., Cecchin, G., & Prata, G. (1981). Hypothetisieren – -Zirkularität – Neutralität: Drei Richtlinien für den Leiter der Sitzung. *Familiendynamik, 6,* 123–139.

Selvini Palazzoli, M., et al. (1992). Hypothetisieren – Zirkularität – Neutralität: Drei Richtlinien für den Leiter der Sitzung. In M. Selvini (Hrsg.), *Mara Selvinis Revolutionen. Die Entstehung des Mailänder Modells.* Heidelberg: Carl-Auer.

de Shazer, S. (1989). *Wege der erfolgreichen Kurzzeittherapie.* Stuttgart: Klett-Cotta.

de Shazer, S. (1996). *Worte waren ursprünglich Zauber.* Dortmund: Modernes Lernen.

Sickendiek, U., Engel, F., & Nestmann, F. (2008). *Beratung. Eine Einführung in sozialpädagogische und psychosoziale Beratungsansätze* (3. Aufl.). Weinheim: Juventa.

Siebert, H. (1994). *Lernen als Konstruktion von Lebenswelten: Entwurf einer konstruktivistischen Didaktik.* Frankfurt a. M.: VAS.

Siebert, H. (1999). *Pädagogischer Konstruktivismus.* Neuwied: Luchterhand.

Simon, F. B. (1997). *Meine Psychose, mein Fahrrad und ich.* Heidelberg: Carl-Auer.

Simon, F. B., & Stierlin, H. (1992). *Die Sprache der Familientherapie. Ein Vokabular. Überblick, Kritik und Integration systemtherapeutischer Begriffe, Konzepte und Methoden.* Stuttgart: Klett-Cotta.

Skinner, B. F. (1938). *The behavior of organisms: an experimental analysis.* New York: Appleton-Century-Crofts.

Skinner, B. F. (1974). *Die Funktion der Verstärkung in der Verhaltenswissenschaft.* München: Kindler.

Sommer, G., & Ernst, H. (Hrsg.). (1977). *Gemeindepsychologie.* München: Urban & Schwarzenberg.

Sommerfeld, P., Hollenstein, L., & Calzaferri, R. (2011). *Integration und Lebensführung. Ein forschungsgestützter Beitrag zur Theoriebildung der Sozialen Arbeit.* Wiesbaden: VS-Verlag.

Sonneck, G., Kapusta, N., Tomandl, G., & Voracek, M. (2012). *Krisenintervention und Suizidverhütung* (2., überarb. Aufl.). Stuttgart: UTB.

Spitzer, M. (2004). Neuronale Netzwerke und Psychotherapie. In G. Schiepeck (Hrsg.), *Neurobiologie der Psychotherapie* (S. 42–57). Stuttgart: Schattauer.

Ständer, N. (2016). Ressourcenaktivierung in Beratung, Coaching und Psychotherapie – Konzepte, Verfahren und ausgewählte Fallbeispiele. *Verhaltenstherapie und Psychosoziale Praxis, 48*(4), 877–890.

Stavemann, H. (2007). *Sokratische Gesprächsführung in Therapie und Beratung.* Weinheim: Beltz.

Steiner, E., Brandl-Nebehay, A., & Reiter, L. (2002). Die Geschichte. Von der Familienthe-rapie zur systemischen Perspektive. In M. Wirsching & P. Scheib (Hrsg.), *Paar- und Familientherapie* (S. 7–22). Heidelberg: Springer.

Stiles, W. B., Elliott, R., Llewelyn, S. P., Fith-Cozens, J. A., Margison, F. R., Shapiro, D. A., et al. (1990). Assimilation of problematic experience in psychotherapy. *Psychotherapy, 27,* 411–420.

Stiles, W. B., Meshot, C. M., Anderson, T. M., & Sloan, W. W. (1992). Assimilation of problematic experience. The case of John Jones. *Psychotherapy Research, 2,* 81–101.

Stimmer, F., & Ansen, H. (2016). *Beratung in psychosozialen Arbeitsfeldern. Grundlagen – Prinzipien – Prozess.* Stuttgart: Kohlhammer.

Storch, M. (2002). Die Bedeutung neurowissenschaftlicher Forschung für die psychotherapeutische Praxis. Teil 1: Theorie. *Psychotherapie, 7*(2), 281–294.

Straumann, U. E. (2007). Klientenzentrierte Beratung. In F. Nestmann, F. Engel, & U. Sickendiek (Hrsg.), *Das Handbuch der Beratung* (Bd. 2, S. 641–654). Tübingen: Dgvt-Verlag.

Straus, F. (2012). Netzwerkarbeit: Förderung sozialer Ressourcen. In A. Knecht & F.-C. Schubert (Hrsg.), *Ressourcen im Sozialstaat und in der Sozialen Arbeit. Zuteilung – Förderung – Aktivierung* (S. 224–237). Stuttgart: Kohlhammer.

von Sydow, K., Beher, S., Retzlaff, R., & Schweitzer, J. (2007). *Die Wirksamkeit der systemischen Therapie/Familientherapie.* Göttingen: Hogrefe.

Szasz, T. (1972). *Geisteskrankheit – Ein moderner Mythos? Grundzüge einer Theorie des persönlichen Verhaltens.* Olten: Walter (Orig.: *The myth of mental illness,* New York 1961).

Tausch, R. (1968). *Gesprächspsychotherapie.* Göttingen: Verlag für Psychologie Hogrefe.

Theunissen, G. (1997). Familie – Behinderung – Ablösung. *Heilpädagogik, 2,* 1–9.

Thiel, R. (2007). Berufs- und Karriereberatung in Deutschland. In F. Nestmann, F. Engel, & U. Sickendiek (Hrsg.), *Das Handbuch der Beratung* (Bd. 2, S. 907–917)., Ansätze, Methoden, Felder Tübingen: Dgvt-Verlag.

Thiersch, H. (1986). *Die Erfahrung der Wirklichkeit. Perspektiven einer alltagsorientierten Sozialpädagogik.* Weinheim: Juventa.

Thiersch, H. (1992). *Lebensweltorientierte Soziale Arbeit: Aufgaben der Praxis im sozialen Wandel.* Weinheim: Juventa.

Thiersch, H. (2007). Lebensweltorientierte Soziale Beratung. In F. Nestmann, F. Engel, & U. Sickendiek (Hrsg.), *Das Handbuch der Beratung* (Bd. 2, S. 699–709)., Ansätze, Methoden, Felder Tübingen: Dgvt-Verlag.

Thiery, H. (2005). Von der Telefonseelsorge zur Beratung im Netz. Unveröffentl. Eröffnungsvortrag anlässlich der Fachtagung des JFF am 27.10.2005 in München.

Thomann, C., & Schulz von Thun, F. (2003). *Klärungshilfen* (Bd. 1). Reinbek bei Hamburg: Rowohlt.

Thomas, R. R. (1996). A diversity framework. In M. C. Chemers, S. Oskamp & M. A. Constanz (Hrsg.), *Diversity in organisations. New perspektives for a workplace* (S. 245–263). Thousand Oaks: Sage.

Tremp, P. (2009). Hochschuldidaktische Forschungen – Orientierende Referenzpunkte für didaktische Professionalität und Studienreform. In R. Schneider, B. Szczyrba, U. Welbers, & J. Wildt (Hrsg.), *Wandel der Lehr- und Lernkulturen* (S. 206–219). Bielefeld: Bertelsmann.

Tsoory-Shamay, G. S., Ahron-Peretz, A., & Perry, D. (2009). Two systems for empathy. A double dissociation between emotional and cognitive empathy in inferior frontal gyrus versus ventromedial prefrontal lesions. *Brain, 132*, 617–627.

Varela, F., & Thompson, E. (1992). *Der mittlere Weg der Erkenntnis.* Bern: Huber.

Vogt, R. (1980). Organisation, Theorie und Technik eines psychoanalytischen Beratungsprojektes zur Ausbildung von Psychologiestudenten. *Psyche – Zeitschrift für Psychoanalyse, 32*, 24–53.

von Bertalanffy, L. (1972). *General system theory. Foundations, development, applications.* New York: Braziller.

von Foerster, H. (1981). Das Konstruieren einer Wirklichkeit. In P. Watzlawick (Hrsg.), *Die erfundene Wirklichkeit* (S. 39–60). München: Piper.

von Foerster, H. (1988). Abbau und Aufbau. In F. B. Simon (Hrsg.), *Unterschiede, die Unterschiede machen* (S. 19–33). Heidelberg: Springer.

von Foerster, H. (1999). Lethologie. In R. Voß (Hrsg.), *Die Schule neu erfinden. Systemisch-konstruktivistische Annäherungen an Schule und Pädagogik* (S. 14–32). Neuwied: Luchterhand.

von Foerster, H. (2003). *Understanding understanding: Essays on cybernetics and cognition.* Heidelberg: Springer.

von Glasersfeld, E. (1981). Einführung in den radikalen Konstruktivismus. In P. Watzlawick (Hrsg.), *Die erfundene Wirklichkeit* (S. 16–18). München: Piper.

von Glasersfeld, E. (1998). Konstruktion der Wirklichkeit und des Begriffs der Objektivität. In H. Gumin & A. Mohler (Hrsg.), *Einführung in den Konstruktivismus* (S. 9–39). München: Piper.

von Schlippe, A., & Schweitzer, J. (2009). *Systemische Interventionen.* Stuttgart: UTB.

von Schlippe, A., & Schweitzer, J. (2010). *Systemische Interventionen* (2. Aufl.). Göttingen: Vandenhoek & Ruprecht.

von Schlippe, A., & Schweitzer, J. (2012). *Lehrbuch der systemischen Therapie und Beratung I: Das Grundlagenwissen* (neu bearb. Aufl.). Göttingen: Vanderhoeck & Ruprecht.

von Schlippe, A., & Schweitzer, J. (2013). *Lehrbuch der systemischen Therapie und Beratung I: Das Grundlagenwissen* (neu bearb. Aufl.). Göttingen: Vanderhoeck & Ruprecht.

von Uexküll, J. (1909). *Umwelt und Innenwelt der Tiere.* Berlin: Springer.

von Uexküll, T. (1980). Die Umweltlehre als Theorie der Zeichenprozesse. In T. von Uexküll (Hrsg), *Jakob von Uexküll. Kompositionslehre der Natur.* Frankfurt a. M.: Ullstein.

von Uexküll, T., & Wesiack, W. (1996). Wissenschaftstheorie: Ein bio-psycho-soziales Modell. In T. von Uexküll (Hrsg.), *Psychosomatische Medizin* (S. 13–52). München: Urban & Schwarzenberg.

Vossler, A. (2003). *Perspektiven der Erziehungsberatung: Kompetenzförderung aus der Sicht von Jugendlichen, Eltern und Beratern.* Tübingen: Dgvt-Verlag.

de Vries, S. (1996). Psychotherapie und untere sozio-ökonomische Schichten: Eine kulturelle Differenz. *Zeitschrift für systemische Therapie, 14*(10), 240ff.

von Wachter, M., & Hendrischke, A. (2017). *Das Ressourcenbuch. Selbstheilungskräfte in der Psychotherapie erkennen und von Anfang an fördern.* Stuttgart: Klett-Cotta.

Walker, W.(1996). *Abenteuer Kommunikation.* Stuttgart: Klett-Cotta.

Wälte, D. (2018a). Wirkfaktoren. In D. Wälte & M. Borg-Laufs (Hrsg.), *Psychosoziale Beratung. Grundlagen – Diagnostik – Intervention* (S. 41–50). Stuttgart: Kohlhammer.

Wälte, D. (2018). Diagnostische Grundlagen zum Fallverständnis nach dem bio-psycho-sozialen Modell. In D. Wälte & M. Borg-Laufs (Hrsg.), *Psychosoziale Beratung. Grundlagen – Diagnostik – Intervention* (S. 98–104). Stuttgart: Kohlhammer.

Warschburger, P. (Hrsg.). (2009). *Beratungspsychologie*. Heidelberg: Springer.

Watzlawick, P. (1983). *Anleitung zum Unglücklichsein*. München: Piper.

Watzlawick, P. (1998). *Einführung in den Konstruktivismus*. München: Piper.

Watzlawick, P., Beavin, J. D., & Jackson, D. D. (2000). *Menschliche Kommunikation: Formen, Störungen, Paradoxien*. Bern: Huber. (Erstveröffentlichung 1969).

Weber, H. (2008). *Mediative Spinnwebanalyse*. https://www.lernvisionen.ch/kursunterlagen/downloads/mediativespinnwebanalyse.pdf. Zugegriffen: 30. Juli 2018.

Webers, T. (2015). *Systemisches Coaching. Psychologische Grundlagen*. Wiesbaden: Springer.

Wegener, A., & Rohr, D. (2012). Lehrcoaching: Ein systemisches Konzept individueller Beratung (zu hochschuldidaktischen Fragen). In *Neues Handbuch Hochschullehre. L 3.8*. Berlin: Raabe Verlag.

Weinberger, J. (1995). Common factors aren't so common. The common factors dilemma. *Clinical Psychology: Science and Practice, 2*, 45–69.

Weinberger, S. (1998). *Klientenzentrierte Gesprächsführung. Eine Lern- und Praxisanleitung für helfende Berufe* (8. Aufl.). Weinheim: Beltz.

Weinhardt, M. (2014). Wissen, Intuition und Können in der E-Mail-Beratung. *e- beratungsjournal.net, 10*(1), 23–13. http://www.e-beratungsjournal.net/ausgabe_0114/weinhardt. pdf. Zugegriffen: 4. Apr. 2018.

Weinhardt, M. (2017). Peerberatung im Internet – Ausgewählte Studienergebnisse. *e-beratungsjournal.net, 11*(1), 3–10. http://www.e-beratungsjournal.net/ausgabe_0115/weinhardt.pdf. Zugegriffen: 4. Apr. 2018.

Welsch, W. (1991). *Unsere postmoderne Moderne* (3. Aufl.). Weinheim: VCH, Acta Humaniora.

Welter-Enderlin, R., & Hildenbrand, B. (2004). *Systemische Therapie als Begegnung*. Stuttgart: Klett-Cotta.

Weltgesundheitsorganisation (WHO). (1986). *Ottawa-Charta zur Gesundheitsförderung*. Genf: WHO. http://www.euro.who.int/__data/assets/pdf_file/0006/129534/Ottawa_ Charter_G.pdf. Zugegriffen: 3. Aug. 2018.

Weltgesundheitsorganisation (WHO). (2001). *International classification of functioning, disability and health*. Genf: WHO.

Weltgesundheitsorganisation (WHO). (2008). *Internationale Klassifikation psychischer Störungen: ICD-10 Kapitel V (F). Klinisch-diagnostische Leitlinien* (6. Aufl.). Bern: Huber.

Weltgesundheitsorganisation (WHO). (2018). *Disability Assessment Schedule 2.0*. www. who.int/icidh/whodas/. Zugegriffen: 30. Juli 2018.

Wendt, W. R. (2010). *Das ökosoziale Prinzip. Soziale Arbeit, ökologisch verstanden*. Freiburg i. Brsg.: Lambertus.

Wendt, W. R. (1990). *Ökosozial denken und handeln. Grundlagen und Anwendung in der Sozialarbeit*. Freiburg i. Brsg.: Lambertus.

Werner, J., & Nestmann, F. (2012). Ressourcenorientierte Beratung. In A. Knecht & F.-C. Schubert (Hrsg.), *Ressourcen im Sozialstaat und in der Sozialen Arbeit. Zuteilung – Förderung – Aktivierung* (S. 292–305). Stuttgart: Kohlhammer.

Westphal, S. (2017). Kollegiale Beratung im Internet – Erfahrungen aus einem Praxistest [1]. *e-beratungsjournal.net*, 13(2), 98–116. http://www.e-beratungsjournal.net/wp-content/uploads/2018/01/westphal.pdf. Zugegriffen: 3. Aug. 2018.

White, M., & Epston, D. (2013). *Die Zähmung der Monster. Der narrative Ansatz in der Familientherapie*. Heidelberg: Carl-Auer.

Wildt, J. (2004). „The Shift from Teaching to Learning" – Thesen zum Wandel der Lernkultur in modularisierten Studienstrukturen. In H. Ehlert & U. Welbers (Hrsg.), *Qualitätssicherung und Studienreform. Strategie- und Programmentwicklung für Fachbereiche und Hochschulen im Rahmen von Zielvereinbarungen am Beispiel der Heinrich-Heine-Universität Düsseldorf* (S. 168–178). Düsseldorf: Grupello.

Wildt, J. (2007). Anschlussfähigkeit und professionelle Identität der Hochschuldidaktik – ein Blick zurück nach vorn auf dem Weg vom Lehren zum Lernen in der Hochschulbildung (Thesen). In K. Reiber & R. Richter (Hrsg.), *Entwicklungslinien der Hochschuldidaktik. Ein Blick zurück nach vorn: Beiträge zur Tübinger Tagung vom 29.11 bis 01.12.2006* (S. 187–201). Berlin: Logos.

Wilken, B. (2015). *Methoden der Kognitiven Umstrukturierung. Ein Leitfaden für die therapeutische Praxis* (7. Aufl.). Stuttgart: Kohlhammer.

Willke, H. (1996). *Systemtheorie 2*. Frankfurt a. M.: Fischer.

Willutzki, U., & Teismann, T. (2013). *Ressourcenaktivierung in der Psychotherapie*. Göttingen: Hogrefe.

Wolpe, J. (1958). *Psychotherapy by reciprocal inhibition*. Stanford: Stanford University Press.

Yalom, I. D. (2014). *Denn alles ist vergänglich*. München: Btb.

Young, J. E., Klosko, J. S., & Weishaar, M. E. (2008). *Schematherapie. Ein praxisorientiertes Handbuch* (2. Aufl.). Paderborn: Junfermann.

Zarbock, G. (2014). *Einladung zur Schematherapie. Grundlagen, Konzepte, Anwendung*. Weinheim: Beltz.

Zimbardo, P. G. (1992). *Psychologie*. Berlin: Springer.

Zwicker-Pelzer, R. (2002). Hilfen in familialen Krisen: ein Plädoyer für die Vernetzung von Hilfsangeboten. *KFH NW-Jahrbuch 2002* (S. 30–45). Münster: LIT.

Zwicker-Pelzer, R. (2008). Wendezeiten in der Professionalisierung von Beratung. *Zeitschrift für systemische Therapie und Beratung*, 4(10), 226–231.

Zwicker-Pelzer, R. (2010). *Beratung in der sozialen Arbeit*. Bad Heilbrunn: UTB und Klinkhardt-Verlag.

Zwicker-Pelzer, R., Geyer, E., & Rose, A. (2011). *Systemische Beratung in Pflege und Pflegebildung*. Opladen: Budrich.

Zwicker-Pelzer, R. (2013). Sorgende und umsorgende Aspekte in der Beratung von Familien im Kontext von Alter und Pflegebedürftigkeit. *Kontext*, 44(3), 273–281.

Zwicker-Pelzer, R. (2015a). Beratung im Allgemeinen Sozialen Dienst. In J. Merchel (Hrsg.), *Handbuch Allgemeiner Sozialer Dienst (ASD)* (2. Aufl., S. 218–227). München: Reinhardt-Verlag.

Zwicker-Pelzer, R. (2015b). Exemplarische Arbeitsfelder der lebensweltorientierten Beratung. In T. Hoff & R. Zwicker-Pelzer (Hrsg.), *Beratung und Beratungswissenschaft* (S. 208–234). Baden-Baden: Nomos.

Zwicker-Pelzer, R. (2016). Persönliche Zugänge zur Entwicklung und Verwicklung im Lehr-Lerngeschehen. In D. Rohr, A. Hummelsheim, & M. Höcker (Hrsg.), *Beratung lehren – Erfahrungen, Geschichten, Reflexionen aus der Praxis von 30 Lehrenden* (S. 90–102). Weinheim: Beltz.

Zwicker-Pelzer, R. (2018). *INTERN – Jahresbericht der beratungspolitischen Sprecherin der DGSF*. Köln: DGSF.

Zwicker-Pelzer, R., & Hoff, T. (2015). Erklärungsmuster: Counseling-Bedeutung und -verständnis aus interdisziplinärer Sicht. In T. Hoff & R. Zwicker-Pelzer (Hrsg.), *Beratung und Beratungswissenschaft* (S. 45–47). Baden-Baden: Nomos.

Zwicker-Pelzer, R., & Rohr, D. (2017). Kontexte von Beratungs-Weiterbildungen – Lernen in Weiterbildungen der DGSF. *Kontext, 3*, 217–233.

Zwicker-Pelzer, R., Hundenborn, G., & Heuel, G. (2018). *Kultursensibilität im Gesundheitswesen. Modulhandbuch für eine kompetenzorientierte, wissenschaftsbasierte und multiprofessionelle Aus-, Fort- und Weiterbildung in den therapeutischen und pflegerischen Gesundheitsfachberufen*. Düsseldorf: MAGS.

Stichwortverzeichnis

A

ABC-Schema, 75
Akzeptanz, 85
Allgemeine Systemtheorie, 50
Allgemeiner Sozialer Dienst (ASD), 209
    Mitarbeiter, 211
Allparteilichkeit, 248
Alltagswelt, 38
Alter, 213
Ambivalenz, 79, 173
Angst-Arousal, 59
Anlass der Beratung, 175
Ansatz s. Beratungsansatz
App, 229
Arbeitskontrakt, 158
Arbeitswelt, 26
Auftrag, 148, 174
Auftragsklärung, 173
Ausbildung, 4, 264, 266
Austauschprozess, 48
    transaktionaler, 23
Authentizität, 83
Autonomie, 86
Autopoiese, 90, 94, 116, 118

B

Bedeutungszuschreibung, 94
Bedürfnis, 87
    Bedürfniserfüllung, 136
Begegnung, fallverstehende, 149

Belastungs-Bewältigungs-Modell, 25
Beratender, semiprofessioneller, 2
Berater-Grundhaltung, 82
Berater-Klient-Beziehung, 81, 110
Beratung
    älterer Menschen, 214
    Anlass, 175
    aufsuchende, 206–208
    dialogisch-reflexive, 17
    Entwicklungslinien, 3
    Formate, 203
    gehirngerechte, 54
    klientenzentrierte, 81
    Komponenten, 144
    kultursensible, 222
    lösungsorientierte, 107
    Onlineberatung, 225
    personzentrierte, 63
        Grundprinzipien, 86
    Phasen, 154
    präventive, 211
    psychodynamische, 64
    reflexive Haltung, 14, 17, 41, 116, 213, 220, 231
    rehabilitative, 31
    ressourcenorientierte (Aufgaben und Ziele), 130
    systemische, 63, 90, 91
        ethisches Fundament, 97
        Ziele, 107
    Ziele, 16, 59, 61, 155
    zugehende, 206

© Springer Fachmedien Wiesbaden GmbH, ein Teil von Springer Nature 2019
F.-C. Schubert et al., *Beratung,* Basiswissen Psychologie,
https://doi.org/10.1007/978-3-658-20844-8

Beratungsansatz
   humanistischer, 76
   kognitiver, 74
   lebensweltorientierter, 121
   lösungsorientierter, 95
   narrativer, 95, 106
   personzentrierter, 81
   ressourcenorientierter, 129
   sozialökologischer, 42
   sozialökologisch-transaktionaler, 12, 123
   systemischer, 63
   systemisch-konstruktivistischer, 94
   systemisch-kybernetischer, 94
Beratungsbeziehung s. Beziehung
Beratungsformat, 200
   formelles, 203
   halbformelles, 203
   informelles, 203
   zwischen Tür und Angel, 204
Beratungsgegenstand, 33, 144, 147
Beratungshandeln, integratives, 63
Beratungskompetenz, 263
Beratungskonzept, 145
Beratungsportal, 227
Beratungsprozess, 144, 146, 147
   Phasenmodelle, 155
Beratungssitzung, 164
Beratungsstelle
   heilpädagogische, 6
   individualpsychologische, 7
   psychoanalytische, 7
   Sexualberatungsstelle, 7
Beratungsverständnis, 10
Beratungswissenschaft, 17, 20
Berufsberatung, 5, 7
Berufslaufbahn, 4
Bewältigung, 25, 30, 130
   Bewältigungshilfe, 23
   Bewältigungsmuster, 40
Bewertungsschema, 34
Bewusstsein, 37, 77, 88, 89
Beziehung, 144, 146, 187
Beziehungsgestaltung, 165
Beziehungsmuster, 108
Bezugsrahmen, innerer, 90
Bildung, 4

Bildungseinrichtung, 3
Biografie, 31, 46, 181
Body mind unity, 53
BPS-Modell s. Modell, biopsychosoziales

C
Chatberatung, 230
Child Guidance, 5
Chronoprozess, 44
Coaching, 16, 235
   Anliegen, 236
   Prozess, 239
   Settings, 240
   Techniken und Methoden, 239
Cognitive Behavior Modification, 75
Coping, 52
COR-Theorie, 134
Counseling, 16
   House of, 21
   vs. Counselling, 13, 16

D
Defizite, 27
Dekonstruktion, 108, 110
Denkweise, linear-kausale, 90
Deutsche Arbeitsgemeinschaft für Jugend-
   und Eheberatung e. V. (DAJEB),
   205
Deutsche Gesellschaft für Beratung
   (DGfB), 16
Deutsche Gesellschaft für Systemische
   Therapie, Beratung und Famili-
   entherapie (DGSF), 266
Deutscher Qualifikationsrahmen (DQR), 18
Deutungsmuster, 128
Diagnoseerstellung, systemische, 101
Diagnostik, 6, 176, 182
   Funktionen und Aufgaben, 177
   Psychodiagnostik, 181
   psychosoziale, 181, 182
   Sozialdiagnostik, 181
   Störungsdiagnostik, 177
Dialog
   innerer, 84

sokratischer, 74
Differenzen, 111
Digitalisierung von Beratung, 225
Distanz, innere, 208
Drogenberatung, 9

E
Eheberatung, 9, 205
Ein-Prozess-Modell, 139
Einstellungsmuster, 30, 108
Einzelcoaching, 240
Einzelsupervision, 249
Emotionen, 81
Emotionsregulation, 191
Empathie, 81, 83, 171
Empowerment, 11, 128
Entscheidungsfindung, 150
Entscheidungsmanagement, 23, 28
Entwicklung, 152
    Aufgaben, 31
    Förderung, 23, 31
Erfahrung, 38
Erkenntnistheorie, 109
Erklärungskonzepte, subjektive, 188
Erleben, 68
Erwartungen, 26, 144
Erziehungsberatung, 5, 9, 206
Europäischer Qualifikationsrahmen (EQR),
    18, 265
Evaluation
    Ergebnisevaluation, 193, 196
    Prozessevaluation, 193, 194
    Verfahren, 193
    Ziele und Funktionen, 192
Exosystem, 44

F
Fachverbände, 16, 76, 204
Fallberatung, 210
Fallsupervision, 250
Familien
    in prekären Lebenslagen, 215
    Multiproblemfamilien, 217
    Patchworkfamilien, 221

Familienberatung, 9, 205, 211
Familiendiagnostik, 92
Familientherapie, 11, 13, 91, 93
Fehlauffassung, 124
Feldkompetenz, 247
Fortbildung, 264
Fragen, systemisches, 105
Fragetechnik, 168
Frauenvereine, 7
Freiwilligkeit, 209
Fürsorgearbeit, 3

G
Gehirn, 55
    gehirngerecht beraten, 54
Gehstruktur, 202
Gemeindepsychologie, 11
Gemeinwesenarbeit, 11
Generation, 213
Genogramm, 104, 225
    App, 230
Gesprächsansatz, 82
Gesprächsführung, 165
    klientenzentrierte, 5
    systemische Techniken, 169
Gestaltberatung, 87
Gestalttherapie, 87
Gesundheit, 24, 30
Gesundheitsförderung, 49
Gesundheitspsychologie, 151
Grundbedürfnis, 30, 79, 135, 152
Gruppencoaching, 242
Gruppendynamik, 10
Gruppensupervision, 250

H
Habitusansatz, 40
Haltung, 96
    Grundhaltungen, 158, 247
Handlungserfahrungen, 38
Handlungsfähigkeit, 128
Handlungskonzept, 63
Handlungsmuster, 40
Hier-und-Jetzt, 88

Hilfe
    frühe, 218
    zur Selbsthilfe, 89
Hilfeplanung, 210
Hirnforschung, 55
Homöostase, 94, 114
House of Counseling, 21
Human ecological development, 51
Hypothesenbildung
    diagnostische, 94
    systemische, 101
Hypothetisieren, 101

I
Ich-Du-Beziehung, 89
Indikation, 125
Industrialisierung, 2
Informationsverarbeitung, 56, 69
Institution, 146, 148
Integration, soziale, 52
Intentionalität, 26, 36
Interaktion, 47, 117
    Interaktionsmuster, 108
    Regeln, 94
Interdisziplinarität, 20

K
Kausalität, 98
    kausales Erklärungsprinzip, 97
Kinder- und Jugendfürsorge, 5
Kinder- und Jugendhilfegesetz, 209
Kindeswohl, 209, 219
Kindheit, frühe, 65
Klärungsarbeit, 186
Klassifikationssystem, 178
Koevolution, 119
Kohärenzgefühl, 135
Kommstruktur, 202
Kommunikation, 165
    kongruente, 166
    online, 227
    verbale und nonverbale, 166
Kommunikationsfähigkeit, 128
Kommunikationsmuster, 30

Kommunikationsprozess, 94
Kommunikationstheorie, 93
Kompetenz, 130
    des Supervisors, 246
    interkulturelle, 223
Konditionierungstheorien, 69
Konflikt, 88, 253
    Beilegung, 254
    Eskalationsmodell, 259
    innerpsychischer, 65
Konfliktanalyse, 259
Konfrontation, 89
Kongruenz, 83, 166
Konsistenztheorie, 135
Konstruktion von Wirklichkeiten, 112
Konstruktivismus, 90, 111
Kontakt, 88
Kontext, 91, 144, 148
    Zwangskontext, 149
Konversationsmodell, 93
Konzept, transaktionales, 23
Kopplung, strukturelle, 119, 121
Krankheitsverständnis, 49
Krisen, 29
Krisenintervention, 212
Kultursensibilität, 222
Kulturwerkzeuge, 36
Kybernetik
    erster Ordnung, 94
    zweiter Ordnung, 93

L
Lebensalltag, 43, 165
Lebensanforderungen, 23, 39
Lebensberatung, 9, 205
Lebensbewältigung, 40, 52
Lebensführung, 3, 11, 23, 26, 33, 126
    Lebensführungssysteme, 26, 39
Lebensgestaltung, 11, 40, 48
Lebenskompetenzen, 26
Lebenslage, 38
Lebenslauf, 44
Lebensprobleme, Entwicklung von, 126
Lebensqualität, 11, 24, 30
Lebensspanne, 31, 200

Lebensübergänge, 30
Lebenswelt, 21, 121, 146
   lebensweltorientierte Beratung, 122
   subjektive, 38
Lebenszufriedenheit, 52
Lernen, lebenslanges, 265
Lerntheorie, 68
   soziale, 69
Life Line, 104
Life Model, 12
Life Style, 52
Limbisches System, 57
Lösungskompetenz, 174
Lösungsperspektive, 59, 138, 145

M
Makrosystem, 44
Maschinen
   nichttriviale, 113
   triviale, 113
Mediand, 257
Mediation, 16, 205, 250
   Anlässe, 252
   Anwendungsbereiche, 251
   Begriff, 254
   Phasen, 257
   Verfahren, 255
   Ziele, 255
Mediator, 256
Mehrebenentheorie, 23
Mehrgenerationenperspektive, 92
Menschenbild, 78, 81, 145, 247
Mesosystem, 43
Methodenwissen, 150
Mikrosystem, 43
Modell
   biopsychosoziales, 49
   multiaxiales, 201
   transtheoretisches, 153
Modelllernen, 69
Möglichkeitsspielraum, 96
Motiv, unbewusstes, 64
Multiperspektivität, 200
Multiproblemfamilie, 201, 215
Muster, 95

N
Nervensystem, 118
Netzwerk, soziales, 215, 228
Netzwerkarbeit, 11
Neubewertung, 158
Neugier, 84, 98
Neuronen, 56
Neurotransmitter, 56, 59
Neurowissenschaft, 55
Niedrigschwelligkeit, 218

O
Onlineberatung, 225, 226
Ordnungs- und Abstraktionskompetenz,
   246

P
Pädagogik, 23
Paraphrasieren, 157
Passung, 48
Peerberatung, 231
Personenkompetenz, 247
Person-in-Environment (PIE), 12, 51, 125
Person-in-Situation, 51
Persönlichkeit, 77, 81
Person-Umwelt-Beziehung, 33
Person-Umwelt-Passung, 12, 125
Person-Umwelt-Transaktion, 47
Perspektive, intersubjektive, 38
Perturbation, 120
Phänomenologie, 36
Phasenmodell, 155
   nach Culley, 156
PIE-Ansatz s. Person-in-Environment
Plattform, 232
Poststrukturalismus, 110
Potenzial, 27, 31
Prävention, 23, 29
Praxis, 269
Praxisfelder, 200
Prinzip, nichtdirektives, 86
Problem, 85, 100, 147
   Funktion, 102
   gute Gründe, 152

Klärung, 188
Neubewertung, 158
Problemaktualisierung, 189
Problembewältigung, 137, 186, 190
Problemdefinition, 155
Problemerfassung, 162, 188
Problemlagen, 27, 200, 202
Problemlösung, 16, 128, 156
Problemperspektive, 138
Problemsystem, 100
Prozess
  affektiver, 35
  interpersoneller, 34
  kognitiv-emotionaler, 152
  kognitiver, 35
  körperlicher, 35
  kultureller, 35
  psychischer, 34
  selbstreferenzieller, 113
Prozessphasen, 76
Psychoanalyse, 4, 64
Psychologie, humanistische, 10
Psychotherapieforschung, 183

Q
Qualifizierung, 263

R
Ratsuchender, 144
Realität, 113
Reduktion, eidetische, 37
Reflexion, 233, 245, 248
Reflexionsraum, 245
Reflexivität, 23, 245, 247
Reframing, 104
Regelkreismodell, 94
Rehabilitation, 23, 30
Resilienz, 61
Ressourcen, 23, 86, 108, 131
  Aktivierung, 32, 128, 134
    Verfahren, 140
    Wirkweise, 136
  Arten, 131
  Austausch, 26, 48, 128

Diagnose, 139
Erfassung, 138
Erhaltungstheorie, 123
Funktionalität, 132
Mangel, 30
Merkmale, 132
Modelle, 134
Orientierung, 99, 133
Relation von Belastungen und Ressourcen, 126
Transformation, 26, 131
Verlustspirale, 135
Wahrnehmung, 133
Widerstandsressourcen, 135
Risikofaktorenforschung, 50
Risikomerkmale, 126
Rückkopplungsschleife, 90

S
Schuldnerberatung, 9
Schule, 3
  psychotherapeutische, 33
  therapeutische, 16, 33, 63
Selbst, 77
Selbstbeobachtung, 171
Selbsterfahrung, 269
Selbstmanagement
  Modell, 75
  Therapie, 70
  Prozessmodell, 161
Selbstorganisation, 52, 116
Selbstreflexion, 77
Selbstregulation, 69, 70, 75, 94
Selbstwert, 61, 167
Selbstwirksamkeitserfahrung, 137, 189
Setting
  sozialökologisches, 129
  systemisches, 108
Sexualberatungsstelle, 7
Sinn, 34
Sinngebung, 36, 41
Skulpturarbeit, 105
SMART-Kriterien, 160
SORKC-Analyse, 73, 162
Sozialdiagnostik, 181

Soziale Arbeit, 11
Sozialisationsforschung, ökologische, 43
Sozialkompetenz, 247
Spiegeln, 83
    verbalisierendes, 157
Spiegelneuronen, 55
Sprache, 95
Status quo, 218
Störungen, 50
    Klassifikationssysteme, 178
Störungsdiagnostik, 177
Störungsgewinn, 152
Störungsverständnis, 11
Störungswissen, 152
Stressforschung, 25, 151
Stressmodell, transaktionales, 47, 134
Stressoren, 30, 126, 150
Struktur
    neuronale, Veränderung von, 56, 57
    selbstreferenzielle, 40
Strukturierung, sozialökologische
    sozialräumliche, 43
    zeitliche, 44
Studienberatung, 10
Subsysteme, 52
Suchmaschinenoptimierung, 228
Supervision, 21, 243
    Gegenstand, 246
    Grundhaltungen, 247
    Settings, 248
    Ziele und Aufgaben, 245
Symptom, 102, 207
Symptomträger, 207
System
    autopoietisches, 117
    nichttriviales, 113
Systemebenen, 52
Systemkarte, 104
Systemtheorie, 114
    allgemeine, 50

T
Teamcoaching, 242
Teamsupervision, 249
Telefonberatung, 9

Therapiemodell, schulenübergreifendes,
    186
Therapie- und Beratungsmodelle, kogni-
    tive, 74
Tiefenpsychologie, 64
Transaktion, 41, 121
Transformation, 47, 94
Transition, 45
Transtheoretisches Modell, 153
Trennung und Scheidung, 209, 220

U
Übergänge, 45
    krisenhafte in der Lebensspanne, 200
Übertragungs-/Gegenübertragungsprozesse,
    65
Überzeugungsmuster, 30, 128
Umwelt, 23
    Anforderungen, 25
Unbewusstes, 65
Unterstützung, soziale, 52
    Unterstützungssysteme, 49
Ursache und Wirkung, 96

V
Veränderungsmodell, 153
Veränderungsmotivation, 145, 154, 155, 162
Veränderungsprozess, 150
Veränderungswissen, 150, 152
Verfahren
    ressourcenaktivierendes, 140
    sozialökologisch-transaktionales, 123,
        127, 129
    systemisches, 100
Verhalten, 68
    abweichendes, 27
    problemstabilisierendes, 100
    Problemverhalten, 68
Verhaltensmodifikation, 10
Verhaltensmuster, 108
Verhaltenstherapie, 10, 68
    Entwicklungswellen, 68
Vernetzung von Systemen, 47
Versorgungssystem, psychosoziales, 53

Verstehen, 166
Verstörung, 108, 120
Verzerrung, kognitive, 74
Vorsorge, 23, 29
Vulnerabilität, 127

W
Wachstumsförderung, 23
Wahrheit, 80, 111
Wahrnehmung, 37
Wandel, gesellschaftlicher, 2, 42
Wechselwirkungen, 182
  biopsychosoziale, 182
Weiterbildung, 17, 63, 263, 266
  Anbieter, 263
Welle, dritte, 70
Weltgesundheitsorganisation, 51
Wende
  kognitive, 70
  konstruktivistische, 93
Werte, 158
Wertemuster, 30
Wertschätzung, 85, 97

WHO s. Weltgesundheitsorganisation
Widerstand, 99
Widerstandsressourcen, generalisierte, 135
Willensdynamik, 79
Wille und Gegenwille, 78
Wirkfaktoren, 136
  allgemeine, 184, 186, 187
  spezifische, 184
Wirklichkeit, 83, 95, 112
Wirkprinzipien, 184, 186
Wirksamkeitsforschung, 183
Würdigung, 97
Würfelmodell, diagnostisches, 179

Z
Zielgruppe, 199
Zielsetzungen, 145
Zirkularität, 48, 55, 96
Zuhören, 165
  aktives, 157
Zusatzausbildung, psychotherapeutische, 13
Zusatzqualifizierung, 264
Zwei-Prozess-Modell, 139